AF329726

E. COHENDY

CODE DE COMMERCE

ET

LOIS COMMERCIALES

5e Édition

PARIS

BERGER-LEVRAULT, ÉDITEURS

5-7, Rue des Beaux-Arts

BIBLIOTHÈQUE D'ENSEIGNEMENT COMMERCIAL

Dirigée par M. Georges PAULET

PROFESSEUR A L'ÉCOLE DES SCIENCES POLITIQUES

La **Bibliothèque d'enseignement commercial** est principalement destinée aux élèves qui se préparent aux Écoles supérieures de commerce ou qui s'y disputent le diplôme supérieur ; aux élèves des grandes écoles industrielles et des facultés de droit, qui ne sauraient se désintéresser des études commerciales ; aux jeunes gens et aux jeunes filles qui, dans les écoles professionnelles, dans les cours du soir ou à leurs heures de libre étude, cherchent à se mettre en état de rendre dans le commerce des services appréciés.

Rédigée par les professeurs, les jurisconsultes et les spécialistes les plus autorisés, échappant à tout parti pris de doctrine, sacrifiant les développements purement théoriques au souci d'une instruction réellement utile et pratique, cette Bibliothèque pourra rendre en même temps de précieux services aux industriels et aux négociants désireux de parfaire leur éducation technique et de se tenir toujours, comme leurs concurrents étrangers, au courant de la législation commerciale, des procédés et des faits commerciaux : elle constituera ainsi la véritable **Bibliothèque du commerçant.**

Ouvrages parus

Code annoté du Commerce et de l'Industrie. Lois, décrets, règlements relatifs au commerce et à l'industrie, avec un commentaire tiré des circulaires ministérielles, de la jurisprudence du Conseil d'État et de la Cour de cassation, par Georges PAULET, chef de bureau au Ministère du Commerce. 1891. Un volume grand in-8 sur deux colonnes, broché . . . . . . **15** fr.   Relié en demi-chagrin, plats toile. **18** fr.

Code de Commerce et Lois commerciales usuelles, avec des notions de législation comparée, à l'usage des élèves des Facultés de droit et des Écoles de commerce, par E. COHENDY, professeur à la Faculté de droit et à l'École supérieure de commerce de Lyon. 4ᵉ édition. 1907. Un volume in-18, relié en percaline gaufrée . . . **2** fr.

Recueil des Lois industrielles, avec des notions de législation comparée, à l'usage des élèves des Facultés de droit et des Écoles industrielles et commerciales, par E. COHENDY, professeur à la Faculté de droit et à l'École supérieure de commerce de Lyon. 4ᵉ édition. 1905. Un volume in-18, relié en percaline gaufrée . . . . **2** fr.

Ouvrages parus *(suite).*

Les Tribunaux de commerce. Organisation, compétence, procédure, par A. HOUYVET, docteur en droit, ancien agréé près le Tribunal de commerce de la Seine, professeur de législation commerciale et industrielle à l'École supérieure de commerce de Paris, avec une préface de M. F. RATAUD, professeur honoraire à la Faculté de droit de Paris. 1894. Un volume in-8, relié en percaline gaufrée. . . . . **4** fr.

Principes généraux de Comptabilité, par E. LÉAUTEY, professeur de comptabilité, ancien chef de bureau au Comptoir national d'escompte, et A. GUILBAULT, ancien chef d'administration de la Société métallurgique de Vierzon. 2ᵉ *édition.* 1903. Un volume in-8, relié en percaline gaufrée. . . . . **5** fr

Manuel pratique des Opérations commerciales, par A. DANY, directeur de l'École supérieure de commerce du Havre, ancien chef de comptabilité, ancien professeur à la Société mutuelle des employés de commerce du Havre. 3ᵉ *édition.* 1907. Un volume in-8, relié en percaline gaufrée. . . . . **5** fr.

Manuel de Géographie commerciale. Étude économique des différentes parties du monde et particulièrement de la France, par V. DEVILLE, agrégé de l'Université, professeur à l'Institut commercial. (*Ouvrage récompensé par la Société de géographie commerciale de Paris et autorisé pour les bibliothèques des lycées et collèges.*) 3ᵉ *édition.* 1910. Deux volumes in-8 avec diagrammes, reliés en percaline gaufrée. . . . . . . **10** fr.

Précis d'Histoire du Commerce, par H. CONS, recteur de l'Académie de Poitiers, ancien professeur à la Faculté des lettres de Lille, à l'École supérieure de commerce de Lille et à l'Institut industriel du Nord. 1896. 2 vol. in-8, reliés en percal. gaufrée. **8** fr.

Les Transports maritimes. Éléments de droit maritime appliqué, par HAUMONT et LEVAREY, avocats, professeurs à l'École supérieure de commerce du Havre. 2ᵉ *édition.* 1898. Un volume in-8, relié en percaline gaufrée. . . . . **4** fr.

Armements maritimes, cours professé à l'École supérieure de commerce de Marseille, par C. CHAMPENOIS, capitaine au long cours, ancien commandant aux Messageries maritimes. 1895. 2 volumes in-8 avec 140 figures, reliés en percaline gaufrée. **10** fr.

Monnaies, poids et mesures des principaux pays du monde. Traité pratique des différents systèmes monétaires et des poids et mesures, accompagné de renseignements sur les changes et les timbres d'effets de commerce, etc., par A. LEJEUNE, directeur de l'École supérieure de commerce de Marseille. 1894. Un volume in-8 . . . . . **5** fr. (*Épuisé.*)

Manuel de préparation aux concours d'entrée des Écoles supérieures de commerce, contenant le développement des programmes officiels des concours d'entrée (arithmétique, algèbre, géométrie, physique, chimie, par E. DRINCOURT ; géographie, histoire, par V. DEVILLE). 5ᵉ *édition.* 1901. Deux volumes in-8, reliés en percaline gaufrée . . . . **10** fr

Annuaire de l'Enseignement commercial et industriel. 4ᵉ année, 1895 (dernière parue). Un volume in-18, de 760 pages, cartonné. . . . . **3** fr.

Les frais de port en sus, à raison de 50 centimes pour l'envoi par la poste d'un volume de 4 ou 5 fr.; plusieurs volumes peuvent être réunis dans un colis postal de 3 kilos (85 centimes), ou 5 kilos (1 fr. 05), ou 10 kilos (1 fr. 50).

CODE DE COMMERCE

ET

LOIS COMMERCIALES USUELLES

DU MÊME AUTEUR :

Recueil des Lois industrielles, avec des notions de législation comparée, à l'usage des élèves des Facultés de droit et des Écoles industrielles et commerciales. Cinquième édition. Un volume in-12. Berger-Levrault, éditeurs. 1912.

Code de Commerce annoté, en collaboration avec M. DARRAS. Deux forts volumes in-8. Larose et Tenin. 1903-1908.

L'Enseignement technique, commercial et industriel, en collaboration avec M. BONNET. (Extrait du *Nouveau Dictionnaire d'économie politique,* de MM. Léon SAY et CHAILLEY.) Guillaumin. 1892.

Apprentissage et enseignement professionnel (*Questions pratiques de législation ouvrière.* 1903).

L'Enseignement professionnel obligatoire dans les pays étrangers. Brochure in-8. Guillaumin. 1904.

Rapport au Conseil supérieur de l'enseignement technique sur l'avant-projet de loi organique de l'enseignement technique. Un volume in-4. Imprimerie nationale. 1904.

L'Enseignement professionnel à Lyon, École La Martinière. (Extrait du *Lyon en 1906.*) Brochure in-8. Lyon, Rey et Cie. 1906.

Législation civile et commerciale, en collaboration avec M. MARTEL. Un volume. Delagrave, 1910.

Législation ouvrière, en collaboration avec M. GRIGAUT. Troisième édition. Un volume. Delagrave, 1912.

Les Écoles professionnelles et les Lois ouvrières. (*Revue de l'Enseignement technique,* 1911.)

Les Écoles professionnelles et les Accidents du travail. (*Ibid.*)

BIBLIOTHÈQUE D'ENSEIGNEMENT COMMERCIAL

Publiée sous la direction de M. GEORGES PAULET

CODE DE COMMERCE

ET

LOIS COMMERCIALES USUELLES

AVEC DES

NOTIONS DE LÉGISLATION COMPARÉE

A L'USAGE DES ÉLÈVES

DES FACULTÉS DE DROIT ET DES ÉCOLES DE COMMERCE

PAR ÉMILE COHENDY

PROFESSEUR A LA FACULTÉ DE DROIT
PROFESSEUR HONORAIRE A L'ÉCOLE SUPÉRIEURE DE COMMERCE DE LYON

BERGER-LEVRAULT, ÉDITEURS

PARIS	NANCY
5-7, RUE DES BEAUX-ARTS	RUE DES GLACIS, 18

1912

Cinquième édition

CODE DE COMMERCE [1]

Déclaré exécutoire par la loi du 15 septembre 1807 à partir du 1er janv. 1808

LIVRE 1

DU COMMERCE EN GÉNÉRAL.

Titre I. — Des commerçants [2].

Art. 1er. Sont commerçants ceux qui exercent des actes de commerce et en font leur profession habituelle [3].

2. Tout mineur émancipé de l'un et de l'autre sexe, âgé de dix-huit ans accomplis, qui vou-

---

(1) Au point de vue du droit commercial, les pays étrangers peuvent se diviser en deux groupes :

A. — États ayant un Code de commerce :

1° *Allemagne* : L. sur le change de 1848, transformée en loi fédérale par la L. du 5 juin 1869 ; C. com. du 10 mai 1897 ; L. sur les faillites des 10 févr. 1877 et 17 mai 1898 ;

2° *Autriche-Hongrie* : C. com. allemand en Autriche, sauf pour le droit maritime ; L. du 25 déc. 1868 et du 16 mars 1884 sur les faillites ; — en Hongrie, C. com. de 1875 ; L. sur le change de 1876 ; L. sur les faillites de 1881 ;

3° *Belgique* : C. com. français revisé par des lois nombreuses depuis 1851 ;

4° *Espagne* : C. com. de 1885 ;

5° *Grèce* : C. com. de 1835 ;

6° *Hollande* : C. com. de 1838 ; L. du 30 sept. 1893 sur les faillites ;

7° *Italie* : C. com. de 1883 ;

8° *Portugal* : C. com. de 1888 ;

9° *Roumanie* : C. com. de 1887 ;

10° *Russie* : Recueil général des lois russes de 1835, 11e partie ;

11° *Serbie* : C. com. de 1860, modifié en matière de faillite par les L. des 17 mars 1861, 15 nov. 1864 et 24 janv. 1876 ;

12° *Suisse* : C. fédéral des obligations de 1883 ; L. du 11 avril 1889 sur les poursuites pour dettes et la faillite ;

13° *Turquie* : C. com. de 1850, modifié en 1860 et en 1865 ;

14° *États de l'Amérique autres que les États-Unis* : Ces États ont chacun leur Code de commerce, inspiré principalement des C. com. espagnol de 1829 et portugais de 1833 (C. com. du *Brésil* de 1850, du *Chili* de 1867, du *Mexique* de 1854, du *Pérou* de 1853, etc.).

B. — États n'ayant pas de Code de commerce : *Grande-Bretagne, Pays scandinaves, États-Unis d'Amérique*. Les différentes lois commerciales de ces pays seront indiquées sous les différentes matières du Code.

(2) Dans la plupart des pays étrangers, il existe un registre public appelé *registre du commerce*, sur lequel doivent être inscrits les commerçants et les sociétés de commerce : voy. C. com. *allemand*, 8 et s. ; C. com. *autrichien*, 12 à 14 ; C. com. *espagnol*, 16 à 32 ; C. com. *hongrois*, 7 à 24 ; C. com. *portugais*, 45 à 61 ; L. *roumaine* du 1er avril 1884 ; L. *suédoise* du 13 juill. 1887 ; C. fédéral *suisse* des oblig., 859 à 876. Le commerçant qui ne s'est pas fait inscrire sur ce registre encourt certaines déchéances : en Espagne et en Portugal, le commerçant non immatriculé ne peut demander l'inscription d'aucun document sur le registre du commerce ni profiter de ses effets légaux ; en *Allemagne*, les commerçants immatriculés peuvent seuls s'assurer la propriété d'une marque de fabrique ou de commerce, et ils sont seuls éligibles comme juges commerciaux.

En Suisse, le registre du commerce est ouvert non seulement aux commerçants, mais aussi aux non-commerçants : ceux-ci ont intérêt à s'y faire inscrire au point de vue notamment de la faillite. (Voy. *infrà*, note 1, sous l'art. 437.)

(3) Cette définition est reproduite par la plupart des Codes étrangers : voy. notamment, C. com. *allemand*, 1 ; C. com. *belge*, 1 ; C. com. *espagnol*, 1 ; C. com. *italien*, 8. D'après les art. 1 et s., C. com. *allemand*, sont commerçants non seulement ceux qui exercent les professions commerciales énumérées par l'art. 1, mais aussi ceux qui se livrent à des entreprises indus-

dra profiter de la faculté que lui accorde l'article 487 du Code civil, de faire le commerce, ne pourra en commencer les opérations, ni être réputé majeur, quant aux engagements par lui contractés pour faits de commerce : — 1° s'il n'a été préalablement autorisé par son père, ou par sa mère, en cas de décès, interdiction ou absence du père, ou, à défaut du père et de la mère, par une délibération du conseil de famille, homologuée par le tribunal civil ; — 2° si, en outre, l'acte d'autorisation n'a été enregistré et affiché au tribunal de commerce du lieu où le mineur veut établir son domicile (1).

3. La disposition de l'article précédent est applicable aux mineurs même non commerçants, à l'égard de tous les faits qui sont déclarés faits de commerce par les dispositions des articles 632 et 633.

4. La femme ne peut être marchande publique sans le consentement de son mari (2).

5. La femme, si elle est marchande publique, peut, sans l'autorisation de son mari, s'obliger pour ce qui concerne son négoce ; et, audit cas, elle oblige aussi son mari, s'il y a communauté entre eux.

Elle n'est pas réputée marchande publique, si elle ne fait que détailler les marchandises du commerce de son mari ; elle n'est réputée telle que lorsqu'elle fait un commerce séparé.

6. Les mineurs marchands, autorisés comme il est dit ci-dessus, peuvent engager et hypothéquer leurs immeubles.

Ils peuvent même les aliéner, mais en suivant les formalités prescrites par les articles 457 et suivants du Code civil (3).

7. Les femmes marchandes publiques peuvent également engager, hypothéquer et aliéner leurs immeubles (4).

Toutefois, leurs biens stipulés

---

trielles ou à des exploitations rurales, à condition de se faire inscrire sur le registre du commerce.

(1) Règle analogue en *Belgique* (C. com. 4), en *Italie* (C. com. 9) et en *Roumanie* (C. com. 10). En *Portugal*, le mineur peut devenir commerçant par cela seul qu'il est émancipé (C. com. 8). En *Espagne*, le mineur ne peut être commerçant qu'à l'âge de 21 ans (C. com. 4) ; mais les mineurs et autres incapables peuvent continuer, par l'intermédiaire de leurs tuteurs et avec l'autorisation du conseil de famille, le commerce qu'exerçaient leurs parents (C. com. 5). Cette dernière règle est aussi admise en *Belgique* (C. com. 8) et en *Italie* (C. com. 12).

En *Belgique* (C. com. 5) et en *Italie* (C. com. 15), l'autorisation peut être retirée au mineur par le tribunal civil : cette révocation est soumise à la même publicité que l'autorisation elle-même.

(2) Le consentement du mari peut être exprès ou tacite : il en est de même dans les pays étrangers, C. com. *espagnol*, 6 et 7 ; C. com. *italien*, 13, etc. — En *Belgique* (C. com. 9), et en *Espagne* (C. com. 11), l'autorisation de justice peut remplacer celle du mari, si ce dernier est absent ou interdit, ou encore quand les époux sont séparés de corps. En *Italie*, la femme n'a pas besoin d'autorisation dans ces derniers cas ; en cas de refus du mari, la femme peut toujours s'adresser à la justice (C. com. 13).

(3) Les C. com. *espagnol*, 4 ; *italien*, 11, et *portugais*, 8, reconnaissent une capacité absolue au mineur commerçant.

(4) Mais la femme commerçante ne pourrait, même depuis la loi du 13 juillet 1907, ester en justice, pour les besoins de son commerce, sans une autorisation spéciale de son mari ou de la justice (C. civ., 215). Il en est autrement dans certains pays étrangers : C. com. *italien*, 14.

dotaux, quand elles sont mariées sous le régime dotal, ne peuvent être hypothéqués ni aliénés que dans les cas déterminés et avec les formes réglées par le Code civil.

Titre II. — Des livres de commerce.

8. Tout commerçant est tenu d'avoir un livre-journal qui présente, jour par jour, ses dettes actives et passives, les opérations de son commerce, ses négociations, acceptations ou endossements d'effets, et généralement tout ce qu'il reçoit et paie, à quelque titre que ce soit ; et qui énonce, mois par mois, les sommes employées à la dépense de sa maison : le tout indépendamment des autres livres usités dans le commerce, mais qui ne sont pas indispensables.

Il est tenu de mettre en liasse les lettres missives qu'il reçoit, et de copier sur un registre celles qu'il envoie.

9. Il est tenu de faire, tous les ans, sous seing privé, un inventaire de ses effets mobiliers et immobiliers, et de ses dettes actives et passives, et de le copier, année par année, sur un registre spécial à ce destiné (1).

10. Le livre-journal et le livre des inventaires seront paraphés et visés une fois par année.

Le livre de copies de lettres ne sera pas soumis à cette formalité.

Tous seront tenus par ordre de dates, sans blancs, lacunes ni transports en marge.

11. Les livres dont la tenue est ordonnée par les articles 8 et 9 ci-dessus seront cotés, paraphés et visés soit par un des juges des tribunaux de commerce, soit par le maire ou un adjoint, dans la forme ordinaire et sans frais. Les commerçants seront tenus de conserver ces livres pendant dix ans.

12. Les livres de commerce, régulièrement tenus, peuvent être admis par le juge pour faire preuve entre commerçants pour faits de commerce.

13. Les livres que les individus faisant le commerce sont obligés de tenir, et pour lesquels ils n'auront pas observé les formalités ci-dessus prescrites, ne pourront être représentés ni faire foi en justice, au profit de ceux qui les auront tenus ; sans préjudice de ce qui sera réglé au livre des *Faillites et Banqueroutes*(2).

14. La communication des livres et inventaires ne peut être ordonnée en justice que dans les affaires de succession, communauté, partage de société, et en cas de faillite.

15. Dans le cours d'une contestation, la représentation des

---

(1) Les mêmes livres obligatoires sont également prescrits en *Belgique* (C. com. 16), en *Italie* (C. com. 21) et en *Roumanie* (C. com. 22). Les C. com. *espagnol*, 33, et *portugais*, 31, ordonnent en outre la tenue d'un grand-livre. — En *Allemagne*, l'art. 38 C. com. ne prescrit pas la tenue d'un livre-journal ; en *Suisse*, le C. féd. des oblig., 877, se contente de dire que les commerçants doivent tenir des livres, sans les spécifier.

En ce qui concerne l'inventaire, les C. com. *allemand*, 39 ; *espagnol*, 37, et *portugais*, 33, le rendent obligatoire au moment même de l'entrée dans les affaires et ensuite tous les ans. Ces mêmes législations exigent en outre la confection d'un bilan accompagnant l'inventaire et le résumant.

(2) Voy. *infrà*, art. 586, 6°, et 591.

livres peut être ordonnée par le juge, même d'office, à l'effet d'en extraire ce qui concerne le différend.

16. En cas que les livres dont la représentation est offerte, requise ou ordonnée soient dans des lieux éloignés du tribunal saisi de l'affaire, les juges peuvent adresser une commission rogatoire au tribunal de commerce du lieu, ou déléguer un juge de paix pour en prendre connaissance, dresser un procès-verbal du contenu, et l'envoyer au tribunal saisi de l'affaire.

17. Si la partie aux livres de laquelle on offre d'ajouter foi refuse de les représenter, le juge peut déférer le serment à l'autre partie.

Titre III. — Des sociétés (¹).

Sect. 1. — Des diverses sociétés, et de leurs règles.

18. Le contrat de société se règle par le droit civil, par les lois particulières au commerce et par les conventions des parties (²).

19. La loi reconnaît trois espèces de sociétés commerciales (³) :

La société en nom collectif,

La société en commandite,

La société anonyme (⁴).

---

(1) En se plaçant au point de vue de la rigueur de leurs prescriptions, les lois étrangères peuvent se diviser en 3 groupes :

A. — Les législations les plus libérales sont celles de l'*Espagne* (C. com., art. 116 à 243) et de l'*Angleterre* (L. du 14 août 1890, du 8 août 1900 et du 28 août 1907 sur les sociétés en commandite et les sociétés par actions).

B. — La législation la plus rigoureuse est la législation *allemande* : C. com. de 1897, art. 105 à 342 ; L. du 20 avril 1892 sur les sociétés à responsabilité limitée ; L. du 4 déc. 1899 sur les émissions d'obligations.

C. — Les autres législations se rapprochent plus ou moins de la législation française ; nous les mentionnons par ordre alphabétique :

1° *Belgique* : L. du 17 mai 1873, modifiée par la loi du 22 mai 1886 sur les sociétés commerciales ;

2° *Brésil* : L. du 4 nov. 1882, réglant la formation des compagnies et sociétés anonymes ;

3° *Chili* : C. com., art. 348 à 511 ;

4° *Hollande* : C. com., art. 14 et suiv. ;

5° *Hongrie* : C. com., art. 61 à 257 ;

6° *Italie* : C. com., art. 75 à 249 ;

7° *Mexique* : L. du 10 avril 1888 sur les sociétés anonymes et du 25 nov. 1897 sur les obligations ;

8° *Portugal* : C. com., art. 104 à 229 ;

9° *République Argentine* : C. com., art. 387 et suiv. ;

10° *Roumanie* : C. com., art. 78 à 270, modifiés par la L. du 21 mars 1900 ;

11° *Suède* : L. du 28 juin 1895 et L. du 18 sept. 1903 sur les banques,

12° *Suisse* : C. fédéral des obligations, art. 524 à 719.

(2) Voy. *infrà*, 2° partie, les textes du Code civil relatifs aux sociétés, la L. du 24 juill. 1867, la L. du 30 mai 1857, etc.

(3) Sur la distinction des sociétés civiles et des sociétés commerciales, voy. *infrà*, 2° partie, la L. du 24 juill. 1867 complétée par la loi du 1er août 1893, art. 68 et la note.

(4) Il faut ajouter à cette énumération les sociétés à capital variable ou sociétés coopératives (L. de 1867, 48 à 54) et les associations en participation (C. com., 47 à 50). Les législations étrangères reconnaissent également ces diverses formes de sociétés (voy. C. com. *allemand*, 105 et s. ; L. *belge* de 1873, 2 et 3 ; L. *anglaise* du 28 août 1907 sur les sociétés en commandite). Cependant il en est autrement en Suède et en Russie : ces divers pays n'admettent qu'une seule forme de société par actions, la société anonyme. En Allemagne, outre les formes de sociétés ci-dessus énumérées, la L. du 20 avril 1892, modifiée par l'art. 11 de la L. d'introduction du Code de commerce, reconnaît et réglemente les sociétés dites à responsabilité limitée, sociétés anonymes soumises à des règles spéciales. Il en est de même en Autriche (L. du 6 mars 1900).

20. La société en nom collectif est celle que contractent deux personnes ou un plus grand nombre, et qui a pour objet de faire le commerce sous une raison sociale (¹).

21. Les noms des associés peuvent seuls faire partie de la raison sociale (²).

22. Les associés en nom collectif indiqués dans l'acte de société sont solidaires pour tous les engagements de la société, encore qu'un seul des associés ait signé, pourvu que ce soit sous la raison sociale (³).

23. La société en commandite se contracte entre un ou plusieurs associés responsables et solidaires, et un ou plusieurs associés, simples bailleurs de fonds, que l'on appelle commanditaires ou associés en commandite.

Elle est régie sous un nom social, qui doit être nécessairement celui d'un ou plusieurs des associés responsables et solidaires.

24. Lorsqu'il y a plusieurs associés solidaires et en nom, soit que tous gèrent ensemble, soit qu'un ou plusieurs gèrent pour tous, la société est, à la fois, société en nom collectif à leur égard, et société en commandite à l'égard des simples bailleurs de fonds.

25. Le nom d'un associé commanditaire ne peut faire partie de la raison sociale.

26. L'associé commanditaire n'est passible des pertes que jusqu'à concurrence des fonds qu'il a mis ou dû mettre dans la société.

27. (L. du 6 mai 1863.) L'associé commanditaire ne peut faire aucun acte de gestion, même en vertu de procuration.

28. (L. du 6 mai 1863.) En cas de contravention à la prohibition mentionnée dans l'article précédent, l'associé commanditaire est obligé, solidairement avec les associés en nom collectif, pour les dettes et engagements de la société qui dérivent des actes de gestion qu'il a faits, et il peut, suivant le nombre ou la gravité de ces actes, être déclaré solidairement obligé pour tous les engagements de la société ou pour quelques-uns seulement.

Les avis et conseils, les actes de contrôle et de surveillance n'engagent point l'associé commanditaire (⁴).

29. La société anonyme n'existe point sous un nom social : elle n'est désignée par le nom d'aucun des associés (⁵).

30. Elle est qualifiée par la désignation de l'objet de son entreprise.

(1, 2 et 3) Les mêmes règles sont admises par les législations étrangères. (Voy. C. com. *allemand*, 19 et s., 105 et 128; L. *belge* de 1873, 15 à 17; C. com. *espagnol*, 126 à 144; C. com. *italien*, 104 à 112; C. com. *portugais*, 151 à 161, etc.) En *Angleterre* cependant, les *partnerships* n'ont pas nécessairement une raison sociale, et d'autre part l'un des associés peut engager la société par sa seule signature, pourvu que ce soit pour une affaire sociale.

(4) Les dispositions des articles 23 à 28 se retrouvent dans toutes les législations étrangères : Voy. L. *belge* de 1873, 18 à 25; C. com. *allemand*, 161 et s.; C. com. *espagnol*, 145 à 150; C. com. *italien*, 113 à 119; C. com. *portugais*, 190 à 206, etc.

(5) Les règles générales des articles 29 à 36 sont également admises par les législations étrangères : Voy. L. *belge* de 1873, 26 à 28; C. com. *allemand*, 20; C. com. *espagnol*, 152 et suiv., etc.

31. (Abrogé, L. du 24 juillet 1867, art. 47.) *Elle est administrée par des mandataires à temps, révocables, associés ou non associés, salariés ou gratuits* (¹).

32. Les administrateurs ne sont responsables que de l'exécution du mandat qu'ils ont reçu.

Ils ne contractent, à raison de leur gestion, aucune obligation personnelle ni solidaire relativement aux engagements de la société.

33. Les associés ne sont passibles que de la perte du montant de leur intérêt dans la société.

34. (Modifié par la L. du 16 novembre 1903.) Le capital social des sociétés par actions se divise en actions et même en coupons d'actions d'une valeur nominative égale (²).

Toute société par actions peut, par délibération de l'assemblée générale constituée dans les conditions prévues par l'article 31 de la loi du 24 juillet 1867, créer des actions de priorité, jouissant de certains avantages sur les autres actions ou conférant des droits d'antériorité, soit sur les bénéfices, soit sur l'actif social, soit sur les deux, si les statuts n'interdisent point, par une prohibition directe et expresse, la création d'actions de cette nature.

Sauf dispositions contraires des statuts, les actions de priorité et les autres actions ont, dans les assemblées, un droit de vote égal.

Dans le cas où une décision de l'assemblée générale comporterait une modification dans les droits attachés à une catégorie d'actions, cette décision ne sera définitive qu'après avoir été ratifiée par une assemblée spéciale des actionnaires de la catégorie visée.

Cette assemblée spéciale, pour délibérer valablement, doit réunir au moins la moitié du capital représenté par les actions dont il s'agit, à moins que les statuts ne prescrivent un minimum plus élevé.

35. L'action peut être établie sous la forme d'un titre au porteur (³).

Dans ce cas, la cession s'opère par la tradition du titre.

36. La propriété des actions peut être établie par une inscription sur les registres de la société.

Dans ce cas, la cession s'opère par une déclaration de transfert inscrite sur les registres, et signée de celui qui fait le transport ou d'un fondé de pouvoirs (⁴).

37. (Abrogé, L. du 24 juillet 1867, art. 47.) *La société anonyme ne peut exister qu'avec l'autorisation du Roi, et avec son approbation pour l'acte qui la constitue; cette approbation doit*

---

(1) Voy. *infrà*, 2° part., L. 24 juill. 1867, art. 22.

(2) Voy. pour le montant des actions, *infrà*, 2° part., L. 24 juill. 1867, 1 et 24.

(3) Voy. pour le moment à partir duquel les actions peuvent être mises au porteur, *infrà*, 2° part., L. 24 juill. 1867, 3 et 24.

(4) La L. *belge* de 1873, 37, et le C. com. *hollandais* se contentent, comme la loi française, de la signature du cédant. Le C. com. *italien*, 168, exige en outre la signature du cessionnaire. Le C. com. *allemand* et le C. fédéral *suisse* de 1883, 637, ajoutent à ces obligations celle de présenter les titres pour obtenir le transfert sur les livres sociaux.

être donnée dans la forme prescrite pour les règlements d'administration publique.

38. Le capital des sociétés en commandite pourra être aussi divisé en actions, sans aucune autre dérogation aux règles établies pour ce genre de société.

39. Les sociétés en nom collectif ou en commandite doivent être constatées par des actes publics ou sous signature privée ([1]), en se conformant, dans ce dernier cas, à l'article 1325 du Code civil ([2]).

40. (Abrogé, L. du 24 juillet 1867, art. 47.) *Les sociétés anonymes ne peuvent être formées que par des actes publics* ([3]).

41. Aucune preuve par témoins ne peut être admise contre et outre le contenu dans les actes de société, ni sur ce qui serait allégué avoir été dit avant l'acte, lors de l'acte ou depuis, encore qu'il s'agisse d'une somme au-dessous de cent cinquante francs.

42. (Abrogé, L. du 24 juillet

1867, art. 65.) *L'extrait des actes de société en nom collectif et en commandite doit être remis, dans la quinzaine de leur date, au greffe du tribunal de commerce de l'arrondissement dans lequel est établie la maison du commerce social, pour être transcrit sur le registre, et affiché pendant trois mois dans la salle des audiences. — Si la société a plusieurs maisons de commerce situées dans divers arrondissements, la remise, la transcription et l'affiche de cet extrait, seront faites au tribunal de commerce de chaque arrondissement. — Chaque année, dans la première quinzaine de janvier, les tribunaux de commerce désigneront, au chef-lieu de leur ressort, et, à leur défaut, dans la ville la plus voisine, un ou plusieurs journaux où devront être insérés, dans la quinzaine de leur date, les extraits d'actes de société en nom collectif ou en commandite, et régleront le tarif de l'impression de ces extraits. — Il sera justifié de cette insertion par un exemplaire*

([1]) Les législations étrangères suivent à cet égard des systèmes différents. En *Allemagne*, aucun écrit n'est exigé pour la validité des sociétés en nom collectif (C. com. 105), et il en est de même en *Angleterre* pour les *partnerships*. — En *Belgique*, la L. de 1873, 4, distingue d'une part les sociétés en nom collectif et les sociétés en commandite simple qui peuvent être formées par actes publics ou par actes sous signature privée, et d'autre part les sociétés anonymes et les commandites par actions qui doivent, à peine de nullité, être formées par actes publics. Il en est de même en *Italie* (C. com. 86), en *Portugal* (C. com. 113) et en *Allemagne*, où les statuts des sociétés anonymes ou en commandite par actions doivent être reçus en forme notariée ou judiciaire (C. com. 181 et 320). — Enfin en *Espagne*, toute société commerciale doit nécessairement être consti-

tuée par acte authentique (C. com. 119)

([2]) Art. 1325, C. civ. : « Les actes sous seing privé qui contiennent des conventions synallagmatiques, ne sont valables qu'autant qu'ils ont été faits en autant d'originaux qu'il y a de parties ayant un intérêt distinct. — Il suffit d'un original pour toutes les personnes ayant le même intérêt. — Chaque original doit contenir la mention du nombre des originaux qui en ont été faits. — Néanmoins le défaut de mention que les originaux ont été faits doubles, triples, etc., ne peut être opposé par celui qui a exécuté de sa part la convention portée dans l'acte. »

Comp. pour les sociétés en commandite par actions et pour les sociétés anonymes, les art. 1, 5e al., et 21, 2e al., L. du 24 juillet 1867, *infrà*, 2e part.

([3]) Voy. *suprà* la note 1, sous l'art. 39.

du journal certifié par l'imprimeur, légalisé par le maire et enregistré dans les trois mois de sa date. Ces formalités seront observées, à peine de nullité à l'égard des intéressés ; mais le défaut d'aucune d'elles ne pourra être opposé à des tiers par les associés (¹).

43. (Abrogé, L. du 24 juillet 1867, art. 65.) *L'extrait doit contenir : — les noms, prénoms, qualités et demeures des associés autres que les actionnaires ou commanditaires, — la raison de commerce de la société, — la désignation de ceux des associés autorisés à gérer, administrer et signer pour la société, — le montant des valeurs fournies ou à fournir par actions ou en commandite, — l'époque où la société doit commencer et celle où elle doit finir.*

44. (Abrogé, L. du 24 juillet 1867, art. 65.) *L'extrait des actes de société est signé, pour les actes publics, par les notaires, et pour les actes sous seing privé, par tous les associés, si la société est en nom collectif, et par les associés solidaires ou gérants, si la société est en commandite, soit qu'elle se divise ou ne se divise pas en actions.*

45. (Abrogé, L. du 24 juillet 1867, art. 65.) *L'ordonnance du Roi qui autorise les sociétés anonymes devra être affichée avec l'acte d'association et pendant le même temps.*

46. (Abrogé, L. du 24 juillet 1867, art. 65.) *Toute continuation de société, après son terme expiré, sera constatée par une déclaration des coassociés. — Cette déclaration et tous actes portant dissolution de société avant le terme fixé pour sa durée par l'acte qui l'établit, tout changement ou retraite d'associés, toutes nouvelles stipulations ou clauses, tout changement à la raison de société, sont soumis aux formalités prescrites par les articles 42, 43 et 44. — En cas d'omission de ces formalités, il y aura lieu à l'application des dispositions pénales de l'article 42, dernier alinéa.*

47. Indépendamment des trois espèces de sociétés ci-dessus, la loi reconnaît les associations commerciales en participation (²).

48. Ces associations sont relatives à une ou plusieurs opérations de commerce ; elles ont lieu pour les objets, dans les formes, avec les proportions d'intérêt et aux conditions convenues entre les participants.

49. Les associations en participation peuvent être constatées par la représentation des livres, de la correspondance, ou par la preuve testimoniale, si le tribunal juge qu'elle peut être admise.

50. Les associations commerciales en participation ne sont pas sujettes aux formalités prescrites pour les autres sociétés.

---

(1) Bien que cet article ait été abrogé par la loi de 1867 en matière de sociétés, il est encore en vigueur dans d'autres matières, notamment au point de vue de la publicité du jugement déclaratif de faillite (voy. C. com. 442).

(2) Ces associations sont reconnues en *Allemagne* sous le nom de sociétés tacites (C. com. 335 à 342).

Sect. 2 (¹). — Des contestations entre associés et de la manière de les décider.

51. *Toute contestation entre associés, et pour raison de la société, sera jugée par des arbitres.*

52. *Il y aura lieu à l'appel du jugement arbitral ou au pourvoi en cassation, si la renonciation n'a pas été stipulée. L'appel sera porté devant la Cour royale.*

53. *La nomination des arbitres se fait : — par un acte sous signature privée, — par acte notarié, — par acte extrajudiciaire, — par un consentement donné en justice.*

54. *Le délai pour le jugement est fixé par les parties, lors de la nomination des arbitres ; et, s'ils ne sont pas d'accord sur le délai, il sera réglé par les juges.*

55. *En cas de refus de l'un ou de plusieurs des associés de nommer des arbitres, les arbitres sont nommés d'office par le tribunal de commerce.*

56. *Les parties remettent leurs pièces et mémoires aux arbitres, sans aucune formalité de justice.*

57. *L'associé en retard de remettre les pièces et mémoires est sommé de le faire dans les dix jours.*

58. *Les arbitres peuvent, suivant l'exigence des cas, proroger le délai pour la production des pièces.*

59. *S'il n'y a renouvellement de délai, ou si le nouveau délai est expiré, les arbitres jugent sur les seules pièces et mémoires remis.*

60. *En cas de partage, les arbitres nomment un sur-arbitre, s'il n'est nommé par le compromis : si les arbitres sont discordants sur le choix, le sur-arbitre est nommé par le tribunal de commerce.*

61. *Le jugement arbitral est motivé. — Il est déposé au greffe du tribunal de commerce. — Il est rendu exécutoire sans aucune modification, et transcrit sur les registres, en vertu d'une ordonnance du président du tribunal, lequel est tenu de la rendre pure et simple, et dans le délai de trois jours du dépôt au greffe.*

62. *Les dispositions ci-dessus sont communes aux veuves, héritiers ou ayants cause des associés.*

63. *Si des mineurs sont intéressés dans une contestation pour raison d'une société commerciale, le tuteur ne pourra renoncer à la faculté d'appeler du jugement arbitral.*

64. Toutes actions contre les associés non liquidateurs et leurs veuves, héritiers ou ayants cause, sont prescrites cinq ans après la fin ou la dissolution de la société, si l'acte de société qui en énonce la durée, ou l'acte de dissolution, a été affiché et enregistré conformément aux articles 42, 43, 44 et 46, et si, depuis cette formalité remplie, la prescription n'a été interrompue à leur égard par aucune poursuite judiciaire (²).

---

(1) Les art. 51 à 63 sont abrogés par la L. du 17 juillet 1856, relative à l'arbitrage forcé. Cet arbitrage forcé a été également supprimé dans les pays étrangers qui l'avaient primitivement emprunté à notre Code : il n'en est plus question dans le C. com. *espagnol* de 1885 ni dans le C. com. *portugais* de 1888.

(2) Dans la plupart des législations, la durée de la prescription est également fixée à 5 années (voy. C. com. *allemand*, 159 ; L. *belge* de 1873, 127 ; C. com. *espagnol*.

Titre IV. — Des séparations de biens.

65. Toute demande en séparation de biens sera poursuivie, instruite et jugée conformément à ce qui est prescrit au Code civil, livre III, titre V, chapitre II, section III, et au Code de procédure civile, deuxième partie, livre I, titre VIII.

66. Tout jugement qui prononcera une séparation de corps ou un divorce (¹) entre mari et femme, dont l'un serait commerçant, sera soumis aux formalités prescrites par l'article 872 du Code de procédure civile; à défaut de quoi, les créanciers seront toujours admis à s'y opposer, pour ce qui touche leurs intérêts, et à contredire toute liquidation qui en aurait été la suite.

67. Tout contrat de mariage entre époux dont l'un sera commerçant sera transmis par extrait, dans le mois de sa date, aux greffes et chambres désignés par l'article 872 du Code de procédure civile, pour être exposé au tableau, conformément au même article.

Cet extrait annoncera si les époux sont mariés en communauté, s'ils sont séparés de biens, ou s'ils ont contracté sous le régime dotal (²).

68. Le notaire qui aura reçu le contrat de mariage sera tenu de faire la remise ordonnée par l'article précédent, sous peine de cent francs d'amende (³), et même de destitution et de responsabilité envers les créanciers, s'il est prouvé que l'omission soit la suite d'une collusion.

69. (L. du 28 mai 1838). L'époux séparé de biens, ou marié sous le régime dotal, qui embrasserait la profession de commerçant postérieurement à son mariage, sera tenu de faire pareille remise dans le mois du jour où il aura ouvert son commerce : à défaut de cette remise, il pourra être, en cas de faillite, condamné comme banqueroutier simple.

70. La même remise sera faite, sous les mêmes peines, dans l'année de la publication de la présente loi, par tout époux séparé de biens, ou marié sous le régime dotal, qui, au moment de ladite publication, exercerait la profession de commerçant.

---

150). En *Portugal,* les actions en matière de société se prescrivent en principe par 3 années (C. com. 947).

(1) Dans la plupart des pays où existe l'institution d'un registre du commerce, la publicité des contrats de mariage et des séparations de biens se fait au moyen d'une inscription sur ce registre : voy. C. com. *espagnol,* 21-9° ; C. com. *portugais.* 49-2° et 3°.

(2) Voy. la note sous l'article précédent.

(3) Aujourd'hui vingt francs d'amende : L. du 16 juin 1824, art. 10.

Titre V. — Des bourses de commerce, agents de change et courtiers (¹).

Sect. 1. — *Des bourses de commerce* (²).

71. La bourse de commerce est la réunion qui a lieu, sous l'autorité du Roi, des commerçants, capitaines de navire, agents de change et courtiers.

72. Le résultat des négociations et des transactions qui s'opèrent dans la bourse détermine le cours du change, des marchandises, des assurances, du fret ou nolis, du prix des transports par terre ou par eau, des effets publics et autres dont le cours est susceptible d'être coté.

73. Ces divers cours sont constatés par les agents de change et courtiers, dans la forme prescrite par les règlements de police généraux ou particuliers.

Sect. 2. — *Des agents de change et courtiers.*

74. (L. du 2 juillet 1862.) La loi reconnaît, pour les actes de commerce, des agents intermédiaires, savoir : les agents de change et les courtiers.

Il y en a dans toutes les villes qui ont une bourse de commerce.

Ils sont nommés par l'*Empereur* (le Président de la République).

75. (L. du 2 juillet 1862.) Les agents de change près les bourses pourvues d'un parquet pourront s'adjoindre des bailleurs de fonds intéressés, participant aux bénéfices et aux pertes résultant de l'exploitation de l'office et de la liquidation de sa valeur. Ces bailleurs de fonds ne seront passibles des pertes que jusqu'à concurrence des capitaux qu'ils auront engagés.

Le titulaire de l'office doit toujours être propriétaire en son nom personnel du quart au moins de la somme représentant le prix de l'office et le montant du cautionnement.

L'extrait de l'acte et les modifications qui pourront intervenir seront publiés, à peine de nullité, à l'égard des intéressés, sans que ceux-ci puissent oppo-

---

(1) Le système français de la réglementation absolue des bourses de commerce et des agents de change a été adopté par le C. com. *portugais*, 64 à 95, et par la *Roumanie* (L. du 8 mai 1904). — Les autres législations, au contraire, s'en sont plus ou moins écartées. En *Belgique*, la L. du 30 déc. 1867 a consacré le principe de la liberté absolue, soit en ce qui concerne l'établissement des bourses de commerce, soit en ce qui concerne la profession d'agent de change. Le même système est suivi en *Espagne*, sauf cependant certaines réserves : le Gouvernement peut interdire de négocier des valeurs étrangères pour des motifs d'ordre public ; et il peut nommer des agents de change officiels qui ont le caractère d'officiers publics, sans jouir d'ailleurs d'aucun monopole. Il en est de même en *Autriche* (L. du 1er avril 1875 sur les bourses de commerce et du 4 avril 1875 sur les courtiers de commerce et les agents de change). — En *Suisse*, chaque canton a ses lois spéciales sur les agents de change et courtiers (C. féd. des oblig. 406). — Enfin, en *Angleterre*, la Bourse, *stock exchange*, est placée entre les mains d'une corporation dont les membres jouissent d'un monopole de fait équivalent à celui que la loi française attribue aux agents de change.

(2) Voy. sur les bourses de commerce et les agents de change, *infrà*, 2ᵉ part., arrêté du Conseil du 24 sept. 1781, L. 28 vent. an IX, arrêté du 27 prair. an X, décr. du 6 févr. 1880, L. du 28 mars 1885, décr. du 7 oct. 1890 : — et sur les courtiers, *infrà*, 2ᵉ part., L. du 18 juillet 1866.

ser aux tiers le défaut de publication.

76. Les agents de change, constitués de la manière prescrite par la loi, ont seuls le droit de faire les négociations des effets publics et autres susceptibles d'être cotés, de faire, pour le compte d'autrui, les négociations des lettres de change ou billets, et de tous papiers commerçables, et d'en constater le cours.

Les agents de change pourront faire, concurremment avec les courtiers de marchandises, les négociations et le courtage des ventes ou achats des matières métalliques. Ils ont seuls le droit d'en constater le cours.

77. Il y a des courtiers de marchandises,

Des courtiers d'assurances,

Des courtiers - interprètes et conducteurs de navires,

Des courtiers de transport par terre et par eau.

78. Les courtiers de marchandises, constitués de la manière prescrite par la loi, *ont seuls le droit de faire le courtage des marchandises*(¹), d'en constater le cours ; il exercent, concurremment avec les agents de change, le courtage des matières métalliques.

79. Les courtiers d'assurances rédigent les contrats ou polices d'assurances, concurremment avec les notaires ; ils en attestent la vérité par leurs signatures, certifient le taux des primes pour tous les voyages de mer ou de rivière.

80. Les courtiers-interprètes et conducteurs de navires font le courtage des affrètements : ils ont, en outre, seuls le droit de traduire, en cas de contestations portées devant les tribunaux, les déclarations, chartes-parties, connaissements, contrats et tous actes de commerce dont la traduction serait nécessaire ; enfin, de constater le cours du fret ou du nolis.

Dans les affaires contentieuses de commerce et pour le service des douanes, ils serviront seuls de truchement à tous étrangers, maîtres de navires, marchands, équipages de vaisseau et autres personnes de mer.

81. Le même individu peut, si l'acte du Gouvernement qui l'institue l'y autorise, cumuler les fonctions d'agent de change, de courtier de marchandises ou d'assurances, et de courtier-interprète et conducteur de navires.

82. Les courtiers de transport par terre et par eau, constitués selon la loi, ont seuls, dans les lieux où ils sont établis, le droit de faire le courtage des transports par terre et par eau : ils ne peuvent cumuler, dans aucun cas et sous aucun prétexte, les fonctions de courtiers de marchandises, d'assurances, ou de courtiers conducteurs de navires, désignées aux articles 78, 79 et 80.

83. Ceux qui ont fait faillite ne peuvent être agents de change ni courtiers, s'ils n'ont été réhabilités.

84. Les agents de change et courtiers sont tenus d'avoir un livre revêtu des formes prescrites par l'article 11.

---

(1) Le monopole des courtiers de marchandises a été supprimé par la L. du 18 juill. 1866, voy. *infrà*, 2° partie.

Ils sont tenus de consigner dans ce livre, jour par jour, et par ordre de dates, sans ratures, interlignes ni transpositions, et sans abréviations ni chiffres, toutes les conditions des ventes, achats, assurances, négociations, et en général de toutes les opérations faites par leur ministère.

85. Un agent de change ou courtier ne peut, dans aucun cas et sous aucun prétexte, faire des opérations de commerce ou de banque pour son compte.

Il ne peut s'intéresser directement ni indirectement, sous son nom, ou sous un nom interposé, dans aucune entreprise commerciale.

(Abrogé, L. du 28 mars 1885, art. 3.) *Il ne peut recevoir ni payer pour le compte de ses commettants.*

86. (Abrogé, L. du 28 mars 1885, art. 3.) *Il ne peut se rendre garant de l'exécution des marchés dans lesquels il s'entremet.*

87. Toute contravention aux dispositions énoncées dans les deux articles précédents entraîne la peine de destitution, et une condamnation d'amende qui sera prononcée par le tribunal de police correctionnelle, et qui ne peut être au-dessus de trois mille francs, sans préjudice de l'action des parties en dommages et intérêts.

88. Tout agent de change ou courtier destitué en vertu de l'article précédent ne peut être réintégré dans ses fonctions.

89. En cas de faillite, tout agent de change ou courtier est poursuivi comme banqueroutier.

90. (L. du 2 juillet 1862.) Il sera pourvu par des règlements d'administration publique à ce qui est relatif : 1° aux taux des cautionnements, sans que le maximum puisse dépasser deux cent cinquante mille francs ; 2° à la négociation et à la transmission de la propriété des effets publics, et généralement à l'exécution des dispositions contenues au présent titre[1].

Titre VI. — Du gage et des commissionnaires.

(Loi du 23 mai 1863, promulguée le 29 mai.)

Sect. 1. — Du gage.

91. Le gage constitué, soit par un commerçant, soit par un individu non commerçant, pour un acte de commerce, se constate, à l'égard des tiers comme à l'égard des parties contractantes, conformément aux dispositions de l'article 109 du Code de commerce[2].

Le gage, à l'égard des valeurs négociables, peut aussi être établi par un endossement régulier, indiquant que les valeurs ont été remises en garantie.

A l'égard des actions, des parts d'intérêt et des obligations nominatives des sociétés financières, industrielles, commerciales ou civiles, dont la transmission s'opère par un transfert sur les registres de la société, le

----

(1) Voy. *infrà*, 2° partie, le décret du 7 oct. 1890.

(2) Voy. conforme, L. *belge* du 5 mai 1872, 1er. — Certaines législations, au contraire, exigent encore un écrit en matière commerciale, tout au moins lorsque la créance garantie est supérieure à une certaine somme : il en est ainsi en *Italie* au-dessus de 150 fr. (C. com. 449), en *Portugal* au-dessus de 200,000 réis (C. com. 400), en *Roumanie* au-dessus de 500 fr. (C. com., 479 et suiv.).

gage peut également être établi par un transfert à titre de garantie inscrit sur lesdits registres.

Il n'est pas dérogé aux dispositions de l'article 2075 du *Code Napoléon* (Code civil) en ce qui concerne les créances mobilières dont le cessionnaire ne peut être saisi à l'égard des tiers que par la signification du transport faite au débiteur(¹).

Les effets de commerce donnés en gage sont recouvrables par le créancier gagiste.

92. Dans tous les cas, le privilège ne subsiste sur le gage qu'autant que ce gage a été mis et est resté en la possession du créancier ou d'un tiers convenu entre les parties.

Le créancier est réputé avoir les marchandises en sa possession, lorsqu'elles sont à sa disposition dans ses magasins ou navires, à la douane ou dans un dépôt public, ou si, avant qu'elles soient arrivées, il en est saisi par un connaissement ou par une lettre de voiture(²).

93. A défaut de paiement à l'échéance, le créancier peut, huit jours après une simple signification faite au débiteur et au tiers bailleur de gage, s'il y en a un, faire procéder à la vente publique des objets donnés en gage (³).

Les ventes autres que celles dont les agents de change peuvent seuls être chargés sont faites par le ministère des courtiers. Toutefois, sur la requête des parties, le président du tribunal de commerce peut désigner, pour y procéder, une autre classe d'officiers publics. Dans ce cas, l'officier public, quel qu'il soit, chargé de la vente, est soumis aux dispositions qui régissent les courtiers, relativement aux formes, aux tarifs et à la responsabilité.

Les dispositions des articles 2 à 7 inclusivement de la loi du 28 mai 1858, sur les ventes publiques, sont applicables aux ventes prévues par le paragraphe précédent (⁴).

Toute clause qui autoriserait le créancier à s'approprier le gage ou à en disposer sans les formalités ci-dessus prescrites est nulle(⁵).

---

(1) Art. 2075, C. civ : « Le privilège énoncé en l'article précédent ne s'établit sur les meubles incorporels, tels que les créances mobilières, que par acte public ou sous seing privé, aussi enregistré, et signifié au débiteur de la créance donnée en gage.

(2) Voy. dans le même sens, L. *belge* de 1872, 2 ; C. com. *italien*, 456-3° ; C. com. *portugais*, 398 ; L. *suisse* des obligations, 282.

(3) Même règle en *Allemagne* (C. com. 368) et en *Portugal* (C. com. 401), sinon que le créancier peut faire vendre le lendemain même de la signification au débiteur. En *Italie*, le créancier peut faire vendre 3 jours après la signification (C. com. 453). — D'autres législations sont plus exigeantes : en *Belgique*, le créancier doit d'abord mettre en demeure le débiteur, adresser ensuite une requête au président du tribunal de commerce pour être autorisé à vendre publiquement ou à l'amiable, signifier enfin cette requête et l'ordonnance qui la suit au débiteur : la vente est possible trois jours après cette signification, s'il n'y a pas eu d'opposition (L. de 1872, 4 et suiv.).

(4) Voy. *infrà*, 2ᵉ partie.

(5) Voy. conf. L. *belge* de 1872, 6, et C. com. *italien*, 454.

Sect. 2. — *Des commissionnaires en général* (¹).

94. Le commissionnaire est celui qui agit en son propre nom ou sous un nom social pour le compte d'un commettant.

Les devoirs et les droits du commissionnaire qui agit au nom d'un commettant sont déterminés par le *Code Napoléon* (Code civil, livre III, titre XIII) (²).

95. Tout commissionnaire a privilége sur la valeur des marchandises à lui expédiées, déposées ou consignées, par le fait seul de l'expédition, du dépôt ou de la consignation, pour tous les prêts, avances ou paiements faits par lui, soit après la réception des marchandises, soit pendant le temps qu'elles sont en sa possession.

Ce privilége ne subsiste que sous la condition prescrite par l'article 92 qui précède.

Dans la créance privilégiée du commissionnaire sont compris, avec le principal, les intérêts, commissions et frais.

Si les marchandises ont été vendues et livrées pour le compte du commettant, le commissionnaire se rembourse, sur le produit de la vente, du montant de sa créance, par préférence aux créanciers du commettant (³).

Sect. 3. — *Des commissionnaires pour les transports par terre ou par eau.*

96. Le commissionnaire qui se charge d'un transport par terre ou par eau est tenu d'inscrire sur son livre-journal la déclaration de la nature et de la quantité des marchandises, et, s'il en est requis, de leur valeur.

97. Il est garant de l'arrivée des marchandises et effets dans le délai déterminé par la lettre de voiture, hors les cas de la force majeure légalement constatée.

98. Il est garant des avaries ou pertes de marchandises et effets, s'il n'y a stipulation contraire dans la lettre de voiture, ou force majeure.

99. Il est garant des faits du commissionnaire intermédiaire auquel il adresse les marchandises (⁴).

100. La marchandise sortie du magasin du vendeur ou de

______

(1) La plupart des législations étrangères consacrent de nombreuses dispositions au contrat de commission, et elles réglementent également la situation des facteurs, commis et autres employés des commerçants dont notre Code ne parle pas : voy. notamment C. com. *espagnol*, 244 à 302 ; C. com. *portugais*, 231 à 277 ; C. com. *allemand*, 383 à 406.

(2) Le même système est suivi en *Espagne* (C. com. 244 et 245). En *Allemagne*, au contraire (C. com. 383), en *Italie* (C. com. 68), en *Portugal* (C. com. 266), et aussi en *Belgique* (C. com. 13), il n'y a commission que lorsque le mandataire, en exécutant un mandat commercial, agit en son propre nom.

(3) Le privilége du commissionnaire est admis par toutes les législations étrangères : C. com. *allemand*, 397 ; C. com. *espagnol*, 276 ; C. com. *hollandais*, 80 à 85 ; C. com. *italien*, 362 et 363 ; C. com. *portugais*, 247 ; C. com. *belge*, 14 et 15, avec cette addition que le bailleur de fonds qui a fourni au commissionnaire les sommes qui lui sont nécessaires a aussi un privilége qui prime celui du commissionnaire.

(4) Les régles des art. 97 à 99 sont également admises à l'étranger : voy. C. com. *belge*, 99 ; C. com. *italien*, 398 et suiv. ; C. com. *portugais*, 377.

l'expéditeur voyage, s'il n'y a convention contraire, aux risques et périls de celui à qui elle appartient, sauf son recours contre le commissionnaire et le voiturier chargés du transport.

101. La lettre de voiture forme un contrat entre l'expéditeur et le voiturier, ou entre l'expéditeur, le commissionnaire et le voiturier.

102. La lettre de voiture doit être datée.

Elle doit exprimer :

La nature et le poids ou la contenance des objets à transporter ;

Le délai dans lequel le transport doit être effectué.

Elle indique :

Le nom et le domicile du commissionnaire par l'entremise duquel le transport s'opère, s'il y en a un ;

Le nom de celui à qui la marchandise est adressée ;

Le nom et le domicile du voiturier.

Elle énonce :

Le prix de la voiture,

L'indemnité due pour cause de retard.

Elle est signée par l'expéditeur ou le commissionnaire.

Elle présente en marge les marques et numéros des objets à transporter.

La lettre de voiture est copiée par le commissionnaire sur un registre coté et paraphé, sans intervalle et de suite[1].

Sect. 4. — Du voiturier.

103. Le voiturier est garant de la perte des objets à transporter, hors les cas de la force majeure.

Il est garant des avaries autres que celles qui proviennent du vice propre de la chose ou de la force majeure[2].

(Ajouté par la L. du 17 mars 1905.) Toute clause contraire insérée dans toute lettre de voiture, tarif ou autre pièce quelconque, est nulle.

104. Si, par l'effet de la force majeure, le transport n'est pas effectué dans le délai convenu, il n'y a pas lieu à indemnité contre le voiturier pour cause de retard.

105. (L. du 11 avril 1888.) La réception des objets transportés et le paiement du prix de la voiture éteignent toute action contre le voiturier pour avarie ou perte partielle, si, dans les trois jours, non compris les jours fériés, qui suivent celui de cette réception et de ce paiement, le destinataire n'a pas notifié au voiturier, par acte extrajudiciaire, ou par lettre recommandée, sa protestation motivée[3].

Toutes stipulations contraires sont nulles et de nul effet. Cette

---

(1) Règles analogues dans les pays étrangers : voy. C. com. *allemand*, 426 ; C. com. *belge*, 102 ; C. com. *espagnol*, 350 ; C. com. *italien*, 390 ; C. com. *portugais*, 370.

(2) En *Allemagne* (C. com. 430), en *Espagne* (C. com. 363 et suiv.) et en *Portugal* (C. com. 384), l'indemnité, en cas de perte ou avarie, ne comprend pas, comme en droit français, la réparation du préjudice calculé sur la perte et le manque de gain ; elle ne comprend que la valeur commerciale de la chose au lieu et à l'époque de la livraison.

(3) Le C. com. *italien*, 415, a consacré le même système, avec cette différence toutefois que le destinaire a un délai de dix jours pour faire vérifier judiciairement l'avarie. Mais la plupart des législations distinguent suivant que l'avarie est ou non apparente ; et ce n'est que dans ce der-

dernière disposition n'est pas applicable aux transports internationaux.

106. En cas de refus ou contestation pour la réception des objets transportés, leur état est vérifié et constaté par des experts nommés par le président du tribunal de commerce, ou, à son défaut, par le juge de paix, et par ordonnance au pied d'une requête.

Le dépôt ou séquestre, et ensuite le transport dans un dépôt public, peut en être ordonné.

La vente peut en être ordonnée en faveur du voiturier, jusqu'à concurrence du prix de la voiture (1).

107. Les dispositions contenues dans le présent titre sont communes aux maîtres de bateaux, entrepreneurs de diligences et voitures publiques.

108. (L. du 11 avril 1888.) Les actions pour avaries, pertes ou retard, auxquelles peut donner lieu contre le voiturier le contrat de transport sont prescrites dans le délai d'un an, sans préjudice des cas de fraude ou d'infidélité (2).

Toutes les autres actions auxquelles ce contrat peut donner lieu, tant contre le voiturier ou le commissionnaire que contre l'expéditeur ou le destinataire, aussi bien que celles qui naissent des dispositions de l'article 541 du Code de procédure civile, sont prescrites dans le délai de cinq ans.

Le délai de ces prescriptions est compté, dans le cas de perte totale, du jour où la remise de la marchandise aurait dû être effectuée, et, dans tous les autres cas, du jour où la marchandise aura été remise ou offerte au destinataire.

Le délai pour intenter chaque action récursoire est d'un mois. Cette prescription ne court que du jour de l'exercice de l'action contre le garanti.

Dans le cas de transports faits pour le compte de l'État, la prescription ne commence à courir que du jour de la notification de la décision ministérielle emportant liquidation ou ordonnancement définitif.

Titre VII. — Des achats et ventes.

109. Les achats et ventes se constatent :

Par actes publics,

Par actes sous signature privée,

Par le bordereau ou arrêté d'un agent de change ou courtier, dûment signé par les parties,

Par une facture acceptée,

Par la correspondance,

Par les livres des parties,

---

nier cas que le destinataire a un délai pour conserver son action contre le voiturier : voy. C. com. *allemand*, 438 ; C. com. *espagnol*, 366 ; C. com. *portugais*, 385.

(1) L'art. 2102-6°, C. civ., et la plupart des législations étrangères (C. com. *italien*, 112 ; C. com. *portugais*, 391) accordent au voiturier un privilège sur les choses transportées jusqu'au moment de leur livraison : en *Allemagne* (C. com. 439), le privilège peut être exercé pendant 3 jours après la livraison, et en *Espagne* (C. com. 375) pendant 8 jours.

(2) Même règle dans la plupart des législations étrangères : C. com. *allemand*, 414 ; C. com. *espagnol*, 952 ; en *Italie*, la prescription est de 6 mois ou d'un an suivant que l'expédition a été faite d'un lieu plus ou moins éloigné (C. com. 926).

Par la preuve testimoniale, dans le cas où le tribunal croira devoir l'admettre (¹).

Titre VIII. — De la lettre de change, du billet à ordre et de la prescription (²).

Sect. 1. — De la lettre de change.

§ 1er. — De la forme de la lettre de change.

110. (L. du 7 juin 1894.) La lettre de change est tirée soit d'un lieu sur un autre, soit d'un lieu sur le même lieu (³).

Elle est datée.

Elle énonce :

La somme à payer,

Le nom de celui qui doit payer (⁴),

L'époque et le lieu où le paiement doit s'effectuer (⁵),

La valeur fournie en espèces, en marchandises, en compte, ou de toute autre manière (⁶).

Elle est à l'ordre d'un tiers, ou à l'ordre du tireur lui-même (⁷).

---

(1) Même règle en *Allemagne* (C. com. 350), en *Belgique* (C. com. 25), en *Hollande* (C. com. 1) et en *Italie* (C. com. 44). En *Espagne*, au contraire, l'existence des contrats commerciaux ne peut être prouvée que par l'un des modes établis par le droit civil (C. com. 51).

(2) Les législations étrangères relatives à la lettre de change se divisent en deux groupes.

A. — Législations qui considèrent la lettre de change comme l'exécution d'un contrat de change, et qui exigent par suite la remise de place en place et l'indication de la valeur fournie : ce système n'est plus suivi en Europe que par la *Hollande* (C. com. 100 et suiv.) et en Amérique par les États qui se sont inspirés du C. com. espagnol de 1829, par exemple le *Chili* (C. com. 427 et suiv.).

B. — Législations qui considèrent la lettre de change comme un simple instrument de crédit, indépendant de tout contrat de change, et qui par suite n'exigent ni la remise de place en place, ni le plus souvent la valeur fournie :

1º *Allemagne* : L. sur le change du 5 juin 1869 (traduite et annotée par MM. Gide, Flach, Lyon-Caen et Dietz) ;

2º *Angleterre* : L. du 18 août 1882 ;

3º *Belgique* : L. du 20 mai 1872 (*Ann. de lég. étr.*, 1873, p. 358) et du 10 juill. 1877 sur les protêts ;

4º *Espagne* : C. com. 443 à 530 ;

5º *Hongrie* : L. du 5 juin 1876 ;

6º *Italie* : C. com. 250 à 337 ;

7º *Pays Scandinaves* : L. du 7 mai 1880 ;

8º *Portugal* : C. com. 278 à 343 ;

9º *Roumanie* : C. com. 270 et suiv. ;

10º *Russie* : L. du 23 mai 1902 sur les effets de commerce ;

11º *Suisse* : C. fédéral des obligations, 720 à 829 ;

12º *Brésil* : L. du 31 déc. 1908.

Sur les chèques, voy. *infrà*, 2ᵉ part., les L. du 14 juin 1865, du 19 févr. 1874 et du 30 déc. 1911.

(3) En *Allemagne*, la lettre de change doit contenir la qualification de *lettre de change* (*Wechsel*), ou, si la lettre est rédigée en langue étrangère, l'expression équivalente dans cette langue (L. de 1869, 4-1º).

(4) En *Allemagne* (L. de 1869, 6) et en *Espagne* (C. com. 446-3º), la lettre peut être tirée sur le tireur lui-même, pourvu que le paiement doive être fait dans un lieu autre que celui de l'émission. En *Angleterre*, si le tireur et le tiré sont la même personne, le porteur peut à son choix considérer l'écrit comme lettre de change ou comme billet à ordre (L. de 1882, 5).

(5) En *Angleterre* (L. de 1882, 10), en *Portugal* (C. com. 282), et en *Belgique* (L. de 1872, 2), la lettre de change qui ne mentionne pas l'époque du paiement est considérée comme payable à vue.

(6) La mention de la valeur fournie n'est pas exigée en *Allemagne*, en *Belgique*, en *Italie* (C. com. 250), en *Angleterre* (L. de 1882, 3, § 4), en *Portugal* (C. com. 278) et au *Brésil* (L. de 1908).

(7) La nécessité de la clause d'ordre a été maintenue par la législation *belge* et par le C. com. *italien*, 250. En *Allemagne*, au contraire (L. de 1869, 9), en *Angleterre* (L. de 1882, 8) et en *Portugal* (C. com. 280), la clause d'ordre est sous-entendue, et il faut une expression formelle de volonté pour rendre la lettre intransmissible par voie d'endossement.

Si elle est par première, deuxième, troisième, quatrième, etc., elle l'exprime.

111. Une lettre de change peut être tirée sur un individu et payable au domicile d'un tiers.

Elle peut être tirée par ordre et pour le compte d'un tiers.

112. (L. du 7 juin 1894.) Sont réputées simples promesses toutes lettres de change contenant supposition soit de nom, soit de qualité (1).

113. La signature des femmes et des filles non négociantes ou marchandes publiques sur lettres de change ne vaut, à leur égard, que comme simple promesse (2).

114. Les lettres de change souscrites par des mineurs non négociants sont nulles à leur égard, sauf les droits respectifs des parties, conformément à l'article 1312 du Code civil.

§ 2. — De la provision.

115. La provision doit être faite par le tireur (3), ou par celui pour le compte de qui la lettre de change sera tirée, sans que le tireur pour compte d'autrui cesse d'être personnellement obligé envers les endosseurs et le porteur seulement.

116. Il y a provision, si, à l'échéance de la lettre de change, celui sur qui elle est fournie est redevable au tireur, ou à celui pour compte de qui elle est tirée, d'une somme au moins égale au montant de la lettre de change (4).

117. L'acceptation suppose la provision.

Elle en établit la preuve à l'égard des endosseurs.

Soit qu'il y ait ou non acceptation, le tireur seul est tenu de prouver, en cas de dénégation, que ceux sur qui la lettre était tirée avaient provision à l'échéance : sinon il est tenu de la garantir, quoique le protêt ait été fait après les délais fixés.

---

(1) Bien que le C. com. ne parle pas de l'omission des mentions prescrites par l'art. 110, on est d'accord pour reconnaître que l'écrit qui ne contiendrait pas ces mentions ne serait pas valable au moins comme lettre de change. Voy. aussi dans le même sens : L. *allemande* de 1869, 7 ; L. *anglaise* de 1882, 3, § 2 ; C. com. *espagnol*, 450 ; C. com. *italien*, 253 ; C. com. *portugais*, 281.

(2) Cette règle, motivée par la rigueur de la contrainte par corps, n'a pas été reproduite par les législations étrangères : voy. notamment L. *allemande* de 1869, 1 ; L. *anglaise* de 1882, 22 et suiv. ; C. com. *italien*, 326, qui appliquent à la capacité en matière de lettres de change les règles du droit commun.

(3) Cette obligation pour le tireur de fournir provision, sous peine d'être poursuivi, faute de paiement de la lettre, même par le porteur négligent, est également admise en *Angleterre* (L. de 1882, 46, § 2-c), en *Belgique* (L. de 1872, 4), en *Espagne* (C. com. 456) et en *Hollande* (C. com. 106). — En *Allemagne*, en *Italie* et en *Portugal*, cette théorie de la provision n'a pas cours : le tireur qui n'a pas fourni provision peut bien, il est vrai, être poursuivi par le porteur négligent (L. *allemande* de 1869, 83) ; mais ce n'est pas en vertu de la lettre de change ; c'est en vertu du droit commun et en raison de l'enrichissement qu'il s'est procuré au détriment du porteur.

(4) La question de savoir si le porteur est propriétaire de la provision a été résolue négativement par le C. com. *hollandais*, 110. En *Belgique*, au contraire, l'art. 6 de la L. de 1872 dispose que « le porteur a, vis-à-vis des créanciers du tireur, un droit exclusif à la provision qui existe entre les mains du tiré, lors de l'exigibilité de la traite ».

§ 3. — De l'acceptation (1).

118. Le tireur et les endosseurs d'une lettre de change sont garants solidaires de l'acceptation et du paiement à l'échéance.

119. Le refus d'acceptation est constaté par un acte que l'on nomme protêt faute d'acceptation.

120. Sur la notification du protêt faute d'acceptation, les endosseurs et le tireur sont respectivement tenus de donner caution pour assurer le paiement de la lettre de change à son échéance, ou d'en effectuer le remboursement avec les frais de protêt et de rechange.

La caution, soit du tireur, soit de l'endosseur, n'est solidaire qu'avec celui qu'elle a cautionné.

121. Celui qui accepte une lettre de change contracte l'obligation d'en payer le montant.

L'accepteur n'est pas restituable contre son acceptation, quand même le tireur aurait failli à son insu avant qu'il eût accepté.

122. L'acceptation d'une lettre de change doit être signée.

L'acceptation est exprimée par le mot *accepté*.

Elle est datée, si la lettre est à un ou à plusieurs jours ou mois de vue ;

Et, dans ce dernier cas, le défaut de date de l'acceptation rend la lettre exigible au terme y exprimé, à compter de sa date.

123. L'acceptation d'une lettre de change payable dans un autre lieu que celui de la résidence de l'accepteur, indique le domicile où le paiement doit être effectué ou les diligences faites.

124. L'acceptation ne peut être conditionnelle, mais elle peut être restreinte quant à la somme acceptée.

Dans ce cas, le porteur est tenu de faire protester la lettre de change pour le surplus.

125. Une lettre de change doit être acceptée à sa présentation, ou, au plus tard, dans les vingt-quatre heures de la présentation.

Après les vingt-quatre heures, si elle n'est pas rendue acceptée ou non acceptée, celui qui l'a retenue est passible de dommages-intérêts envers le porteur.

§ 4. — De l'acceptation par intervention.

126. Lors du protêt faute

---

d'acceptation, la lettre de change peut être acceptée par un tiers intervenant pour le tireur ou pour l'un des endosseurs.

L'intervention est mentionnée dans l'acte du protêt; elle est signée par l'intervenant.

127. L'intervenant est tenu de notifier sans délai son intervention à celui pour qui il est intervenu.

128. Le porteur de la lettre de change conserve tous ses droits contre le tireur et les endosseurs, à raison du défaut d'acceptation par celui sur qui la lettre était tirée, nonobstant toutes acceptations par intervention (1).

§ 5. — De l'échéance (2).

129. Une lettre de change peut être tirée :

à vue,

à un ou plusieurs jours de vue,

à un ou plusieurs mois de vue,

à une ou plusieurs usances de vue,

à un ou plusieurs jours de date,

à un ou plusieurs mois de date,

à une ou plusieurs usances de date,

à jour fixe ou à jour déterminé,

en foire.

130. La lettre de change à vue est payable à sa présentation.

131. L'échéance d'une lettre de change

à un ou plusieurs jours de vue,

à un ou plusieurs mois de vue,

à une ou plusieurs usances de vue,

est fixée par la date de l'acceptation, ou par celle du protêt faute d'acceptation.

132. L'usance est de trente jours, qui courent du lendemain de la date de la lettre de change.

Les mois sont tels qu'ils sont fixés par le calendrier grégorien.

133. Une lettre de change payable en foire est échue la veille du jour fixé pour la clôture de la foire, ou le jour de la foire si elle ne dure qu'un jour.

134. (Modifié par la L. du 28 mars 1904.) Si l'échéance d'une lettre de change est à un jour férié légal, elle est payable le premier jour ouvrable qui suit.

---

(1) Cette règle est également admise par la plupart des législations étrangères : voy. C. com. *espagnol*, 513 ; C. com. *hollandais*, 128 ; C. com. *italien*, 270 ; C. com. *portugais*, 297. — En *Allemagne* au contraire, le porteur n'est pas tenu d'agréer l'acceptation de toute personne ; mais s'il l'admet ou si la lettre est acceptée par la personne qui y est désignée comme recommandataire ou besoin, le porteur n'a plus de recours pour défaut d'acceptation du tiré contre le tireur et les endosseurs (L. de 1869, 56 et 61).

(2) L'échéance est fixée suivant les mêmes règles par les législations étrangères, sauf quelques différences qui concernent :

a) L'usance. Ce mode de fixation n'est pas admis en *Allemagne*. En *Espagne*, l'usance est de 60 jours pour les lettres tirées dans l'intérieur de la Péninsule, ou du Portugal, de France, d'Angleterre et d'Allemagne, et de 90 jours pour les lettres tirées des autres pays (C. com. 453) ;

b) Le délai de grâce. En *Angleterre*, le délai fixé pour le paiement est augmenté de 3 jours, dits jours de grâce, à moins qu'il ne s'agisse d'une lettre de change à vue ou que le contraire ne soit stipulé dans la lettre (L. de 1882, 14, § 1).

Il en est de même des billets à ordre et de tous autres effets de commerce (¹).

135. Tous délais de grâce, de faveur, d'usage ou d'habitude locale, pour le paiement des lettres de change, sont abrogés.

§ 6. — De l'endossement.

136. La propriété d'une lettre de change se transmet par la voie de l'endossement (²).

137. L'endossement est daté.

Il exprime la valeur fournie(³).

Il énonce le nom de celui à l'ordre de qui il est passé.

138. Si l'endossement n'est pas conforme aux dispositions de l'article précédent, il n'opère pas le transport ; il n'est qu'une procuration (⁴).

139. Il est défendu d'antidater les ordres à peine de faux.

§ 7. — De la solidarité.

140. Tous ceux qui ont signé, accepté ou endossé une lettre de change, sont tenus à la garantie solidaire envers le porteur (⁵).

§ 8. — De l'aval (⁶).

141. Le paiement d'une lettre de change, indépendamment de l'acceptation et de l'endossement, peut être garanti par un aval.

142. Cette garantie est fournie, par un tiers, sur la lettre même ou par acte séparé.

Le donneur d'aval est tenu solidairement et par les mêmes voies que les tireur et endosseurs, sauf les conventions différentes des parties.

§ 9. — Du paiement (⁷).

143. Une lettre de change

---

(1) Voy. aussi *infrà*, 2ᵉ part., la L. du 23 déc. 1904, la L. du 13 juill. 1905 modifiée par la L. du 20 déc. 1906 et la L. du 29 oct. 1909.

(2) La jurisprudence française décide que l'endossement peut encore avoir lieu avec tous ses effets même après l'échéance de la lettre. Dans la plupart des pays étrangers au contraire, l'endossement ainsi effectué ne vaut que comme une simple cession civile (Voy. L. *belge* de 1872, 26 ; L. *brésilienne* de 1908, 8 ; C. com. *espagnol*, 466 ; C. com. *hollandais*, 139 ; C. com. *italien*, 259 ; C. com. *portugais*, 302.) En *Allemagne*, l'art. 16 de la L. de 1869 distingue suivant que l'endossement a lieu avant le protêt, auquel cas il produit ses effets ordinaires, ou après le protêt, auquel cas il n'opère qu'une cession civile.

(3) La mention de la valeur fournie n'est pas exigée par les législations qui ne la prescrivent pas dans la lettre de change elle-même.

(4) Dans la plupart des législations étrangères récentes, l'endossement irrégulier et spécialement l'endossement en blanc suffisent pour transférer la propriété de la lettre : il en est ainsi en *Allemagne* (L. de 1869, 12), en *Angleterre* (L. de 1882, 32, § 1), en *Belgique* (L. de 1872, 27), en *Italie* (C. com. 257), dans les *Pays scandinaves* (L. de 1880, 12 et 13), au *Brésil* (L. de 1908, 8) et en *Portugal* (C. com. 300, § 1). Dans ces divers pays, l'endossement n'est considéré comme fait à titre de procuration qu'autant qu'on y ajoute la mention *pour encaissement, pour procuration* ou toute autre expression équivalente. — En *Allemagne*, le porteur pour procuration ne peut consentir un endossement à titre de propriété, alors même que l'endossement de procuration contiendrait la clause : *ou à son ordre* (L. de 1869, 17).

(5) Même règle dans toutes les législations étrangères.

(6) Mêmes règles dans les pays étrangers, sauf en *Allemagne*, où l'aval ne peut être donné par acte séparé (L. de 1869, 81).

(7) Les législations étrangères contiennent des dispositions analogues à celles des art. 143 à 159 : voy. L. *allemande* de 1869, 36 à 40 et 62 à 74 ; L. *anglaise* de 1882, 68 à 71 ; C. com. *espagnol*, 488 à 501 ; C. com. *italien*, 276 à 281 et 286 à 301 ; C. com. *portugais*, 314 à 325.

doit être payée dans la monnaie qu'elle indique.

144. Celui qui paie une lettre de change avant son échéance est responsable de la validité du paiement.

145. Celui qui paie une lettre de change à son échéance et sans opposition est présumé valablement libéré.

146. Le porteur d'une lettre de change ne peut être contraint d'en recevoir le paiement avant l'échéance.

147. Le paiement d'une lettre de change fait sur une seconde, troisième, quatrième, etc., est valable, lorsque la seconde, troisième, quatrième, etc., porte que ce paiement annule l'effet des autres.

148. Celui qui paie une lettre de change sur une seconde, troisième, quatrième, etc., sans retirer celle sur laquelle se trouve son acceptation, n'opère point sa libération à l'égard du tiers porteur de son acceptation.

149. Il n'est admis d'opposition au paiement qu'en cas de perte de la lettre de change, ou de la faillite du porteur.

150. En cas de perte d'une lettre de change non acceptée, celui à qui elle appartient peut en poursuivre le paiement sur une seconde, troisième, quatrième, etc.

151. Si la lettre de change perdue est revêtue de l'acceptation, le paiement ne peut en être exigé sur une seconde, troisième, quatrième, etc., que par ordonnance du juge, et en donnant caution.

152. Si celui qui a perdu la lettre de change, qu'elle soit acceptée ou non, ne peut représenter la seconde, troisième,

quatrième, etc., il peut demander le paiement de la lettre de change perdue, et l'obtenir par l'ordonnance du juge, en justifiant de sa propriété par ses livres, et en donnant caution.

153. En cas de refus de paiement, sur la demande formée en vertu des deux articles précédents, le propriétaire de la lettre de change perdue conserve tous ses droits par un acte de protestation.

Cet acte doit être fait le lendemain de l'échéance de la lettre de change perdue.

Il doit être notifié aux tireur et endosseurs, dans les formes et délais prescrits ci-après pour la notification du protêt.

154. Le propriétaire de la lettre de change égarée doit, pour s'en procurer la seconde, s'adresser à son endosseur immédiat, qui est tenu de lui prêter son nom et ses soins pour agir envers son propre endosseur ; et ainsi en remontant d'endosseur en endosseur jusqu'au tireur de la lettre. Le propriétaire de la lettre de change égarée supportera les frais.

155. L'engagement de la caution mentionné dans les articles 151 et 152 est éteint après trois ans, si, pendant ce temps, il n'y a eu ni demandes ni poursuites juridiques.

156. Les paiements faits à compte sur le montant d'une lettre de change sont à la décharge des tireur et endosseurs.

Le porteur est tenu de faire protester la lettre de change pour le surplus.

157. Les juges ne peuvent accorder aucun délai pour le paiement d'une lettre de change.

§ 10. — Du paiement par intervention.

158. Une lettre de change protestée peut être payée par tout intervenant pour le tireur ou pour l'un des endosseurs.

L'intervention et le paiement seront constatés dans l'acte de protêt ou à la suite de l'acte.

159. Celui qui paie une lettre de change par intervention est subrogé aux droits du porteur, et tenu des mêmes devoirs pour les formalités à remplir.

Si le paiement par intervention est fait pour le compte du tireur, tous les endosseurs sont libérés.

S'il est fait pour un endosseur, les endosseurs subséquents sont libérés.

S'il y a concurrence pour le paiement d'une lettre de change par intervention, celui qui opère le plus de libérations est préféré.

Si celui sur qui la lettre de change était originairement tirée, et sur qui a été fait le protêt faute d'acceptation, se présente pour la payer, il sera préféré à tous autres.

§ 11. — Des droits et devoirs du porteur.

160. (L. du 3 mai 1862.) Le porteur d'une lettre de change tirée du continent et des îles de l'Europe ou de l'Algérie, et payable dans les possessions européennes de la France ou dans l'Algérie, soit à vue, soit à un ou plusieurs jours, mois ou usances de vue, doit en exiger le paiement ou l'acceptation dans les trois mois de sa date, sous peine de perdre son recours sur les endosseurs et même sur le tireur, si celui-ci a fait provision (1).

Le délai est de quatre mois pour les lettres de change tirées des États du littoral de la Méditerranée et du littoral de la mer Noire sur les possessions européennes de la France, et réciproquement du continent et des îles de l'Europe, sur les établissements français de la Méditerranée et de la mer Noire.

Le délai est de six mois pour les lettres de change tirées des États d'Afrique en deçà du cap de Bonne-Espérance, et des États d'Amérique en deçà du cap Horn, sur les possessions européennes de la France, et réciproquement du continent et des îles de l'Europe sur les possessions françaises ou établissements français dans les États d'Afrique en deçà du cap de Bonne-Espérance, et dans les États d'Amérique en deçà du cap Horn.

Le délai est d'un an pour les lettres de change tirées de toute autre partie du monde sur les

---

(1) A cet égard les législations étrangères présentent la plus grande variété. Le système français a été suivi en *Belgique* (L. de 1872, 51) et en *Espagne* avec quelques modifications de détail (C. com. 470 à 474). — Mais les autres législations ont adopté en général un système moins compliqué. En *Portugal*, la lettre doit être présentée dans les 4 mois ou dans les 8 mois de sa date, suivant qu'elle a été tirée dans le même continent ou dans un autre (C. com. 287 et 314, § 3). En *Allemagne*, la lettre doit être présentée dans le délai de 2 ans (L. de 1869, 31) et en *Italie*, dans le délai d'un an (C. com. 260), quel que soit le lieu de son émission. — Enfin la législation *anglaise* n'établit aucun délai fixe : aux termes de l'art. 45, § 2, L. de 1882, la lettre doit être présentée dans un délai raisonnable, qui doit être déterminé d'après la nature de la lettre, les usages du commerce et les circonstances particulières.

possessions européennes de la France, et réciproquement du continent et des îles de l'Europe sur les possessions françaises et les établissements français dans toute autre partie du monde.

La même déchéance aura lieu contre le porteur d'une lettre de change à vue, à un ou plusieurs jours, mois ou usances de vue, tirée de la France, des possessions ou établissements français et payable dans les pays étrangers, qui n'en exigera pas le paiement ou l'acceptation dans les délais ci-dessus prescrits pour chacune des distances respectives. Les délais ci-dessus seront doublés en temps de guerre maritime pour les pays d'outre-mer.

Les dispositions ci-dessus ne préjudicieront pas néanmoins aux stipulations contraires qui pourraient intervenir entre le preneur, le tireur et même les endosseurs.

161. Le porteur d'une lettre de change doit en exiger le paie-ment le jour de son échéance (¹).

162. Le refus de paiement doit être constaté, le lendemain du jour de l'échéance, par un acte que l'on nomme protêt faute de paiement (²).

Si ce jour est un jour férié légal, le protêt est fait le jour suivant.

163. Le porteur n'est dispensé du protêt faute de paiement, ni par le protêt faute d'acceptation, ni par la mort ou faillite de celui sur qui la lettre de change est tirée (³).

Dans le cas de faillite de l'accepteur avant l'échéance, le porteur peut faire protester et exercer son recours (⁴).

164. Le porteur d'une lettre de change protestée faute de paiement peut exercer son action en garantie :

Ou individuellement contre le tireur et chacun des endosseurs,

Ou collectivement contre les endosseurs et le tireur (⁵).

La même faculté existe pour

---

(1) Voy. *infrà*, 2ᵉ part., la L. du 23 déc. 1904, la L. du 13 juillet 1905, modifiée par la L. du 20 déc. 1906, la L. du 29 oct. 1909, les L. du 27 janv. et du 24 déc. 1910.

(2) La plupart des législations exigent également que le refus de paiement soit constaté par un protêt : voy. notamment, L. *allemande* de 1869, 41 ; L. *belge* de 1872, 53 ; C. com. *espagnol*, 502, etc. En *Angleterre*, cependant, le protêt n'est pas nécessaire pour les lettres de change intérieures, c'est-à-dire pour les lettres de change tirées et payables dans les Iles Britanniques (L. de 1882, 51, § 1, et 4, § 1).

Quant au délai dans lequel le protêt doit être fait, il varie suivant les législations. La règle de notre art. 162 est également admise en *Angleterre* (L. de 1882, 51, § 4), en *Espagne* (C. com. 504-1°), en *Hollande* (C. com. 182) et en *Italie* (C. com. 295). Les autres législations accordent des délais plus étendus : en *Allema-*

qne, le protêt peut être fait le jour de l'échéance, et il doit être fait au plus tard le surlendemain (L. de 1869, 41) ; en *Belgique*, le protêt doit être dressé au plus tard le second jour après celui de l'échéance (L. de 1872, 53), et il en est de même en *Portugal* (C. com. 327).

(3, 4) Mêmes règles dans les pays étrangers. — En ce qui concerne la clause de *retour sans frais*, elle ne produit pas partout les mêmes effets. En *France*, elle est considérée comme une défense de faire protêt. En *Allemagne*, elle emporte seulement dispense de protêt (L. de 1869, 42). En *Italie* (C. com. 308) et en *Portugal* (C. com. 331), elle est réputée non écrite. — Voy. pour le cas où la lettre n'est pas timbrée, *infrà*, 2ᵉ part., la L. des 5-11 juin 1850, art. 8.

(5) Il en est de même dans la plupart des pays étrangers : voy. L. *allemande* de 1869, 49 ; L. *belge* de 1872, 55, etc.

chacun des endosseurs, à l'égard du tireur et des endosseurs qui le précèdent.

165. Si le porteur exerce le recours individuellement contre son cédant, il doit lui en faire notifier le protêt, et, à défaut de remboursement, le faire citer en jugement dans les quinze jours qui suivent la date du protêt, si celui-ci réside dans la distance de cinq myriamètres (¹).

Ce délai, à l'égard du cédant domicilié à plus de cinq myriamètres de l'endroit où la lettre de change était payable, sera augmenté d'un jour par deux myriamètres et demi, excédant les cinq myriamètres.

166. (L. du 3 mai 1862.) Les lettres de change tirées de France et payables hors du territoire continental de la France en Europe étant protestées, les tireurs et endosseurs résidant en France seront poursuivis dans les délais ci-après :

D'un mois pour celles qui étaient payables en Corse, en Algérie, dans les îles Britanniques, en Italie, dans le royaume des Pays-Bas et dans les États ou Confédérations limitrophes de la France ;

De deux mois pour celles qui étaient payables dans les autres États, soit de l'Europe, soit du littoral de la Méditerranée et de celui de la mer Noire ;

De cinq mois pour celles qui étaient payables hors d'Europe en deçà des détroits de Malacca et de la Sonde et en deçà du cap Horn ;

De huit mois pour celles qui étaient payables au delà des détroits de Malacca et de la Sonde et au delà du cap Horn. Ces délais seront observés dans les mêmes proportions pour le recours à exercer contre les tireurs et endosseurs résidant dans les possessions françaises hors de la France continentale.

Les délais ci-dessus seront doublés dans les pays d'outre-mer, en cas de guerre maritime.

En *Espagne* cependant, le porteur peut aussi intenter son action contre celui des tireur, endosseurs ou accepteur qu'il lui plaît de choisir ; mais une fois cette action introduite contre l'un d'eux, il ne peut plus poursuivre les autres, si ce n'est en cas d'insolvabilité de celui qu'il a attaqué (C. com. 516).

(1) Les mêmes règles sont admises en *Belgique* (L. de 1872, 56). Les autres législations au contraire ont suivi des règles différentes. En *Italie*, le porteur doit aviser par lettre son endosseur du défaut de paiement dans les deux jours qui suivent le protêt, et celui-ci doit également aviser son endosseur dans les deux jours qui suivent et ainsi de suite jusqu'au tireur, sous peine de dommages-intérêts (C. com. 316) ; le porteur doit ensuite agir par voie d'assignation, sous peine de déchéance, dans les 15 jours qui suivent le protêt, sauf les augmentations, moins étendues qu'en droit français, que nécessitent les distances (C. com. 319 et 320). — En *Allemagne*, les mêmes notifications immédiates sont prescrites (L. de 1869, 41) ; mais le porteur a un délai plus étendu pour assigner le tireur ou les endosseurs : il a 3 mois, 6 mois ou 18 mois suivant le lieu où la lettre était payable (L. de 1869, 78 et 79). — Même système en *Portugal*, avec cette différence que la prescription est seulement de 5 années (C. com. 337 et 339). — En *Angleterre*, la notification du protêt ou du refus de paiement doit être faite dans un délai raisonnable, ce qui signifie qu'elle doit être faite ou envoyée le lendemain du déshonneur suivant que les deux parties habitent ou non la même localité (L. de 1882, 49, § 12). — Enfin en *Espagne*, les délais du recours sont les mêmes que les délais pour demander l'acceptation (C. com. 517).

167. Si le porteur exerce son recours collectivement contre les endosseurs et le tireur, il jouit, à l'égard de chacun d'eux, du délai déterminé par les articles précédents.

Chacun des endosseurs a le droit d'exercer le même recours, ou individuellement, ou collectivement, dans le même délai.

- A leur égard, le délai court du lendemain de la date de la citation en justice.

168. Après l'expiration des délais ci-dessus,

Pour la présentation de la lettre de change à vue, ou à un ou plusieurs jours ou mois ou usances de vue,

Pour le protêt faute de paiement,

Pour l'exercice de l'action en garantie,

le porteur de la lettre de change est déchu de tous droits contre les endosseurs (¹, ²).

169. Les endosseurs sont également déchus de toute action en garantie contre leurs cédants, après les délais ci-dessus prescrits, chacun en ce qui le concerne.

170. La même déchéance a lieu contre le porteur et les endosseurs, à l'égard du tireur lui-même, si ce dernier justifie qu'il y avait provision à l'échéance de la lettre de change.

Le porteur, en ce cas, ne conserve d'action que contre celui sur qui la lettre était tirée.

171. Les effets de la déchéance prononcée par les trois articles précédents cessent en faveur du porteur contre le tireur, ou contre celui des endosseurs qui, après l'expiration des délais fixés pour le protêt, la notification du protêt ou la citation en jugement, a reçu par compte, compensation ou autrement, les fonds destinés au paiement de la lettre de change.

172. Indépendamment des formalités prescrites pour l'exercice de l'action en garantie, le porteur d'une lettre de change protestée faute de paiement peut, en obtenant la permission du juge, saisir conservatoirement les effets mobiliers des tireur, accepteurs et endosseurs.

§ 12. — Des protêts.

173. Les protêts, faute d'acceptation ou de paiement, sont faits par deux notaires, ou par un notaire et deux témoins, ou par un huissier et deux témoins (³).

Le protêt doit être fait :

Au domicile de celui sur qui la lettre de change était payable, ou à son dernier domicile connu ;

Au domicile des personnes indiquées par la lettre de change pour la payer au besoin ;

---

(1) Mêmes déchéances dans les législations étrangères.

(2) Voy. un autre cas de déchéance, *infrà*, 2ᵉ part., la L. des 5-14 juin 1850, art. 5.

(3) L'art. 2 du décret du 23 mars 1848, qui est considéré comme étant toujours en vigueur, dispense l'huissier ou le notaire de l'assistance des deux témoins. Les mêmes règles de forme sont admises dans les pays étrangers : L. *allemande* de 1869, 87 ; C. com. *espagnol*, 504 ; C. com. *italien*, 302 ; C. com. *portugais*, 328. En *Belgique*, les protêts sont faits par les huissiers : à leur défaut, les agents de l'administration des postes font les protêts faute de paiement des effets à recevoir par cette administration (L. de 1877, art. 1ᵉʳ). En France, l'administration des postes peut recouvrer les effets de commerce (L. 5 avril 1879 et L. 17 juill. 1880) ; mais ses agents ne peuvent dresser les protêts.

Au domicile du tiers qui a accepté par intervention ;

Le tout par un seul et même acte.

En cas de fausse indication de domicile, le protêt est précédé d'un acte de perquisition.

174. L'acte de protêt contient :

La transcription littérale de la lettre de change, de l'acceptation, des endossements et des recommandations qui y sont indiquées,

La sommation de payer le montant de la lettre de change,

Il énonce :

La présence ou l'absence de celui qui doit payer,

Les motifs du refus de payer et l'impuissance ou le refus de signer.

175. Nul acte, de la part du porteur de la lettre de change, ne peut suppléer l'acte de protêt, hors le cas prévu par les articles 150 et suivants, touchant la perte de la lettre de change(1).

176. Les notaires et les huissiers sont tenus, à peine de destitution, dépens, dommages-intérêts envers les parties, de laisser copie exacte des protêts, et de les inscrire en entier, jour par jour et par ordre de dates, dans un registre particulier, coté, paraphé et tenu dans les formes prescrites pour les répertoires(2).

(Ajouté par la L. du 24 déc.

1906.) Ils sont tenus, en outre, à peine de dommages-intérêts, lorsque l'effet indiquera les noms et domicile du tireur de la lettre de change ou du premier endosseur du billet à ordre, de prévenir ceux-ci, dans les quarante-huit heures qui suivront l'enregistrement, par la poste et par lettre recommandée, des motifs du refus de payer. Cette lettre donnera lieu, au profit du notaire ou de l'huissier, à un honoraire de vingt-cinq centimes en sus des frais d'affranchissement et de recommandation.

§ 13. — Du rechange (3).

177. Le rechange s'effectue par une retraite.

178. La retraite est une nouvelle lettre de change, au moyen de laquelle le porteur se rembourse sur le tireur ou sur l'un des endosseurs, du principal de la lettre protestée, de ses frais, et du nouveau change qu'il paie.

179. Le rechange se règle, à l'égard du tireur, par le cours du change du lieu où la lettre de change était payable, sur le lieu d'où elle a été tirée.

Il se règle, à l'égard des endosseurs, par le cours du change du lieu où la lettre de change a été remise ou négociée par eux, sur le lieu où le remboursement s'effectue.

---

(1) En *Belgique*, les protêts, faute d'acceptation ou de paiement, peuvent être remplacés, si le porteur y consent, par une déclaration qui constate le refus de la personne requise d'accepter ou de payer et qui doit être faite au plus tard la veille du dernier jour utile pour le protêt (L. de 1877, 5). Cette règle a été reproduite par le C. com. *italien*, 306.

(2) La même obligation est imposée par les législations étrangères : voy. L. *allemande* de 1869, 90 ; L. *belge* de 1877, 3 ; C. com. *italien*, 305, etc.

(3) Voy. *infra*, 2e part., le décret du 24 mars 1848, modifiant les art. 178, 179, 180, 181 et 186.

180. La retraite est accompagnée d'un compte de retour.

181. Le compte de retour comprend :

Le principal de la lettre de change protestée ;

Les frais de protêt et autres frais légitimes, tels que commission de banque, courtage, timbre et ports de lettres.

Il énonce le nom de celui sur qui la retraite est faite, et le prix du change auquel elle est négociée.

Il est certifié par un agent de change.

Dans les lieux où il n'y a pas d'agent de change, il est certifié par deux commerçants.

Il est accompagné de la lettre de change protestée, du protêt, ou d'une expédition de l'acte de protêt.

Dans le cas où la retraite est faite sur l'un des endosseurs, elle est accompagnée, en outre, d'un certificat qui constate le cours du change du lieu où la lettre de change était payable, sur le lieu d'où elle a été tirée.

182. Il ne peut être fait plusieurs comptes de retour sur une même lettre de change.

Ce compte de retour est remboursé d'endosseur à endosseur respectivement, et définitivement par le tireur.

183. Les rechanges ne peuvent être cumulés. Chaque endosseur n'en supporte qu'un seul, ainsi que le tireur (¹).

184. L'intérêt du principal de la lettre de change protestée faute de paiement est dû à compter du jour du protêt.

185. L'intérêt des frais de protêt, rechange et autres frais légitimes, n'est dû qu'à compter du jour de la demande en justice (²).

186. Il n'est point dû de rechange, si le compte de retour n'est pas accompagné des certificats d'agents de change ou de commerçants, prescrits par l'article 181.

Sect. 2. — Du billet à ordre.

187. Toutes les dispositions relatives aux lettres de change, et concernant :

L'échéance ;

L'endossement ;

La solidarité ;

L'aval ;

Le paiement ;

Le paiement par intervention ;

Le protêt ;

Les devoirs et droits du porteur ;

Le rechange ou les intérêts, sont applicables aux billets à ordre, sans préjudice des dispositions relatives aux cas prévus par les articles 636, 637 et 638(³).

188. Le billet à ordre est daté.

---

(1) La même règle est admise en *Belgique* (L. de 1872, 58), en *Espagne* (C. com. 529) et en *Portugal* (C. com. 334, § 2). En *Allemagne*, au contraire, les rechanges peuvent être cumulés (L. de 1869, 51 et 53).

(2) Le compte de retour comprend les mêmes sommes dans la plupart des législations étrangères : voy. L. *anglaise* de 1882, 57 ; L. *belge* de 1872, 80 ; C. com. *portugais*, 333. En *Allemagne*, le compte de retour comprend, outre l'intérêt à 6 p.

100 du jour du protêt et les frais, une commission de 1/3 p. 100 (L. de 1869, 51).

(3) Même règle dans les législations étrangères : voy. L. *allemande* de 1869, art. 96 à 100 ; L. *anglaise* de 1882, 83 à 89 ; L. *belge* de 1872, 83 et 84 ; C. com. *espagnol*, 531 à 532 ; C. com. *hollandais*, 208 et 209 ; C. com. *portugais*, 340 et 343. — Voy. cependant, *infrà*, la note 3 sous l'art. 632.

Il énonce :

La somme à payer ;

Le nom de celui à l'ordre de qui il est souscrit ;

L'époque à laquelle le paiement doit s'effectuer ;

La valeur qui a été fournie en espèces, en marchandises, en compte, ou de toute autre manière.

Sect. 3. — De la prescription.

189. Toutes actions relatives aux lettres de change, et à ceux des billets à ordre souscrits par des négociants, marchands ou banquiers, ou pour faits de commerce, se prescrivent par cinq ans, à compter du jour du protêt, ou de la dernière poursuite juridique, s'il n'y a eu condamnation, ou si la dette n'a été reconnue par acte séparé (¹).

Néanmoins les prétendus débiteurs seront tenus, s'ils en sont requis, d'affirmer, sous serment, qu'ils ne sont plus redevables ; et leurs veuves, héritiers ou ayants cause, qu'ils estiment de bonne foi qu'il n'est plus rien dû.

LIVRE II.

DU COMMERCE MARITIME (²).

Titre I. — Des navires et autres bâtiments de mer.

190. Les navires et autres bâtiments de mer sont meubles (³, ⁴).

Néanmoins ils sont affectés aux dettes du vendeur, et spécialement à celles que la loi déclare privilégiées (⁵).

191. Sont privilégiées, et dans

---

(1) La durée de la prescription varie suivant les législations. Elle est de 5 ans en *Belgique* (L. de 1872, 82), en *Italie* (C. com. 909) et en *Portugal* (C. com. 339) ; elle est de 3 ans en *Allemagne* contre l'accepteur de la lettre (L. de 1869, 77) et en *Espagne* (C. com. 950).

(2) Les principales lois étrangères qui traitent du droit maritime sont les suivantes :

1° *Allemagne* : C. com. de 1897, art. 474 à 905, et L. du 27 déc. 1872 sur les gens de mer (traduits et annotés par MM. Gide, Flach, Lyon-Caen et Dietz);

2° *Angleterre* : L. du 25 août 1894 sur la marine marchande et L. du 21 déc. 1906 sur l'assurance maritime ;

3° *Belgique* : L. du 11 juin 1874 sur les assurances ; L. du 21 août 1879 sur le commerce maritime ;

4° *Brésil* : C. com., art. 457 à 796 ;

5° *Chili* : C. com., art. 823 à 1324 ;

6° *Espagne* : C. com., art. 573 à 869 ;

7° *Grèce* : C. com., livre II ; L. du 13 nov. 1851 sur le livret des navires et les prêts à la grosse ;

8° *Hollande* : C. com., art. 309 à 763 ;

9° *Italie* : C. com., art. 472 à 670 ;

Code de la marine marchande du 24 mai 1877, modifié par les L. du 11 avril 1884 et du 11 avril 1886 ;

10° *Pays Scandinaves* : L. du 20 juill. 1893 en Norwége, et L. du 12 juin 1891, en Suède ;

11° *Portugal* : C. com., art. 485 à 691 ;

12° *Roumanie* : C. com., livre II ;

13° *Russie* : C. com., éd. de 1887, art. 105 à 588.

(3) Le caractère mobilier des navires est également reconnu par la plupart des législations étrangères : voy. notamment L. *belge* de 1879, 1 ; C. com. *hollandais*, 309 ; C. com. *italien*, 480 ; C. com. *portugais*, 485. En *Espagne*, les navires sont immeubles : voy. L. du 1ᵉʳ avril 1892 sur l'hypothèque maritime, art. 1ᵉʳ.

(4) Voy. *infrà*. 2ᵉ part., la L. du 10 juill. 1885 sur l'hypothèque maritime.

(5) La plupart des législations étrangères, au contraire, n'admettent pas le droit de suite au profit des créanciers chirographaires du vendeur : voy. L. *belge* de 1879, 3 ; C. com. *espagnol*, 580 ; C. com. *italien*, 675 et 677 ; C. com. *portugais*, 578.

l'ordre où elles sont rangées, les dettes ci-après désignées (1) :

1° Les frais de justice et autres, faits pour parvenir à la vente et à la distribution du prix ;

2° (Modifié par la L. du 11 avril 1906.) Les droits de pilotage, remorquage, tonnage, cale, amarrage et bassin ou avant-bassin ;

3° Les gages du gardien, et frais de garde du bâtiment, depuis son entrée dans le port jusqu'à la vente ;

4° Le loyer des magasins où se trouvent déposés les agrès et les apparaux ;

5° Les frais d'entretien du bâtiment et de ses agrès et apparaux, depuis son dernier voyage et son entrée dans le port ;

6° Les gages et loyers du capitaine et autres gens de l'équipage employés au dernier voyage ;

7° Les sommes prêtées au capitaine pour les besoins du bâtiment pendant le dernier voyage, et le remboursement du prix des marchandises par lui vendues pour le même objet ;

8° Les sommes dues au vendeur, aux fournisseurs et ouvriers employés à la construction, si le navire n'a point encore fait de voyage ; et les sommes dues aux créanciers pour fournitures, travaux, main-d'œuvre, pour radoub, victuailles, armement et équipement, avant le départ du navire, s'il a déjà navigué ;

9° (Abrogé, L. du 10 juillet 1885, art. 39.) *Les sommes prêtées à la grosse sur le corps, quille, agrès, apparaux, pour radoub, victuailles, armement, équipement, avant le départ du navire ;*

10° Le montant des primes d'assurances faites sur le corps, quille, agrès, apparaux, et sur armement et équipement du navire, dues pour le dernier voyage ;

11° Les dommages-intérêts dus aux affréteurs, pour le défaut de délivrance des marchandises qu'ils ont chargées, ou pour remboursement des avaries souffertes par lesdites marchandises par la faute du capitaine ou de l'équipage.

Les créanciers compris dans chacun des numéros du présent article viendront en concurrence et au marc le franc, en cas d'insuffisance du prix.

(L. du 10 juillet 1885, art. 34.) Les créanciers hypothécaires sur le navire viennent, dans leur ordre d'inscription, après les créanciers privilégiés.

192. Le privilége accordé aux dettes énoncées dans le précédent article ne peut être exercé qu'autant qu'elles seront justifiées dans les formes suivantes (2) :

1° Les frais de justice seront

---

(1) Cette énumération se retrouve dans toutes les législations étrangères, sauf quelques modifications qui sont relatives : — les unes, à l'existence de certains priviléges ; c'est ainsi que la plupart des lois étrangères maintiennent le privilége pour les sommes prêtées à la grosse, qui est supprimé aujourd'hui dans notre législation ; — les autres, au classement des priviléges : c'est ainsi que le C. com. *espagnol* place au premier rang les créances existant au profit de l'État ; d'autres législations, celles de la *Hollande* et du *Portugal*, placent au deuxième rang les frais de sauvetage que le C. com. *allemand* ne place qu'au troisième rang, etc. Voy. au surplus, L. *belge* de 1879, 4 ; C. com. *allemand*, 754 et suiv. ; C. com. *espagnol*, 580 et suiv. ; C. com. *hollandais*, 313 et suiv. ; C. com. *italien*, 675 et suiv. ; C. com. *portugais*, 574 et suiv. ; C. com. *roumain*, 687 et suiv.

(2) Dispositions analogues dans les législations étrangères : voy. les textes cités dans la note sous l'article précédent.

constatés par les états de frais arrêtés par les tribunaux compétents ;

2º Les droits de tonnage et autres, par les quittances légales des receveurs ;

3º Les dettes désignées par les numéros 1, 3, 4 et 5 de l'article 191 seront constatées par des états arrêtés par le président du tribunal de commerce ;

4º Les gages et loyers de l'équipage, par les rôles d'armement et désarmement arrêtés dans les bureaux de l'inscription maritime ;

5º Les sommes prêtées et la valeur des marchandises vendues pour les besoins du navire pendant le dernier voyage, par des états arrêtés par le capitaine, appuyés de procès-verbaux signés par le capitaine et les principaux de l'équipage, constatant la nécessité des emprunts ;

6º La vente du navire par un acte ayant date certaine, et les fournitures pour l'armement, équipement et victuailles du navire, seront constatées par les mémoires, factures ou états visés par le capitaine et arrêtés par l'armateur, dont un double sera déposé au greffe du tribunal de commerce avant le départ du navire, ou, au plus tard, dans les dix jours après son départ ;

7º (Abrogé, L. du 10 juillet 1885, art. 39.) *Les sommes prêtées à la grosse sur le corps, quille, agrès, apparaux, armement et équipement avant le départ du navire, seront constatées par des contrats passés devant notaires, ou sous signature privée ;*

dont les expéditions ou doubles seront déposés au greffe du tribunal de commerce dans les dix jours de leur date ;

8º Les primes d'assurances seront constatées par les polices ou par les extraits des livres des courtiers d'assurances ;

9º Les dommages-intérêts dus aux affréteurs seront constatés par les jugements ou par les décisions arbitrales qui seront intervenues.

193. Les privilèges des créanciers seront éteints,

Indépendamment des moyens généraux d'extinction des obligations,

Par la vente en justice faite dans les formes établies par le titre suivant ;

Ou lorsque, après une vente volontaire, le navire aura fait un voyage en mer sous le nom et aux risques de l'acquéreur, et sans opposition de la part des créanciers du vendeur.

194. Un navire est censé avoir fait un voyage en mer,

Lorsque son départ et son arrivée auront été constatés dans deux ports différents et trente jours après le départ ;

Lorsque, sans être arrivé dans un autre port, il s'est écoulé plus de soixante jours entre le départ et le retour dans le même port, ou lorsque le navire, parti pour un voyage de long cours, a été plus de soixante jours en voyage, sans réclamation de la part des créanciers du vendeur (¹).

195. La vente volontaire d'un navire doit être faite par écrit, et peut avoir lieu par acte pu-

---

(1) Règles analogues à l'étranger : cependant, dans les législations les plus récentes, le délai, en cas de vente volontaire, est en général de 3 mois (C. com. *espagnol*, 582 ; C. com. *italien*. 678 ; C. com. *portugais*, 579).

blic, ou par acte sous signature privée (¹).

Elle peut être faite pour le navire entier, ou pour une portion du navire (²),

Le navire étant dans le port ou en voyage.

196. La vente volontaire d'un navire en voyage ne préjudicie pas aux créanciers du vendeur.

En conséquence, nonobstant la vente, le navire ou son prix continue d'être le gage desdits créanciers, qui peuvent même, s'ils le jugent convenable, attaquer la vente pour cause de fraude.

Titre II. — De la saisie et vente des navires.

197. Tous bâtiments de mer peuvent être saisis et vendus par autorité de justice; et le privilége des créanciers sera purgé par les formalités suivantes (³).

198. Il ne pourra être procédé à la saisie que vingt-quatre heures après le commandement de payer.

199. Le commandement devra être fait à la personne du propriétaire ou à son domicile, s'il s'agit d'une action générale à exercer contre lui.

Le commandement pourra être fait au capitaine du navire, si la créance est du nombre de

celles qui sont susceptibles de privilége sur le navire, aux termes de l'article 191.

200. L'huissier énonce dans le procès-verbal :

Les nom, profession et demeure du créancier pour qui il agit ;

Le titre en vertu duquel il procède ;

La somme dont il poursuit le paiement ;

L'élection de domicile faite par le créancier dans le lieu où siége le tribunal devant lequel la vente doit être poursuivie, et dans le lieu où le navire saisi est amarré ;

Les noms du propriétaire et du capitaine ;

Le nom, l'espèce et le tonnage du bâtiment.

Il fait l'énonciation et la description des chaloupes, canots, agrès, ustensiles, armes, munitions et provisions.

Il établit un gardien.

201 (⁴). *Si le propriétaire du navire saisi demeure dans l'arrondissement du tribunal, le saisissant doit lui faire notifier, dans le délai de trois jours, copie du procès-verbal de saisie, et le faire citer devant le tribunal pour voir procéder à la vente des choses saisies. — Si le propriétaire n'est point domicilié*

---

(1) La plupart des législations étrangères reconnaissent aussi la nécessité d'un écrit : voy. L. *belge* de 1879, 2 ; C. com. *espagnol*, 573 ; C. com. *hollandais*, 309 ; C. com. *italien*, 483, etc. En *Portugal*, on exige même un acte authentique (C. com. 490).

(2) Parmi les législations étrangères, celle de l'*Espagne* est la seule qui accorde aux copropriétaires d'un navire un droit de préemption en cas de vente d'une des parts de ce navire à un étranger : C. com. *espagnol*, 575.

(3) D'après le C. com. *espagnol*, 584, 2° al., le navire grevé de dettes priviligiées peut seul être saisi dans n'importe quel port ; il ne peut être saisi pour dettes chirographaires que dans le port où il a été immatriculé. Cette distinction, que reproduisent certains codes de l'Amérique du Sud (C. com. *brésilien*, 480), n'est pas admise en Europe.

(4) Les art. 201 à 207 ont été abrogés par la L. du 10 juill. 1885, art. 39. Voy. *infrà*, 2° part.

dans l'arrondissement du tribunal, les significations et citations lui sont données à la personne du capitaine du bâtiment saisi, ou, en son absence, à celui qui représente le propriétaire ou le capitaine ; et le délai de trois jours est augmenté d'un jour à raison de deux myriamètres et demi de la distance de son domicile. — S'il est étranger et hors de France, les citations et significations sont données ainsi qu'il est prescrit par le Code de procédure civile, article 69.

202. Si la saisie a pour objet un bâtiment dont le tonnage soit au-dessus de dix tonneaux, il sera fait trois criées et publications des objets en vente. — Les criées et publications seront faites consécutivement, de huitaine en huitaine, à la bourse et dans la principale place publique du lieu où le bâtiment est amarré. — L'avis en sera inséré dans un des papiers publics imprimés dans le lieu où siège le tribunal devant lequel la saisie se poursuit ; et, s'il n'y en a pas, dans l'un de ceux qui seraient imprimés dans le département.

203. Dans les deux jours qui suivent chaque criée et publication, il est apposé des affiches : — Au grand mât du bâtiment saisi, — A la porte principale du tribunal devant lequel on procède, — Dans la place publique et sur le quai du port où le bâtiment est amarré, ainsi qu'à la bourse de commerce.

204. Les criées, publications et affiches doivent désigner — Les nom, profession et demeure du poursuivant, — Les titres en vertu desquels il agit, — Le montant de la somme qui lui est due, — L'élection de domicile par lui faite

dans le lieu où siège le tribunal, et dans le lieu où le bâtiment est amarré, — Les nom et domicile du propriétaire du navire saisi, — Le nom du bâtiment, et, s'il est armé ou en armement, celui du capitaine, — Le tonnage du navire, — Le lieu où il est gisant ou flottant, — Le nom de l'avoué du poursuivant, — La première mise à prix, — Les jours des audiences auxquelles les enchères seront reçues.

205. Après la première criée, les enchères seront reçues le jour indiqué par l'affiche. — Le juge commis d'office pour la vente continue de recevoir les enchères après chaque criée, de huitaine en huitaine, à jour certain fixé par son ordonnance.

206. Après la troisième criée, l'adjudication est faite au plus offrant et dernier enchérisseur, à l'extinction des feux, sans autre formalité. — Le juge commis d'office peut accorder une ou deux remises, de huitaine chacune. — Elles sont publiées et affichées.

207. Si la saisie porte sur des barques, chaloupes et autres bâtiments du port de dix tonneaux et au-dessous, l'adjudication sera faite à l'audience, après la publication sur le quai pendant trois jours consécutifs, avec affiche au mât, ou, à défaut, en autre lieu apparent du bâtiment, et à la porte du tribunal. — Il sera observé un délai de huit jours francs entre la signification de la saisie et la vente.

208. L'adjudication du navire fait cesser les fonctions du capitaine ; sauf à lui à se pourvoir en dédommagement contre qui de droit.

209. Les adjudicataires des navires de tout tonnage seront tenus de payer le prix de leur adjudication dans le délai de vingt-quatre heures, ou de le consigner, sans frais, au greffe du tribunal de commerce, à peine d'y être contraints par corps (¹).

A défaut de paiement ou de consignation, le bâtiment sera remis en vente, et adjugé trois jours après une nouvelle publication et affiche unique, à la folle enchère des adjudicataires, qui seront également contraints par corps pour le paiement du déficit, des dommages, des intérêts et des frais.

210. Les demandes en distraction seront formées et notifiées au greffe du tribunal avant l'adjudication.

Si les demandes en distraction ne sont formées qu'après l'adjudication, elles seront converties, de plein droit, en oppositions à la délivrance des sommes provenant de la vente.

211. Le demandeur ou l'opposant aura trois jours pour fournir ses moyens.

Le défendeur aura trois jours pour contredire.

La cause sera portée à l'audience sur une simple citation.

212. Pendant trois jours après celui de l'adjudication, les oppositions à la délivrance du prix seront reçues ; passé ce temps, elles ne seront plus admises.

213. Les créanciers opposants sont tenus de produire au greffe leurs titres de créance, dans les trois jours qui suivent la sommation qui leur en est faite par le créancier poursuivant ou par le tiers saisi ; faute de quoi il sera procédé à la distribution du prix de la vente, sans qu'ils y soient compris.

214. La collocation des créanciers et la distribution de deniers sont faites entre les créanciers privilégiés, dans l'ordre prescrit par l'article 191 ; et entre les autres créanciers, au marc le franc de leurs créances.

Tout créancier colloqué l'est tant pour son principal que pour les intérêts et frais.

215. Le bâtiment prêt à faire voile n'est pas saisissable, si ce n'est à raison de dettes contractées pour le voyage qu'il va faire ; et, même dans ce dernier cas, le cautionnement de ces dettes empêche la saisie.

Le bâtiment est censé prêt à faire voile lorsque le capitaine est muni de ses expéditions pour son voyage (²).

Titre III. — Des propriétaires de navires.

216. (L. du 14 juin 1841 et L. du 12 août 1885.) Tout propriétaire de navire est civilement responsable des faits du capitaine, et tenu des engagements contractés par ce dernier, pour ce qui est relatif au navire et à l'expédition (³).

Il peut, dans tous les cas, s'affranchir des obligations ci-

---

(1) La contrainte par corps est aujourd'hui abolie (L. 22 juill. 1867).

(2) Cette règle est reproduite par toutes les législations étrangères : voy. C. com. *chilien,* 842 et 843 ; C. com. *espagnol,* 584 ; C. com. *italien,* 879 et suiv.; C. com. *portugais,* 491 ; C. com. *roumain,* 902 et suiv.; C. com. *allemand,* 482.

(3) Même règle dans les pays étrangers : voy. notamment L. *belge* de 1879, 7 ; C. com. *allemand,* 485 ; C. com. *espagnol,* 586 ; C. com. *hollandais,* 321 ; C. com. *italien,* 491 ; C. com. *portugais,* 492. — Lorsqu'il y a plusieurs copropriétaires, sont-ils tenus solidairement ? Les législations qui ont prévu cette question l'ont

dessus par l'abandon du navire et du fret (¹).

Toutefois, la faculté de faire abandon n'est point accordée à celui qui est en même temps capitaine et propriétaire ou copropriétaire du navire. Lorsque le capitaine ne sera que copropriétaire, il ne sera responsable des engagements contractés par lui, pour ce qui est relatif au navire et à l'expédition, que dans la proportion de son intérêt (²).

En cas de naufrage du navire dans un port de mer ou havre, dans un port maritime ou dans les eaux qui leur servent d'accès, comme aussi en cas d'avaries causées par le navire aux ouvrages d'un port, le propriétaire du navire peut se libérer, même envers l'État, de toute dépense d'extraction ou de réparation, ainsi que de tous dommages-intérêts, par l'abandon du navire et du fret des marchandises à bord.

La même faculté appartient au capitaine qui est propriétaire ou copropriétaire du navire, à moins qu'il ne soit prouvé que l'accident a été occasionné par sa faute.

217. Les propriétaires des navires équipés en guerre ne seront toutefois responsables des délits et déprédations commis en mer par les gens de guerre qui sont sur leurs navires, ou par les équipages, que jusqu'à concurrence de la somme pour laquelle ils auront donné caution, à moins qu'ils n'en soient participants ou complices (³).

218. Le propriétaire peut congédier le capitaine.

Il n'y a pas lieu à indemnité, s'il n'y a convention par écrit (⁴).

219. Si le capitaine congédié est copropriétaire du navire, il peut renoncer à la copropriété et exiger le remboursement du capital qui la représente.

Le montant de ce capital est déterminé par des experts convenus ou nommés d'office (⁵).

---

en général résolue par la négative : voy. C. com. *espagnol*, 590 ; C. com. *hollandais*, 337.

(1) A cet égard, les législations étrangères présentent la plus grande variété. L'abandon du navire et du fret est admis d'une manière aussi générale qu'en droit français en *Belgique* (L. de 1879, 7), en *Hollande* (C. com. 321), en *Italie* (C. com. 401), et à peu de chose près en *Allemagne* (C. com. 486). — En *Portugal*, l'abandon ne peut avoir lieu lorsqu'il s'agit des actes et omissions du capitaine et de l'équipage (C. com. 492). — En *Espagne*, il n'est autorisé que pour les dommages-intérêts auxquels donnerait lieu la conduite du capitaine dans la garde des effets chargés sur le navire : dans tous les autres cas, la responsabilité de l'armateur est illimitée (C. com. 587). — Aux *États-Unis d'Amérique*, la loi fédérale du 3 mars 1851 distingue suivant que la responsabilité de l'armateur provient d'une faute du capitaine ou d'un engagement qu'il a passé : l'abandon du navire et du fret n'est possible que dans le premier cas. — Enfin la législation anglaise se prononce également pour la responsabilité illimitée de l'armateur à raison des engagements pris par le capitaine ; mais sa responsabilité à raison des délits est restreinte d'une façon toute spéciale par le *merchant shipping act* de 1862 ; d'après l'article 54 de cette loi, elle est alors limitée à 15 ou 8 liv. sterl. par tonneau de jauge suivant que lesdits délits ont causé des morts ou blessures, ou simplement des avaries à un autre navire ou à des marchandises.

(2) Même règle en *Belgique* (L. de 1879, 7) et en *Italie* (C. com. 491, 2ᵉ al.). Les législations *allemande, espagnole* et *portugaise* sont muettes sur ce point.

(3) La course a été abolie par la déclaration du 16 avril 1856 : il y a cependant certains pays, par exemple les *États-Unis*, qui n'ont pas adhéré à cette déclaration.

(4 et 5) Les mêmes règles sont admises en *Belgique* (L. de 1879, 8 et 9), en *Italie*

220. En tout ce qui concerne l'intérêt commun des propriétaires d'un navire, l'avis de la majorité est suivi [1].

La majorité se détermine par une portion d'intérêt dans le navire, excédant la moitié de sa valeur [2].

La licitation du navire ne peut être accordée que sur la demande des propriétaires, formant ensemble la moitié de l'intérêt total dans le navire, s'il n'y a, par écrit, convention contraire.

Titre IV. — Du capitaine.

221. Tout capitaine, maître ou patron, chargé de la conduite d'un navire ou autre bâtiment, est garant de ses fautes, même légères, dans l'exercice de ses fonctions [3].

222. Il est responsable des marchandises dont il se charge [4].

Il en fournit une reconnaissance.

Cette reconnaissance se nomme connaissement [5].

223. Il appartient au capitaine de former l'équipage du vaisseau, et de choisir et louer les matelots et autres gens de l'équipage ; ce qu'il fera néanmoins de concert avec les propriétaires, lorsqu'il sera dans le lieu de leur demeure [6].

224. Le capitaine tient un registre coté et paraphé par l'un

(C. com. 494) et en *Portugal* (C. com. 493). En *Espagne*, le capitaine dont le contrat a été fait pour un temps ou pour un voyage déterminé ne peut être congédié avant l'accomplissement de ce contrat (C. com. 605). En *Allemagne* (C. com. 545 et suiv.), le capitaine peut être congédié à tout moment, nonobstant toute convention contraire : mais il a toujours droit à une indemnité qui varie suivant les circonstances. De plus, quand il est copropriétaire du navire, il peut exiger le rachat de sa part s'il a acquis cette part de ses copropriétaires et s'il ne tarde pas trop longtemps à exercer son droit.

(1 et 2) La plupart des législations étrangères consacrent également ces règles, généralement avec plus de détails : voy. L. *belge* de 1879, 11 ; C. com. *allemand*, 491 ; C. com. *espagnol*, 589 ; C. com. *hollandais*, 320 ; C. com. *italien*, 495 ; C. com. *roumain*, 505 ; C. com. *chilien*, 810 et suiv. — En *Angleterre* et aux *États-Unis*, au contraire, la majorité des propriétaires du navire peut bien exploiter le navire à sa guise ; mais elle doit s'engager à ramener le navire sain et sauf ou à rembourser leurs parts aux autres propriétaires, lesquels dans ce cas ne participent ni aux bénéfices ni aux pertes de l'expédition.

(3) La plupart des législations étrangères reproduisent également cette règle et celle de l'art. 230 : voy. L. *belge* de 1879,

12 et 21 ; C. com. *allemand*, 511 et suiv. ; C. com. *hollandais*, 345 et suiv. C. com. *italien*, 496 ; C. com. *portugais*, 496. — En *Espagne*, le capitaine n'est pas responsable envers les tiers, mais seulement envers l'armateur contre qui les tiers devront agir (C. com. 618). — En *Angleterre*, le capitaine est responsable envers les tiers de ses fautes et des engagements qu'il a contractés envers eux ceux-ci peuvent agir à leur gré ou contre lui ou contre l'armateur.

(4) Le moment à partir duquel le capitaine est responsable est déterminé par l'art. 1783, C. civ., ainsi conçu : « Les voituriers répondent, non seulement de ce qu'ils ont déjà reçu dans leur bâtiment ou voiture, mais encore de ce qui leur a été remis sur le port ou dans l'entrepôt pour être placé dans leur bâtiment ou voiture. » Le C. com. *espagnol* dispose également dans son art. 619 que le capitaine est responsable depuis l'instant où il a reçu la marchandise sur le quai ou à flot le long de son bord, dans le port où se fait le chargement, jusqu'au moment où il la livre sur le quai ou le môle du port de déchargement, à moins de convention contraire.

(5) Voy. *infrà*, art. 281 et suiv.

(6) Même règle dans les législations étrangères : voy. C. com. *allemand*, 495, 2ᵉ al. ; C. com. *espagnol*, 610, etc.

des juges du tribunal de commerce, ou par le maire ou son adjoint dans les lieux où il n'y a pas de tribunal de commerce.

Ce registre contient :

Les résolutions prises pendant le voyage,

La recette et la dépense concernant le navire, et généralement tout ce qui concerne le fait de sa charge, et tout ce qui peut donner lieu à un compte à rendre, à une demande à former [1].

225. Le capitaine est tenu, avant de prendre charge, de faire visiter son navire, aux termes et dans les formes prescrits par les règlements.

Le procès-verbal de visite est déposé au greffe du tribunal de commerce ; il en est délivré extrait au capitaine [2].

226. Le capitaine est tenu d'avoir à bord :

L'acte de propriété du navire,

L'acte de francisation [3].

Le rôle d'équipage [4],

Les connaissements et chartes-parties [5],

Les procès-verbaux de visite [6],

Les acquits de paiement ou à caution des douanes [7].

227. Le capitaine est tenu d'être en personne dans son navire, à l'entrée et à la sortie des ports, havres ou rivières.

228. En cas de contravention aux obligations imposées par les quatre articles précédents, le capitaine est responsable de tous les événements envers les intéressés au navire et au chargement.

229. Le capitaine répond également de tout le dommage qui peut arriver aux marchandises qu'il aurait chargées sur le tillac de son vaisseau sans le consentement par écrit du chargeur.

Cette disposition n'est point applicable au petit cabotage [8].

230. La responsabilité du capitaine ne cesse que par la preuve d'obstacles de force majeure.

231. Le capitaine et les gens de l'équipage qui sont à bord, ou qui sur les chaloupes se rendent à bord pour faire voile, ne peuvent être arrêtés pour dettes civiles, si ce n'est à raison de celles qu'ils auront contractées pour le voyage ; et même, dans ce dernier cas, ils ne peuvent être arrêtés, s'ils donnent caution [9].

232. Le capitaine, dans le

---

(1) Cette obligation est imposée par toutes les législations : voy. L. *belge* de 1879, 15 ; C. com. *allemand*, 510 et suiv. ; C. com. *italien*, 500. Certaines législations vont même plus loin : le C. com. *espagnol*, 612, et le C. com. *portugais*. 499, prescrivent quatre registres qui sont : un inventaire du bord, un livre de passagers et de chargement, un livre de comptes et enfin un livre-journal de navigation.

(2) Pour les navires au long cours, la visite n'est obligatoire que s'il s'est écoulé plus d'un an depuis la dernière visite, à moins toutefois qu'ils n'aient subi des avaries (L. 30 janv. 1893, art. 9).

(3) Voy. sur l'acte de francisation, *infrà*, 2° part., les L. du 21 sept. 1793 et du 9 juin 1845.

(4) Voy. sur le rôle d'équipage, *infrà*, 2° part., le décret-loi du 19 mars 1852, et le décr. du 25 oct. 1863.

(5) Voy. *infrà*, art. 273 et suiv.

(6) Voy. l'article précédent.

(7) Les prescriptions de l'art. 226 sont également reproduites par les législations étrangères : voy. L. *belge* de 1879, 15 à 17 ; C. com. *espagnol*, 612 ; C. com. *hollandais*, 357 ; C. com. *italien*, 503 ; C. com. *portugais*, 499.

(8) Certaines législations ont supprimé l'exception relative au petit cabotage : L. *belge* de 1879, 20 ; C. com. *portugais*, 497.

(9) La contrainte par corps est abolie (L. du 22 juill. 1867).

lieu de la demeure des propriétaires ou de leurs fondés de pouvoirs, ne peut, sans leur autorisation spéciale, faire travailler au radoub du bâtiment, acheter des voiles, cordages et autres choses pour le bâtiment, prendre à cet effet de l'argent sur le corps du navire, ni fréter le navire (1).

233. (L. du 10 juillet 1885, art. 35.) Si le bâtiment est frété du consentement des propriétaires et que quelques-uns fassent refus de contribuer aux frais nécessaires pour l'expédition, le capitaine peut, en ce cas, vingt-quatre heures après sommation faite aux refusants de fournir leur contingent, emprunter hypothécairement pour leur compte, sur leur part dans le navire, avec l'autorisation du juge.

Au cas où la part serait déjà hypothéquée, la saisie pourra être autorisée par le juge, et la vente poursuivie devant le tribunal civil, comme il est dit ci-dessus (2).

234. (L. du 14 juin 1841.) Si, pendant le cours du voyage, il y a nécessité de radoub, ou d'achat de victuailles, le capitaine, après l'avoir constaté par un procès-verbal signé des principaux de l'équipage, pourra, en se faisant autoriser en France par le tribunal de commerce, ou, à défaut, par le juge de paix, chez l'étranger par le consul français, ou, à défaut, par le magistrat des lieux, emprunter sur le corps et quille du vaisseau, mettre en gage ou vendre des marchandises jusqu'à concurrence de la somme que les besoins constatés exigent.

Les propriétaires, ou le capitaine qui les représente, tiendront compte des marchandises vendues, d'après le cours des marchandises de mêmes nature et qualité dans le lieu de la décharge du navire, à l'époque de son arrivée.

L'affréteur unique ou les chargeurs divers, qui seront tous d'accord, pourront s'opposer à la vente ou à la mise en gage de leurs marchandises, en les déchargeant et en payant le fret en proportion de ce que le voyage est avancé. A défaut du consentement d'une partie des chargeurs, celui qui voudra user de la faculté de déchargement sera tenu du fret entier sur ses marchandises (3).

235. Le capitaine, avant son départ d'un port étranger ou des colonies françaises pour revenir en France, sera tenu d'envoyer à ses propriétaires, ou à leurs fondés de pouvoirs, un compte signé de lui, contenant l'état de son chargement, le prix des marchandises de sa cargaison, les sommes par lui empruntées, les noms et demeures des prêteurs.

236. Le capitaine qui aura, sans nécessité, pris de l'argent sur le corps, avitaillement ou équipement du navire, engagé ou vendu des marchandises ou des victuailles, ou qui aura employé dans ses comptes des ava-

---

(1 et 2) Les législations étrangères, même celles qui autorisent le capitaine à emprunter hypothécairement (L. *belge* de 1879, 22), n'admettent pas que le navire puisse être saisi et vendu à la requête du capitaine.

(3) Les dispositions des art. 234 à 236 sont reproduites, sauf quelques différences de détail, dans les pays étrangers : voy. L. *belge* de 1879, 24 ; C. com. *allemand*, 497 ; C. com. *espagnol*, 611 ; C. com. *hollandais*, 372 ; C. com. *italien*, 308 et suiv. ; C. com. *portugais*, 311.

ries et des dépenses supposées, sera responsable envers l'armement, et personnellement tenu du remboursement de l'argent ou du paiement des objets, sans préjudice de la poursuite criminelle, s'il y a lieu.

237. Hors le cas d'innavigabilité légalement constatée, le capitaine ne peut, à peine de nullité de la vente, vendre le navire sans un pouvoir spécial des propriétaires (1).

238. Tout capitaine de navire, engagé pour un voyage, est tenu de l'achever, à peine de tous dépens, dommages et intérêts envers les propriétaires et les affréteurs.

239. Le capitaine qui navigue à profit commun sur le chargement, ne peut faire aucun trafic ni commerce pour son compte particulier, s'il n'y a convention contraire (2).

240. En cas de contravention aux dispositions mentionnées dans l'article précédent, les marchandises embarquées par le capitaine pour son compte particulier sont confisquées au profit des autres intéressés (3).

241. Le capitaine ne peut abandonner son navire pendant le voyage, pour quelque danger que ce soit, sans l'avis des officiers et principaux de l'équipage ; et, en ce cas, il est tenu de sauver avec lui l'argent et ce qu'il pourra des marchandises les plus précieuses de son chargement, sous peine d'en répondre en son propre nom.

Si les objets ainsi tirés du navire sont perdus par quelque cas fortuit, le capitaine en demeurera déchargé (4).

242. Le capitaine est tenu, dans les vingt-quatre heures de son arrivée, de faire viser son registre et de faire son rapport.

Le rapport doit énoncer :

Le lieu et le temps de son départ ;

La route qu'il a tenue ;

Les hasards qu'il a courus ;

Les désordres arrivés dans le navire, et toutes les circonstances remarquables de son voyage (5).

243. Le rapport est fait au greffe, devant le président du tribunal de commerce.

Dans les lieux où il n'y a pas de tribunal de commerce, le rapport est fait au juge de paix de l'arrondissement.

Le juge de paix qui a reçu le

---

(1) Voy. art. 32, ord. 29 oct. 1833. Dans les pays étrangers, la vente du navire ne peut également avoir lieu qu'autant que l'innavigabilité a été constatée par les autorités compétentes : voy. L. *belge* de 1879, 27 ; C. com. *allemand*, 530 et suiv. ; C. com. *hollandais*, 376, etc.

(2 et 3) Voy. la note sous l'art. 251.

(4) Cet article doit être complété par l'art. 80 du décret du 24 mars 1852, ainsi conçu : « Tout capitaine qui, en présence d'un péril quelconque, abandonne son navire à la mer, hors le cas de force majeure dûment constaté par les officiers et principaux de l'équipage, ou qui, ayant pris leur avis, néglige de sauver l'argent ou les marchandises précieuses avant d'a-

bandonner le navire, est puni d'un emprisonnement d'un mois à un an. La même peine peut être prononcée contre le capitaine, maître ou patron qui, forcé d'abandonner son navire, ne reste pas à bord le dernier. Dans l'un et l'autre cas, l'interdiction de commandement peut, en outre, être prononcée pour un à cinq ans. »

(5) L'obligation de faire un rapport dans les diverses circonstances énumérées par les art. 242 à 248 est également imposée au capitaine par les législations étrangères : voy. L. *belge* de 1879, 32 et suiv. ; C. com. *espagnol*, 612, 8° et 15° ; C. com. *hollandais*, 379 et suiv. ; C. com. *italien*, 516 et suiv. ; C. com. *portugais*, 506 ; C. com. *allemand*, 522 et suiv.

rapport est tenu de l'envoyer, sans délai, au président du tribunal de commerce le plus voisin.

Dans l'un et l'autre cas, le dépôt en est fait au greffe du tribunal de commerce.

244. Si le capitaine aborde dans un port étranger, il est tenu de se présenter au consul de France, de lui faire un rapport, et de prendre un certificat constatant l'époque de son arrivée et de son départ, l'état et la nature de son chargement.

245. Si, pendant le cours du voyage, le capitaine est obligé de relâcher dans un port français, il est tenu de déclarer au président du tribunal de commerce du lieu les causes de sa relâche.

Dans les lieux où il n'y a pas de tribunal de commerce, la déclaration est faite au juge de paix du canton.

Si la relâche forcée a lieu dans un port étranger, la déclaration est faite au consul de France, ou, à son défaut, au magistrat du lieu.

246. Le capitaine qui a fait naufrage, et qui s'est sauvé seul ou avec partie de son équipage, est tenu de se présenter devant le juge du lieu, ou, à défaut de juge, devant toute autre autorité civile, d'y faire son rapport, de le faire vérifier par ceux de son équipage qui se seraient sauvés et se trouveraient avec lui, et d'en lever expédition.

247. Pour vérifier le rapport du capitaine, le juge reçoit l'interrogatoire des gens de l'équipage, et, s'il est possible, des passagers, sans préjudice des autres preuves.

Les rapports non vérifiés ne sont point admis à la décharge du capitaine, et ne font point foi en justice, excepté dans le cas où le capitaine naufragé s'est sauvé seul dans le lieu où il a fait son rapport.

La preuve des faits contraires est réservée aux parties.

248. Hors les cas de péril imminent, le capitaine ne peut décharger aucune marchandise avant d'avoir fait son rapport, à peine de poursuites extraordinaires contre lui.

249. Si les victuailles du bâtiment manquent pendant le voyage, le capitaine, en prenant l'avis des principaux de l'équipage, pourra contraindre ceux qui auront des vivres en particulier de les mettre en commun, à la charge de leur en payer la valeur.

Titre V. — **De l'engagement et des loyers des matelots et gens de l'équipage.**

250. Les conditions d'engagement du capitaine et des hommes d'équipage d'un navire sont constatées par le rôle d'équipage, ou par les conventions des parties (¹).

251. Le capitaine et les gens de l'équipage ne peuvent, sous aucun prétexte, charger dans le

______

(1) Voy. *infrà*, 2ᵉ part., le Décr. du 10 mars 1852. — Dans la plupart des pays étrangers, le contrat d'engagement doit être fait par écrit en présence des autorités compétentes (autorités maritimes, consuls, etc.) ou visé par elles : voy. L. *allemande* de 1872, 26 et suiv.; C. com. *hollandais*, 394 et suiv.; C. com. *italien*, 521 à 523; C. com. *portugais*, 516. En *Espagne*, le contrat doit être rédigé par écrit sur le livre de comptabilité, signé par les contractants et visé ensuite par les autorités maritimes (C. com. 634).

navire aucune marchandise pour leur compte, sans la permission des propriétaires et sans en payer le fret, s'ils n'y sont autorisés par l'engagement (¹).

252. Si le voyage est rompu par le fait des propriétaires, capitaine ou affréteurs, avant le départ du navire, les matelots loués au voyage ou au mois sont payés des journées par eux employées à l'équipement du navire. Ils retiennent pour indemnité les avances reçues.

Si les avances ne sont pas encore payées, ils reçoivent pour indemnité un mois de leurs gages convenus.

Si la rupture arrive après le voyage commencé, les matelots loués au voyage sont payés en entier aux termes de leur convention.

Les matelots loués au mois reçoivent leurs loyers stipulés pour le temps qu'ils ont servi, et, en outre, pour indemnité, la moitié de leurs gages pour le reste de la durée présumée du voyage pour lequel ils étaient engagés.

Les matelots loués au voyage ou au mois reçoivent, en outre, leur conduite de retour jusqu'au lieu du départ du navire, à moins que le capitaine, les propriétaires ou affréteurs, ou l'officier d'administration, ne leur procureront leur embarquement sur un autre navire revenant audit lieu de leur départ (²).

253. S'il y a interdiction de commerce avec le lieu de la des-

tination du navire ou si le navire est arrêté par ordre du Gouvernement avant le voyage commencé,

Il n'est dû aux matelots que les journées employées à équiper le bâtiment.

254. Si l'interdiction de commerce ou l'arrêt du navire arrive pendant le cours du voyage,

Dans le cas d'interdiction, les matelots sont payés à proportion du temps qu'ils auront servi ;

Dans le cas de l'arrêt, le loyer des matelots engagés au mois court pour moitié pendant le temps de l'arrêt ;

Le loyer des matelots engagés au voyage est payé aux termes de leur engagement.

255. Si le voyage est prolongé, le prix des loyers des matelots engagés au voyage est augmenté en proportion de la prolongation.

256. Si la décharge du navire se fait volontairement dans un lieu plus rapproché que celui qui est désigné par l'affrètement, il ne leur est fait aucune diminution.

257. Si les matelots sont engagés au profit ou au fret, il ne leur est dû aucun dédommagement ni journées pour la rupture, le retardement ou la prolongation de voyage occasionnés par force majeure.

Si la rupture, le retardement ou la prolongation arrivent par le fait des chargeurs, les gens de l'équipage ont part aux in-

---

(1) Mêmes règles dans les législations étrangères : C. com. *allemand*, 544 ; L. *belge* de 1879, 29, 30 et 66 ; C. com. *espagnol*, 613, etc.

(2) Les art. 252 à 257 ont été reproduits, à quelques différences près, par les législations étrangères : voy. L. *allemande* de 1872, 57 et suiv. ; L. *anglaise* de 1854, 167 ; L. *belge* de 1879, 48 et suiv. ; C. com. *espagnol*, 638 et suiv. ; C. com. *hollandais*, 411 et suiv. ; C. com. *italien*, 529 et suiv. ; C. com. *portugais*, 522 et suiv.

demnités qui sont adjugées au navire.

Ces indemnités sont partagées entre les propriétaires du navire et les gens de l'équipage dans la même proportion que l'aurait été le fret.

Si l'empêchement arrive par le fait du capitaine ou des propriétaires, ils sont tenus des indemnités dues aux gens de l'équipage.

258. (L. du 12 août 1885.) En cas de prise, naufrage, ou déclaration d'innavigabilité, les matelots engagés au voyage ou au mois sont payés de leurs loyers jusqu'au jour de la cessation de leurs services, à moins qu'il ne soit prouvé, soit que la perte du navire est le résultat de leur faute ou de leur négligence, soit qu'ils n'ont pas fait tout ce qui était en leur pouvoir pour sauver le navire, les passagers et les marchandises, ou pour recueillir les débris ([1]).

Dans ce cas, il appartient aux tribunaux de statuer sur la suppression ou la réduction du loyer qu'ils ont encourue.

Ils ne sont jamais tenus de rembourser ce qui leur a été avancé sur leurs loyers.

En cas de perte sans nouvelles, les héritiers, ou représentants des matelots engagés au mois auront droit aux loyers échus jusqu'aux dernières nouvelles et à un mois en sus. Dans le cas d'engagement au voyage, il sera dû à la succession des matelots moitié des loyers du voyage.

Si l'engagement avait pour objet un voyage d'aller et retour, il sera payé un quart de l'engagement total, si le navire a péri en allant ; trois quarts, s'il a péri dans le retour ; le tout sans préjudice des conventions contraires.

Dans tous les cas, le rapatriement des gens de l'équipage est à la charge de l'armement, mais seulement jusqu'à concurrence de la valeur du navire ou de ses débris, et du montant du fret des marchandises sauvées, sans préjudice du droit de préférence qui appartient à l'équipage pour le paiement de ses loyers.

259. (Abrogé, L. du 12 août 1885, art. 2.) *Si quelque partie du navire est sauvée, les matelots engagés au voyage ou au mois sont payés de leurs loyers échus sur les débris du navire qu'ils ont sauvés. — Si les débris ne suffisent pas, ou s'il n'y a que des marchandises sauvées, ils sont payés de leurs loyers subsidiairement sur le fret.*

260. Les matelots engagés au fret sont payés de leurs loyers seulement sur le fret, à proportion de celui que reçoit le capitaine.

261. De quelque manière que les matelots soient loués, ils sont payés des journées par eux employées à sauver les débris et les effets naufragés.

262. (L. du 12 août 1885.) Le matelot est payé de ses loyers, traité et pansé aux frais du na-

___

(1) Cette disposition a été empruntée à diverses législations étrangères : voy. L. *allemande* de 1872, 56, 67 et 68 ; L. *anglaise* de 1854, 183 ; L. *belge* de 1879, 54 ; L. des *États-Unis* de 1872, 32 et 33. Les autres législations décident au con-

traire, comme l'ancien art. 258, que l'équipage perd ses droits à son salaire en cas de prise ou de naufrage du navire : C. com. *espagnol*, 643 ; C. com. *hollandais*, 418 et suiv. ; C. com. *italien*, 535 ; C. com. *portugais*, 528.

vire, s'il tombe malade pendant le voyage, ou s'il est blessé au service du navire (1).

Si le matelot a dû être laissé à terre, il est rapatrié aux dépens du navire ; toutefois, le capitaine peut se libérer de tous frais de traitement ou de rapatriement en versant entre les mains de l'autorité française une somme à déterminer d'après un tarif qui sera arrêté par un règlement d'administration publique, lequel devra être revisé tous les trois ans.

Les loyers du matelot laissé à terre lui sont payés jusqu'à ce qu'il ait contracté un engagement nouveau ou qu'il ait été rapatrié. S'il a été rapatrié avant son rétablissement, il est payé de ses loyers jusqu'à ce qu'il soit rétabli. Toutefois, la période durant laquelle les loyers du matelot lui sont alloués, ne pourra dépasser, en aucun cas, quatre mois à dater du jour où il a été laissé à terre.

263. (L. du 12 août 1885.) Le matelot est traité, pansé et rapatrié de la manière indiquée en l'article précédent, aux dépens du navire et du chargement, s'il est blessé en combattant contre les ennemis et les pirates.

264. Si le matelot, sorti du navire sans autorisation, est blessé à terre, les frais de ses pansement et traitement sont à sa charge : il pourra même être congédié par le capitaine.

Ses loyers, en ce cas, ne lui seront payés qu'à proportion du temps qu'il aura servi.

265. (L. du 12 août 1885.) En cas de mort d'un matelot pendant le voyage, si le matelot est engagé au mois, ses loyers sont dus à sa succession jusqu'au jour de son décès (2).

Si le matelot est engagé au voyage, au profit ou au fret et pour un voyage d'aller seulement, le total de ses loyers ou de sa part est dû, s'il meurt après le voyage commencé ; si l'engagement avait pour objet un voyage d'aller et retour, la moitié des loyers et de la part du matelot est due s'il meurt en allant ou au port d'arrivée ; la totalité est due s'il meurt en revenant.

Pour les opérations de la grande pêche, la moitié de ses loyers ou de sa part est due s'il meurt pendant la première moitié de la campagne ; la totalité est due s'il meurt pendant la seconde moitié.

Les loyers du matelot tué en défendant le navire sont dus en entier pour tout le voyage si le

---

(1) Les dispositions des art. 262 à 264 se retrouvent également, à peu de chose près, dans les législations étrangères : voy. L. *allemande* de 1872, 48 à 50 ; L. *anglaise* de 1854, 228 et 229 ; L. *belge* de 1879, 57 à 59 ; C. com. *hollandais*, 423 et suiv. ; C. com. *italien*, 537 et 538 ; C. com. *portugais*, 529 et 530. La législation la plus dure pour les gens de mer est celle de l'Espagne : d'après l'art. 644, C. com., l'homme de mer qui tombe malade conserve bien ses droits au salaire, à moins que la maladie ne provienne de sa faute ; mais il est obligé de rembourser les frais d'assistance et de traitement qui ont été avancés sur le fonds commun.

(2) Voy. régles analogues en *Belgique* (L. de 1879, 60 et 61), en *Espagne* (C. com. 645), en *Hollande* (C. com. 431 et suiv.), en *Italie* (C. com. 539 et suiv.), en *Portugal* (C. com. 531), etc. En *Allemagne*, si l'homme de l'équipage est tué en défendant le navire, l'armateur doit payer à ses héritiers non seulement son salaire, mais encore une indemnité qui est fixée par le juge (L. de 1872, 51).

navire arrive à bon port, et, en cas de prise, naufrage ou déclaration d'innavigabilité, jusqu'au jour de la cessation des services de l'équipage.

266. Le matelot pris dans le navire et fait esclave ne peut rien prétendre contre le capitaine, les propriétaires ni les affréteurs, pour le paiement de son rachat.

Il est payé de ses loyers jusqu'au jour où il est pris et fait esclave.

267. Le matelot pris et fait esclave, s'il a été envoyé en mer ou à terre pour le service du navire, a droit à l'entier paiement de ses loyers.

Il a droit au paiement d'une indemnité pour son rachat, si le navire arrive à bon port.

268. L'indemnité est due par les propriétaires du navire, si le matelot a été envoyé en mer ou à terre pour le service du navire.

L'indemnité est due par les propriétaires du navire et du chargement, si le matelot a été envoyé en mer ou à terre pour le service du navire et du chargement.

269. Le montant de l'indemnité est fixé à six cents francs.

Le recouvrement et l'emploi en seront faits suivant les formes déterminées par le Gouvernement, dans un règlement relatif au rachat des captifs.

270. Tout matelot qui justifie qu'il est congédié sans cause valable, a droit à une indemnité contre le capitaine (¹).

L'indemnité est fixée au tiers des loyers, si le congé a lieu avant le voyage commencé.

L'indemnité est fixée à la totalité des loyers et aux frais du retour, si le congé a lieu pendant le cours du voyage.

Le capitaine ne peut, dans aucun des cas ci-dessus, répéter le montant de l'indemnité contre les propriétaires du navire.

Il n'y a pas lieu à indemnité, si le matelot est congédié avant la clôture du rôle d'équipage.

Dans aucun cas, le capitaine ne peut congédier un matelot dans les pays étrangers.

271. Le navire et le fret sont spécialement affectés aux loyers des matelots (²).

272. Toutes les dispositions concernant les loyers, pansement et rachat des matelots, sont communes aux officiers et à tous autres gens de l'équipage.

Titre VI. — Des chartes-parties, affrètements ou nolissements.

273. Toute convention pour louage d'un vaisseau, appelée charte-partie, affrètement ou nolissement, doit être rédigée par écrit (³).

---

(1) La plupart des législations étrangères énumèrent les justes causes qui autorisent le capitaine à congédier un matelot. D'après l'art. 637, C. com. *espagnol,* les matelots peuvent être congédiés pour cause de délit ayant troublé l'ordre sur le navire, pour récidive dans les fautes disciplinaires, pour inaptitude ou négligence réitérées, ivresse habituelle, désertion. Voy. aussi C. com. *hollandais,* 436 et suiv. ; L. *allemande* de 1872, 57.

(2) Le même privilège est établi par les législations étrangères : voy. L. *anglaise* de 1864, 182 ; L. *belge* de 1879, 63 ; C. com. *espagnol.* 646, etc.

(3) La plupart des législations étrangères exigent également un écrit pour la preuve de l'affrètement : voy. C. com. es-

Elle énonce :

Le nom et le tonnage du navire ;

Le nom du capitaine ;

Les noms du fréteur et de l'affréteur ;

Le lieu et le temps convenu pour la charge et pour la décharge ;

Le prix du fret ou nolis ;

Si l'affrètement est total ou partiel ;

L'indemnité convenue pour les cas de retard.

274. Si le temps de la charge et de la décharge du navire n'est point fixé par les conventions des parties, il est réglé suivant l'usage des lieux.

275. Si le navire est frété au mois, et s'il n'y a convention contraire, le fret court du jour où le navire a fait voile.

276. Si, avant le départ du navire, il y a interdiction de commerce avec le pays pour lequel il est destiné, les conventions sont résolues sans dommages-intérêts de part ni d'autre.

Le chargeur est tenu des frais de la charge et de la décharge de ses marchandises.

277. S'il existe une force majeure qui n'empêche que pour un temps la sortie du navire, les conventions subsistent, et il n'y a pas lieu à dommages-intérêts à raison du retard (¹).

Elles subsistent également, et il n'y a lieu à aucune augmentation de fret, si la force majeure arrive pendant le voyage.

278. Le chargeur peut, pendant l'arrêt du navire, faire décharger ses marchandises à ses frais, à condition de les recharger ou d'indemniser le capitaine.

279. Dans le cas de blocus du port pour lequel le navire est destiné, le capitaine est tenu, s'il n'a des ordres contraires, de se rendre dans un des ports voisins de la même puissance où il lui sera permis d'aborder.

280. Le navire, les agrès et apparaux, le fret et les marchandises chargées sont respectivement affectés à l'exécution des conventions des parties.

Titre VII. — Du connaissement (²).

281. Le connaissement doit exprimer la nature et la quantité ainsi que les espèces ou qualité des objets à transporter (³).

Il indique :

Le nom du chargeur ;

Le nom et l'adresse de celui à qui l'expédition est faite ;

---

pagnol, 652 ; C. com. *hollandais*, 455 ; C. com. *portugais*, 541. En *Italie*, l'écrit est également exigé sauf pour la petite navigation et les navires de petite dimension (C. com. 848). Au contraire, la L. *belge* de 1879, 67, dispense les parties de la nécessité d'un écrit conformément aux principes du droit commercial.

Les autres règles du présent titre sont également admises à l'étranger.

(1) Voy. *infrà*. art. 295.

(2) L. du 3 mars 1872, art. 3 : « Tout transport par mer et sur les fleuves, rivières et canaux dans le rayon de l'inscription maritime, doit être accompagné de connaissements. » — Art. 6, dernier paragraphe : « Les capitaines de navires français ou étrangers devront exhiber aux agents des douanes, soit à l'entrée, soit à la sortie, les connaissements dont ils doivent être porteurs, aux termes de l'art. 3 ci-dessus. Chaque contravention à cette prescription sera punie d'une amende de cent à six cents francs. »

(3) Les mêmes mentions sont requises par les législations étrangères : L. *belge* de 1879, 40 ; C. com. *allemand*, 643 ; C. com. *espagnol*, 706 ; C. com. *hollandais*, 507 ; C. com. *italien*, 555 ; C. com. *portugais*, 538.

Le nom et le domicile du capitaine ;

Le nom et le tonnage du navire ;

Le lieu du départ et celui de la destination.

Il énonce le prix du fret.

Il présente en marge les marques et numéros des objets à transporter.

Le connaissement peut être à ordre, ou au porteur, ou à personne dénommée.

282. Chaque connaissement est fait en quatre originaux au moins [1] :

Un pour le chargeur ;

Un pour celui à qui les marchandises sont adressées ;

Un pour le capitaine ;

Un pour l'armateur du bâtiment.

Les quatre originaux sont signés par le chargeur et par le capitaine, dans les vingt-quatre heures après le chargement [2].

Le chargeur est tenu de fournir au capitaine, dans le même délai, les acquits des marchandises chargées.

283. Le connaissement rédigé dans la forme ci-dessus prescrite fait foi entre toutes les parties intéressées au chargement, et entre elles et les assureurs [3].

284. En cas de diversité entre les connaissements d'un même chargement, celui qui sera entre les mains du capitaine fera foi, s'il est rempli de la main du chargeur, ou de celle de son commissionnaire ; et celui qui est présenté par le chargeur ou le consignataire sera suivi, s'il est rempli de la main du capitaine [4].

285. Tout commissionnaire ou consignataire qui aura reçu les marchandises mentionnées dans les connaissements ou chartes-parties sera tenu d'en donner reçu au capitaine qui le demandera, à peine de tous dépens, dommages-intérêts, même de ceux de retardement [5].

Titre VIII. — Du fret ou nolis.

286. Le prix du loyer d'un navire ou autre bâtiment de mer est appelé fret ou nolis.

Il est réglé par les conventions des parties.

Il est constaté par la charte-partie ou par le connaissement.

Il a lieu pour la totalité ou pour partie du bâtiment, pour un voyage entier ou pour un temps limité, au tonneau, au quintal, à forfait ou à cueillette, avec désignation du tonnage du vaisseau [6].

---

(1) La théorie des quatre originaux est également admise en *Belgique* (L. de 1879, 41), en *Espagne* (C. com. 707), en *Hollande* (C. com. 509), en *Italie* (C. com. 550) et en *Portugal* (C. com. 538, § 2). Le C. com. *allemand* et la législation *anglaise* au contraire ne fixent pas le nombre des originaux.

(2) Dans l'usage, l'exemplaire remis au capitaine est seul signé du chargeur : voy. L. *belge* de 1879, 41 ; C. com. *portugais*, 538, § 4.

(3) Mêmes règles à l'étranger : L. *belge* de 1879, 43 ; C. com. *espagnol*, 709 et 710 ; C. com. *italien*, 558 et 559, etc.

(4) Voy. la note sous l'art. précédent.

(5) Dans l'usage, le destinataire rend l'exemplaire de son connaissement, en y inscrivant un reçu des marchandises. — Il peut se faire que plusieurs personnes présentent des connaissements endossés à leur profit et réclament les marchandises. Dans ce cas, les législations étrangères enjoignent au capitaine de s'adresser au tribunal compétent pour faire ordonner la livraison des marchandises à qui de droit : voy. L. *belge* de 1879, 44 ; C. com. *espagnol*, 716 ; C. com. *portugais*, 539, etc.

(6) La plupart des législations étrangères reproduisent ces classifications.

287. Si le navire est loué en totalité, et que l'affréteur ne lui donne pas toute sa charge, le capitaine ne peut prendre d'autres marchandises sans le consentement de l'affréteur.

L'affréteur profite du fret des marchandises qui complètent le chargement du navire qu'il a entièrement affrété[1].

288. L'affréteur qui n'a pas chargé la quantité de marchandises portée par la charte-partie est tenu de payer le fret en entier, et pour le chargement complet auquel il s'est engagé.

S'il en charge davantage, il paie le fret de l'excédent sur le prix réglé par la charte-partie.

Si cependant l'affréteur, sans avoir rien chargé, rompt le voyage avant le départ, il paiera en indemnité, au capitaine, la moitié du fret convenu par la charte-partie pour la totalité du chargement qu'il devait faire.

Si le navire a reçu une partie de son chargement et qu'il parte à non-charge, le fret entier sera dû au capitaine[2].

289. Le capitaine qui a déclaré le navire d'un plus grand port qu'il n'est, est tenu des dommages-intérêts envers l'affréteur[3].

290. N'est réputé y avoir erreur en la déclaration du tonnage d'un navire, si l'erreur n'excède un quarantième, ou si la déclaration est conforme au certificat de jauge[4].

291. Si le navire est chargé à cueillette, soit au quintal, au tonneau ou à forfait, le chargeur peut retirer ses marchandises, avant le départ du navire, en payant le demi-fret[5].

Il supportera les frais de charge, ainsi que ceux de décharge et de rechargement des autres marchandises qu'il faudrait déplacer, et ceux du retardement.

292. Le capitaine peut faire mettre à terre, dans le lieu du chargement, les marchandises trouvées dans son navire, si elles ne lui ont point été déclarées, ou en prendre le fret au plus haut prix qui sera payé dans le même lieu pour les marchandises de même nature.

293. Le chargeur qui retire ses marchandises pendant le voyage, est tenu de payer le fret en entier et tous les frais de déplacement occasionnés par le déchargement : si les marchandises sont retirées pour cause des faits ou des fautes du capitaine, celui-ci est responsable de tous les frais.

294. Si le navire est arrêté au départ, pendant la route, ou au lieu de sa décharge, par le fait de l'affréteur, les frais du

---

(1) Même règle en *Belgique* (L. de 1879, 72), en *Espagne* (C. com. 672), en *Hollande* (C. com. 468), en *Italie* (C. com. 563) et en *Portugal* (C. com. 552).

(2) Ces dispositions sont reproduites par la plupart des législations étrangères : voy. L. *belge* de 1879, 75 ; C. com. *allemand*, 578 ; C. com. *espagnol*. 680 et 688-1° ; C. com. *portugais*, 553. En *Angleterre*, les dommages-intérêts, en cas de rupture du voyage, sont déterminés par le jury.

(3) En *Espagne*, l'erreur de contenance ne doit pas excéder 2 p. 100 (C. com. 669) ; en *Portugal*, elle peut aller jusqu'à 5 p. 100 (C. com. 512, § 2). — D'autre part, en *Espagne* (C. com. 688-2°), l'erreur de contenance ne donne pas seulement naissance à des dommages-intérêts : elle peut être une cause de résiliation du contrat.

(4) Voy. la note sous l'art. précédent.

(5) Même règle en *Allemagne* (C. com. 580).

retardement sont dus par l'affréteur(1).

Si, ayant été frété pour l'aller et le retour, le navire fait son retour sans chargement ou avec un chargement incomplet, le fret entier est dû au capitaine, ainsi que l'intérêt du retardement.

295. Le capitaine est tenu des dommages-intérêts envers l'affréteur, si, par son fait, le navire a été arrêté ou retardé au départ, pendant sa route, ou au lieu de sa décharge.

Ces dommages-intérêts sont réglés par des experts(2).

296. Si le capitaine est contraint de faire radouber le navire pendant le voyage, l'affréteur est tenu d'attendre, ou de payer le fret en entier.

Dans le cas où le navire ne pourrait être radoubé, le capitaine est tenu d'en louer un autre.

Si le capitaine n'a pu louer un autre navire, le fret n'est dû qu'à proportion de ce que le voyage est avancé(3).

297. Le capitaine perd son fret, et répond des dommages-intérêts de l'affréteur, si celui-ci prouve que, lorsque le navire a fait voile, il était hors d'état de naviguer.

La preuve est admissible nonobstant et contre les certificats de visite au départ.

298. (L. du 14 juin 1841.) Le fret est dû pour les marchandises que le capitaine a été contraint de vendre pour subvenir aux victuailles, radoub et autres nécessités pressantes du navire, en tenant par lui compte de leur valeur, au prix que le reste, ou autre pareille marchandise de même qualité, sera vendu au lieu de la décharge, si le navire arrive à bon port.

Si le navire se perd, le capitaine tiendra compte des marchandises sur le pied qu'il les aura vendues, en retenant également le fret porté aux connaissements.

Sauf, dans ces deux cas, le droit réservé aux propriétaires de navire par le paragraphe 2 de l'article 216.

Lorsque de l'exercice de ce droit résultera une perte pour ceux dont les marchandises auront été vendues ou mises en gage, elle sera répartie au marc le franc sur la valeur de ces marchandises et de toutes celles qui sont arrivées à leur destination ou qui ont été sauvées du naufrage postérieurement aux événements de mer qui ont nécessité la vente ou la mise en gage.

299. S'il arrive interdiction de commerce avec le pays pour lequel le navire est en route, et

---

(1) La question de savoir quel est le caractère des *staries* et *surestaries* est controversée : la jurisprudence les envisage comme un accessoire du fret (Cass. 10 nov. 1880, D. P. 81, 1, 457); et c'est aussi ce système qui est admis en *Angleterre* et en *Allemagne*. — En *Espagne*, le retard de la part de l'affréteur permet au fréteur de demander la résiliation du contrat : dans ce cas, l'affréteur doit payer la moitié du fret en outre des *staries* et *surestaries* qui sont dues (C. com. 689-1°).

(2) L'expertise n'est pas obligatoire : elle n'est pas même mentionnée dans la L. *belge* de 1879. — Voy. *suprà*, art. 277 à 279.

(3) Les obligations de l'affréteur établies par les art. 296 à 305 sont également prescrites, pour la plupart, par les législations étrangères : voy. L. *belge* de 1879, 75 et suiv.; C. com. *espagnol*, 657 et suiv., C. com. *hollandais*, 481 et suiv.; C. com. *italien*, 553 et suiv.; C. com. *portugais* 547 et suiv.

qu'il soit obligé de revenir avec son chargement, il n'est dû au capitaine que le fret de l'aller, quoique le vaisseau ait été affrété pour l'aller et le retour.

300. Si le vaisseau est arrêté dans le cours de son voyage par l'ordre d'une puissance,

Il n'est dû aucun fret pour le temps de sa détention, si le navire est affrété au mois ; ni augmentation de fret, s'il est loué au voyage.

La nourriture et les loyers de l'équipage pendant la détention du navire sont réputés avaries.

301. Le capitaine est payé du fret des marchandises jetées à la mer pour le salut commun, à la charge de contribution.

302. Il n'est dû aucun fret pour les marchandises perdues par naufrage ou échouement, pillées par des pirates ou prises par les ennemis.

Le capitaine est tenu de restituer le fret qui lui aura été avancé, s'il n'y a convention contraire (1).

303. Si le navire et les marchandises sont rachetés, ou si les marchandises sont sauvées du naufrage, le capitaine est payé du fret jusqu'au lieu de la prise ou du naufrage.

Il est payé du fret entier en contribuant au rachat, s'il conduit les marchandises au lieu de leur destination.

304. La contribution pour le rachat se fait sur le prix courant des marchandises au lieu de leur décharge, déduction faite des frais, et sur la moitié du navire et du fret.

Les loyers des matelots n'entrent point en contribution.

305. Si le consignataire refuse de recevoir les marchandises, le capitaine peut, par autorité de justice, en faire vendre pour le paiement de son fret, et faire ordonner le dépôt du surplus.

S'il y a insuffisance, il conserve son recours contre le chargeur.

306. Le capitaine ne peut retenir les marchandises dans son navire, faute de paiement de son fret ;

Il peut, dans le temps de la décharge, demander le dépôt en mains tierces jusqu'au paiement de son fret (2).

307. Le capitaine est préféré, pour son fret, sur les marchandises de son chargement, pendant quinzaine après leur délivrance, si elles n'ont passé en mains tierces (3).

308. En cas de faillite des chargeurs ou réclamateurs avant l'expiration de la quinzaine, le capitaine est privilégié sur tous les créanciers pour le paiement de son fret et des avaries qui lui sont dues (4).

309. En aucun cas, le char-

---

(1) Il en est de même en *Allemagne* (C. com. 617), en *Italie* (C. com. 577) et dans la plupart des pays étrangers. En *Angleterre*, les avances sur fret ne sont pas remboursables, sauf convention contraire, en cas de perte de la marchandise.

(2) Le droit de rétention existe au contraire au profit des voituriers dans les transports par terre. — Parmi les législations étrangères, quelques-unes seulement, la législation *anglaise* et la législation *allemande* (C. com. 615), accordent ce droit de rétention au capitaine. Les autres le lui refusent à l'exemple de la loi française : voy. L. *belge* de 1879, 79 ; C. com. *espagnol*, 665 ; C. com. *hollandais*, 490 ; C. com. *italien*, 580 ; C. com. *portugais*, 561.

(3 et 4) Mêmes règles dans les législations étrangères, sauf modification du délai : 10 jours en *Portugal* (C. com. 581), 20 jours en *Espagne* (C. com. 667), 30 jours en *Allemagne* (C. com. 623).

geur ne peut demander de diminution sur le prix du fret.

310. Le chargeur ne peut abandonner pour le fret les marchandises diminuées de prix, ou détériorées par leur vice propre ou par cas fortuit(1). Si toutefois des futailles contenant vin, huile, miel et autres liquides, ont tellement coulé qu'elles soient vides ou presque vides, lesdites futailles pourront être abandonnées pour le fret.

Titre IX. — Des contrats à la grosse.

311. Le contrat à la grosse(2) est fait devant notaire, ou sous signature privée.

Il énonce :

Le capital prêté et la somme convenue pour le profit maritime ;

Les objets sur lesquels le prêt est affecté ;

Les noms du navire et du capitaine ;

Ceux du prêteur et de l'emprunteur ;

Si le prêt a lieu pour un voyage ;

Pour quel voyage, et pour quel temps ;

L'époque du remboursement(3).

312. Tout prêteur à la grosse, en France, est tenu de faire enregistrer son contrat au greffe du tribunal de commerce, dans les dix jours de la date, à peine de perdre son privilège(4) ;

Et si le contrat est fait à l'étranger, il est soumis aux formalités prescrites à l'article 234.

313. Tout acte de prêt à la grosse peut être négocié par la voie de l'endossement, s'il est à ordre.

En ce cas, la négociation de cet acte a les mêmes effets et produit les mêmes actions en garantie que celle des autres effets de commerce (5).

314. La garantie du paiement ne s'étend pas au profit maritime, à moins que le contraire n'ait été expressément stipulé (6).

315. (L. du 12 août 1885.) Les emprunts à la grosse peuvent être affectés sur le navire et ses accessoires, sur l'armement et ses victuailles, sur le fret, sur le chargement, sur le profit espéré du chargement, sur la totalité de ces objets conjointement ou sur une partie déterminée de chacun d'eux (7).

316. Tout emprunt à la grosse, fait pour une somme

---

(1) Cette règle est reproduite par toutes les législations maritimes : voy. notamment L. *belge* de 1879, 77 ; C. com. *allemand*, 616 ; C. com. *espagnol*, 663, etc.

(2) En *Belgique* (C. de 1879, 156) et en *Allemagne* (C. com. 680), le prêt à la grosse ne peut avoir lieu qu'après le départ et en cours de voyage. En *Angleterre*, l'emprunt à la grosse est nul s'il n'est pas justifié par une impérieuse nécessité, telle que le radoub, l'approvisionnement du bâtiment, etc.

(3 et 4) Règles analogues dans les législations étrangères : voy. notamment C. com. *allemand*, 683 et suiv. ; C. com. *espagnol*, 720 à 722 ; C. com. *hollandais*, 570 à 573 ; C. com. *italien*, 590 à 592 ; C. com. *portugais*, 626 et 627.

(5) Voy. la note de l'art. précédent.

(6) Le C. com. *italien*, 592, consacre une règle opposée.

(7) Les législations étrangères n'admettent pas non plus le prêt à la grosse sur les loyers des gens de mer : C. com. *espagnol*, 725 ; C. com. *hollandais*, 577 ; C. com. *italien*, 593. Mais elles diffèrent en ce qui concerne le prêt à la grosse sur le profit espéré : le C. com. *italien*, 593 et 594, en admet la validité ; la L. *belge* de 1879, 157 et 158, au contraire, admet seulement l'affectation du fret à faire, mais non celle du profit espéré.

excédant la valeur des objets sur lesquels il est affecté, peut être déclaré nul, à la demande du prêteur, s'il est prouvé qu'il y a fraude de la part de l'emprunteur (1).

317. S'il n'y a fraude, le contrat est valable jusqu'à la concurrence de la valeur des effets affectés à l'emprunt, d'après l'estimation qui en est faite ou convenue.

Le surplus de la somme empruntée est remboursé avec intérêts au cours de la place (2).

318. (Abrogé, L. du 12 août 1885, art. 2.) *Tous emprunts sur le fret à faire du navire et sur le profit espéré des marchandises sont prohibés. — Le prêteur, dans ce cas, n'a droit qu'au remboursement du capital, sans aucun intérêt.*

319. Nul prêt à la grosse ne peut être fait aux matelots ou gens de mer sur leurs loyers ou voyages (3).

320. Le navire, les agrès et les apparaux, l'armement et les victuailles, même le fret acquis, sont affectés par privilège au capital et intérêts de l'argent donné à la grosse sur le corps et quille du vaisseau.

Le chargement est également affecté au capital et intérêts de l'argent donné à la grosse sur le chargement.

Si l'emprunt a été fait sur un objet particulier du navire ou du chargement, le privilège n'a lieu que sur l'objet, et dans la proportion de la quotité affectée à l'emprunt (4).

321. Un emprunt à la grosse fait par le capitaine dans le lieu de la demeure des propriétaires du navire, sans leur autorisation authentique ou leur intervention dans l'acte, ne donne action et privilège que sur la portion que le capitaine peut avoir au navire et au fret (5).

322. Sont affectés aux sommes empruntées, même dans le lieu de la demeure des intéressés, pour radoub et victuailles, les parts et portions des propriétaires qui n'auraient pas fourni leur contingent pour mettre le bâtiment en état, dans les vingt-quatre heures de la sommation qui leur en sera faite (6).

323. Les emprunts faits pour le dernier voyage du navire sont remboursés par préférence aux sommes prêtées pour un précédent voyage, quand même il

---

(1 et 2) Mêmes règles en *Hollande* (C. com. 576), en *Italie* (C. com. 594) et en *Portugal* (C. com. 629). En *Espagne*, le prêt est valable, même en cas de fraude, jusqu'à concurrence de la valeur de l'objet affecté à l'emprunt : le surplus seulement est remboursable avec intérêts (C. com. 726).

(3) Voy. la note sous l'art. 315.

(4) Mêmes règles en *Espagne* (C. com. 724). En *Allemagne*, au contraire (C. com. 680), l'emprunt sur le navire ne comprend le fret que si cela est stipulé ou si l'emprunt porte en outre sur la cargaison.

(5) Aujourd'hui et en raison de la suppression de l'art. 191-9° par la L. du 10 juill. 1885, l'emprunt, contracté même avec l'autorisation des propriétaires, n'est plus privilégié. Il en est autrement et la disposition de l'art. 321 est reproduite par les législations étrangères qui rangent parmi les créances privilégiées celles qui résultent des prêts à la grosse : voy. C. com. *espagnol*, 728 ; C. com. *hollandais*, 579 C. com. *italien*, 509 et 595.

(6) La L. du 10 juill. 1885, en modifiant l'art. 233 (voy. *suprà*), paraît avoir modifié également l'art. 322 : aujourd'hui le capitaine ne peut plus emprunter qu'hypothécairement dans l'hypothèse de cet article. En *Italie*, le capitaine a le choix entre l'emprunt hypothécaire et l'emprunt à la grosse (C. com. 507).

serait déclaré qu'elles sont laissées par continuation ou renouvellement.

Les sommes empruntées pendant le voyage sont préférées à celles qui auraient été empruntées avant le départ du navire ; et s'il y a plusieurs emprunts faits pendant le même voyage, le dernier emprunt sera toujours préféré à celui qui l'aura précédé (1).

324. Le prêteur à la grosse sur marchandises chargées dans un navire désigné au contrat ne supporte pas la perte des marchandises, même par fortune de mer, si elles ont été chargées sur un autre navire, à moins qu'il ne soit légalement constaté que ce chargement a eu lieu par force majeure.

325. Si les effets sur lesquels le prêt à la grosse a eu lieu sont entièrement perdus, et que la perte soit arrivée par cas fortuit, dans le temps et dans le lieu des risques, la somme prêtée ne peut être réclamée (2).

326. Les déchets, diminutions et pertes qui arrivent par le vice propre de la chose, et les dommages causés par le fait de l'emprunteur, ne sont point à la charge du prêteur.

327. En cas de naufrage, le paiement des sommes empruntées à la grosse est réduit à la valeur des effets sauvés et affectés au contrat, déduction faite des frais de sauvetage.

328. Si le temps des risques n'est point déterminé par le contrat, il court, à l'égard du navire, des agrès, apparaux, armement et victuailles, du jour que le navire a fait voile, jusqu'au jour où il est ancré ou amarré au port ou lieu de sa destination.

A l'égard des marchandises, le temps des risques court du jour qu'elles ont été chargées dans le navire, ou dans les gabares pour les y porter, jusqu'au jour où elles sont délivrées à terre.

329. Celui qui emprunte à la grosse sur des marchandises n'est point libéré par la perte du navire et du chargement, s'il ne justifie qu'il y avait, pour son compte, des effets jusqu'à la concurrence de la somme empruntée.

330. Les prêteurs à la grosse contribuent, à la décharge des emprunteurs, aux avaries communes.

Les avaries simples sont aussi à la charge des prêteurs, s'il n'y a convention contraire (3).

331. S'il y a contrat à la grosse et assurance sur le même navire ou sur le même chargement, le produit des effets sauvés du naufrage est partagé entre le

---

(1) Mêmes règles dans les pays étrangers : voy. notamment L. *belge* de 1879, 159 ; C. com. *espagnol*, 730.

(2) Les dispositions des art. 325 à 329 sont reproduites par toutes les législations maritimes : voy. notamment L. *belge* de 1879, 164 à 166 ; C. com. *espagnol*, 731, 733 et 734 ; C. com. *italien*, 598 et suiv. ; C. com. *portugais*, 630.

(3) La plupart des législations récentes, sauf le C. com. *espagnol* (art. 732), se sont ici écartées de la loi française : en *Allemagne* (C. com. 690), le prêteur à la grosse ne supporte ni les avaries grosses, ni les avaries particulières. En *Belgique* (L. de 1879, 167), il ne contribue jamais qu'aux avaries communes, et encore s'il n'y a pas convention contraire. En *Italie* (C. com. 599 et 608) et en *Portugal* (C. com. 631), il contribue aux avaries communes nonobstant toute convention contraire ; mais les avaries particulières ne sont pas à sa charge, sauf si, par suite de ces avaries, les objets affectés ne suffisent plus pour le paiement complet de la somme prêtée.

prêteur à la grosse, pour son capital seulement, et l'assureur, pour les sommes assurées, au marc le franc de leur intérêt respectif, sans préjudice des priviléges établis à l'article 191 (¹).

Titre X. — Des assurances.

Sect. 1.— Du contrat d'assurance, de sa forme et de son objet.

332. Le contrat d'assurance est rédigé par écrit (²).

Il est daté du jour auquel il est souscrit.

Il y est énoncé si c'est avant ou après midi.

Il peut être fait sous signature privée.

Il ne peut contenir aucun blanc.

Il exprime :

Le nom et le domicile de celui qui fait assurer, sa qualité de propriétaire ou de commissionnaire ;

Le nom et la désignation du navire ;

Le nom du capitaine ;

Le lieu où les marchandises ont été ou doivent être chargées ;

Le port d'où ce navire a dû ou doit partir ;

Les ports ou rades dans lesquels il doit charger ou décharger ;

Ceux dans lesquels il doit entrer ;

La nature et la valeur ou l'estimation des marchandises ou objets que l'on fait assurer ;

Les temps auxquels les risques doivent commencer et finir ;

La somme assurée ;

La prime ou le coût de l'assurance ;

La soumission des parties à des arbitres, en cas de contestation, si elle a été convenue ;

Et généralement toutes les autres conditions dont les parties sont convenues (³).

333. La même police peut contenir plusieurs assurances, soit à raison des marchandises, soit à raison du taux de la prime, soit à raison de différents assureurs (⁴).

334. (L. du 12 août 1885.) Toute personne intéressée peut faire assurer le navire et ses accessoires, les frais d'armement, les victuailles, les loyers des gens de mer, le fret net, les sommes prêtées à la grosse et le profit maritime, les marchandises chargées à bord et le profit espéré de ces marchandises, le coût de l'assurance et généralement toutes choses estimables à prix d'argent sujettes aux risques de la navigation (⁵).

Toute assurance cumulative est interdite.

---

(1) Même règle en *Espagne* (C. com. 735) et en *Italie* (C. com. 559).

(2) On décide en général que l'écrit n'est requis que pour la preuve, et non pour la validité du contrat. Il en est autrement en *Espagne* (C. com. 737).

(3) Les mêmes mentions sont également exigées par les législations étrangères : L. *belge* de 1874, 27 ; C. com. *espagnol*, 738 ; C. com. *hollandais*, 592 ; C. com. *italien*, 605 ; C. com. *portugais*, 596.

(4) Même disposition en *Belgique* (L. de 1874, 26), en *Angleterre* (L. de 1906, 23) et en *Espagne* (C. com. 740, 2° et 3° al.).

(5) Le nouvel art. 334 a été inspiré par les législations étrangères qui donnent depuis longtemps une portée aussi étendue à l'assurance maritime : voy. L. *belge* de 1879, 168 ; C. com. *allemand*, 779 ; C. com. *espagnol*, 743 ; C. com. *italien*, 606 ; C. com. *portugais*, 597. — Dans la plupart des pays étrangers cependant, sauf en *Belgique* (L. de 1879, 168), l'assurance est nulle lorsqu'elle a pour objet les loyers des gens de mer : voy. C. com. *allemand*, 780 ; C. com. *espagnol*, 781-3° ; C. com. *italien*, 607 ; C. com. *portugais*, 600-1° ; il en est de même d'après les usages en *Angleterre* et aux *États-Unis*.

Dans tous les cas d'assurances cumulatives, s'il y a eu dol ou fraude de la part de l'assuré, l'assurance est nulle à l'égard de l'assuré seulement ; s'il n'y a eu ni dol ni fraude, l'assurance sera réduite de toute la valeur de l'objet deux fois assuré. S'il y a eu deux ou plusieurs assurances successives, la réduction portera sur la plus récente.

335. L'assurance peut être faite sur le tout ou sur une partie desdits objets conjointement ou séparément.

Elle peut être faite en temps de paix ou en temps de guerre, avant ou pendant le voyage du vaisseau.

Elle peut être faite pour l'aller et le retour, ou seulement pour l'un des deux, pour le voyage entier, ou pour un temps limité.

Pour tous voyages et transports par mer, rivières et canaux navigables (1).

336. En cas de fraude dans l'estimation des effets assurés, en cas de supposition ou de falsification, l'assureur peut faire procéder à la vérification et estimation des objets, sans préjudice de toutes autres poursuites, soit civiles, soit criminelles (2).

337. Les chargements faits aux échelles du Levant, aux côtes d'Afrique et autres parties du monde, pour l'Europe, peuvent être assurés, sur quelque navire qu'ils aient lieu, sans désignation du navire ni du capitaine.

Les marchandises elles-mêmes peuvent, en ce cas, être assurées sans désignation de leur nature et espèce.

Mais la police doit indiquer celui à qui l'expédition est faite ou doit être consignée, s'il n'y a convention contraire dans la police d'assurance.

338. Tout effet dont le prix est stipulé dans le contrat en monnaie étrangère est évalué au prix que la monnaie stipulée vaut en monnaie de France, suivant le cours à l'époque de la signature de la police.

339. Si la valeur des marchandises n'est point fixée par le contrat, elle peut être justifiée par les factures ou par les livres : à défaut, l'estimation en est faite suivant le prix courant au temps et au lieu du chargement, y compris tous les droits payés et les frais faits jusqu'à bord.

340. Si l'assurance est faite sur le retour d'un pays où le commerce ne se fait que par troc, et que l'estimation des marchandises ne soit pas faite par la police, elle sera réglée sur le pied de la valeur de celles qui ont été données en échange, en y joignant les frais de transport.

341. Si le contrat d'assurance ne règle point le temps des risques, les risques commencent et finissent dans le temps réglé par l'article 328 pour les contrats à la grosse.

342. L'assureur peut faire réassurer par d'autres les effets qu'il a assurés.

L'assuré peut faire assurer le coût de l'assurance.

---

(1) Mêmes règles dans les pays étrangers : C. com. *espagnol*, 744 ; C. com. *italien*, 606 et 609. En *Portugal*, l'assurance ne peut porter que sur les neuf dixièmes de la valeur de la cargaison (C. com. 599).

(2) Les dispositions des art. 336 à 340 sont reproduites par la plupart des législations étrangères : voy. L. *belge* de 1879, 169 à 171 ; C. com. *espagnol*, 752 à 754, C. com. *portugais*, 598 et 601.

La prime de réassurance peut être moindre ou plus forte que celle de l'assurance (¹).

343. L'augmentation de prime qui aura été stipulée en temps de paix pour le temps de guerre qui pourrait survenir, et dont la quotité n'aura pas été déterminée par les contrats d'assurance, est réglée par les tribunaux, en ayant égard aux risques, aux circonstances et aux stipulations de chaque police d'assurance (²).

344. En cas de perte des marchandises assurées et chargées pour le compte du capitaine sur le vaisseau qu'il commande, le capitaine est tenu de justifier aux assureurs l'achat des marchandises, et d'en fournir un connaissement signé par deux des principaux de l'équipage (³).

345. Tout homme de l'équipage et tout passager qui apportent des pays étrangers des marchandises assurées en France sont tenus d'en laisser un connaissement dans les lieux où le chargement s'effectue, entre les mains du consul de France, et, à défaut, entre les mains d'un Français notable négociant, ou du magistrat du lieu (⁴).

346. Si l'assureur tombe en faillite lorsque le risque n'est pas encore fini, l'assuré peut demander caution ou la résiliation du contrat.

L'assureur a le même droit en cas de faillite de l'assuré (⁵).

347. (L. du 12 août 1885.) Le contrat d'assurance est nul s'il a pour objet les sommes empruntées à la grosse (⁶).

348. Toute réticence, toute fausse déclaration de la part de l'assuré, toute différence entre le contrat d'assurance et le connaissement, qui diminueraient l'opinion du risque ou en changeraient le sujet, annulent l'assurance.

L'assurance est nulle, même dans le cas où la réticence, la fausse déclaration ou la différence n'auraient pas influé sur le dommage ou la perte de l'objet assuré (⁷).

Sect. 2. — Des obligations de l'assureur et de l'assuré (⁸).

349. Si le voyage est rompu avant le départ du vaisseau,

---

(1) Mêmes règles à l'étranger : voy. notamment L. *belge* de 1874, 24 ; C. com. *espagnol*, 749 ; C. com. *italien*, 704, etc.

(2) Voy. même solution : L. *belge* de 1879, 173 ; C. com. *espagnol*, 767, etc.

(3 et 4) Les mêmes précautions sont prises par les législations étrangères : voy. L. *belge de* 1879, 174 ; C. com. *allemand*, 884 et suiv. ; C. com. *espagnol*, 766 ; C. com. *italien*, 628, etc.

(5) Mêmes règles en *Espagne*, C. com. 787, en *Italie*, C. com. 433, et en *Portugal*, C. com. 438. En *Allemagne* (C. com. 898), l'assuré peut, à son choix, se désister du contrat ou conclure un nouveau contrat d'assurance aux frais de son assureur.

(6) Aucune législation ne permet à l'emprunteur de faire assurer les sommes empruntées à la grosse.

(7) Les législations étrangères contiennent à cet égard des règles plus détaillées que la loi française. Elles prévoient notamment le cas où la fausse déclaration provient d'une erreur commise de bonne foi : la L. *belge* de 1874, 9, le C. com. *italien*, 429, assimilent cette erreur à la fraude ; le C. com. *espagnol*, au contraire, 752, décide que l'assurance sera alors réduite à sa valeur réelle et que l'assureur devra restituer l'excédent de la prime reçue, sauf 1/2 p. 100 qu'il retiendra. — En *Allemagne* (C. com. 785) et en *Italie* (C. com. 429), l'assureur garde toujours la prime ; en *Belgique* (L. de 1874, 10 et 11), il ne la garde que si l'assuré a été de mauvaise foi.

(8) Ces obligations sont réglées d'une manière à peu près uniforme par toutes

même par le fait de l'assuré, l'assurance est annulée ; l'assureur reçoit, à titre d'indemnité, demi pour cent de la somme assurée.

350. Sont aux risques des assureurs, toutes pertes et dommages qui arrivent aux objets assurés, par tempête, naufrage, échouement, abordage fortuit, changements forcés de route, de voyage ou de vaisseau, par jet, feu, prise, pillage, arrêt par ordre de puissance, déclaration de guerre, représailles, et généralement par toutes les autres fortunes de mer (1).

351. Tout changement de route, de voyage ou de vaisseau, et toutes pertes et dommages provenant du fait de l'assuré, ne sont point à la charge de l'assureur ; et même la prime lui est acquise, s'il a commencé à courir les risques.

352. Les déchets, diminutions et pertes qui arrivent par le vice propre de la chose, et les dommages causés par le fait et faute des propriétaires, affréteurs ou chargeurs, ne sont point à la charge des assureurs.

353. L'assureur n'est point tenu des prévarications et fautes du capitaine et de l'équipage, connues sous le nom de baraterie de patron, s'il n'y a convention contraire (2).

354. L'assureur n'est point tenu du pilotage, touage et lamanage, ni d'aucune espèce de droits imposés sur le navire et les marchandises.

355. Il sera fait désignation dans la police, des marchandises sujettes, par leur nature, à détérioration particulière ou diminution, comme blés ou sels, ou marchandises susceptibles de coulage ; sinon les assureurs ne répondront point des dommages ou pertes qui pourraient arriver à ces mêmes denrées, si ce n'est toutefois que l'assuré eût ignoré la nature du chargement lors de la signature de la police.

356. Si l'assurance a pour objet des marchandises pour l'aller et le retour, et si, le vaisseau étant parvenu à sa première destination, il ne se fait point de chargement en retour, ou si le chargement en retour n'est pas complet, l'assureur reçoit seulement les deux tiers proportionnels de la prime convenue, s'il n'y a stipulation contraire.

357. Un contrat d'assurance ou de réassurance consenti pour une somme excédant la valeur des effets chargés est nul à l'égard de l'assuré seulement, s'il est prouvé qu'il y a dol ou fraude de sa part.

358. S'il n'y a ni dol ni fraude, le contrat est valable jusqu'à concurrence de la valeur des effets chargés, d'après l'estimation qui en est faite ou convenue.

En cas de pertes, les assureurs

---

les législations maritimes : voy. L. *belge* de 1879, 177 et suiv. ; C. com. *espagnol*, 755 et suiv. ; C. com. *hollandais*, 637 et suiv. ; C. com. *italien*, 615 et suiv. ; C. com. *portugais*, 603 et suiv. Nous nous contenterons donc de signaler les principales différences.

(1) En *Belgique* (L. de 1879, 178) et en *Portugal* (C. com. 604, § 2), les risques de guerre ne sont à la charge de l'assureur qu'en vertu d'une convention expresse.

(2) Quelques législations admettent, sauf certaines restrictions, que l'assurance de la baraterie du patron découle de plein droit du contrat : L. *belge* de 1879, 184 ; C. com. *hollandais*, 637.

sont tenus d'y contribuer chacun à proportion des sommes par eux assurées.

Ils ne reçoivent pas la prime de cet excédent de valeur, mais seulement l'indemnité de demi pour cent.

359. S'il existe plusieurs contrats d'assurance faits sans fraude sur le même chargement, et que le premier contrat assure l'entière valeur des effets chargés, il subsistera seul.

Les assureurs qui ont signé les contrats subséquents sont libérés ; ils ne reçoivent que demi pour cent de la somme assurée.

Si l'entière valeur des effets chargés n'est pas assurée par le premier contrat, les assureurs qui ont signé les contrats subséquents répondent de l'excédent en suivant l'ordre de la date des contrats (¹).

360. S'il y a des effets chargés pour le montant des sommes assurées, en cas de perte d'une partie, elle sera payée par tous les assureurs de ces effets, au marc le franc de leur intérêt.

361. Si l'assurance a lieu divisément pour des marchandises qui doivent être chargées sur plusieurs vaisseaux désignés, avec énonciation de la somme assurée sur chacun, et si le chargement entier est mis sur un seul vaisseau, ou sur un moindre nombre qu'il n'en est

désigné dans le contrat, l'assureur n'est tenu que de la somme qu'il a assurée sur le vaisseau ou sur les vaisseaux qui ont reçu le chargement, nonobstant la perte de tous les vaisseaux désignés ; et il recevra néanmoins demi pour cent des sommes dont les assurances se trouvent annulées.

362. Si le capitaine a la liberté d'entrer dans différents ports pour compléter ou échanger son chargement, l'assureur ne court les risques des effets assurés que lorsqu'ils sont à bord, s'il n'y a convention contraire.

363. Si l'assurance est faite par un temps limité, l'assureur est libre après l'expiration du temps, et l'assuré peut faire assurer les nouveaux risques.

364. L'assureur est déchargé des risques, et la prime lui est acquise, si l'assuré envoie le vaisseau en un lieu plus éloigné que celui qui est désigné par le contrat, quoique sur la même route.

L'assurance a son entier effet, si le voyage est raccourci.

365. Toute assurance faite après la perte ou l'arrivée des objets assurés est nulle, s'il y a présomption qu'avant la signature du contrat l'assuré a pu être informé de la perte, ou l'assureur de l'arrivée des objets assurés (²).

---

(1) Même règle dans la plupart des pays étrangers (voy. C. com. *hollandais*, 252 ; C. com. *italien*, 426 et suiv. ; L. maritimes des *Pays scandinaves*, 235). En *Allemagne* (L. 30 mai 1908), en *Angleterre* (L. 1906, 32 et 80) et aux *États-Unis*, on admet que l'assuré peut agir contre celui des assureurs qu'il lui plaît de choisir pour la totalité de l'indemnité, sauf à celui-ci à agir contre les autres assureurs pour faire répartir cette indemnité proportionnellement entre eux.

(2) La présomption de l'art. 366 a été abandonnée par les législations étrangères qui n'admettent la nullité de l'assurance que s'il est prouvé que les parties connaissaient la perte ou l'arrivée des objets assurés : voy. L. *belge* de 1879, 196 ; C. com. *allemand*, 785 ; C. com. *espagnol*, 785 ; C. com. *italien*, 430 et 431 ;

366. La présomption existe, si, en comptant trois quarts de myriamètre par heure, sans préjudice des autres preuves, il est établi que de l'endroit de l'arrivée ou de la perte du vaisseau, ou du lieu où la première nouvelle en est arrivée, elle a pu être portée dans le lieu où le contrat d'assurance a été passé, avant la signature du contrat (¹).

367. Si cependant l'assurance est faite sur bonnes ou mauvaises nouvelles, la présomption mentionnée dans les articles précédents n'est point admise.

Le contrat n'est annulé que sur la preuve que l'assuré savait la perte, ou l'assureur l'arrivée du navire, avant la signature du contrat (²).

368. En cas de preuve contre l'assuré, celui-ci paie à l'assureur une double prime.

En cas de preuve contre l'assureur, celui-ci paie à l'assuré une somme double de la prime convenue.

Celui d'entre eux contre qui la preuve est faite est poursuivi correctionnellement (³).

Sect. 3. — Du délaissement.

369. Le délaissement des objets assurés peut être fait (⁴) :

En cas de prise,

De naufrage,

D'échouement avec bris,

D'innavigabilité par fortune de mer,

En cas d'arrêt d'une puissance étrangère,

En cas de perte ou détérioration des effets assurés, si la détérioration ou la perte va au moins à trois quarts.

Il peut être fait, en cas d'arrêt de la part du gouvernement, après le voyage commencé.

370. Il ne peut être fait avant le voyage commencé.

371. Tous autres dommages sont réputés avaries et se règlent, entre les assureurs et les assurés, à raison de leurs intérêts.

372. Le délaissement des objets assurés ne peut être partiel ni conditionnel.

Il ne s'étend qu'aux effets qui sont l'objet de l'assurance et du risque.

373. (L. du 3 mai 1862.) Le délaissement doit être fait aux assureurs dans le terme de six mois à partir du jour de la réception de la nouvelle de la perte arrivée aux ports ou côtes d'Europe, ou sur celles d'Asie et d'Afrique, dans la Méditerranée, ou bien, en cas de prise, de la réception de celle de la conduite du navire dans l'un des ports ou lieux situés aux côtes ci-dessus mentionnées ;

Dans le délai d'un an après la réception de la nouvelle ou de la perte arrivée, ou de la prise

---

C. com. *portugais*, 436. — En *Espagne* (C. com. 785), celui qui a trompé son cocontractant est tenu de lui payer le cinquième de la somme assurée, sans préjudice de sa responsabilité pénale.

(1 à 3) Voir note 2 de la page 58.

(4) L'énumération ci-dessus est reproduite en *Belgique* (L. de 1879, 199 et suiv.), en *Espagne* (C. com. 789) et en *Italie*, sauf cependant pour l'échouement avec bris (C. com. 632 et suiv.) ; les codes espagnol et italien indiquent en outre qu'il n'y a innavigabilité que si le vaisseau ne peut être radoubé ou si les frais nécessaires pour le mettre en état de reprendre la mer dépassent les trois quarts de la valeur assurée. — En *Allemagne* et en *Portugal* (C. com. 616 et 617), le délaissement est admis en cas de perte totale, de défaut de nouvelle, de prise ou d'arrêt de puissance.

conduite en Afrique en deçà du cap de Bonne-Espérance, ou en Amérique en deçà du cap Horn ;

Dans le délai de dix-huit mois après la nouvelle des pertes arrivées ou des prises conduites dans toutes les autres parties du monde.

Et, ces délais passés, les assurés ne seront plus recevables à faire le délaissement (1).

374. Dans le cas où le délaissement peut être fait, et dans le cas de tous autres accidents aux risques des assureurs, l'assuré est tenu de signifier à l'assureur les avis qu'il a reçus.

La signification doit être faite dans les trois jours de la réception de l'avis.

375. (L. du 3 mai 1862.) Si, après six mois expirés, à compter du jour du départ du navire ou du jour auquel se rapportent les dernières nouvelles reçues, pour les voyages ordinaires ;

Après un an, pour les voyages de long cours, l'assuré déclare n'avoir reçu aucune nouvelle de son navire, il peut faire le délaissement à l'assureur et demander le paiement de l'assurance, sans qu'il soit besoin d'attestation de la perte.

Après l'expiration des six mois ou de l'an, l'assuré a, pour agir, les délais établis par l'article 373.

376. Dans le cas d'une assurance pour temps limité, après l'expiration des délais établis, comme ci-dessus, pour les voyages ordinaires et pour ceux de long cours, la perte du navire est présumée arrivée dans le temps de l'assurance (2).

377. (L. du 14 juin 1854.) Sont réputés voyages de long cours ceux qui se font au delà des limites ci-après déterminées:

Au sud, le 30e degré de latitude nord ;

Au nord, le 72e degré de latitude nord ;

A l'ouest, le 15e degré de longitude du méridien de Paris ;

A l'est, le 44e degré de longitude du méridien de Paris (3).

378. L'assuré peut, par la signification mentionnée en l'article 374, ou faire le délaissement avec sommation à l'assureur de payer la somme assurée dans le délai fixé par le contrat, ou se réserver de faire le délaissement dans les délais fixés par la loi.

379. L'assuré est tenu, en

---

(1) Ces délais ont été abrégés par la plupart des législations étrangères : en *Allemagne* (C. com. 861), le délai est de six mois quand le sinistre a eu lieu dans une mer européenne ou dans les mers Méditerranée, Noire ou d'Azow, et de neuf ou de douze mois dans les autres cas. En *Espagne*, le délai est de quatre mois pour les sinistres survenus dans les ports d'Europe, de la Méditerranée et de l'Amérique, de la Plata au Saint-Laurent, et de dix-huit mois pour les autres sinistres (C. com. 804). En *Portugal*, le délai est de trois mois, de six mois ou d'un an, suivant que l'événement s'est produit dans les mers d'Europe, dans les mers d'Afrique, occidentales et méridionales de l'Asie et orientales de l'Amérique, ou bien dans d'autres mers

(C. com. 620).

(2 et 3) Ces articles sont reproduits en *Belgique* (L. de 1879, 207 et 209) et en *Portugal* (C. com. 617). Le C. com. *espagnol*, 698, fait ici les mêmes distinctions que pour le délai dans lequel le délaissement doit être fait aux assureurs. Le C. com. *allemand*, 862, distingue non seulement suivant la longueur du voyage, mais encore suivant que le navire dont on n'a plus de nouvelles est un navire à voiles ou à vapeur. — En *Belgique* (L. de 1879, 204), l'assureur peut sommer l'assuré de faire le délaissement sans attendre l'expiration des délais ci-dessus. — En *Angleterre* (L. de 1906, 58), la loi n'établit pas de délai fixe de présomption de perte : ce délai est laissé à l'appréciation des tribunaux.

faisant le délaissement, de déclarer toutes les assurances qu'il a faites ou fait faire, même celles qu'il a ordonnées, et l'argent qu'il a pris à la grosse, soit sur le navire, soit sur les marchandises ; faute de quoi, le délai du paiement, qui doit commencer à courir du jour du délaissement, sera suspendu jusqu'au jour où il fera notifier ladite déclaration, sans qu'il en résulte aucune prorogation du délai établi pour former l'action en délaissement (1).

380. En cas de déclaration frauduleuse, l'assuré est privé des effets de l'assurance ; il est tenu de payer les sommes empruntées, nonobstant la perte ou la prise du navire.

381. En cas de naufrage ou d'échouement avec bris, l'assuré doit, sans préjudice du délaissement à faire en temps et lieu, travailler au recouvrement des effets naufragés.

Sur son affirmation, les frais de recouvrement lui sont alloués jusqu'à concurrence de la valeur des effets recouvrés (2).

382. Si l'époque du paiement n'est point fixée par le contrat, l'assureur est tenu de payer l'assurance trois mois après la signification du délaissement (3).

383. Les actes justificatifs du chargement et de la perte sont signifiés à l'assureur avant qu'il puisse être poursuivi pour le paiement des sommes assurées.

384. L'assureur est admis à la preuve des faits contraires à ceux qui sont consignés dans les attestations.

L'admission à la preuve ne suspend pas les condamnations de l'assureur au paiement provisoire de la somme assurée, à la charge par l'assuré de donner caution.

L'engagement de la caution est éteint après quatre années révolues, s'il n'y a pas eu de poursuite.

385. Le délaissement signifié et accepté ou jugé valable, les effets assurés appartiennent à l'assureur, à partir de l'époque du délaissement.

L'assureur ne peut, sous le prétexte du retour du navire, se dispenser de payer la somme assurée.

386. (Abrogé, L. du 12 août 1885, art. 2.) *Le fret des marchandises sauvées, quand même il aurait été payé d'avance, fait partie du délaissement du navire, et appartient également à l'assureur, sans préjudice des droits des prêteurs à la grosse, de ceux des matelots pour leur loyer, et des frais et dépenses pendant le voyage* (4).

---

(1) Les dispositions des art. 379 et 380 sont reproduites par toutes les législations maritimes : en *Belgique* (L. de 1879, 211), l'assuré doit déclarer non seulement les assurances par lui conclues, mais encore celles qui à sa connaissance auraient été faites par d'autres sur les mêmes choses.

(2) Même règle à l'étranger : voy. L. *belge* de 1879, 221 ; C. com. *espagnol*, 791, etc.

(3) Sauf quelques différences de détail, les règles des art. 382 à 385 sont également consacrées à l'étranger : voy. notamment L. *belge* de 1879, 213 à 216 ; C. com. *allemand*, 868 ; C. com. *espagnol*, 803 à 805, etc.

(4) L'ancien art. 386 devait nécessairement être abrogé du moment que l'assurance du fret était permise (voy. *suprà*, art. 334) ; on ne trouve pas non plus de disposition pareille dans les pays étrangers où l'assurance du fret est autorisée : voy. L. *belge* de 1879, 218 et 219.

387. En cas d'arrêt de la part d'une puissance, l'assuré est tenu de faire la signification à l'assureur, dans les trois jours de la réception de la nouvelle.

Le délaissement des objets arrêtés ne peut être fait qu'après un délai de six mois de la signification, si l'arrêt a eu lieu dans les mers d'Europe, dans la Méditerranée ou dans la Baltique ;

Qu'après le délai d'un an, si l'arrêt a eu lieu en pays plus éloigné.

Ces délais ne courent que du jour de la signification de l'arrêt.

Dans le cas où les marchandises arrêtées seraient périssables, les délais ci-dessus mentionnés sont réduits à un mois et demi pour le premier cas, et à trois mois pour le second cas (1).

388. Pendant les délais portés par l'article précédent, les assurés sont tenus de faire toutes diligences qui peuvent dépendre d'eux, à l'effet d'obtenir la mainlevée des effets arrêtés.

Pourront, de leur côté, les assureurs, ou de concert avec les assurés, ou séparément, faire toutes démarches à même fin.

389. Le délaissement à titre d'innavigabilité ne peut être fait, si le navire échoué peut être relevé, réparé et mis en état de continuer sa route pour le lieu de sa destination.

Dans ce cas, l'assuré conserve son recours sur les assureurs, pour les frais et avaries occasionnés par l'échouement (2).

390. Si le navire a été déclaré innavigable, l'assuré sur le chargement est tenu d'en faire la notification dans le délai de trois jours de la réception de la nouvelle.

391. Le capitaine est tenu, dans ce cas, de faire toutes diligences pour se procurer un autre navire à l'effet de transporter les marchandises au lieu de leur destination.

392. L'assureur court les risques des marchandises chargées sur un autre navire, dans le cas prévu par l'article précédent, jusqu'à leur arrivée et leur déchargement.

393. L'assureur est tenu, en outre, des avaries, frais de déchargement, magasinage, rembarquement, de l'excédent du fret, et de tous autres frais qui auront été faits pour sauver les marchandises, jusqu'à concurrence de la somme assurée.

394. Si, dans les délais prescrits par l'article 387, le capitaine n'a pu trouver de navire pour recharger les marchandises et les conduire au lieu de leur destination, l'assuré peut en faire le délaissement.

395. En cas de prise, si l'assuré n'a pu en donner avis à l'assureur, il peut racheter les effets sans attendre son ordre.

L'assuré est tenu de signifier à l'assureur la composition qu'il aura faite, aussitôt qu'il en aura les moyens (3).

396. L'assureur a le choix de

---

(1) Même disposition à l'étranger, sauf réglementation différente du délai : voy. C. com. *hollandais*, 668 ; C. com. *italien*, 636 ; L. *belge* de 1879, 220 et 221.

(2) Les art. 389 à 394 ont été reproduits par toutes les législations maritimes : voy. L. *belge* de 1879, 222 à 227 ; C. com. *espagnol*, 759 ; C. com. *hollandais*, 663 et 664 ; C. com. *italien*, 632 et suiv.

(3) Mêmes règles dans les législations étrangères : voy. C. com. *espagnol*, 801 : C. com. *italien*, 641 ; C. com. *portugais*, 625.

prendre la composition à son compte, ou d'y renoncer : il est tenu de notifier son choix à l'assuré, dans les vingt-quatre heures qui suivent la signification de la composition.

S'il déclare prendre la composition à son profit, il est tenu de contribuer, sans délai, au paiement du rachat, dans les termes de la convention, et à proportion de son intérêt ; et il continue à courir les risques du voyage, conformément au contrat d'assurance.

S'il déclare renoncer au profit de la composition, il est tenu au paiement de la somme assurée, sans pouvoir rien prétendre aux effets rachetés.

Lorsque l'assureur n'a pas notifié son choix dans le délai susdit, il est censé avoir renoncé au profit de la composition (¹).

Titre XI. — Des avaries.

397. Toutes dépenses extraordinaires faites pour le navire et les marchandises, conjointement ou séparément,

Tout dommage qui arrive au navire et aux marchandises, depuis leur chargement et départ jusqu'à leur retour et déchargement,

Sont réputés avaries.

398. A défaut de conventions spéciales entre toutes les parties, les avaries sont réglées conformément aux dispositions ci-après.

399. Les avaries sont de deux classes, avaries grosses ou communes et avaries simples ou particulières (²).

400. Sont avaries communes :

1º Les choses données par composition et à titre de rachat du navire et des marchandises ;

2º Celles qui sont jetées à la mer ;

3º Les câbles ou mâts rompus ou coupés ;

4º Les ancres et autres effets abandonnés pour le salut commun ;

5º Les dommages occasionnés par le jet aux marchandises restées dans le navire ;

6º Les pansements et nourriture des matelots blessés en défendant le navire, les loyers et nourriture des matelots pendant la détention, quand le navire est arrêté en voyage par ordre d'une puissance, et pendant les réparations des dommages volontairement soufferts pour le salut commun, si le navire est affrété au mois ;

7º Les frais de déchargement pour alléger le navire et entrer dans un havre ou dans une rivière, quand le navire est contraint de le faire par tempête ou par la poursuite de l'ennemi ;

8º Les frais faits pour remettre à flot le navire échoué dans l'intention d'éviter la perte totale ou la prise ;

Et, en général, les dommages soufferts volontairement, et les dépenses faites d'après délibérations motivées, pour le bien et le salut commun du navire et des marchandises, depuis leur

---

(1) Voir note 3 de la page 62.

(2) Cette distinction est consacrée par toutes les législations : voy. L. *belge* de 1879, 99 à 119 ; C. com. *allemand*, 700 et suiv. ; C. com. *espagnol*, 806 à 818 ; C. com. *hollandais*, 698 et suiv. ; C. com. *italien*, 642 à 665 ; C. com. *portugais*, 634 à 653.

chargement et départ jusqu'à leur retour et déchargement [1].

401. Les avaries communes sont supportées par les marchandises et par la moitié du navire et du fret, au marc le franc de la valeur [2].

402. Le prix des marchandises est établi par leur valeur au lieu du déchargement.

403. Sont avaries particulières [3] :

1º Le dommage arrivé aux marchandises par leur vice propre, par tempête, prise, naufrage ou échouement ;

2º Les frais faits pour les sauver ;

3º La perte des câbles, ancres, voiles, mâts, cordages, causée par tempête ou autre accident de mer ;

Les dépenses résultant de toutes relâches occasionnées soit par la perte fortuite de ces objets, soit par le besoin d'avitaillement, soit par voie d'eau à réparer [4];

4º La nourriture et le loyer des matelots pendant la détention, quand le navire est arrêté en voyage par ordre d'une puissance, et pendant les réparations qu'on est obligé d'y faire, si le navire est affrété au voyage ;

5º La nourriture et le loyer des matelots pendant la quarantaine, que le navire soit loué au voyage ou au mois ;

Et, en général, les dépenses faites et le dommage souffert pour le navire seul, ou pour les marchandises seules, depuis leur chargement et départ jusqu'à leur retour et déchargement.

404. Les avaries particulières sont supportées et payées par le propriétaire de la chose qui a essuyé le dommage ou occasionné la dépense.

405. Les dommages arrivés aux marchandises, faute par le capitaine d'avoir bien fermé les écoutilles, amarré le navire, fourni de bons guindages, et par tous autres accidents provenant de la négligence du capitaine ou de l'équipage, sont également des avaries particulières supportées par le propriétaire des marchandises, mais pour lesquelles il a son recours contre le capitaine, le navire et le fret.

406. Les lamanages, touages, pilotages, pour entrer dans les havres ou rivières, ou pour en sortir, les droits de congés, visites, rapports, tonnes, balises, ancrages et autres droits de navigation, ne sont point avaries : mais ils sont de simples frais à la charge du navire.

407. En cas d'abordage de navires, si l'événement a été pu-

---

(1) Les principales législations étrangères ont également procédé par voie d'énumération : voy. C. com. *allemand,* 706 ; C. com. *espagnol,* 811 ; C. com. *hollandais,* 699 ; C. com. *italien,* 643 et 644. La L. *belge* de 1879, 102, la L. *anglaise* de 1906, 66-2º, et le C. com. *portugais,* 635, se bornent au contraire à donner une définition générale des avaries communes.

(2) Voy. *infrà* la note sous l'art. 417.

(3) Voy. pour l'énumération des avaries particulières à l'étranger : L. *belge* de 1879, 102 ; C. com. *espagnol,* 809 ; C. com. *hollandais,* 700 et 701 ; C. com. *italien,* 616 ; C. com. *portugais,* 635.

(4) Les législations étrangères considèrent comme avaries communes les frais de relâche dans le cas où les avaries qu'il s'agit de réparer mettraient en péril commun le navire et les marchandises : voy. L. *belge* de 1879, 103 ; C. com. *espagnol,* 821 ; C. com. *hollandais,* 699-14º ; C. com. *italien,* 643-10º et 11º ; C. com. *portugais,* 656. En droit français, la jurisprudence se prononce dans ce même sens : Cass. 10 août 1880, D. P. 80, 1, 448.

rement fortuit, le dommage est supporté, sans répétition, par celui des navires qui l'a éprouvé.

Si l'abordage a été fait par la faute de l'un des capitaines, le dommage est payé par celui qui l'a causé.

S'il y a doute dans les causes de l'abordage, le dommage est réparé à frais communs, et par égale portion, par les navires qui l'ont fait et souffert.

Dans ces deux derniers cas, l'estimation du dommage est faite par experts (1).

(Ajouté par la L. du 14 déc. 1897.) En cas d'abordage, le demandeur pourra, à son choix, assigner devant le tribunal du défendeur ou devant celui du port français dans lequel en premier lieu, soit l'un, soit l'autre des deux navires s'est réfugié.

Si l'abordage est survenu dans la limite des eaux soumises à la juridiction française, l'assignation pourra également être donnée devant le tribunal dans le ressort duquel la collision s'est produite.

408. Une demande pour avaries n'est point recevable, si l'avarie commune n'excède pas un pour cent de la valeur cumulée du navire et des marchandises, et si l'avarie particulière n'excède pas aussi un pour cent de la valeur de la chose endommagée (2).

409. La clause franc d'avaries affranchit les assureurs de toutes avaries, soit communes, soit particulières, excepté dans les cas qui donnent ouverture au délaissement ; et, dans ces cas, les assurés ont l'option entre le délaissement et l'exercice d'action d'avarie (3).

Titre XII. — Du jet et de la contribution.

410. Si, par tempête ou par la chasse de l'ennemi, le capitaine se croit obligé, pour le salut du navire, de jeter en mer une partie de son chargement, de couper ses mâts, ou d'abandonner ses ancres, il prend l'avis des intéressés au chargement qui se trouvent dans le vaisseau, et des principaux de l'équipage (4).

S'il y a diversité d'avis, celui du capitaine et des principaux de l'équipage est suivi.

411. Les choses les moins nécessaires, les plus pesantes et de moindre prix, sont jetées les premières, et ensuite les marchandises du premier pont au

---

(1) L'abordage mixte ou douteux n'existe plus que dans le C. com. *hollandais*, 538, en vertu duquel les dommages sont supportés par chaque navire proportionnellement à leur valeur, et dans le C. com. *portugais*, 668, en vertu duquel chaque navire supporte ses propres dommages. — La plupart des législations étrangères énumèrent une autre espèce d'abordage dont ne parle pas le Code français, l'abordage provenant de la faute commune des capitaines. Mais elles varient en ce qui concerne sa réglementation : en *Allemagne* (C. com. 735), en *Belgique* (L. de 1879,

229) et en *Portugal* (C. com. 666), le dommage est supporté par chaque navire dans la proportion de la faute commise par son capitaine ; en *Allemagne*, en *Italie* (C. com. 662) et en *Hollande* (C. com. 535), chaque navire supporte ses dommages.

(2) La L. *belge* de 1879 a supprimé l'art. 408 et a reproduit l'art. 409 (voy. art. 198).

(3) Voy. la note sous l'art. précédent.

(4) La nécessité de cette délibération ne figure plus dans les législations étrangères récentes : voy. cependant C. com. *espagnol*, 813 et 814.

choix du capitaine, et par l'avis des principaux de l'équipage (¹).

412. Le capitaine est tenu de rédiger par écrit la délibération, aussitôt qu'il en a les moyens.

La délibération exprime :

Les motifs qui ont déterminé le jet, — Les objets jetés ou endommagés.

Elle présente la signature des délibérants, ou les motifs de leur refus de signer.

Elle est transcrite sur le registre.

413. Au premier port où le navire abordera, le capitaine est tenu, dans les vingt-quatre heures de son arrivée, d'affirmer les faits contenus dans la délibération transcrite sur le registre (²).

414. L'état des pertes et dommages est fait dans le lieu du déchargement du navire, à la diligence du capitaine et par experts.

Les experts sont nommés par le tribunal de commerce, si le déchargement se fait dans un port français.

Dans les lieux où il n'y a pas de tribunal de commerce, les experts sont nommés par le juge de paix.

Ils sont nommés par le consul de France, et, à son défaut, par le magistrat du lieu, si la décharge se fait dans un port étranger.

Les experts prêtent serment avant d'opérer.

415. Les marchandises jetées sont estimées suivant le prix courant du lieu du déchargement ; leur qualité est constatée par la production des connaissements, et des factures s'il y en a.

416. Les experts nommés en vertu de l'article précédent font la répartition des pertes et dommages.

La répartition est rendue exécutoire par l'homologation du tribunal.

Dans les ports étrangers, la répartition est rendue exécutoire par le consul de France, ou, à son défaut, par tout tribunal compétent sur les lieux.

417. La répartition pour le paiement des pertes et dommages est faite sur les effets jetés et sauvés, et sur moitié du navire et du fret, à proportion de leur valeur au lieu du déchargement (³).

418. Si la qualité des marchandises a été déguisée par le connaissement, et qu'elles se trouvent d'une plus grande valeur, elles contribuent sur le pied de leur estimation, si elles sont sauvées (⁴).

---

(1) Mêmes règles dans les législations étrangères : voy. L. *belge* de 1879, 102 ; C. com. *espagnol*, 815 ; C. com. *italien*, 645. Le C. com. *allemand* et le C. com. *portugais* (641 et suiv.) se sont abstenus de réglementer l'ordre dans lequel les marchandises doivent être jetées.

(2) Les règles de procédure tracées par les art. 413 à 416 se retrouvent, sauf différences de détail, dans toutes les législations étrangères : voy. L. *belge* de 1879, 117 à 119 ; C. com. *espagnol*, 846 à 869 ; C. com. *hollandais*, 724 ; C. com. *italien*, 658 ; C. com. *portugais*, 652.

(3) De même en *Italie* (C. com. 647) et en *Portugal* (C. com. 636). En *Belgique* (L. de 1879, 110 et 425) et en *Espagne* (C. com. 854), le navire contribue pour sa valeur au lieu de déchargement et le fret pour la moitié de son montant. En *Angleterre*, le navire contribue aussi pour sa valeur et le fret pour son montant brut, déduction faite des dépenses que la perte du navire aurait épargnées.

(4) Les dispositions des art. 418 à 421 sont en général reproduites par les législations étrangères : voy. L. *belge* de 1879, 106 et suiv. ; C. com. *allemand*, 716 et

Elles sont payées d'après la qualité désignée par le connaissement, si elles sont perdues.

Si les marchandises déclarées sont d'une qualité inférieure à celle qui est indiquée par le connaissement, elles contribuent d'après la qualité indiquée par le connaissement, si elles sont sauvées ;

Elles sont payées sur le pied de leur valeur, si elles sont jetées ou endommagées.

419. Les munitions de guerre et de bouche, et les hardes des gens de l'équipage, ne contribuent point au jet ; la valeur de celles qui auront été jetées sera payée par contribution sur tous les autres effets.

420. Les effets dont il n'y a pas de connaissement ou déclaration du capitaine ne sont pas payés s'ils sont jetés ; ils contribuent s'ils sont sauvés.

421. Les effets chargés sur le tillac du navire contribuent s'ils sont sauvés.

S'ils sont jetés, ou endommagés par le jet, le propriétaire n'est point admis à former une demande en contribution ; il ne peut exercer son recours que contre le capitaine (¹).

422. Il n'y a lieu à contribution pour raison du dommage arrivé au navire que dans le cas où le dommage a été fait pour faciliter le jet.

423. Si le jet ne sauve le navire, il n'y a lieu à aucune contribution (²).

Les marchandises sauvées ne sont point tenues du paiement ni du dédommagement de celles qui ont été jetées ou endommagées.

424. Si le jet sauve le navire, et si le navire, en continuant sa route, vient à se perdre,

Les effets sauvés contribuent au jet sur le pied de leur valeur en l'état où ils se trouvent, déduction faite des frais de sauvetage (³).

425. Les effets jetés ne contribuent en aucun cas au paiement des dommages arrivés depuis le jet aux marchandises sauvées.

Les marchandises ne contribuent point au paiement du navire perdu, ou réduit à l'état d'innavigabilité (⁴).

426. Si, en vertu d'une délibération, le navire a été ouvert pour en extraire les marchandises, elles contribuent à la réparation du dommage causé au navire.

427. En cas de perte des marchandises mises dans des

---

suiv. ; C. com. *hollandais*, 731 et suiv. ; C. com. *espagnol*, 855 et 856, etc. En *Angleterre*, cependant, on n'exclut la contribution en cas de jet de marchandises chargées sans connaissement que si le chargement a eu lieu de mauvaise foi.

(1) Les législations étrangères font en général une exception pour le petit cabotage : voy. C. com. *espagnol*, 855 ; C. com. *italien*, 650-2°.

(2) Règle admise par presque toutes les législations étrangères : voy. L. *belge* de 1879, 111 ; C. com. *espagnol*, 860 ; C. com. *hollandais*, 734 ; C. com. *italien*, 651 ; C. com. *portugais*, 642. En *Angleterre* et aux *États-Unis*, au contraire, il faut que le navire soit sauvé ; mais peu importe que le jet soit ou ne soit pas la cause directe et immédiate de ce salut.

(3 et 4) Mêmes règles en pays étranger : voy. L. *belge* de 1879, 112 et 113 ; C. com. *espagnol*, 856 et 861 ; C. com. *italien*, 651 ; C. com. *portugais*, 642. En *Allemagne*, les marchandises jetées contribuent aux avaries communes même résultant d'un événement postérieur si leur propriétaire réclame une indemnité.

barques pour allégor le navire entrant dans un port ou une rivière, la répartition en est faite sur le navire et son chargement en entier.

Si le navire périt avec le reste de son chargement, il n'est fait aucune répartition sur les marchandises mises dans les allèges, quoiqu'elles arrivent à bon port (1).

428. Dans tous les cas ci-dessus exprimés, le capitaine et l'équipage sont privilégiés sur les marchandises ou le prix en provenant pour le montant de la contribution (2).

429. Si, depuis la répartition, les effets jetés sont recouvrés par les propriétaires, ils sont tenus de rapporter au capitaine et aux intéressés ce qu'ils ont reçu dans la contribution, déduction faite des dommages causés par le jet et des frais de recouvrement (3).

Titre XIII. — Des prescriptions.

430. Le capitaine ne peut acquérir la propriété du navire par voie de prescription (4).

431. L'action en délaissement est prescrite dans les délais exprimés par l'article 373.

432. Toute action dérivant d'un contrat à la grosse, ou d'une police d'assurance, est prescrite après cinq ans, à compter de la date du contrat (5).

433. Sont prescrites :

Toutes actions en paiement pour fret de navire, gages et loyers des officiers, matelots et autres gens de l'équipage, un an après le voyage fini ;

Pour nourriture fournie aux matelots par l'ordre du capitaine, un an après la livraison ;

Pour fournitures de bois et autres choses nécessaires aux constructions, équipement et avitaillement du navire, un an après ces fournitures faites ;

Pour salaires d'ouvriers et pour ouvrages faits, un an après la réception des ouvrages ;

(Modifié par la **L.** du 14 déc. 1897.) Toute demande en délivrance de marchandises ou en dommages-intérêts pour avaries ou retard dans leur transport, un an après l'arrivée du navire (6).

La même prescription est opposable à l'action des passagers contre le capitaine et les pro-

---

(1) Disposition semblable en *Allemagne*. en *Espagne* (C. com. 817), en *Hollande* (C. com. 703 et suiv.), en *Italie* (C. com. 643-14° et 16°), et en *Portugal* (C. com. 643).

(2) Plusieurs législations étrangères accordent en outre au capitaine un droit de rétention sur les marchandises, tout au moins quand l'intéressé ne donne pas une caution suffisante pour répondre du paiement de sa part : il en est ainsi en *Belgique* (L. de 1879, 114), en *Allemagne* et en *Angleterre*.

(3) Même règle en *Belgique* (L. de 1879, 115), en *Espagne* (C. com. 863) et en *Portugal* (C. com. 646).

(4) Cette disposition a été supprimée comme inutile en Belgique, en Italie et en Allemagne.

(5) La prescription est généralement plus courte dans les législations étrangères récentes : 3 ans en *Belgique* (L. de 1879, 235) et en *Espagne* (C. com. 954), 5 ans en matière d'assurance et 1 an en matière de prêts à la grosse en *Allemagne* (C. com. 904 et 905), 3 ans au contraire pour les prêts à la grosse et 1 an pour les assurances en *Italie* (C. com. 920 et 924).

(6) Mêmes règles en *Belgique* (voy. L. de 1879, 236). En *Espagne*, les actions relatives aux frais de transport ou du fret et aux avaries communes se prescrivent par 6 mois, les autres par 1 an (C. com. 951 et 952). En *Allemagne* (C. com. 901 et suiv.) et en *Italie* (C. com. 924), la prescription annale est admise d'une manière beaucoup plus large qu'en droit

priétaires du navire ayant pour cause un dommage ou retard éprouvé pendant le voyage.

434. La prescription ne peut avoir lieu, s'il y a cédule, obligation, arrêté de compte ou interpellation judiciaire.

Titre XIV. — Fins de non-recevoir.

435. Sont non recevables :

Toutes actions contre le capitaine et les assureurs, pour dommage arrivé à la marchandise, si elle a été reçue sans protestation ;

Toutes actions contre l'affréteur, pour avaries, si le capitaine a livré les marchandises et reçu son fret sans avoir protesté ;

(Abrogé, L. du 24 mars 1891.) *Toutes actions en indemnité pour dommages causés par l'abordage dans un lieu où le capitaine a pu agir, s'il n'a point fait de réclamation.*

(L. du 24 mars 1891.) Ces protestations sont nulles si elles ne sont faites et signifiées dans les vingt-quatre heures, et si, dans le mois de leur date, elles ne sont suivies d'une demande en justice (¹).

436. (L. du 24 mars 1891.) Toutes actions en indemnité pour dommage provenant d'abordage sont non recevables si elles n'ont été intentées dans le délai d'un an à compter du jour de l'abordage (²).

LIVRE III.

DES FAILLITES ET BANQUEROUTES (³).

(Loi du 28 mai 1838, promulguée le 8 juin.)

Titre I. — De la faillite.

DISPOSITIONS GÉNÉRALES.

437. Tout commerçant qui

---

français : elle s'applique notamment aux actions en dommages-intérêts pour avaries, à toutes les actions dérivant du contrat d'affrètement, etc.

(1 et 2) Les législations étrangères, sauf la législation *anglaise*, admettent également que les protestations dont il s'agit ici doivent être faites dans un certain délai, 24 heures en *Belgique* (L. de 1879, 232 et 233) et en *Espagne* (C. com. 952), 3 jours en *Portugal* (C. com. 673).

(3) Les lois étrangères sur la faillite peuvent se diviser en 3 groupes.

A. — *Législations qui se sont inspirées du Code de commerce français :*

1° *Belgique :* C. com. modifié par la L. du 18 avril 1851, art. 437 à 614 ; L. du 26 déc. 1882 sur la procédure gratuite en matière de faillite ; L. du 20 juin 1883 et L. du 29 juin 1887, relatives au concordat préventif de la faillite ;

2° *Chili :* C. com., art. 1325 à 1533 ;

3° *Espagne :* C. com., art. 870 à 941 ;

4° *Égypte :* C. com., art. 202 à 427 ;

5° *Grèce :* C. com., modifié par la L. sur les faillites de 1878 ;

6° *Hollande :* L. du 30 sept. 1893 sur la faillite et le sursis de paiement ;

7° *Italie :* C. com., art. 671 à 856 ;

8° *Grand-Duché de Luxembourg :* L. du 2 juill. 1870, complétée par la L. du 14 avril 1886 sur le concordat préventif de faillite ;

9° *Pérou :* L. du 15 févr. 1902 ;

10° *Portugal :* C. des faillites du 1er oct. 1899 ;

11° *République Argentine :* L. du 23 déc. 1902 ;

12° *République Brésilienne :* L. du 17 déc. 1908 sur la faillite ;

13° *Roumanie :* L. du 1er mars 1902 ;

14° *Turquie :* C. com., art. 147 à 315.

B. — *Législations qui composent le groupe germanique :*

1° *Allemagne :* L. du 10 févr. 1877, modifiée par la L. du 17 mai 1898 ;

2° *Autriche :* L. du 25 déc. 1868, complétée par la L. du 16 mars 1884 ;

3° *Hongrie :* L. du 30 mai 1881 ;

4° *Pays Scandinaves :* en *Suède,* L. du 18 déc. 1862, modifiée par les L. du 13 nov. 1883 et du 5 juill. 1884 ; en

cesse ses paiements(¹) est en état de faillite.

La faillite(²) d'un commerçant peut être déclarée après son décès, lorsqu'il est mort en état de cessation de paiements.

La déclaration de faillite ne pourra être, soit prononcée d'office, soit demandée par les créanciers, que dans l'année qui suivra le décès(³).

Norvège, L. du 6 mai 1899; en *Danemark*, L. du 25 mars 1872, modifiée par la L. du 15 avril 1887 et par la L. du 14 avril 1905 sur le concordat;

5° *Suisse*: L. fédérale du 11 avril 1889.

C. — *Législations qui composent le groupe anglo-saxon:*

1° *Angleterre*: L. du 25 août 1883 (traduite et annotée par M. Lyon-Caen), modifiée par les lois du 25 juin 1886 et du 24 déc. 1883;

2° *Écosse*: L. de 1856, modifiée par les lois du 7 sept. 1880 et du 18 juill. 1881;

3° *Irlande*: L. du 6 août 1872, modifiée par la L. du 30 août 1889;

4° *États-Unis d'Amérique*: L. du 1er juillet 1898, modifiée par la L. du 5 février 1903.

(1) Tel est aussi le système suivi par les législations relativement anciennes auxquelles le Code de commerce français a servi de modèle. Les législations récentes au contraire, qui subissent pour la plupart l'influence germanique, ont plutôt une tendance à étendre la faillite aux non-commerçants. A ce point de vue, les pays étrangers se divisent en 4 groupes principaux.

Premier groupe. — *Belgique, Grèce, Italie, Luxembourg, Portugal, Roumanie,* et certains pays d'Amérique (*Chili, Mexique, Pérou, République Argentine,* etc.) qui se sont inspirés de l'ancien Code espagnol de 1829: la faillite ne s'applique, comme en France, qu'aux seuls commerçants (voy. notamment C. com. *belge,* 437; C. com. *italien,* 671).

Deuxième groupe. — *Allemagne, Angleterre, Hollande:* les commerçants et les non-commerçants sont assimilés d'une manière absolue au point de vue de la faillite. (Voy. L. *allemande* de 1877, 1er, et L. *anglaise* de 1883, 4.)

Troisième groupe. — *Autriche, Espagne, Hongrie, Pays Scandinaves, Russie:* les commerçants et les non-commerçants peuvent également être déclarés en faillite; mais il existe des différences parfois importantes entre les faillis commerçants et les faillis non commerçants: c'est ainsi qu'en *Autriche* le concordat ne

peut être accordé qu'aux commerçants. (Voy. L. de 1868, 207 à 245.)

Quatrième groupe. — *Suisse:* sont assujetties à la faillite toutes les personnes qui sont inscrites au registre du commerce, ce qui comprend non seulement les commerçants pour qui cette inscription est obligatoire, mais encore les individus non commerçants qui se sont fait inscrire audit registre en vertu de l'art. 815 du Code fédéral des obligations (L. féd. de 1889, 38 et 39).

(2) Les législations qui ont spécialisé la faillite aux seuls commerçants font aussi dépendre l'état de faillite de la cessation des paiements (voy. C. com. *belge,* 437; C. com. *italien,* 671): ce dernier texte ajoute seulement que la cessation des paiements doit s'appliquer aux obligations commerciales. L'*Allemagne* a également adopté le même système (L. 1877, 94). — Dans les pays qui ont organisé deux faillites parallèles pour les commerçants et les non-commerçants, la cessation des paiements entraîne bien la faillite commerciale, mais elle ne suffit plus pour motiver la faillite civile: il faut, en outre, ou l'insolvabilité du débiteur constatée par l'insuccès de poursuites dirigées contre lui, ou le fait par lui d'avoir quitté le royaume ou de se tenir caché (*Autriche,* L. de 1868, 62 à 64 et 198; *Hongrie,* L. de 1882, 82 à 85 et 242 à 246; *Espagne,* C. com. 874, et C. de procéd. civ., 1158). — En *Suisse,* la faillite peut résulter soit de poursuites infructueuses exercées contre le débiteur (voy. *infra* sous l'art. 440), soit de ce que le débiteur s'est caché ou a pris la fuite, soit de la cessation de ses paiements, soit de ce que le concordat préventif de faillite lui a été refusé (L. féd. de 1889, 159, 166 et 190). — Enfin l'*Angleterre* suit un système à part: la loi de 1883 n'admet plus que la simple cessation de paiements soit à elle seule une cause de faillite; elle énumère limitativement, dans son art. 4 et sous la rubrique *acts of bankruptcy,* les actes qui peuvent seuls entraîner la faillite du débiteur.

(3) La plupart des législations étran-

CHAP. I. — DE LA DÉCLARA-
TION DE FAILLITE ET DE SES
EFFETS.

438. (L. du 4 mars 1889.)
Tout failli sera tenu, dans les
quinze jours (*auparavant trois
jours*) de la cessation de ses
paiements, d'en faire la déclaration au greffe du tribunal de
commerce de son domicile. Le
jour de la cessation de paiements
sera compris dans les quinze
jours (¹).

En cas de faillite d'une société
en nom collectif, la déclaration
contiendra le nom et l'indication
du domicile de chacun des associés solidaires. Elle sera faite
au greffe du tribunal dans le
ressort duquel se trouve le siège
du principal établissement de
la société (²).

439. La déclaration du failli
devra être accompagnée du dépôt du bilan, ou contenir l'indication des motifs qui empêche-
raient le failli de le déposer. Le
bilan contiendra l'énumération
et l'évaluation de tous les biens
mobiliers et immobiliers du débiteur, l'état des dettes actives
et passives, le tableau des profits
et pertes, le tableau des dépenses ; il devra être certifié véritable, daté et signé par le débiteur.

440. La faillite est déclarée
par jugement du tribunal de
commerce (³), rendu, soit sur la
déclaration du failli, soit à la

---

gères admettent également la faillite
après décès. Elles varient seulement en
ce qui concerne le délai dans lequel la
faillite peut être demandée : ce délai est
de six mois en *Belgique* (C. com. 437 et
442) et en *Suisse* (L. de 1889, 40).

D'autre part, plusieurs législations ont
formellement tranché la question de savoir si et pendant combien de temps la
faillite pouvait être demandée après la
cessation du commerce. Ainsi, en *Suisse,*
la faillite peut encore être requise dans
les 6 mois qui suivent la radiation de
l'inscription sur le registre du commerce
(L. de 1889, 40), et en *Italie* dans les 5 ans
de la retraite (C. com. 678).

(1) Les législations qui se sont inspirées
de notre Code de commerce imposent
également au commerçant en état de
cessation de paiements, l'obligation de
déclarer sa faillite dans un délai plus ou
moins bref : 3 jours en *Belgique* (C. com.
440) et en *Italie* (C. com. 674). — Dans les
autres pays, en *Allemagne* (L. de 1877,
95 et 96), en *Autriche* (L. de 1868, 62),
en *Angleterre* (L. de 1883, 5), en *Suisse*
(L. de 1889, 191), la demande en déclaration de faillite est simplement facultative pour le débiteur. — En *Hongrie,*
cette demande est facultative pour le débiteur civil, mais obligatoire pour le débiteur commerçant (L. de 1881, 82 et 244
et suiv.).

(2) Notre Code de commerce ne renferme que de rares dispositions sur la
faillite des sociétés (voy. art. 458, 2ᵉ al. ;
531, 604, 2ᵉ al.) ; et encore ne parle-t-il
nulle part de la faillite des sociétés par
actions. Ce laconisme a été imité par les
législations commerciales de date relativement ancienne, telles que le Code de commerce *belge.* La plupart des législations
plus récentes, au contraire, consacrent de
nombreuses dispositions à la faillite des
sociétés soit en nom collectif, soit par
actions : voy. en *Allemagne,* la L. de
1877, 193 à 201 ; en *Autriche,* la L. de
1868, 191 à 240, *passim ;* en *Espagne,*
C. com., sections 7 et 8 ; en *Italie,* C.
com. 834 à 842 ; et enfin, en *Suisse,* le Code
fédéral des obligations, 552 à 711, *passim.*
— La législation *anglaise* est la seule
qui n'admette pas la faillite pour les
sociétés (L. de 1883, 123) : la seule voie
ouverte aux créanciers consiste dans la
liquidation de la société, qui est organisée
par la loi du 7 août 1862, mais qui est
loin de leur donner les mêmes garanties
que la faillite.

(3) La compétence en matière de faillite
appartient en général aux tribunaux de
commerce (C. com. *belge,* 635), et dans les
pays qui ont supprimé ces tribunaux (*Espagne, Hollande, Italie*), aux tribunaux civils.
En *Autriche* (L. de 1868, 58 et 103), les
tribunaux de commerce et les tribunaux

requête d'un ou de plusieurs créanciers, soit d'office (¹). Ce jugement sera exécutoire provisoirement.

441. Par le jugement déclaratif de la faillite, ou par jugement ultérieur rendu sur le rapport du juge-commissaire, le tribunal déterminera, soit d'office, soit sur la poursuite de toute partie intéressée, l'époque à laquelle a eu lieu la cessation de paiements (²). A défaut de détermination spéciale, la cessation de paiements sera réputée avoir eu lieu à partir du jugement déclaratif de la faillite.

442. Les jugements rendus en vertu des deux articles précédents seront affichés et insérés par extrait dans les journaux, tant du lieu où la faillite aura été déclarée que de tous les lieux où le failli aura des établissements commerciaux, suivant le mode établi par l'article 42 du présent Code (³).

443. Le jugement déclaratif de la faillite emporte de plein droit, à partir de sa date (⁴),

---

civils sont respectivement compétents suivant qu'il s'agit d'un débiteur commerçant ou non commerçant. En *Angleterre*, la connaissance des faillites est attribuée à la Haute-Cour de justice ou aux Cours de comté, selon que le débiteur est ou non domicilié à Londres (L. de 1883, 93). En *Suisse*, la compétence varie suivant l'organisation judiciaire de chaque canton. En *Allemagne* enfin, nous trouvons une juridiction tout à fait spéciale, celle de 'Amts-Richter, juge cantonal qui correspond à peu près à notre juge de paix (L. de 1877, 64).

(1) La plupart des législations récentes n'admettent pas la déclaration de faillite d'office (voy. *Allemagne*, L. de 1877, 95; *Angleterre*, L. de 1883, 5; *Espagne*, C. com. 1027; *Suisse*, L. de 1889, 190 et 191). Mais toutes les législations admettent la déclaration de faillite sur demande soit du failli, soit de ses créanciers, sauf à réglementer d'une manière différente la procédure de cette demande. Dans les pays où la déclaration de faillite peut être prononcée d'office, en *Belgique*, en *Italie*, les créanciers peuvent saisir le tribunal au moyen d'une simple requête, sans mettre en cause le débiteur. En *Allemagne*, au contraire, le créancier qui requiert la faillite doit nécessairement procéder par voie d'assignation (L. de 1877, 97); et il en est de même en *Autriche* (L. de 1868, 63). En *Suisse*, on va encore plus loin : le créancier doit d'abord requérir du préposé à l'office des faillites, que le débiteur soit menacé de la faillite ; dans les 3 jours de cette réquisition, une commination de faillite est adressée au débiteur ; et c'est seulement 20 jours après cette signification que la déclaration de faillite peut être demandée au juge compétent (L. féd. de 1889, 159 et suiv. : la nécessité de cette procédure préalable comporte cependant quelques exceptions indiquées par l'art. 190). — En *Angleterre*, le droit de demander la faillite n'appartient qu'aux créanciers dont la créance s'élève au moins à 50 livres sterling (L. de 1883, 6, § 1, a).

(2) A la différence de la loi française, les lois étrangères déterminent un délai au delà duquel le juge ne peut faire remonter la faillite : ce délai est de 3 ans en *Italie* (C. com. 692), de 6 mois en *Belgique* (C. com. 442), de 3 mois en *Angleterre* (L. de 1883, 43), et de 15 jours ou de 30 jours en *Espagne*, suivant la nature des actes annulables (C. com. 879 et 880).

(3) Les formes de la publicité sont à peu près les mêmes dans les pays étrangers : mais de plus, dans les pays qui, comme l'*Allemagne* ou l'*Autriche*, ont organisé un registre du commerce, le jugement déclaratif de faillite doit être mentionné sur ce registre.

(4) Voy. conformes : C. com. *belge*, 444; C. com. *italien*, 687. — Certaines législations font remonter le dessaisissement au jour de la demande de faillite formée par le failli ou par ses créanciers (L. *norvégienne* de 1863, 14). — Enfin, les législations plus récentes, tout en assignant au dessaisissement le même point de départ que la nôtre, apportent cependant quelques tempéraments à cette règle : ainsi en *Allemagne* (L. de 1877, 7) et en *Autriche* (L. de 1868, 2) les

dessaisissement pour le failli de l'administration (¹) de tous ses biens, même de ceux qui peuvent lui échoir tant qu'il est en état de faillite (²).

A partir de ce jugement, toute action mobilière ou immobilière ne pourra être suivie ou intentée que contre les syndics.

Il en sera de même de toute voie d'exécution tant sur les meubles que sur les immeubles.

Le tribunal, lorsqu'il le jugera convenable, pourra recevoir le failli partie intervenante.

444. Le jugement déclaratif de faillite rend exigibles, à l'égard du failli, les dettes passives non échues (³).

En cas de faillite du souscripteur d'un billet à ordre, de l'accepteur d'une lettre de change ou du tireur à défaut d'accepta-tion, les autres obligés seront tenus de donner caution pour le paiement à l'échéance, s'ils n'aiment mieux payer immédia-tement (⁴).

445. Le jugement déclaratif de faillite arrête, à l'égard de la masse seulement, le cours des intérêts de toute créance non garantie par un privilège, par un nantissement ou par une hypothèque (⁵).

Les intérêts des créances garanties ne pourront être réclamés que sur les sommes provenant des biens affectés au privilège, à l'hypothèque ou au nantissement.

446. Sont nuls et sans effet, relativement à la masse, lorsqu'ils auront été faits par le débiteur depuis l'époque déterminée par le tribunal comme

---

paiements faits au failli avant la publicité du jugement déclaratif sont valables, sauf le cas de mauvaise foi : les paiements postérieurs peuvent même être maintenus si le débiteur prouve sa bonne foi. La loi *suisse* de 1889 ne va pas aussi loin : elle décide seulement (art. 205) que les paiements antérieurs à la publicité sont valables, mais à condition que le débiteur prouve qu'il était de bonne foi.

(1) Le dessaisissement du failli est admis par toutes les législations. En *Angleterre*, il présente un caractère tout spécial : ce n'est plus seulement l'administration, mais la propriété des biens du failli qui passe entre les mains des syndics (L. de 1883, 14).

(2) Cette réunion des biens à venir aux biens présents constitue le droit commun des législations étrangères (voy. *Italie*, C. com. 687; *Angleterre*, L. de 1883, 44; *Autriche*, L. de 1868, 1er; *Suisse*, L. de 1889, 197, etc.). L'*Allemagne* fait seule échec à cette règle : d'après l'art. 1er, L. de 1877, le dessaisissement ne s'étend pas aux biens à venir du failli : il ne comprend que les biens présents au moment de la déclaration de faillite.

(3) Tout en admettant cette règle, la plupart des législations étrangères soumet-tent à un escompte de 5 ou de 6 p. 100 les créances non échues que la faillite rend exigibles (voy. L. *allemande* de 1877, 58 ; C. com. *espagnol*, 883 ; C. com. *italien*, 689 et 756 ; L. *suisse* de 1889, 208). D'autres législations n'obligent le créancier à cette réduction de l'escompte qu'autant que sa créance est à un terme éloigné, qui est d'un an en *Belgique* (C. com. 450) et de trois ans en *Hollande* (C. com. 778).

(4) Même disposition en *Belgique* (C. com. 450), avec cette différence cependant que le garant qui paie immédiatement a le droit de déduire l'escompte. — Les autres législations au contraire ne tiennent compte que de la faillite du tiré : voy. C. com. *italien*, 314; L. *allemande* sur le change, 29 et 98-4° ; C. *suisse* des obligations, 748 ; L. *anglaise* des effets de commerce du 18 août 1882, 51-5°.

(5) Même règle dans les législations étrangères (voy. C. com. *italien*, 688 ; C. com. *espagnol*, 884 ; L. *suisse* de 1889, 209). En *Autriche*, au contraire, les intérêts continuent à courir ; mais les créances pour lesquelles aucun intérêt n'a été stipulé portent intérêt à partir de la production du créancier (L. de 1868, 8).

étant celle de la cessation de ses paiements, ou dans les dix jours qui auront précédé cette époque :

Tous actes translatifs de propriétés mobilières ou immobilières à titre gratuit ;

Tous paiements, soit en espèces, soit par transport, vente, compensation ou autrement, pour dettes non échues, et, pour dettes échues, tous paiements faits autrement qu'en espèces ou en effets de commerce ;

Toute hypothèque conventionnelle ou judiciaire, et tous droits d'antichrèse ou de nantissement constitués sur les biens du débiteur pour dettes antérieurement contractées (1).

447. Tous autres paiements faits par le débiteur pour dettes échues, et tous autres actes à titre onéreux par lui passés après la cessation de ses paiements et avant le jugement déclaratif de faillite, pourront être annulés si, de la part de ceux qui ont reçu du débiteur ou qui ont traité avec lui, ils ont eu lieu avec connaissance de la cessation de ses paiements (2).

448. Les droits d'hypothèque et de privilége valablement acquis pourront être inscrits jusqu'au jour du jugement déclaratif de la faillite (3).

Néanmoins les inscriptions prises après l'époque de la cessation de paiements, ou dans les dix jours qui précèdent, pourront être déclarées nulles, s'il s'est écoulé plus de quinze jours entre la date de l'acte constitutif de l'hypothèque ou du privilège et celle de l'inscription (4).

Ce délai sera augmenté d'un

(1 et 2) Voy. conf. C. com. *belge*, 445 et 446. — Les législations récentes, au contraire, ont repoussé cette distinction des actes nuls de droit et des actes simplement annulables. Elles appliquent ici la théorie de l'action paulienne ou révocatoire, avec cette différence cependant que certains actes sont présumés frauduleux, avec ou sans preuve contraire, tandis que pour d'autres actes la fraude des parties doit être prouvée par les créanciers. Il en est ainsi en *Allemagne* et en *Autriche* : d'après l'art. 23 de la L. de 1877, et les art. 5 et 6 de la loi autrichienne de 1884, sont présumés frauduleux, sauf preuve contraire, les paiements de dettes non échues faits après la cessation des paiements ou dans les deux semaines qui précèdent ; les paiements de dettes échues au contraire ne sont révocables qu'autant qu'on prouve la mauvaise foi de celui qui les a reçus. — Le C. com. *italien* consacre un système analogue : d'après les art. 695 et suiv., sont considérés comme absolument frauduleux les actes à titre gratuit et les paiements de dettes non échues accomplis depuis la cessation des paiements ; sont simplement présumés frauduleux, sauf preuve contraire, les paiements faits autrement qu'en espèces ou en effets, les actes à titre onéreux dans lesquels les prestations réciproques ne sont pas équivalentes, les constitutions de gage ou d'hypothèque, etc.; pour tous les autres actes, ils ne sont révocables qu'à la condition de prouver la mauvaise foi des parties. — Enfin la *Suisse* s'est également inspirée de la même théorie : l'art. 286 de la L. de 1889 déclare nulles d'une manière absolue les donations auxquelles il assimile les actes par lesquels le débiteur aurait accepté un équivalent inférieur à sa prestation et ceux par lesquels il constitue une rente viagère ou un usufruit à son profit ou à celui d'un tiers ; l'art. 287 présume frauduleux, mais seulement sauf preuve contraire, les constitutions de gage pour dette antérieure, les paiements de dettes non échues et tous les paiements faits autrement qu'en numéraire ou en valeurs usuelles ; enfin, d'après l'art. 288, tous les autres actes, quelle que soit leur date, peuvent être révoqués si l'on prouve la mauvaise foi des parties. — Voy. aussi dans le même sens, L. *anglaise* de 1883, art. 43 et 47 à 49.

(3) Même disposition dans toutes les législations.

(4) Le C. com. *belge* a seul reproduit cette règle (art. 447, 2e alin.).

jour à raison de cinq myriamètres de distance entre le lieu où le droit d'hypothèque aura été acquis et le lieu où l'inscription sera prise.

449. Dans le cas où des lettres de change auraient été payées après l'époque fixée comme étant celle de la cessation de paiements et avant le jugement déclaratif de faillite, l'action en rapport ne pourra être intentée que contre celui pour compte duquel la lettre de change aura été fournie ([1]).

S'il s'agit d'un billet à ordre, l'action ne pourra être exercée que contre le premier endosseur.

Dans l'un et l'autre cas, la preuve que celui à qui on demande le rapport avait connaissance de la cessation de paiements à l'époque de l'émission du titre devra être fournie.

450. (L. du 12 février 1872.) Les syndics auront, pour les baux des immeubles affectés à l'industrie ou au commerce du failli, y compris les locaux dépendants de ces immeubles et servant à l'habitation du failli et de sa famille, huit jours, à partir de l'expiration du délai accordé par l'article 492 du Code de commerce aux créanciers domiciliés en France pour la vérification de leurs créances, pendant lesquels ils pourront notifier au propriétaire leur intention de continuer le bail, à la charge de satisfaire à toutes les obligations du locataire.

Cette notification ne pourra avoir lieu qu'avec l'autorisation du juge-commissaire et le failli entendu.

Jusqu'à l'expiration de ces huit jours, toutes voies d'exécution sur les effets mobiliers servant à l'exploitation du commerce ou de l'industrie du failli et toutes actions en résiliation du bail seront suspendues, sans préjudice de toutes mesures conservatoires et du droit qui serait acquis au propriétaire de reprendre possession des lieux loués.

Dans ce cas, la suspension des voies d'exécution établie au présent article cessera de plein droit.

Le bailleur devra, dans les quinze jours qui suivront la notification qui lui sera faite par les syndics, former sa demande en résiliation.

Faute par lui de l'avoir formée dans ledit délai, il sera réputé avoir renoncé à se prévaloir des causes de résiliation déjà existantes à son profit ([2]).

CHAP. II. — DE LA NOMINATION DU JUGE-COMMISSAIRE.

451. Par le jugement qui déclarera la faillite, le tribunal de commerce désignera l'un de ses membres pour juge-commissaire ([3]).

452. Le juge-commissaire

---

(1) La loi *allemande* de 1877, qui admet également cette solution, la formule d'une manière plus rationnelle : le paiement n'est pas rapportable, dit l'art. 27, « lorsque le porteur était obligé de l'accepter d'après le droit du change, sous peine de perdre son recours contre les autres signataires ». Voy. aussi l'art. 8 de la loi *autrichienne* de 1868.

(2) Voy. *infrà*, sous l'art. 553.

(3) On rencontre dans la grande majorité des législations un juge ou un fonctionnaire exerçant à peu près les mêmes pouvoirs de contrôle que notre juge-commissaire : voy. C. com. *belge*, 466 ; C. com. *italien*, 715 et suiv. ; L. *autrichienne* de 1868, 67. En *Angleterre*, d'après la L. de 1883, 21 et 82 et suiv., le *Board of Trade* est chargé

sera chargé spécialement d'accélérer et de surveiller les opérations et la gestion de la faillite.

Il fera au tribunal de commerce le rapport de toutes les contestations que la faillite pourra faire naître, et qui seront de la compétence de ce tribunal.

453. Les ordonnances du juge-commissaire ne seront susceptibles de recours que dans les cas prévus par la loi. Ces recours seront portés devant le tribunal de commerce.

454. Le tribunal de commerce pourra, à toutes les époques, remplacer le juge-commissaire de la faillite par un autre de ses membres.

CHAP. III. — DE L'APPOSITION DES SCELLÉS ET DES PREMIÈRES DISPOSITIONS A L'ÉGARD DE LA PERSONNE DU FAILLI.

455. Par le jugement qui déclarera la faillite, le tribunal ordonnera l'apposition des scellés (¹) et le dépôt de la personne du failli dans la maison d'arrêt pour dettes, ou la garde de sa personne par un officier de police ou de justice ou par un gendarme (²).

Néanmoins, si le juge-commissaire estime que l'actif du failli peut être inventorié en un seul jour, il ne sera point apposé de scellés et il devra être immédiatement procédé à l'inventaire.

Il ne pourra en cet état être reçu, contre le failli, d'écrou ou recommandation pour aucune espèce de dettes.

456. Lorsque le failli se sera conformé aux articles 438 et 439, et ne sera point, au moment de la déclaration, incarcéré pour dettes ou pour autre cause, le tribunal pourra l'affranchir du dépôt ou de la garde de sa personne (³).

La disposition du jugement qui affranchirait le failli du dépôt ou de la garde de sa personne pourra toujours, suivant les circonstances, être ultérieurement rapportée par le tribunal de commerce, même d'office.

457. Le greffier du tribunal de commerce adressera, sur-le-champ, au juge de paix, avis de la disposition du jugement qui aura ordonné l'apposition des scellés.

Le juge de paix pourra, même avant ce jugement, apposer les scellés, soit d'office, soit sur la réquisition d'un ou plusieurs créanciers, mais seulement dans le cas de disparition du débiteur ou de détournement de tout ou partie de son actif.

---

de contrôler la gestion des syndics, et il délègue ses pouvoirs à des fonctionnaires appelés *official receiver*. L'*Allemagne* et la *Suisse*, au contraire, n'admettent pas l'intervention du tribunal dans les opérations de la faillite : le contrôle de ces opérations est exclusivement confié à des personnes choisies parmi les créanciers, soit par les créanciers eux-mêmes, soit par le tribunal. Voy. sur ces contrôleurs, *infrà*, 2ᵉ partie, L. du 4 mars 1889, art. 9 et 10.

(1) Voy. *infrà*, sous les art. 468 et suiv.

(2) Voy. conf. C. com. *belge*, 467, avec cette différence que le failli ne peut pas être emprisonné en cas de dépôt du bilan. Dans la plupart des législations plus récentes, la prise de corps du failli est une mesure essentiellement facultative pour le tribunal (voy. L. *allemande* de 1877, 93 et 98 ; C. com. *italien*, 683) : certaines législations énumèrent même d'une manière limitative les cas dans lesquels la prise de corps peut être ordonnée (L. *autrichienne* de 1868, 98 à 102 ; L. *anglaise* de 1883, 25).

(3) Voy. la note sous l'art. précédent.

458. Les scellés seront apposés sur les magasins, comptoirs, caisses, portefeuilles, livres, papiers, meubles et effets du failli.

En cas de faillite d'une société en nom collectif, les scellés seront apposés, non seulement dans le siège principal de la société, mais encore dans le domicile séparé de chacun des associés solidaires.

Dans tous les cas, le juge de paix donnera, sans délai, au président du tribunal de commerce, avis de l'apposition des scellés.

459. Le greffier du tribunal de commerce adressera, dans les vingt-quatre heures, au procureur (*du Roi*) de la République du ressort, extrait des jugements déclaratifs de faillite, mentionnant les principales indications et dispositions qu'ils contiennent.

460. Les dispositions qui ordonneront le dépôt de la personne du failli dans une maison d'arrêt pour dettes, ou la garde de sa personne, seront exécutées à la diligence, soit du ministère public, soit des syndics de la faillite.

461. Lorsque les deniers appartenant à la faillite ne pourront suffire immédiatement aux frais du jugement de déclaration de la faillite, d'affiche et d'insertion de ce jugement dans les journaux, d'apposition des scellés, d'arrestation et d'incarcération du failli, l'avance de ces frais sera faite, sur ordonnance du juge-commissaire, par le Trésor public, qui en sera remboursé par privilège sur les premiers recouvrements, sans préjudice du privilège du propriétaire (¹).

CHAP. IV. — DE LA NOMINATION ET DU REMPLACEMENT DES SYNDICS PROVISOIRES (²).

462. Par le jugement qui

---

(1) En *Belgique*, la L. du 26 déc. 1882 établit dans cette hypothèse une sorte d'assistance judiciaire pour tous les actes qui sont accomplis jusques et y compris le procès-verbal de vérification des créances ou celui d'excusabilité et en outre pour tous les actes conservatoires des quarante premiers jours qui suivent le jugement déclaratif. D'une part, le Trésor débourse les frais de publicité du jugement ; d'autre part, lesdits actes sont timbrés et enregistrés gratis, et les officiers publics doivent prêter leur ministère gratuitement, sauf le privilège de leurs honoraires et avances sur les premiers fonds disponibles.

(2) Les législations étrangères diffèrent pour la plupart de notre législation relative aux syndics à un triple point de vue :

a) Au point de vue de la *dénomination* donnée à ces agents. Sauf en *Espagne* où ils portent le même nom qu'en France, ils s'appellent tantôt administrateurs de concours (*Allemagne, Autriche, Hollande et Portugal*), tantôt *trustee* (*Angleterre*), tantôt enfin curateurs (*Belgique, Italie*) ;

b) Au point de vue de leur *nombre*. Le système français est admis en *Angleterre* (L. de 1883, 84), en *Belgique* (C. com. 456) et en *Hollande* (C. com. 787). L'*Allemagne* (L. de 1877, 70), l'*Autriche* (L. de 1868, 74), l'*Italie* (C. com. 701) et le *Portugal* se prononcent au contraire pour le système de l'administrateur unique ;

c) Au point de vue de leur *mode de nomination*. En *Italie*, le curateur est également nommé par le tribunal après avis des créanciers ; mais il ne peut être pris que sur une liste dressée par les chambres de commerce sur l'avis du conseil municipal (C. com. 702 et suiv.). — En *Belgique* (C. com. 466), les curateurs ou l'administrateur sont choisis par le tribunal en dehors de l'intervention des créanciers. — En *Autriche*, au contraire (L. de 1868, 74), en *Allemagne* (L. de 1877, 70 et suiv.) et en *Angleterre* (L. de 1883, 21), ils sont élus par l'assemblée des créanciers, sauf dans ces deux derniers pays le droit pour le tribunal compétent d'opposer son *veto*. — Enfin, en *Suisse*, c'est un fonctionnaire de l'État, le préposé aux faillites, établi dans chaque canton, qui déclarera la faillite, le tribunal de commerce nommera un ou plusieurs syndics provisoires.

Le juge-commissaire convoquera immédiatement les créanciers présumés à se réunir dans un délai qui n'excédera pas quinze jours. Il consultera les créanciers présents à cette réunion, tant sur la composition de l'état des créanciers présumés que sur la nomination de nouveaux syndics. Il sera dressé procès-verbal de leurs dires et observations, lequel sera représenté au tribunal.

Sur le vu de ce procès-verbal et de l'état des créanciers présumés, et sur le rapport du juge-commissaire, le tribunal nommera de nouveaux syndics, ou continuera les premiers dans leurs fonctions.

Les syndics ainsi institués sont définitifs ; cependant, ils peuvent être remplacés par le tribunal de commerce, dans les cas et suivant les formes qui seront déterminés.

Le nombre des syndics pourra être, à toute époque, porté jusqu'à trois ; ils pourront être choisis parmi les personnes étrangères à la masse, et recevoir, quelle que soit leur qualité, après avoir rendu compte de leur gestion, une indemnité que le tribunal arbitrera sur le rapport du juge-commissaire.

463. Aucun parent ou allié du failli, jusqu'au quatrième degré inclusivement, ne pourra être nommé syndic.

464. Lorsqu'il y aura lieu de procéder à l'adjonction ou au remplacement d'un ou plusieurs syndics, il en sera référé par le juge-commissaire au tribunal de commerce, qui procédera à la nomination suivant les formes établies par l'article 462.

465. S'il a été nommé plusieurs syndics, ils ne pourront agir que collectivement ; néanmoins le juge-commissaire peut donner à un ou à plusieurs d'entre eux des autorisations spéciales à l'effet de faire séparément certains actes d'administration. Dans ce dernier cas, les syndics autorisés seront seuls responsables.

466. S'il s'élève des réclamations contre quelqu'une des opérations des syndics, le juge-commissaire statuera dans le délai de trois jours, sauf recours devant le tribunal de commerce.

Les décisions du juge-commissaire sont exécutoires par provision.

467. Le juge-commissaire pourra, soit sur les réclamations à lui adressées par le failli ou par des créanciers, soit même d'office, proposer la révocation d'un ou plusieurs des syndics.

Si, dans les huit jours, le juge-commissaire n'a pas fait droit aux réclamations qui lui ont été adressées, ces réclamations pourront être portées devant le tribunal.

Le tribunal, en chambre du conseil, entendra le rapport du juge-commissaire et les explications des syndics, et prononcera à l'audience sur la révocation.

---

est chargé provisoirement de la gestion des biens : les créanciers réunis en assemblée générale peuvent le maintenir définitivement en fonctions ou nommer un ou plusieurs syndics (L. de 1889, 224 et suiv.).

CHAP. V. — DES FONCTIONS DES SYNDICS.

Sect. 1. — Dispositions générales.

468. Si l'apposition des scellés n'avait point eu lieu avant la nomination des syndics, ils requerront le juge de paix d'y procéder (¹).

469. Le juge-commissaire pourra également, sur la demande des syndics, les dispenser de faire placer sous les scellés ou les autoriser à en faire extraire :

1° Les vêtements, hardes, meubles et effets nécessaires au failli et à sa famille, et dont la délivrance sera autorisée par le juge-commissaire sur l'état que lui en soumettront les syndics ;

2° Les objets sujets à dépérissement prochain ou à dépréciation imminente ;

3° Les objets servant à l'exploitation du fonds de commerce, lorsque cette exploitation ne pourrait être interrompue sans préjudice pour les créanciers.

Les objets compris dans les deux paragraphes précédents seront de suite inventoriés avec prisée par les syndics, en présence du juge de paix, qui signera le procès-verbal (²).

470. La vente des objets sujets à dépérissement ou à dépréciation imminente ou dispendieux à conserver (³), et l'exploitation du fonds de commerce (⁴) auront lieu à la diligence des syndics, sur l'autorisation du juge-commissaire.

471. Les livres seront extraits des scellés et remis par le juge de paix aux syndics, après avoir été arrêtés par lui ; il constatera sommairement, par son procès-verbal, l'état dans lequel ils se trouveront.

Les effets de portefeuille à courte échéance ou susceptibles d'acceptation, ou pour lesquels il faudra faire des actes conservatoires, seront aussi extraits des scellés par le juge de paix, décrits et remis aux syndics pour en faire le recouvrement. Le bordereau en sera remis au juge-commissaire.

Les autres créances seront recouvrées par les syndics sur leurs quittances (⁵). Les lettres adressées au failli seront remises aux syndics qui les ouvriront ; il pourra, s'il est présent, assister à l'ouverture (⁶).

472. Le juge-commissaire, d'après l'état apparent des affaires du failli, pourra proposer sa mise en liberté avec sauf-conduit provisoire de sa personne. Si le tribunal accorde le sauf-conduit, il pourra obliger le failli à fournir caution de se

---

(1) L'apposition des scellés est ordonnée partout par le tribunal, et elle est en général obligatoire, sauf en *Allemagne* où elle est facultative (L. de 1877, 112). Les dispenses des scellés sont aussi à peu près les mêmes dans toutes les législations (C. com. *belge*, 466 et 468 ; C. com. *italien*, 721 et suiv.).

(2) Voy. la note précédente.

(3) Voy. conf. C. com. *belge*, 477 ; C. com. *italien*, 738 ; L. *autrichienne* de 1868, 147. En *Portugal*, il faut l'autorisation du tribunal, et en *Allemagne*, celle du comité des créanciers (L. de 1877, 121). En *Angleterre*, la vente est libre, sauf autorisation du *committee*, si elle a lieu à crédit (L. de 1883, 56 et 57).

(4) Dans aucune législation, même en *Angleterre*, l'exploitation du commerce ne peut avoir lieu sans une autorisation soit du juge-commissaire (C. com. *italien*, 738), soit du comité des créanciers (L. *allemande* de 1877, 118 et suiv.).

(5 et 6) Mêmes règles dans les pays étrangers.

représenter, sous peine de paiement d'une somme que le tribunal arbitrera, et qui sera dévolue à la masse (**¹**).

473. A défaut, par le juge-commissaire, de proposer un sauf-conduit pour le failli, ce dernier pourra présenter sa demande au tribunal de commerce, qui statuera, en audience publique, après avoir entendu le juge-commissaire (**²**).

474. Le failli pourra obtenir pour lui et sa famille, sur l'actif de sa faillite, des secours alimentaires, qui seront fixés, sur la proposition des syndics, par le juge-commissaire, sauf appel au tribunal, en cas de contestation (**³**).

475. Les syndics appelleront le failli auprès d'eux pour clore et arrêter les livres en sa présence.

S'il ne se rend pas à l'invitation, il sera sommé de comparaître dans les quarante-huit heures au plus tard.

Soit qu'il ait ou non obtenu un sauf-conduit, il pourra comparaître par fondé de pouvoirs, s'il justifie de causes d'empêchement reconnues valables par le juge-commissaire.

476. Dans le cas où le bilan n'aurait pas été déposé par le failli, les syndics le dresseront immédiatement à l'aide des livres et papiers du failli, et des renseignements qu'ils se procureront, et ils le déposeront au greffe du tribunal de commerce (**⁴**).

477. Le juge-commissaire est autorisé à entendre le failli, ses commis et employés, et toute autre personne, tant sur ce qui concerne la formation du bilan que sur les causes et les circonstances de la faillite.

478. Lorsqu'un commerçant aura été déclaré en faillite après son décès, ou lorsque le failli viendra à décéder après la déclaration de la faillite, sa veuve, ses enfants et ses héritiers pourront se présenter ou se faire représenter pour le suppléer dans la formation du bilan, ainsi que dans toutes les autres opérations de la faillite (**⁵**).

Sect. 2. — De la levée des scellés et de l'inventaire.

479. Dans les trois jours, les syndics requerront la levée des scellés et procéderont à l'inventaire des biens du failli, lequel sera présent ou dûment appelé (**⁶**).

480. L'inventaire sera dressé en double minute par les syndics, à mesure que les scellés seront levés, et en présence du juge de paix, qui le signera à chaque vacation. L'une de ces minutes sera déposée au greffe du tribunal de commerce, dans les vingt-quatre heures; l'autre restera entre les mains des syndics.

Les syndics seront libres de se faire aider, pour sa rédaction

---

(1 et 2) V. *suprà*, sous les art. 455 et 456.

(3) Une disposition analogue se retrouve dans la plupart des législations (voy. L. *allemande* de 1877, 118 et 120; L. *anglaise* de 1883, 64-2°; C. com. *italien*, 740). En *Autriche*, au contraire, chaque créancier peut individuellement accorder des secours, lesquels diminueront son dividende, mais ne grèveront pas la masse (L. de 1868, 5).

(4 et 5) Dans certains pays, la confection du bilan doit être opérée par le failli lui-même en présence du curateur (voy. L. *autrichienne* de 1868, 205).

(6) Quelques législations exigent en outre le serment du failli (L. *allemande* de 1877, 115; L. *autrichienne* de 1868, 97).

comme pour l'estimation des objets, par qui ils jugeront convenable.

Il sera fait récolement des objets qui, conformément à l'article 469, n'auraient pas été mis sous les scellés, et auraient déjà été inventoriés et prisés.

481. En cas de déclaration de faillite après décès, lorsqu'il n'aura point été fait d'inventaire antérieurement à cette déclaration, ou en cas de décès du failli avant l'ouverture de l'inventaire, il y sera procédé immédiatement, dans les formes du précédent article, et en présence des héritiers, ou eux dûment appelés.

482. En toute faillite, les syndics, dans la quinzaine de leur entrée ou de leur maintien en fonctions, seront tenus de remettre au juge-commissaire un mémoire ou compte sommaire de l'état apparent de la faillite, de ses principales causes et circonstances, et des caractères qu'elle paraît avoir.

Le juge-commissaire transmettra immédiatement les mémoires, avec ses observations, au procureur (*du Roi*) de la République. S'ils ne lui ont pas été remis dans les délais prescrits, il devra en prévenir le procureur (*du Roi*) de la République et lui indiquer les causes du retard.

483. Les officiers du ministère public pourront se transporter au domicile du failli et assister à l'inventaire.

Ils auront, à toute époque, le droit de requérir communication de tous les actes, livres ou papiers relatifs à la faillite.

Sect. 3. — De la vente des marchandises et meubles et des recouvrements (¹).

484. L'inventaire terminé, les marchandises, l'argent, les titres actifs, les livres et papiers, meubles et effets du débiteur, seront remis aux syndics, qui s'en chargeront au bas dudit inventaire.

485. Les syndics continueront de procéder, sous la surveillance du juge-commissaire, au recouvrement des dettes actives.

486. Le juge-commissaire pourra, le failli entendu ou dûment appelé, autoriser les syndics à procéder à la vente des effets mobiliers ou marchandises.

Il décidera si la vente se fera soit à l'amiable, soit aux enchères publiques, par l'entremise de courtiers ou de tous autres officiers publics préposés à cet effet.

Les syndics choisiront dans la classe d'officiers publics déterminée par le juge-commissaire celui dont ils voudront employer le ministère.

487. Les syndics pourront, avec l'autorisation du juge-commissaire, et le failli dûment appelé, transiger sur toutes contestations qui intéressent la masse, même sur celles qui sont relatives à des droits et actions immobiliers.

Si l'objet de la transaction est d'une valeur indéterminée ou qui excède trois cents francs, la transaction ne sera obligatoire qu'après avoir été homologuée, savoir : par le tribunal de commerce pour les transactions re-

---

(1) Voy. *suprà*, sous les art. 470 et 471.

latives à des droits mobiliers, et par le tribunal civil pour les transactions relatives à des droits immobiliers.

Le failli sera appelé à l'homologation ; il aura, dans tous les cas, la faculté de s'y opposer. Son opposition suffira pour empêcher la transaction, si elle a pour objet des biens immobiliers (¹).

488. Si le failli a été affranchi du dépôt ou s'il a obtenu un sauf-conduit, les syndics pourront l'employer pour faciliter et éclairer leur gestion ; le juge-commissaire fixera les conditions de son travail.

489. Les deniers provenant des ventes et des recouvrements seront, sous la déduction des sommes arbitrées par le juge-commissaire pour le montant des dépenses et frais, versés immédiatement à la Caisse des dépôts et consignations. Dans les trois jours des recettes, il sera justifié au juge-commissaire desdits versements ; en cas de retard, les syndics devront les intérêts des sommes qu'ils n'auront point versées (²).

Les deniers versés par les syndics, et tous autres consignés par des tiers, pour le compte de la faillite, ne pourront être retirés qu'en vertu d'une ordonnance du juge-commissaire. S'il existe des oppositions, les syndics devront préalablement en obtenir la mainlevée (³).

Le juge-commissaire pourra ordonner que le versement sera fait par la caisse directement entre les mains des créanciers de la faillite, sur un état de répartition dressé par les syndics et ordonnancé par lui.

Sect. 4. — Des actes conservatoires.

490. A compter de leur entrée en fonctions, les syndics seront tenus de faire tous actes pour la conservation des droits du failli contre ses débiteurs.

Ils seront aussi tenus de requérir l'inscription aux hypothèques sur les immeubles des débiteurs du failli, si elle n'a pas été requise par lui ; l'inscription sera prise au nom de la masse par les syndics, qui joindront à leurs bordereaux un certificat constatant leur nomination.

Ils seront tenus aussi de prendre inscription, au nom de la masse des créanciers, sur les immeubles du failli dont ils connaîtront l'existence. L'inscription sera reçue sur un simple bordereau énonçant qu'il y a faillite, et relatant la date du jugement par lequel ils auront été nommés (⁴).

Sect. 5. — De la vérification des créances.

491. A partir du jugement déclaratif de la faillite, les créanciers pourront remettre au greffier leurs titres, avec un bordereau indicatif des sommes par

---

(1) Des conditions analogues sont requises par toutes les législations (voy. L. *allemande* de 1877, 121 ; L. *autrichienne* de 1868, 147 ; L. *anglaise* de 1883, 57-6°, etc.).

(2 et 3) Des précautions analogues existent dans la plupart des législations (voy. L. *allemande* de 1877, 118 et suiv. ; L. *anglaise* de 1883, 74 et suiv., etc.).

(4) Même disposition en *Belgique* (C. com., 487-3°). En *Allemagne*, la L. de 1877, 106, laisse aux législations locales le droit de reconnaître ou non cette hypothèque. En *Italie*, l'hypothèque peut être établie par le concordat (C. com., 826).

eux réclamées. Le greffier devra en tenir état et en donner récépissé.

Il ne sera responsable des titres que pendant cinq années, à partir du jour de l'ouverture du procès-verbal de vérification (¹).

492. Les créanciers qui, à l'époque du maintien ou du remplacement des syndics, en exécution du troisième paragraphe de l'article 462, n'auront pas remis leurs titres, seront immédiatement avertis (²), par des insertions dans les journaux et par lettres du greffier, qu'ils doivent se présenter en personne ou par fondés de pouvoirs (³), dans le délai de vingt jours, à partir desdites insertions, aux syndics de la faillite, et leur remettre leurs titres accompagnés d'un bordereau indicatif des sommes par eux réclamées, si mieux ils n'aiment en faire le dépôt au greffe du tribunal de commerce; il leur en sera donné récépissé.

A l'égard des créanciers domiciliés en France, hors du lieu où siége le tribunal saisi de l'instruction de la faillite, ce délai sera augmenté d'un jour par cinq myriamètres de distance entre le lieu où siége le tribunal et le domicile du créancier.

A l'égard des créanciers domiciliés hors du territoire continental de la France, ce délai sera augmenté conformément aux règles de l'article 73 du Code de procédure civile (⁴).

493. La vérification des créances commencera dans les trois jours de l'expiration des délais déterminés par les premier et deuxième paragraphes de l'article 492. Elle sera continuée sans interruption. Elle se fera aux lieu, jour et heure indiqués par le juge-commissaire. L'avertissement aux créanciers ordonné par l'article précédent contiendra mention de cette indication. Néanmoins les créanciers seront de nouveau convo-

---

(1) Voy. *infrà*, 2° part., la L. du 4 mars 1889, art. 11.

(2) Les législations étrangères sont en général plus précises. En *Allemagne* (L. de 1877, 102), en *Belgique* (C. com., 466), en *Italie* (C. com., 679), c'est le jugement déclaratif qui détermine, d'une part, le délai dans lequel les titres devront être produits au greffe, et, d'autre part, le délai dans lequel la vérification devra être terminée. Le tribunal ne peut d'ailleurs se mouvoir que dans les limites fixées par la loi, et qui varient suivant les pays : en *Italie*, le délai pour produire est au maximum d'un mois à partir de la faillite, et la vérification doit ensuite être terminée dans vingt jours.

(3) En *Angleterre*, un créancier ne peut prendre part aux assemblées par fondé de pouvoirs qu'à la condition de remplir une formule spécifiée de procuration : il ne peut remettre un mandat général qu'à une personne à son service

ou au séquestre officier (L. de 1883, annexe 1, 15 et suiv.).

(4) Art. 73, C. procéd. civ., modifié par la L. du 3 mai 1862 : « Si celui qui est assigné demeure hors de la France continentale, le délai sera : 1° pour ceux qui demeurent en Corse, en Algérie, dans les îles Britanniques, en Italie, dans le royaume des Pays-Bas et dans les États ou Confédérations limitrophes de la France, d'un mois; — pour ceux qui demeurent dans les autres États, soit de l'Europe, soit du littoral de la Méditerranée et de celui de la mer Noire, de deux mois; — pour ceux qui demeurent hors d'Europe, en deçà des détroits de Malacca et de la Sonde et en deçà du cap Horn, de cinq mois; — pour ceux qui demeurent au delà des détroits de Malacca et de la Sonde et au delà du cap Horn, de 8 mois. — Les délais ci-dessus seront doublés pour les pays d'outre-mer, en cas de guerre maritime. »

quós à cet effet, tant par lettres du greffier que par insertions dans les journaux.

Les créances des syndics seront vérifiées par le juge-commissaire ; les autres le seront contradictoirement entre le créancier ou son fondé de pouvoirs et les syndics, en présence du juge-commissaire, qui en dressera procès-verbal (1).

494. Tout créancier vérifié ou porté au bilan pourra assister à la vérification des créances, et fournir des contredits aux vérifications faites et à faire. Le failli aura le même droit (2).

495. Le procès-verbal de vérification indiquera le domicile des créanciers et de leurs fondés de pouvoirs.

Il contiendra la description sommaire des titres, mentionnera les surcharges, ratures et interlignes, et exprimera si la créance est admise ou contestée.

496. Dans tous les cas, le juge-commissaire pourra, même d'office, ordonner la représentation des livres du créancier, ou demander, en vertu d'un compulsoire, qu'il en soit rapporté un extrait fait par les juges du lieu.

497. Si la créance est admise (3), les syndics signeront sur chacun des titres, la déclaration suivante :

Admis au passif de la faillite de..... pour la somme de..... le.....

Le juge-commissaire visera la déclaration.

Chaque créancier, dans la huitaine au plus tard, après que sa créance aura été vérifiée, sera tenu d'affirmer, entre les mains du juge-commissaire, que ladite créance est sincère et véritable (4).

498. Si la créance est contestée, le juge-commissaire pourra, sans qu'il soit besoin de citation, renvoyer à bref délai devant le tribunal de commerce, qui jugera sur son rapport.

Le tribunal de commerce pourra ordonner qu'il soit fait, devant le juge-commissaire, enquête sur les faits, et que les personnes qui pourront fournir des renseignements soient, à cet effet, citées par-devant lui.

499. Lorsque la contestation sur l'admission d'une créance aura été portée devant le tribunal de commerce, ce tribunal, si la cause n'est point en état

---

(1 et 2) Toutes les législations n'admettent pas ce mode de vérification en assemblée générale des créanciers. En *Italie* (C. com., 749), les créances sont vérifiées par le juge délégué qui peut appeler le créancier, le curateur, la délégation des créanciers et le failli. En *Portugal*, le tribunal statue seul sur l'avis de l'administrateur. En *Angleterre* (L. de 1883, an. 2, 1 et suiv.) et en *Suisse* (L. de 1889, 244 et suiv.), la vérification est faite par l'administration de la faillite en dehors de toute assemblée de créanciers.

(3) D'après notre jurisprudence, une production admise est irrévocable, sauf le cas de fraude. Il en est autrement dans les pays où la vérification se pratique en dehors des créanciers : ainsi, en *Portugal*, les créanciers ont un délai de 15 jours après la clôture de la vérification pour former opposition, et en *Suisse* un délai de 10 jours. En *Italie*, l'opposition est recevable dans le cours de la faillite en cas de découverte de faux, de dol, d'erreurs essentielles de fait ou de titres jusqu'alors ignorés (C. com., 758, 2º alinéa).

(4) La plupart des législations étrangères ont supprimé cette formalité. En *Belgique* (C. com., 498), en *Italie* (C. com., 748), en *Angleterre* (L. de 1883, an. 2, 2), il suffit que l'affirmation soit écrite dans l'acte de production.

de recevoir jugement définitif avant l'expiration des délais fixés, à l'égard des personnes domiciliées en France, par les articles 492 et 497, ordonnera, selon les circonstances, qu'il sera sursis ou passé outre à la convocation de l'assemblée pour la formation du concordat (1).

Si le tribunal ordonne qu'il sera passé outre, il pourra décider par provision que le créancier contesté sera admis dans les délibérations pour une somme que le même jugement déterminera.

500. Lorsque la contestation sera portée devant un tribunal civil, le tribunal de commerce décidera s'il sera sursis ou passé outre (2); dans ce dernier cas, le tribunal civil saisi de la contestation jugera, à bref délai, sur requête des syndics, signifiée au créancier contesté, et sans autre procédure, si la créance sera admise par provision, et pour quelle somme.

Dans le cas où une créance serait l'objet d'une instruction criminelle ou correctionnelle, le tribunal de commerce pourra également prononcer le sursis; s'il ordonne de passer outre, il ne pourra accorder l'admission par provision, et le créancier contesté ne pourra prendre part aux opérations de la faillite tant que les tribunaux compétents n'auront pas statué.

501. Le créancier dont le privilége ou l'hypothèque seulement serait contesté sera admis dans les délibérations de la faillite comme créancier ordinaire.

502. A l'expiration des délais déterminés par les articles 492 et 497, à l'égard des personnes domiciliées en France, il sera passé outre à la formation du concordat et à toutes les opérations de la faillite, sous l'exception portée aux articles 567 et 568 en faveur des créanciers domiciliés hors du territoire continental de la France.

503. A défaut de comparution et affirmation dans les délais qui leur sont applicables, les défaillants connus ou inconnus ne seront pas compris dans les répartitions à faire : toutefois, la voie de l'opposition leur sera ouverte jusqu'à la distribution des deniers inclusivement ; les frais de l'opposition demeureront toujours à leur charge.

Leur opposition ne pourra suspendre l'exécution des répartitions ordonnancées par le juge-commissaire ; mais s'il est procédé à des répartitions nouvelles avant qu'il ait été statué sur leur opposition, ils seront compris pour la somme qui sera provisoirement déterminée par le tribunal, et qui sera tenue en réserve jusqu'au jugement de leur opposition.

S'ils se font ultérieurement reconnaître créanciers, ils ne pourront rien réclamer sur les répartitions ordonnancées par le juge-commissaire ; mais ils auront le droit de prélever, sur l'actif non encore réparti, les dividendes afférents à leurs

---

(1) En *Hollande,* la contestation sur l'admission d'une créance suspend immédiatement la vérification, qui ne sera reprise qu'après le jugement (C. com., 829). En *Allemagne* au contraire en *Belgique* et en *Italie,* le sursis n'est pas connu, et la vérification suit son cours jusqu'à ce que le tribunal ait statué.

(2) Voy. la note précédente.

créances dans les premières répartitions (1).

CHAP. VI. — DU CONCORDAT ET DE L'UNION.

Sect. 1. — De la convocation et de l'assemblée des créanciers.

504. Dans les trois jours qui suivront les délais prescrits pour l'affirmation (2), le juge-commissaire fera convoquer par le greffier, à l'effet de délibérer sur la formation du concordat, les créanciers dont les créances auront été vérifiées et affirmées, ou admises par provision. Les insertions dans les journaux et les lettres de convocation indiqueront l'objet de l'assemblée.

505. Aux lieu, jour et heure qui seront fixés par le juge-commissaire, l'assemblée se formera sous sa présidence ; les créanciers vérifiés et affirmés, ou admis par provision, s'y présenteront en personne ou par fondés de pouvoirs.

Le failli sera appelé à cette assemblée ; il devra s'y présenter en personne, s'il a été dispensé de la mise en dépôt, ou s'il a obtenu un sauf-conduit, et il ne pourra s'y faire représenter que

pour des motifs valables, et approuvés par le juge-commissaire.

506. Les syndics feront à l'assemblée un rapport sur l'état de la faillite, sur les formalités qui auront été remplies et les opérations qui auront eu lieu ; le failli sera entendu (3).

Le rapport des syndics sera remis, signé d'eux, au juge-commissaire, qui dressera procès-verbal de ce qui aura été dit et décidé dans l'assemblée.

Sect. 2. — Du concordat (4).

§ 1er. — De la formation du concordat.

507. Il ne pourra être consenti de traité entre les créanciers délibérants et le débiteur failli qu'après l'accomplissement des formalités ci-dessus prescrites.

Ce traité ne s'établira que par le concours d'un nombre de créanciers formant la majorité, et représentant, en outre, les (*trois quarts*) deux tiers de la totalité des créances vérifiées et affirmées, ou admises par provision, conformément à la section V du chapitre V : le tout à peine de nullité (5). — V. *infrà*,

---

(1) Même disposition en *Allemagne* (L. de 1877, 143), en *Autriche* (L. de 1868, 123) et en *Angleterre* (L. de 1883, 61). La *Belgique* (C. com., 508) et l'*Italie* (C. com., 803) subordonnent le prélèvement des retardataires à la preuve de l'excuse de leur retard

(2) Dans la plupart des pays étrangers, en *Allemagne* (L. de 1877, 160), en *Autriche* (L. de 1868, 207), en *Espagne* (C. com., 898), en *Italie* (C. com., 188), le concordat peut être demandé par le failli en tout état de la procédure. Certaines législations (L. *allemande* de 1877, 163) autorisent même le failli à demander de nouveau son concordat lorsqu'il a été une première fois repoussé.

(3) En *Allemagne* (L. de 1877, 165),

les propositions faites par le failli doivent être déposées au greffe préalablement à la réunion des créanciers.

(4) Voy. sur le concordat préventif, *infrà*, 2e part., note sous la loi du 4 mars 1889.

(5) En *Espagne*, il suffit, du moins pour la faillite commerciale, des trois cinquièmes en sommes en sus de la majorité en nombre (C. com., 901). — Les autres législations sont plus rigoureuses. En *Allemagne* (L. de 1877, 169), en *Belgique* (C. com., 512), en *Italie* (C. com., 821), la majorité des trois quarts en sommes est requise. La loi *autrichienne* de 1868, 217, exige les deux tiers en nombre et les trois quarts en sommes, la loi *suisse* de 1889, 305, les deux tiers en sommes comme en nombre

art. 15, 1er alin., de la loi du 4 mars 1889.

508. Les créanciers hypothécaires inscrits ou dispensés d'inscription, et les créanciers privilégiés ou nantis d'un gage, n'auront pas voix dans les opérations relatives au concordat pour lesdites créances et elles n'y seront comptées que s'ils renoncent à leurs hypothèques, gages ou privilèges.

Le vote au concordat emportera de plein droit cette renonciation ([1]).

509. (Modifié par la L. du 28 mars 1906.) Le concordat sera, à peine de nullité, signé séance tenante. S'il est consenti seulement par la majorité en nombre, ou par la majorité des trois quarts en sommes, la délibération sera continuée à huitaine pour tout délai.

Dans ce cas, les créanciers présents ou légalement représentés, ayant signé le procès-verbal de la première assemblée, ne sont pas tenus d'assister à la deuxième assemblée ; les résolutions par eux prises et les adhésions données restent définitivement acquises, s'ils ne sont venus les modifier dans cette dernière réunion ([2]).

510. Si le failli a été condamné comme banqueroutier frauduleux, le concordat ne pourra être formé.

Lorsqu'une instruction en banqueroute frauduleuse aura été commencée, les créanciers seront convoqués à l'effet de décider s'ils se réservent de délibérer sur un concordat, en cas d'acquittement, et si, en conséquence, ils sursoient à statuer jusqu'après l'issue des poursuites.

Ce sursis ne pourra être prononcé qu'à la majorité en nombre et en somme déterminée par l'article 507. Si, à l'expiration du sursis, il y a lieu à délibérer sur le concordat, les règles établies par le précédent article seront applicables aux nouvelles délibérations.

511. Si le failli a été condamné comme banqueroutier simple, le concordat pourra être formé. Néanmoins, en cas de poursuites commencées, les créanciers pourront surseoir à délibérer jusqu'après l'issue des poursuites, en se conformant aux dispositions de l'article précédent.

512. Tous les créanciers ayant eu droit de concourir au

---

(1) Même disposition en *Belgique* (C. com., 513) et en *Italie* (C. com., 820), mais avec cette réserve que les créanciers privilégiés ou hypothécaires peuvent voter au concordat en renonçant seulement à une partie de leurs garanties, laquelle ne peut pas être inférieure à un tiers en *Italie* et à la moitié en *Belgique*. Enfin en *Suisse*, les créanciers privilégiés ou hypothécaires qui votent au concordat n'encourent aucune déchéance ; mais on ne tient pas compte de leur vote (L. de 1889, 305, 2° al.).

(2) Mêmes règles en *Belgique* (C. com., 515) et en *Autriche* (L. de 1868, 218).

En *Allemagne* (L. de 1877, 169), le failli lui-même doit demander la remise. En *Italie* (C. com., 823), l'ajournement peut avoir lieu non seulement dans le cas où l'une des deux majorités est réunie, mais aussi lorsqu'un nombre notable de créanciers, bien que ne formant pas la majorité, s'est prononcé pour le concordat : dans tous les cas, le juge est libre d'accorder ou de refuser la remise ; dans tous les cas aussi, les créanciers qui ont adhéré au concordat sont liés par leur premier vote, sauf en cas de changement dans les conditions du traité.

concordat, ou dont les droits auront été reconnus depuis, pourront y former opposition (1).

L'opposition sera motivée, et devra être signifiée aux syndics et au failli, à peine de nullité, dans les huit jours qui suivront le concordat; elle contiendra assignation à la première audience du tribunal de commerce.

S'il n'a été nommé qu'un seul syndic, et s'il se rend opposant au concordat, il devra provoquer la nomination d'un nouveau syndic, vis-à-vis duquel il sera tenu de remplir les formes prescrites au présent article.

Si le jugement de l'opposition est subordonné à la solution de questions étrangères, à raison de la matière, à la compétence du tribunal de commerce, ce tribunal surseoira à prononcer jusqu'après la décision de ces questions.

Il fixera un bref délai dans lequel le créancier opposant devra saisir les juges compétents et justifier de ses diligences.

513. L'homologation du concordat sera poursuivie devant le tribunal de commerce, à la requête de la partie la plus diligente (2); le tribunal ne pourra statuer avant l'expiration du délai de huitaine fixé par l'article précédent.

Si, pendant ce délai, il a été formé des oppositions, le tribunal statuera sur ces oppositions et sur l'homologation par un seul et même jugement.

Si l'opposition est admise, l'annulation du concordat sera prononcée à l'égard de tous les intéressés.

514. Dans tous les cas, avant qu'il soit statué sur l'homologation, le juge-commissaire fera au tribunal de commerce un rapport sur les caractères de la faillite et sur l'admissibilité du concordat.

515. En cas d'inobservation des règles ci-dessus prescrites, ou lorsque des motifs tirés, soit de l'intérêt public, soit de l'intérêt des créanciers, paraîtront de nature à empêcher le concordat, le tribunal en refusera l'homologation (3).

§ 2. — Des effets du concordat.

516. L'homologation du concordat le rendra obligatoire pour tous les créanciers portés ou non portés au bilan, vérifiés ou non vérifiés, et même pour les créanciers domiciliés hors du territoire continental de la France, ainsi que pour ceux qui, en vertu des articles 499 et 500, auraient été admis par provision à délibérer, quelle que soit la somme que le jugement définitif leur attribuerait ultérieurement (4).

---

(1) Ce droit d'oppostion est consacré par toutes les législations.

(2) La nécessité de l'homologation judiciaire est reconnue par toutes les législations. Mais le pouvoir d'appréciation du tribunal n'est pas partout le même. En *Autriche* (L. de 1868, 228), le tribunal ne peut examiner le concordat qu'au point de vue des conditions qui sont prescrites par la loi. En *Suisse* (L. de 1889, 306), le tribunal a le droit de refuser l'homologation si le débiteur a commis un acte déloyal, si la somme qu'il a offerte n'est pas en proportion avec ses ressources, et enfin si l'exécution du concordat n'est pas suffisamment garantie. — Le système français est suivi en *Belgique* (C. com., 517), en *Italie* (C. com., 824); il a été consacré en *Suède* par la L. du 5 juill. 1884, modifiant l'art. 104 de la loi des faillites.

(3) Voy. la note sous l'art. 513.

(4) Cette règle est consacrée par toutes les législations.

517. L'homologation conservera à chacun des créanciers, sur les immeubles du failli, l'hypothèque inscrite en vertu du troisième paragraphe de l'article 490. A cet effet, les syndics feront inscrire aux hypothèques le jugement d'homologation, à moins qu'il n'en ait été décidé autrement par le concordat[1].

518. Aucune action en nullité du concordat ne sera recevable, après l'homologation, que pour cause de dol découvert depuis cette homologation, et résultant, soit de la dissimulation de l'actif, soit de l'exagération du passif[2].

519. Aussitôt après que le jugement d'homologation sera passé en force de chose jugée, les fonctions des syndics cesseront.

Les syndics rendront au failli leur compte définitif, en présence du juge-commissaire ; ce compte sera débattu et arrêté. Ils remettront au failli l'universalité de ses biens, livres, papiers et effets. Le failli en donnera décharge.

Il sera dressé du tout procès-verbal par le juge-commissaire, dont les fonctions cesseront.

En cas de contestation, le tribunal de commerce prononcera.

§ 3. — De l'annulation ou de la résolution du concordat.

520. L'annulation du concordat, soit pour dol, soit par suite de condamnation pour banqueroute frauduleuse intervenue après son homologation, libère de plein droit les cautions[3].

En cas d'inexécution, par le failli, des conditions de son concordat, la résolution de ce traité pourra être poursuivie contre lui devant le tribunal de commerce, en présence des cautions, s'il en existe, ou elles dûment appelées.

La résolution du concordat ne libérera pas les cautions qui y seront intervenues pour en garantir l'exécution totale ou partielle[4].

521. Lorsque, après l'homologation du concordat, le failli sera poursuivi pour banqueroute frauduleuse, et placé sous mandat de dépôt ou d'arrêt, le tribunal de commerce pourra prescrire telles mesures conservatoires qu'il appartiendra. Ces mesures cesseront de plein droit du jour de la déclaration qu'il n'y a lieu à suivre, de l'ordonnance d'acquittement ou de l'arrêt d'absolution.

522. Sur le vu de l'arrêt de condamnation pour banqueroute frauduleuse, ou par le jugement qui prononcera, soit l'annulation, soit la résolution du concordat, le tribunal de commerce nommera un juge-

---

(1) Voy. *suprá*, sous l'art. 490.

(2) Même disposition en *Allemagne* (L. de 1877, 182), en *Belgique* (C. com., 522), en *Italie* (C. com., 830), en *Suisse* (L. de 1889, 316). En *Autriche*, le concordat peut être annulé non seulement pour cause de dol, mais encore pour cause d'erreur ou de violence (L. de 1868, 241).

(3) Voy. conf. C. com. *belge*, 520, et C. com. *italien*, 830, 2e alin.

(4) Voy. conf. C. com. *belge*, 523, et C. com. *italien*, 831 *in fine*. Dans ce dernier pays, il est nécessaire, pour que la résolution du concordat soit prononcée, que tous les créanciers délibèrent au préalable et votent cette résolution avec les mêmes majorités requises pour le concordat : une résolution demandée individuellement n'opérerait qu'à l'égard de celui qui y a conclu.

commissaire et un ou plusieurs syndics.

Ces syndics pourront faire apposer les scellés.

Ils procéderont, sans retard, avec l'assistance du juge de paix, sur l'ancien inventaire, au récolement des valeurs, actions et des papiers, et procéderont, s'il y a lieu, à un supplément d'inventaire.

Ils dresseront un bilan supplémentaire.

Ils feront immédiatement afficher et insérer dans les journaux à ce destinés, avec un extrait du jugement qui les nomme, invitation aux créanciers nouveaux, s'il en existe, de produire, dans le délai de vingt jours, leurs titres de créances à la vérification. Cette invitation sera faite aussi par lettres du greffier, conformément aux articles 492 et 493.

523. Il sera procédé, sans retard, à la vérification des titres de créances produits en vertu de l'article précédent.

Il n'y aura pas lieu à nouvelle vérification des créances antérieurement admises et affirmées, sans préjudice néanmoins du rejet ou de la réduction de celles qui depuis auraient été payées en tout ou en partie.

524. Ces opérations mises à fin, s'il n'intervient pas de nouveau concordat, les créanciers seront convoqués à l'effet de donner leur avis sur le maintien ou le remplacement des syndics.

Il ne sera procédé aux répartitions qu'après l'expiration, à

l'égard des créanciers nouveaux, des délais accordés aux personnes domiciliées en France, par les articles 492 et 497.

525. Les actes faits par le failli postérieurement au jugement d'homologation, et antérieurement à l'annulation ou à la résolution du concordat, ne seront annulés qu'en cas de fraude aux droits des créanciers.

526. Les créanciers antérieurs au concordat rentreront dans l'intégralité de leurs droits à l'égard du failli seulement ; mais ils ne pourront figurer dans la masse que pour les propositions suivantes, savoir :

S'ils n'ont touché aucune part du dividende, pour l'intégralité de leurs créances ; s'ils ont reçu une partie du dividende, pour la portion de leurs créances primitives correspondantes à la portion du dividende promis qu'ils n'auront pas touchée.

Les dispositions du présent article seront applicables au cas où une seconde faillite viendra à s'ouvrir sans qu'il y ait eu préalablement annulation ou résolution du concordat.

Sect. 3. — De la clôture en cas d'insuffisance de l'actif [1].

527. Si, à quelque époque que ce soit, avant l'homologation du concordat ou la formation de l'union, le cours des opérations de la faillite se trouve arrêté par l'insuffisance de l'actif, le tribunal de commerce pourra, sur le rapport du juge-commissaire, prononcer, même d'office,

---

(1) Dispositions analogues en *Belgique* (C. com., 536) et en *Italie* (C. com., 805 et 806). En *Allemagne* (L. de 1877, 190) et en *Autriche* (L. de 1868, 154), la clôture pour insuffisance d'actif produit un effet plus absolu : en même temps qu'elle autorise les poursuites des créanciers, elle supprime le dessaisissement et rend au failli la capacité de disposer.

la clôture des opérations de la faillite.

Ce jugement fera rentrer chaque créancier dans l'exercice de ses actions individuelles, tant contre les biens que contre la personne du failli (1).

Pendant un mois, à partir de sa date, l'exécution de ce jugement sera suspendue.

528. Le failli, ou tout autre intéressé, pourra, à toute époque, le faire rapporter par le tribunal, en justifiant qu'il existe des fonds pour faire face aux frais des opérations de la faillite, ou en faisant consigner, entre les mains des syndics, somme suffisante pour y pourvoir.

Dans tous les cas, les frais des poursuites exercées en vertu de l'article précédent devront être préalablement acquittés.

Sect. 4. — De l'union des créanciers.

529. S'il n'intervient point de concordat, les créanciers seront de plein droit en état d'union.

Le juge-commissaire les consultera immédiatement, tant sur les faits de la gestion que sur l'utilité du maintien ou du remplacement des syndics. Les créanciers privilégiés, hypothécaires ou nantis d'un gage, seront admis à cette délibération.

Il sera dressé procès-verbal des dires et observations des créanciers, et, sur le vu de cette pièce, le tribunal de commerce statuera comme il est dit à l'article 462.

Les syndics qui ne seraient pas maintenus devront rendre leurs comptes aux nouveaux syndics, en présence du juge-commissaire, le failli dûment appelé.

530. Les créanciers seront consultés sur la question de savoir si un secours pourra être accordé au failli sur l'actif de la faillite.

Lorsque la majorité des créanciers présents y aura consenti, une somme pourra être accordée au failli, à titre de secours, sur l'actif de la faillite. Les syndics en proposeront la quotité, qui sera fixée par le juge-commissaire, sauf recours au tribunal de commerce, de la part des syndics seulement.

531. Lorsqu'une société de commerce sera en faillite, les créanciers pourront ne consentir de concordat qu'en faveur d'un ou de plusieurs associés (2).

En ce cas, tout l'actif social demeurera sous le régime de l'union. Les biens personnels de ceux avec lesquels le concordat aura été consenti en seront exclus, et le traité particulier passé avec eux ne pourra contenir l'engagement de payer un

---

(1) Voir note 1 de la page 90.

(2) En *Angleterre,* où le régime de la liquidation remplace celui de la faillite en matière de sociétés, il ne peut être question de concordat : la liquidation entraîne nécessairement la cessation de l'entreprise (L. de 1862, 111). En *Allemagne,* le concordat libère la société et tous les associés ; mais on ne peut pas accorder le concordat aux uns et le refuser aux autres (L. de 1877, 200). En *Autriche,* le concordat social profite aussi à tous les associés ; mais l'un d'eux peut obtenir son concordat à l'exclusion des autres (L. de 1868, 239 et 240). — Le système français est suivi en *Belgique* (C. com., 520) et en *Italie* (C. com., 841)

dividende que sur des valeurs étrangères à l'actif social.

L'associé qui aura obtenu un concordat particulier sera déchargé de toute solidarité.

532. Les syndics représentent la masse des créanciers et sont chargés de procéder à la liquidation.

Néanmoins, les créanciers pourront leur donner mandat pour continuer l'exploitation de l'actif.

La délibération qui leur conférera ce mandat en déterminera la durée et l'étendue, et fixera les sommes qu'ils pourront garder entre leurs mains, à l'effet de pourvoir aux frais et dépenses. Elle ne pourra être prise qu'en présence du juge-commissaire, et à la majorité des trois quarts des créanciers en nombre et en somme ([1]).

La voie de l'opposition sera ouverte contre cette délibération au failli et aux créanciers dissidents.

Cette opposition ne sera pas suspensive de l'exécution.

533. Lorsque les opérations des syndics entraîneront des engagements qui excéderaient l'actif de l'union, les créanciers qui auront autorisé ces opérations seront seuls tenus personnellement au delà de leur part dans l'actif, mais seulement dans les limites du mandat qu'ils auront donné ; ils contribueront au prorata de leurs créances.

534. Les syndics sont chargés de poursuivre la vente des immeubles ([2]), marchandises et effets mobiliers du failli ([3]), et la liquidation de ses dettes actives et passives ; le tout sous la surveillance du juge-commissaire, et sans qu'il soit besoin d'appeler le failli.

535. Les syndics pourront, en se conformant aux règles prescrites par l'article 487, transiger sur toute espèce de droits appartenant au failli, nonobstant toute opposition de sa part.

536. Les créanciers en état d'union seront convoqués au moins une fois dans la première année, et s'il y a lieu, dans les années suivantes, par le juge-commissaire.

Dans ces assemblées, les syndics devront rendre compte de leur gestion.

Ils seront continués ou remplacés dans l'exercice de leurs fonctions, suivant les formes prescrites par les articles 462 et 529.

537. Lorsque la liquidation de la faillite sera terminée, les créanciers seront convoqués par le juge-commissaire.

Dans cette dernière assemblée, les syndics rendront leur

---

(1) Mêmes dispositions en *Italie* (C. com., 782) et en *Belgique* (C. com., 529), avec cette différence toutefois, dans ce dernier pays, que la majorité requise n'est autre que celle du concordat. En *Angleterre*, le *trustee* agit avec l'autorisation du comité de surveillance (L. de 1883, 57-1°). En *Allemagne*, l'assemblée des créanciers est toujours souveraine (L. de 1877, 120).

(2) Voy. *infrà,* sous les art. 571 à 573.

(3) En *Angleterre*, le *trustee* peut aussi vendre à l'amiable les meubles et marchandises du failli (L. de 1883, 56-1°), sauf cependant l'autorisation du comité de surveillance si la vente a lieu à crédit (art. 57-4°). Les autres législations sont plus rigoureuses : elles ne permettent la vente amiable qu'autant qu'elle est préalablement autorisée, soit par la justice, soit par le juge-commissaire (C. com. *italien,* 787), soit par le comité des créanciers (L. *allemande* de 1877, 121).

compte. Le failli sera présent ou dûment appelé.

Les créanciers donneront leur avis sur l'excusabilité du failli. Il sera dressé, à cet effet, un procès-verbal dans lequel chacun des créanciers pourra consigner ses dires et observations.

Après la clôture de cette assemblée, l'union sera dissoute de plein droit.

538. Le juge-commissaire présentera au tribunal la délibération des créanciers relative à l'excusabilité du failli, et un rapport sur les caractères et les circonstances de la faillite.

Le tribunal prononcera si le failli est ou non excusable.

539. Si le failli n'est pas déclaré excusable, les créanciers rentreront dans l'exercice de leurs actions individuelles, tant contre sa personne que sur ses biens.

S'il est déclaré excusable, il demeurera affranchi de la contrainte par corps à l'égard des créanciers de sa faillite, et ne pourra plus être poursuivi par eux que sur ses biens, sauf les exceptions prononcées par les lois spéciales.

540. Ne pourront être déclarés excusables : les banqueroutiers frauduleux, les stellionataires, les personnes condamnées pour vol, escroquerie ou abus de confiance, les comptables de deniers publics.

541. (L. du 17 juillet 1856.) Aucun débiteur commerçant n'est recevable à demander son admission au bénéfice de cession de biens.

Néanmoins, un concordat par abandon total ou partiel de l'actif du failli peut être formé, suivant les règles prescrites par la section II du présent chapitre.

Ce concordat produit les mêmes effets que les autres concordats ; il est annulé ou résolu de la même manière (¹).

La liquidation de l'actif abandonné est faite conformément aux paragraphes 2, 3 et 4 de l'article 529, aux articles 532, 533, 534, 535 et 536, et aux paragraphes 1er et 2 de l'article 537.

Le concordat par abandon est assimilé à l'union pour la perception des droits d'enregistrement.

CHAP. VII. — DES DIFFÉRENTES ESPÈCES DE CRÉANCIERS ET DE LEURS DROITS EN CAS DE FAILLITE.

Sect. 1. — Des coobligés et des cautions.

542. Le créancier porteur d'engagements souscrits, endossés ou garantis solidairement par le failli et d'autres coobligés qui sont en faillite, participera aux distributions dans toutes les masses, et y figurera pour la valeur nominale de son titre jusqu'à parfait paiement.

543. Aucun recours, pour raison des dividendes payés, n'est ouvert aux faillites des coobligés les unes contre les autres, si ce n'est lorsque la réunion des dividendes que donneraient ces faillites excéderait le montant total de la créance, en principal et accessoires, auquel cas cet excédent sera dévolu, suivant l'ordre des engagements, à ceux des coobligés qui auraient les autres pour garants.

544. Si le créancier porteur

---

(1) Aucune législation, à notre connaissance, n'admet ce concordat.

d'engagements solidaires entre le failli et d'autres coobligés a reçu, avant la faillite, un acompte sur sa créance, il ne sera compris dans la masse que sous la déduction de cet acompte, et conservera, pour ce qui lui restera dû, ses droits contre le coobligé ou la caution.

Le coobligé ou la caution qui aura fait le paiement partiel sera compris dans la même masse pour tout ce qu'il aura payé à la décharge du failli (1).

545. Nonobstant le concordat, les créanciers conservent leur action pour la totalité de leur créance contre les coobligés du failli (2).

Sect. 2. — Des créanciers nantis de gage, et des créanciers privilégiés sur les biens meubles (3).

546. Les créanciers du failli qui seront valablement nantis de gage ne seront inscrits dans la masse que pour mémoire (4).

547. Les syndics pourront, à toute époque, avec l'autorisation du juge-commissaire, retirer les gages au profit de la faillite, en remboursant la dette (5).

548. Dans le cas où le gage

---

(1) Les dispositions des art. 542 à 544 ont été reproduites par la plupart des législations : voy. C. com. *belge*, 537 à 540 ; C. com. *italien*, 776 et suiv. ; L. *allemande* de 1877, 61 ; L. *autrichienne* de 1868, 19.

(2) Voy. conf. C. com. *belge*, 541 ; C. com. *italien*, 780 ; L. *allemande* de 1877, 178 ; L. *autrichienne* de 1868, 224 ; L. *anglaise* de 1883, 30-4°.

(3) Les législations d'origine germanique n'admettent pas notre classement des créanciers en créanciers privilégiés (généraux et spéciaux), créanciers hypothécaires et créanciers chirographaires. La loi *allemande* de 1877, 54 et suiv., établit 3 catégories de créanciers différentes : 1° les créanciers ayant une sûreté spéciale (gage, privilège ou hypothèque) sur tel meuble ou tel immeuble du failli ; 2° les créanciers ayant un privilège général, au nombre desquels figurent les enfants et pupilles du failli ; 3° enfin les autres créanciers. — Il en est de même en *Autriche* (L. de 1868, 42 et suiv.), bien que la réglementation soit un peu différente : après les créanciers ayant une sûreté spéciale, viennent les créanciers à privilège général, puis les créanciers chirographaires, en 4° lieu les créanciers pour cause d'intérêts ou d'arrérages remontant à plus de trois ans, et enfin les créanciers à titre de donation ou d'amende. — En *Angleterre*, les créanciers à privilège général (impôts et contributions, gages et salaires des employés et journaliers, etc.) occupent le même rang entre les créanciers ayant une sûreté spéciale et les chirographaires, et ils concourent entre eux (L. de 1883, 40). — Enfin, la loi *suisse* de 1889, après avoir mis à part les créanciers ayant une sûreté spéciale, établit, dans ses art. 219 et 220, 5 classes de créanciers, qui concourent à droits égaux dans chaque classe, et qui sont : 1° les gages des domestiques pour une année, les traitements des commis et employés pour 6 mois, les salaires des ouvriers pour trois mois et les frais funéraires ; 2° les créances des enfants et des pupilles si la faillite est déclarée dans le cours de la puissance paternelle et de la tutelle ou dans l'année qui suit et les créances des caisses d'ouvriers contre le patron ; 3° les créances des médecins, pharmaciens et sages-femmes, ainsi que les dépenses faites pour donner des soins au débiteur ou aux siens, dans l'année qui précède la faillite ; 4° la créance privilégiée de la femme à concurrence de la moitié de ses apports ; 5° toutes les autres créances, y compris le solde de celle de la femme.

(4) En *Allemagne*, en *Autriche* et en *Suisse*, quiconque détient un objet appartenant à la masse doit le déclarer au syndic, à peine de dommages-intérêts (L. *allemande* de 1877, 108 et 109, et L. *autrichienne* de 1868, 164) ou même à peine de déchéance de son privilège (L. *suisse* de 1889, 233).

(5) En *Allemagne* (L. de 1877, 117) et en *Autriche* (L. de 1868, 165), les syndics ont non seulement ce pouvoir, mais, de

ne sera pas retiré par les syndics, s'il est vendu par le créancier moyennant un prix qui excède la créance, le surplus sera recouvré par les syndics ; si le prix est moindre que la créance, le créancier nanti viendra à contribution pour le surplus, dans la masse, comme créancier ordinaire.

549. (L. du 4 mars 1889, art. 22.) Le salaire acquis aux ouvriers directement employés par le débiteur, pendant les trois mois (*auparavant le mois*) qui ont précédé l'ouverture de la liquidation judiciaire ou la faillite, est admis au nombre des créances privilégiées, au même rang que le privilège établi par l'art. 2101 du Code civil pour le salaire des gens de service (¹).

(L. du 6 février 1895.) Le même privilège est accordé aux commis attachés à une ou plusieurs maisons de commerce, sédentaires ou voyageurs, savoir : — s'il s'agit d'appointements fixes, pour les salaires qui leur sont dus durant les six mois antérieurs à la déclaration de la liquidation judiciaire ou de la faillite ; — Et, s'il s'agit de remises proportionnelles allouées à titre d'appointements ou de suppléments d'appointements, pour toutes les commissions qui leur sont définitivement acquises dans les trois mois précédant le jugement déclaratif, alors même que la cause de ces créances remonterait à une époque antérieure (²).

550. (L. du 12 février 1872.) L'article 2102 du Code civil est ainsi modifié à l'égard de la faillite (³).

Si le bail est résilié, le propriétaire d'immeubles affectés à l'industrie ou au commerce du failli aura privilège pour les deux dernières années de location échues avant le jugement déclaratif de faillite, pour l'année courante, pour tout ce qui concerne l'exécution du bail et pour les dommages-intérêts qui pourront lui être alloués par les tribunaux.

---

plus, ils peuvent faire vendre l'objet engagé malgré la résistance du créancier, sauf à ce dernier à faire valoir son privilège sur le prix.

(1 et 2) En *Belgique* (C. com., 545) et en *Italie* (C. com., 761-1°), les commis ont de même un privilège pour six mois : mais le privilège des ouvriers est réduit à un mois. — En *Angleterre*, le domestique pour ses gages et le commis pour ses salaires sont privilégiés pour 4 mois à concurrence de 50 livres sterling ; le journalier et l'ouvrier ne sont privilégiés que pour deux mois et seulement à concurrence de 25 livres sterling (L. du 24 déc. 1888, 1). — En *Suisse*, l'art. 219 de la L. de 1889 place dans la première classe de créances à privilège général les gages des domestiques pour une année, les traitements des commis et employés pour six mois et les salaires des ouvriers et autres personnes travaillant à la journée, à la semaine ou à la pièce, pour trois mois. — La loi *allemande* de 1877 place au contraire tous ces auxiliaires sur la même ligne et leur confère un privilège pour l'année qui précède l'ouverture de la faillite.

(3) Les législations *belge* (L. 16 févr. 1851, 20-1°) et *italienne* (C. civ., 1958-3°, et C. com., 761-2°) sont les seules qui appliquent encore à la faillite la règle du droit civil en vertu de laquelle le bailleur peut se faire payer par privilège tous les loyers à échoir quand le bail a date certaine. — Les autres législations n'admettent pas le privilège pour les termes à échoir ; et elles le limitent toutes pour les termes échus, la loi *belge* de 1851, 20, à deux ans et à trois ans pour les baux de ferme, et les autres législations à l'année qui précède le jugement déclaratif de faillite (L. *allemande* de 1877, 41 ; L. *anglaise* de 1883, 42, § 1 ; C. *suisse* des obligations, 294 et 297).

Au cas de non-résiliation, le bailleur, une fois payé de tous les loyers échus, ne pourra pas exiger le paiement des loyers en cours ou à échoir, si les sûretés qui lui ont été données lors du contrat sont maintenues, ou si celles qui lui ont été fournies depuis la faillite sont jugées suffisantes.

Lorsqu'il y aura vente et enlèvement des meubles garnissant les lieux loués, le bailleur pourra exercer son privilège comme au cas de résiliation ci-dessus, et, en outre, pour une année à échoir à partir de l'expiration de l'année courante, que le bail ait ou non date certaine.

Les syndics pourront continuer ou céder le bail pour tout le temps restant à courir, à la charge par eux ou leurs cessionnaires de maintenir dans l'immeuble gage suffisant, et d'exécuter, au fur et à mesure des échéances, toutes les obligations résultant du droit ou de la convention, mais sans que la destination des lieux loués puisse être changée. Dans le cas où le bail contiendrait interdiction de céder le bail ou de sous-louer, les créanciers ne pourront faire leur profit de la location que pour le temps à raison duquel le bailleur aurait touché ses loyers par anticipation, et toujours sans que la destination des lieux puisse être changée.

Le privilège et le droit de revendication, établis par le n° 4 de l'article 2102 du Code civil, au profit du vendeur d'effets mobiliers, ne peuvent être exercés contre la faillite (1).

551. Les syndics présenteront au juge-commissaire l'état des créanciers se prétendant privilégiés sur les biens meubles, et le juge-commissaire autorisera, s'il y a lieu, le paiement de ces créanciers sur les premiers deniers rentrés.

Si le privilège est contesté, le tribunal prononcera.

Sect. 3. — Des droits des créanciers hypothécaires et privilégiés sur les immeubles.

552. Lorsque la distribution du prix des immeubles sera faite antérieurement à celle du prix des biens meubles, ou simultanément, les créanciers privilégiés ou hypothécaires, non remplis sur le prix des immeubles, concourront, à proportion de ce qui leur restera dû, avec les créanciers chirographaires, sur les deniers appartenant à la masse chirographaire, pourvu, toutefois, que leurs créances aient été vérifiées et affirmées suivant les formes ci-dessus établies.

553. Si une ou plusieurs distributions des deniers mobiliers précèdent la distribution du prix des immeubles, les créanciers privilégiés et hypothécaires vérifiés et affirmés concourront aux répartitions dans la proportion de leurs créances totales, et sauf, le cas échéant, les distractions dont il sera parlé ci-après.

---

(1) Les législations étrangères n'admettent pas non plus le privilège du vendeur de meubles en matière commerciale, sauf cependant la *Belgique* (C. com., 546) et l'*Italie* (C. com., 761-3°), à l'égard des ventes de machines : en *Belgique*, le prix est privilégié pendant deux ans, et, en *Italie*, pendant trois ans, pourvu que la vente ait été transcrite au greffe du tribunal de commerce, dans la quinzaine (Belgique) ou dans les trois mois (Italie) de la livraison.

554. Après la vente des immeubles et le règlement définitif de l'ordre entre les créanciers hypothécaires et privilégiés, ceux d'entre eux qui viendront en ordre utile sur le prix des immeubles pour la totalité de leur créance ne toucheront le montant de leur collocation hypothécaire que sous la déduction des sommes par eux perçues dans la masse chirographaire.

Les sommes ainsi déduites ne resteront point dans la masse hypothécaire, mais retourneront à la masse chirographaire, au profit de laquelle il en sera fait distraction.

555. A l'égard des créanciers hypothécaires qui ne seront colloqués que partiellement dans la distribution du prix des immeubles, il sera procédé comme il suit : leurs droits sur la masse chirographaire seront définitivement réglés d'après les sommes dont ils resteront créanciers après leur collocation immobilière, et les deniers qu'ils auront touchés au delà de cette proportion, dans la distribution antérieure, leur seront retenus sur le montant de leur collocation hypothécaire, et reversés dans la masse chirographaire.

556. Les créanciers qui ne viennent point en ordre utile seront considérés comme chirographaires, et soumis comme tels aux effets du concordat et de toutes les opérations de la masse chirographaire.

Sect. 4. — *Des droits des femmes.*

557. En cas de faillite du mari, la femme dont les apports en immeubles ne se trouveraient pas mis en communauté reprendra en nature lesdits immeubles et ceux qui lui seraient survenus par succession ou donation entre vifs ou testamentaire.

558. La femme reprendra pareillement les immeubles acquis par elle et en son nom des deniers provenant desdites successions et donations, pourvu que la déclaration d'emploi soit expressément stipulée au contrat d'acquisition, et que l'origine des deniers soit constatée par inventaire ou par tout autre acte authentique (1).

559. Sous quelque régime qu'ait été formé le contrat de mariage, hors le cas prévu par l'article précédent, la présomption légale est que les biens acquis par la femme du failli appartiennent à son mari, ont été payés de ses deniers, et doivent être réunis à la masse de son actif, sauf à la femme à fournir la preuve du contraire(2).

560. La femme pourra reprendre en nature les effets mobiliers qu'elle s'est constitués par contrat de mariage, ou qui lui sont advenus par succession, donation entre vifs ou testamentaire, et qui ne seront pas entrés en communauté, toutes les fois que l'identité en sera prouvée par inventaire ou tout autre acte authentique (3).

---

(1) En *Italie* (C. com., 769), on se contente d'un acte ayant date certaine. En *Belgique*, la validité du remploi est en outre subordonnée à cette condition qu'il ait été accepté par la femme 10 jours au moins avant la cessation des paiements (C. com., 553 et 554).

(2) Voy. conf. C. com. *belge*, 555 ; C. com. *italien*, 770 ; L. *allemande* de 1877, 37.

(3) Voy. conf. C. com. *belge*, 560. En *Italie*, un acte ayant date certaine suffit (C. com., 771).

A défaut par la femme de faire cette preuve, tous les effets mobiliers, tant à l'usage du mari qu'à celui de la femme, sous quelque régime qu'ait été contracté le mariage, seront acquis aux créanciers, sauf aux syndics à lui remettre, avec l'autorisation du juge-commissaire, les habits et linges nécessaires à son usage.

561. L'action en reprise résultant des dispositions des articles 557 et 558 ne sera exercée par la femme qu'à la charge des dettes et hypothèques dont les biens sont légalement grevés, soit que la femme s'y soit obligée volontairement, soit qu'elle y ait été condamnée.

562. Si la femme a payé des dettes pour son mari, la présomption légale est qu'elle l'a fait des deniers de celui-ci, et elle ne pourra, en conséquence, exercer aucune action dans la faillite, sauf la preuve contraire, comme il est dit à l'article 559.

563. Lorsque le mari sera commerçant au moment de la célébration du mariage, ou lorsque, n'ayant pas alors d'autre profession déterminée, il sera devenu commerçant dans l'année, les immeubles qui lui appartiendraient à l'époque de la célébration du mariage, ou qui lui seraient advenus depuis, soit par succession, soit par donation entre vifs ou testamentaire, seront seuls soumis à l'hypothèque de la femme :

1º Pour les deniers et effets mobiliers qu'elle aura apportés en dot, ou qui lui seront advenus depuis le mariage par succession ou donation entre vifs ou testamentaire, et dont elle prouvera la délivrance ou le paiement par acte ayant date certaine ; 2º pour le remploi de ses biens aliénés pendant le mariage ; 3º pour l'indemnité des dettes par elle contractées avec son mari (¹).

564. La femme dont le mari était commerçant à l'époque de la célébration du mariage, ou dont le mari, n'ayant pas alors d'autre profession déterminée, sera devenu commerçant dans l'année qui suivra cette célébration, ne pourra exercer dans la faillite aucune action à raison des avantages portés au contrat de mariage ; et, dans ce cas, les créanciers ne pourront, de leur côté, se prévaloir des avantages faits par la femme au mari dans le même contrat (²).

CHAP. VIII. — DE LA RÉPARTITION ENTRE LES CRÉANCIERS ET DE LA LIQUIDATION DU MOBILIER.

565. Le montant de l'actif mobilier, distraction faite des frais et dépenses de l'administration de la faillite, des secours qui auraient été accordés au failli ou à sa famille, et des sommes payées aux créanciers privilégiés, sera réparti entre

---

(1) Voy. conf. C. com. *belge*, 559, et C. com. *italien*, 774, avec cette différence que ce dernier code ne limite pas les créances en raison desquelles la femme peut exercer son hypothèque. La loi *allemande* de 1877 ne parle pas des garanties de la femme, laissant à chaque pays de l'Empire le soin de légiférer à cet égard. Quant à la loi *suisse* de 1889, elle range la femme parmi les créanciers privilégiés de la 4ᵉ classe pour la moitié de sa créance, et parmi les créanciers chirographaires pour l'autre moitié (art. 219).

(2) Voy. conf. C. com. *belge*, 557; C. com. *italien*, 775, 2º alin.

tous les créanciers au marc le franc de leurs créances vérifiées et affirmées (1).

566. A cet effet, les syndics remettront tous les mois, au juge-commissaire, un état de situation de la faillite et des deniers déposés à la Caisse des dépôts et consignations ; le juge-commissaire ordonnera, s'il y a lieu, une répartition entre les créanciers, en fixera la quotité, et veillera à ce que tous les créanciers soient avertis.

567. Il ne sera procédé à aucune répartition entre les créanciers domiciliés en France, qu'après la mise en réserve de la part correspondante aux créances pour lesquelles les créanciers domiciliés hors du territoire continental de la France seront portés sur le bilan.

Lorsque ces créances ne paraîtront pas portées sur le bilan d'une manière exacte, le juge-commissaire pourra décider que la réserve sera augmentée, sauf aux syndics à se pourvoir contre cette décision devant le tribunal de commerce.

568. Cette part sera mise en réserve et demeurera à la Caisse des dépôts et consignations jusqu'à l'expiration du délai déterminé par le dernier paragraphe de l'article 492 ; elle sera répartie entre les créanciers reconnus, si les créanciers domiciliés en pays étranger n'ont pas fait vérifier leurs créances,

conformément aux dispositions de la présente loi.

Une pareille réserve sera faite pour raison de créances sur l'admission desquelles il n'aurait pas été statué définitivement.

569. Nul paiement ne sera fait par les syndics que sur la représentation du titre constitutif de la créance.

Les syndics mentionneront sur le titre la somme payée par eux ou ordonnancée conformément à l'article 489.

Néanmoins, en cas d'impossibilité de représenter le titre, le juge-commissaire pourra autoriser le paiement sur le vu du procès-verbal de vérification.

Dans tous les cas, le créancier donnera la quittance en marge de l'état de répartition.

570. L'union pourra se faire autoriser par le tribunal de commerce, le failli dûment appelé, à traiter à forfait de tout ou partie des droits et actions dont le recouvrement n'aurait pas été opéré et à les aliéner ; en ce cas, les syndics feront tous les actes nécessaires.

Tout créancier pourra s'adresser au juge-commissaire pour provoquer une délibération de l'union à cet égard.

CHAP. IX. — DE LA VENTE DES IMMEUBLES DU FAILLI.

571. A partir du jugement qui déclarera la faillite, les créanciers ne pourront poursui-

---

(1) Voy. conf. C. com. *belge*, 561 et suiv. ; C. com. *italien*, 797 et suiv. En *Angleterre*, le *trustee* n'a pas besoin de s'adresser au juge pour distribuer des dividendes (L. de 1883, 58). En *Allemagne*, on compte trois groupes de répartitions : les répartitions d'acompte qui se font avec l'assentiment du comité des créanciers, la répartition finale qui exige l'autorisation du tribunal, et enfin les répartitions supplémentaires qui se font par les syndics rentrant en fonctions lorsque de nouvelles valeurs deviennent disponibles (voy. L. de 1877, 138 et suiv. ; voy. aussi L. *autrichienne* de 1868, 168 et suiv.).

vre l'expropriation des immeubles sur lesquels ils n'auront pas d'hypothèques.

572. S'il n'y a pas de poursuite en expropriation des immeubles commencée avant l'époque de l'union, les syndics seuls seront admis à poursuivre la vente ; ils seront tenus d'y procéder dans la huitaine sous l'autorisation du juge-commissaire, suivant les formes prescrites pour la vente des biens des mineurs (1).

573. La surenchère, après adjudication des immeubles du failli sur la poursuite des syndics, n'aura lieu qu'aux conditions et dans les formes suivantes :

La surenchère devra être faite dans la quinzaine.

(L. du 2 juin 1841, art. 8.) Elle ne pourra être au-dessous du dixième du prix principal de l'adjudication. Elle sera faite au greffe du tribunal civil, suivant les formes prescrites par les articles 708 et 709 du Code de procédure civile ; toute personne sera admise à surenchérir.

Toute personne sera également admise à concourir à l'adjudication par suite de surenchère. Cette adjudication de-meurera définitive et ne pourra être suivie d'aucune autre surenchère.

CHAP. X. — DE LA REVENDICA-TION.

574. Pourront être revendiquées, en cas de faillite, les remises en effets de commerce ou autres titres non encore payés, et qui se trouveront en nature dans le portefeuille du failli à l'époque de sa faillite, lorsque ces remises auront été faites par le propriétaire, avec le simple mandat d'en faire le recouvrement et d'en garder la valeur à sa disposition, ou lorsqu'elles auront été, de sa part, spécialement affectées à des paiements déterminés (2).

575. Pourront être également revendiquées, aussi longtemps qu'elles existeront en nature, en tout ou en partie, les marchandises consignées au failli à titre de dépôt, ou pour être vendues pour le compte du propriétaire.

Pourra même être revendiqué le prix ou la partie du prix desdites marchandises, qui n'aura été ni payé, ni réglé en valeur, ni compensé en compte courant entre le failli et l'acheteur (3).

576. Pourront être revendi-

---

(1) Cette différence capitale entre la vente des immeubles qui ne peut avoir lieu qu'aux enchères publiques et la vente des meubles qui peut se faire de gré à gré (voy. *suprà*, art. 534) a été reproduite par le C. com. *belge*, 477 et 564. — En *Italie*, la vente des immeubles doit également avoir lieu aux enchères ; mais elle peut se faire à l'amiable, avec homologation du tribunal, lorsqu'il ne se présente pas d'enchérisseur (C. com., 788, 3e alin.). — En *Allemagne*, la vente amiable des immeubles, comme celle des meubles, peut être autorisée par le comité des créanciers (L. de 1877, 122). — Enfin, en *Angleterre*, le *trustee* peut vendre seul, à l'amiable ou aux enchères, les meubles et les immeubles du failli (L. de 1883, 56-1°).

(2 et 3) Les législations étrangères admettent également ces mêmes causes de revendication : voy. conf. C. com. *belge*, 566 à 572 ; C. com. *italien*, 790 et 791 ; C. com. *espagnol*, 808 et 809 ; L. *allemande* de 1877, 38, et C. com., 368, 2e al. ; L. *suisse* de 1889, 201 et 202. En *Angleterre* même, malgré la théorie de la *propriété présumée* en vertu de laquelle le failli est propriétaire de tous les biens qu'il possède (voy. *Introduction*

quées les marchandises expédiées au failli, tant que la tradition n'en aura point été effectuée dans ses magasins, ou dans ceux du commissionnaire chargé de les vendre pour le compte du failli (1).

Néanmoins, la revendication ne sera pas recevable si, avant leur arrivée, les marchandises ont été vendues sans fraude, sur factures et connaissements ou lettres de voiture signées par l'expéditeur (2).

Le revendiquant sera tenu de rembourser à la masse les acomptes par lui reçus, ainsi que toutes avances faites pour fret ou voiture, commission, assurances ou autres frais, et de payer les sommes qui seraient dues pour mêmes causes.

577. Pourront être retenues par le vendeur les marchandises, par lui vendues, qui ne seront pas délivrées au failli, ou qui n'auront pas encore été expédiées, soit à lui, soit à un tiers pour son compte.

578. Dans le cas prévu par les deux articles précédents et sous l'autorisation du juge-commissaire, les syndics auront la faculté d'exiger la livraison des marchandises, en payant au vendeur le prix convenu entre lui et le failli.

579. Les syndics pourront, avec l'approbation du juge-commissaire, admettre les demandes en revendication : s'il y a contestation, le tribunal prononcera après avoir entendu le juge-commissaire.

CHAP. XI. — DES VOIES DE RECOURS CONTRE LES JUGEMENTS RENDUS EN MATIÈRE DE FAILLITE (3).

580. Le jugement déclaratif de la faillite, et celui qui fixera à une date antérieure l'époque de la cessation de paiements, seront susceptibles d'opposition. de la part du failli. dans la huitaine, et de la part de toute autre partie intéressée, pendant un mois. Ces délais courront à partir des jours où les formalités de l'affiche et de l'insertion énoncées dans l'article 442 auront été accomplies.

581. Aucune demande des créanciers tendant à faire fixer la date de la cessation des paiements à une époque autre que

---

de M. *Lyon-Caen* à la loi de 1883, p. 40), on peut revendiquer les valeurs détenues par le failli en mandat ou dépôt pour une autre personne (L. de 1883, 44-1°).

(1) Ce système est également suivi en *Belgique* (C. com., 568), en *Italie* (C. com., 792, 1ᵉʳ alin.), en *Allemagne* (L. de 1877, 36), en *Suisse* (L. de 1889, 203), et en *Angleterre,* où il porte le nom significatif de *stoppage in transitu* (L. de 1883, *Introduction de M. Lyon-Caen,* p. 43). — En *Espagne,* au contraire, le vendeur au comptant peut reprendre sa marchandise dans la faillite, à condition que les objets soient encore reconnaissables dans les magasins de l'acheteur et qu'ils soient revêtus de leur emballage (C. com., 909-8°).

(2) Mêmes règles dans les législations étrangères (C. com. *belge,* 568 ; C. com. *italien,* 792, 2° al.). En *Allemagne* et en *Suisse,* il n'est pas nécessaire qu'il y ait vente sur facture : la vente sur connaissement ou lettre de voiture suffit (voy. les textes, note précédente).

(3) Les C. de com. *belge,* 472 et suiv., et *italien,* 681, 694, 824 et 903, renferment des dispositions analogues. La loi *allemande* de 1877, 66, renvoie aux règes ordinaires du Code de procédure. La loi *suisse* de 1889, 174, accorde un délai unique de huit jours pour déférer à l'autorité supérieure la décision du juge qui déclare ou refuse de déclarer la faillite.

celle qui résulterait du jugement déclaratif de faillite, ou d'un jugement postérieur, ne sera recevable après l'expiration des délais pour la vérification et l'affirmation des créances. Ces délais expirés, l'époque de la cessation de paiements demeurera irrévocablement déterminée à l'égard des créanciers.

582. Le délai d'appel pour tout jugement rendu en matière de faillite, sera de quinze jours seulement à compter de la signification.

Ce délai sera augmenté à raison d'un jour par cinq myriamètres pour les parties qui seront domiciliées à une distance excédant cinq myriamètres du lieu où siège le tribunal.

583. Ne seront susceptibles ni d'opposition, ni d'appel, ni de recours en cassation :

1º Les jugements relatifs à la nomination ou au remplacement du juge-commissaire, à la nomination ou à la révocation des syndics ;

2º Les jugements qui statuent sur les demandes de sauf-conduit et sur celles de secours pour le failli et sa famille ;

3º Les jugements qui autorisent à vendre les effets ou marchandises appartenant à la faillite ;

4º Les jugements qui prononcent sursis au concordat, ou admission provisionnelle de créanciers contestés ;

5º Les jugements par lesquels le tribunal de commerce statue sur les recours formés contre les ordonnances rendues par le juge-commissaire dans les limites de ses attributions.

Titre II. — Des banqueroutes.

CHAP. I. — DE LA BANQUEROUTE SIMPLE (¹).

584. Les cas de banqueroute simple seront punis des peines portées au Code pénal (²), et jugés par les tribunaux de police correctionnelle, sur la poursuite des syndics, de tout créancier, ou du ministère public.

585. Sera déclaré banqueroutier simple tout commerçant failli qui se trouvera dans un des cas suivants :

---

(1) La distinction de la banqueroute simple et de la banqueroute frauduleuse se retrouve dans la plupart des législations : voy. C. com. *belge*, 573 à 578 ; C. com. *espagnol*, 886 et suiv. ; C. com. *italien*, 843 et suiv. ; C. com. *portugais*, 735 et suiv. ; L. *allemande* de 1877, 209 et 210 ; C. pén. *autrichien*, 199 à 204 et 486. — La législation *anglaise* seule ne sanctionne pas cette distinction : une loi de 1869 frappe seulement de certaines peines le failli qui **frauduleusement** a dissimulé ses biens ou falsifié ses comptes (voy. aussi L. de 1883, 163 à 167) ; mais aucune peine n'atteint le failli qui se serait simplement rendu coupable de négligence. Au reste, le mot *bankruptcy* désigne, non pas la banqueroute, mais, d'une manière générale, la faillite.

(2) C. pén., art. 402 : « Ceux qui, dans les cas prévus par le Code de commerce, seront déclarés coupables de banqueroute, seront punis ainsi qu'il suit : — les banqueroutiers frauduleux seront punis de la peine des travaux à temps ; — les banqueroutiers simples seront punis d'un emprisonnement d'un mois au moins et de deux ans au plus. »

Art. 403 : « Ceux qui, conformément au Code de commerce, seront déclarés complices de banqueroute frauduleuse, seront punis de la même peine que les banqueroutiers frauduleux. »

Art. 404 : « Les agents de change et courtiers qui auront fait faillite seront punis de la peine des travaux forcés à temps ; s'ils sont convaincus de banqueroute frauduleuse, la peine sera celle des travaux forcés à perpétuité. »

1º Si ses dépenses personnelles ou les dépenses de sa maison sont jugées excessives ;

2º S'il a consommé de fortes sommes, soit à des opérations de pur hasard, soit à des opérations fictives de bourse ou sur marchandises ;

3º Si, dans l'intention de retarder sa faillite, il a fait des achats pour revendre au-dessous du cours ; si, dans la même intention, il s'est livré à des emprunts, circulation d'effets, ou autres moyens ruineux de se procurer des fonds ;

4º Si, après cessation de ses paiements, il a payé un créancier au préjudice de la masse.

586. Pourra être déclaré banqueroutier simple tout commerçant failli qui se trouvera dans un des cas suivants (¹) :

1º S'il a contracté, pour le compte d'autrui, sans recevoir des valeurs en échange, des engagements jugés trop considérables eu égard à sa situation lorsqu'il les a contractés ;

2º S'il est de nouveau déclaré en faillite sans avoir satisfait aux obligations d'un précédent concordat ;

3º Si, étant marié sous le régime dotal, ou séparé de biens, il ne s'est pas conformé aux articles 69 et 70 ;

4º (L. du 4 mars 1889, art. 23.) Si, dans les quinze jours (*auparavant trois jours*) de la cessation de ses paiements, il n'a pas fait au greffe la déclaration exigée par les articles 438 et 439, ou si cette déclaration ne contient pas les noms de tous les associés solidaires ;

5º Si, sans empêchement légitime, il ne s'est pas présenté en personne aux syndics dans les cas et dans les délais fixés, ou si, après avoir obtenu un sauf-conduit, il ne s'est pas représenté à justice ;

6º S'il n'a pas tenu de livres et fait exactement inventaire ; si ses livres ou inventaires sont incomplets ou irrégulièrement tenus, ou s'ils n'offrent pas sa véritable situation active ou passive, sans néanmoins qu'il y ait fraude.

587. Les frais de poursuite en banqueroute simple intentée par le ministère public ne pourront, en aucun cas, être mis à la charge de la masse.

En cas de concordat, le recours du Trésor public contre le failli pour ces frais ne pourra être exercé qu'après l'expiration des termes accordés par ce traité.

588. Les frais de poursuite intentée par les syndics, au nom des créanciers, seront supportés, s'il y a acquittement, par la masse, et s'il y a condamnation, par le Trésor public, sauf son recours contre le failli, conformément à l'article précédent.

589. Les syndics ne pourront intenter de poursuite en banqueroute simple, ni se porter partie civile au nom de la masse, qu'après y avoir été autorisés par une délibération prise à la

---

(1) La législation *belge* autorise également la banqueroute simple facultative (C. com., 574). Les autres législations n'admettent que la banqueroute simple obligatoire, les unes en diminuant le nombre des cas de banqueroute (L. *alle-*mande de 1877, 210 et suiv.), les autre au contraire en l'augmentant (C. pén. *autrichien*, 486), les autres enfin en abaissant la peine d'un ou de deux degrés dans les cas de simple négligence (C. com. *italien*, 845 et 849).

majorité individuelle des créanciers présents.

590. Les frais de poursuite intentée par un créancier seront supportés, s'il y a condamnation, par le Trésor public ; s'il y a acquittement, par le créancier poursuivant.

CHAP. II. — DE LA BANQUEROUTE FRAUDULEUSE.

591. Sera déclaré banqueroutier frauduleux, et puni des peines portées au Code pénal [1], tout commerçant failli qui aura soustrait ses livres, détourné ou dissimulé une partie de son actif, ou qui, soit dans ses écritures, soit par des actes publics ou des engagements sous signature privée, soit par son bilan, se sera frauduleusement reconnu débiteur de sommes qu'il ne devait pas.

592. Les frais de poursuite en banqueroute frauduleuse ne pourront, en aucun cas, être mis à la charge de la masse.

Si un ou plusieurs créanciers se sont rendus parties civiles en leur nom personnel, les frais, en cas d'acquittement, demeureront à leur charge.

CHAP. III. — DES CRIMES ET DES DÉLITS COMMIS DANS LES FAILLITES PAR D'AUTRES QUE PAR LES FAILLIS.

593. Seront condamnés aux peines de la banqueroute frauduleuse [2] :

1º Les individus convaincus d'avoir, dans l'intérêt du failli, soustrait, recélé ou dissimulé tout ou partie de ses biens, meubles ou immeubles ; le tout sans préjudice des autres cas prévus par l'article 60 du Code pénal ;

2º Les individus convaincus d'avoir frauduleusement présenté dans la faillite et affirmé, soit en leur nom, soit par interposition de personnes, des créances supposées ;

3º Les individus qui, faisant le commerce sous le nom d'autrui ou sous un nom supposé, se seront rendus coupables de faits prévus en l'article 591.

594. Le conjoint, les descendants ou les ascendants du failli, ou ses alliés aux mêmes degrés, qui auraient détourné, diverti ou recélé des effets appartenant à la faillite, sans avoir agi de complicité avec le failli, seront punis des peines du vol.

595. Dans les cas prévus par les articles précédents, la Cour ou le tribunal saisis statueront, lors même qu'il y aurait acquittement : 1º d'office sur la réintégration à la masse des créanciers de tous biens, droits ou actions frauduleusement soustraits ; 2º sur les dommages-intérêts qui seraient demandés et que le jugement ou l'arrêt arbitrera.

596. Tout syndic qui se sera rendu coupable de malversation dans sa gestion sera puni correctionnellement des peines portées en l'article 406 du Code pénal [3].

597. Le créancier qui aura stipulé, soit avec le failli, soit avec toutes autres personnes, des avantages particuliers à raison de son vote dans les délibérations de la faillite, ou qui aura

---

(1 et 2) Voy. *suprà*, sous l'art. 584.

(3) Emprisonnement de deux mois à deux ans, et amende au maximum du quart des restitutions et des dommages-intérêts dus à la partie lésée et au minimum de 25 fr.

fait un traité particulier duquel résulterait en sa faveur un avantage à la charge de l'actif du failli, sera puni correctionnellement d'un emprisonnement qui ne pourra excéder une année, et d'une amende qui ne pourra être au-dessus de deux mille francs.

L'emprisonnement pourra être porté à deux ans si le créancier est syndic de la faillite.

598. Les conventions seront, en outre, déclarées nulles à l'égard de toutes personnes, et même à l'égard du failli.

Le créancier sera tenu de rapporter à qui de droit les sommes ou valeurs qu'il aura reçues en vertu des conventions annulées.

599. Dans le cas où l'annulation des conventions serait poursuivie par la voie civile, l'action sera portée devant les tribunaux de commerce.

600. Tous arrêts et jugements de condamnation rendus, tant en vertu du présent chapitre que des deux chapitres précédents, seront affichés et publiés suivant les formes établies par l'article 42 du Code de commerce, aux frais des condamnés.

CHAP. IV. — DE L'ADMINISTRATION DES BIENS EN CAS DE BANQUEROUTE.

601. Dans tous les cas de poursuite et de condamnation pour banqueroute simple ou frauduleuse, les actions civiles autres que celles dont il est parlé dans l'article 595 resteront séparées, et toutes les dispositions relatives aux biens, prescrites pour la faillite, seront exécutées sans qu'elles puissent être attribuées ni évoquées aux tribunaux de police correctionnelle, ni aux cours d'assises.

602. Seront cependant tenus, les syndics de la faillite, de remettre au ministère public les pièces, titres, papiers et renseignements qui leur seront demandés.

603. Les pièces, titres et papiers délivrés par les syndics seront, pendant le cours de l'instruction, tenus en état de communication par la voie du greffe : cette communication aura lieu sur la réquisition des syndics, qui pourront y prendre des extraits privés, ou en requérir d'authentiques, qui leur seront expédiés par le greffier.

Les pièces, titres et papiers dont le dépôt judiciaire n'aurait pas été ordonné seront, après l'arrêt ou le jugement, remis aux syndics, qui en donneront décharge.

Titre III. — De la réhabilitation (¹).

604. (Modifié par la L. du 30 décembre 1903.) Est réhabilité de droit le failli qui aura

---

(1) En droit français, la faillite entraîne des déchéances très rigoureuses : 1° antérieurement à la L. du 30 déc. 1903 (voy. *infrà*, 2° partie), le failli était déchu, d'une manière absolue, de ses droits électoraux : d'après cette loi, il est seulement rayé de la liste électorale pendant dix ans à partir de la déclaration de faillite, délai réduit depuis à trois ans (L. du 23 mars 1908), et il n'est éligible qu'après sa réhabilitation. — 2° Il ne peut être *juré* (C. instr. crim., art. 381). — 3° Il est incapable d'être *témoin dans un acte notarié* (L. 25 vent. an XII, art. 9). — 4° Il ne peut être ni *agent de change* (C. com., art. 83), ni porté sur la liste des *courtiers inscrits* (L. 18 juill. 1866, art. 2, 3° alin.). — 5° *L'entrée de la Bourse* lui est interdite (C. com., art. 613). — 6° *Sa signature n'est pas admise à l'escompte* à la Banque de France

intégralement acquitté les sommes par lui dues en capital, intérêts et frais, sans toutefois que les intérêts puissent être réclamés au delà de cinq ans (1).

Pour être réhabilité de droit, l'associé d'une maison de commerce tombé en faillite doit justifier qu'il a acquitté dans les mêmes conditions toutes les dettes de la société, lors même qu'un concordat particulier lui aurait été consenti.

En cas de disparition, d'absence ou de refus de recevoir d'un ou de plusieurs créanciers, la somme due est déposée à la Caisse des dépôts et consignations, et la justification du dépôt vaut quittance.

605. (Modifié par la L. du 23 mars 1908.) Peut obtenir sa réhabilitation en cas de probité reconnue :

1º Le failli qui, ayant obtenu un concordat, aura intégralement payé les dividendes promis. Cette disposition est applicable à l'associé d'une maison de commerce tombée en faillite qui a obtenu des créanciers un concordat particulier ;

2º Celui qui justifie de la remise entière de ses dettes par ses créanciers ou de leur consentement unanime à sa réhabilitation.

Lorsqu'il s'est écoulé dix ans depuis la déclaration de faillite ou de liquidation judiciaire, le failli non banqueroutier et le liquidé judiciaire sont réhabilités de droit sans remplir aucune des formalités prévues par les art. 504 à 611 inclus du Code de commerce.

Cette réhabilitation ne peut porter aucune atteinte aux fonctions des syndics ou liquidateurs, si leur mandat n'est pas terminé, ni aux droits des créanciers au cas où leurs débiteurs ne seraient pas intégralement libérés.

606. (Modifié par la L. du

(Décr. 16 janv. 1808, art. 50). — 7º Enfin certaines déchéances sont relatives au port des *décorations françaises ou étrangères* (Déc. 24 nov. 1852, art. 2 et 7).

Ces mêmes déchéances sont également admises, ou à peu de chose près, par divers textes en *Allemagne*, en *Autriche*, en *Belgique*, en *Espagne* et en *Italie* : dans ce dernier pays, le failli est en outre formellement exclu de la tutelle (C. civ. 269), et de plus ses nom et prénoms restent inscrits jusqu'à sa réhabilitation sur un tableau affiché au tribunal et à la Bourse (C. com. 685).

En *Angleterre* au contraire et en *Suisse*, les déchéances qu'entraîne la faillite sont moins rigoureuses. En Angleterre, le failli cesse d'être éligible ; mais il reste électeur (L. de 1883, 32). En Suisse, il encourt bien la perte de tous ses droits politiques, mais seulement pendant un délai maximum de 5 années, que la législation de chaque canton peut en outre abaisser (L. du 28 mai 1877, 12).

(1) La *Belgique* (C. com., 586) et l'*Autriche* (L. de 1868, 246) subordonnent la réhabilitation au paiement, par le failli, de toutes ses dettes, en capital et en intérêts. Les autres pays étrangers au contraire imposent des conditions moins rigoureuses pour la réhabilitation ; à cet égard, on peut les diviser en 3 groupes :

a) Les uns autorisent le failli à demander sa réhabilitation, soit après l'obtention du concordat, soit après son exécution (C. com. *espagnol*, 921 et 922 ; C. com. *italien* 827 ; L. *anglaise* de 1883, 32, § 2). — *b*) Les autres décident également que la réhabilitation résultera du concordat ; mais de plus, et alors même qu'il n'y a pas eu concordat, elles permettent la réhabilitation après un certain laps de temps. En *Suisse*, les incapacités du failli disparaissent nécessairement au bout de 5 ans au maximum (L. du 28 mai 1877, 12 ; L. de 1889, 26, 2ª al.). — *c*) En *Allemagne*, d'après le droit de l'Empire tout au moins, les incapacités disparaissent avec la clôture de la faillite.

31 mars 1906.) Toute demande en réhabilitation sera adressée au procureur de la République de l'arrondissement dans lequel la faillite a été prononcée, avec les quittances et pièces qui la justifient (1).

Ce magistrat communiquera toutes les pièces au président du tribunal de commerce qui a déclaré la faillite et au procureur de la République du domicile du demandeur, en les chargeant de recueillir tous les renseignements qu'ils pourront se procurer sur la vérité des faits exposés.

La production des quittances et autres pièces en vue de la réhabilitation n'en rendra pas, par elle-même, l'enregistrement obligatoire.

607. (Modifié par la L. du 23 mars 1908.) Avis de la demande sera donné par les soins du greffier du tribunal de commerce, par lettres recommandées, à chacun des créanciers vérifiés à la faillite ou reconnus par décision judiciaire postérieure, qui n'auront pas été intégralement payés dans les conditions de l'article 604.

608. (*Ibid.*) Tout créancier non intégralement payé dans les conditions des paragraphes 1 et 2 de l'article 605 pourra, pendant le délai d'un mois à partir de cet avis, faire opposition à la réhabilitation, par simple acte au greffe appuyé des pièces justificatives. Le créancier opposant pourra, par requête présentée au tribunal et notifiée au débiteur, intervenir dans la procédure de réhabilitation.

609. (Modifié par la L. du 30 déc. 1903.) Après l'expiration du délai, le résultat des enquêtes prescrites ci-dessus et les oppositions formées par les créanciers seront communiqués au procureur de la République saisi de la demande, et transmis par lui, avec son avis motivé, au président du tribunal de commerce.

610. (*Ibid.*) Le tribunal appellera, s'il y a lieu, le demandeur et les opposants et les entendra contradictoirement en chambre du conseil. Le demandeur pourra se faire assister d'un conseil.

Dans le cas de l'article 604, il se bornera à constater la sincérité des justifications produites et, si elles sont conformes à la loi, il prononcera la réhabilitation.

Dans celui de l'article 605, il appréciera les circonstances de la cause.

Le jugement sera rendu en audience publique.

Il pourra être frappé d'appel, tant par le demandeur que par le procureur de la République et les créanciers opposants, dans le délai d'un mois à partir de l'avis qui lui aura été donné par lettres recommandées.

Les créanciers opposants seront également avisés du jugement. Ils pourront exercer leur droit d'opposition devant la cour d'appel.

La cour d'appel statuera après examen et suivant les formes ci-dessus prescrites.

611. (*Ibid.*) Si la demande est rejetée, elle ne pourra être re-

---

(1) Même procédure en *Belgique* (C. com. 587). Dans les autres pays au contraire, la réhabilitation est demandée au tribunal même qui a déclaré la faillite (C. com. *italien*, 804; L. *autrichienne* de 1868, 264 et suiv.).

produite qu'après une année d'intervalle.

Si elle est admise, le jugement ou l'arrêt sera transcrit sur le registre du tribunal de commerce du lieu de la faillite et de celui du domicile du demandeur.

Il sera, en outre, adressé au procureur de la République qui aura reçu la demande et, par les soins de ce dernier, au procureur de la République du lieu de naissance du demandeur, qui en fera mention en regard de la déclaration de faillite sur le casier judiciaire.

612. (Modifié par la L. du 23 mars 1908.) Ne sont point admis à la réhabilitation commerciale : les banqueroutiers frauduleux, les personnes condamnées pour vols, escroqueries ou abus de confiance, à moins qu'ils n'aient été réhabilités conformément aux articles 619 et suivants du Code d'instruction criminelle et 10 de la loi du 5 août 1899.

Le deuxième paragraphe de l'article 634 du Code d'instruction criminelle est abrogé.

613. Nul commerçant failli ne pourra se présenter à la Bourse, à moins qu'il n'ait obtenu sa réhabilitation.

614. Le failli pourra être réhabilité après sa mort.

***

LIVRE IV

DE LA JURIDICTION COMMERCIALE (¹).

Titre I. — De l'organisation des tribunaux de commerce.

615. Un règlement d'administration publique déterminera le nombre des tribunaux de commerce, et les villes qui seront susceptibles d'en recevoir par l'étendue de leur commerce et de leur industrie (²).

616. L'arrondissement de chaque tribunal de commerce sera le même que celui du tribunal civil dans le ressort duquel il sera placé ; et s'il se trouve plusieurs tribunaux de commerce dans le ressort d'un seul tribunal civil, il leur sera assigné des arrondissements particuliers.

617. (L. du 18 juillet 1889.) Chaque tribunal de commerce sera composé d'un président, de juges et de juges suppléants.

---

(1) L'institution des tribunaux de commerce, telle qu'elle est réglementée par la loi française, n'existe guère à l'étranger qu'en *Belgique* (L. du 18 juin 1869). En *Allemagne*, d'après la loi du 30 janv. 1877 sur l'organisation judiciaire (art. 100 et suiv.), il n'y a pas de tribunaux de commerce indépendants des tribunaux civils; mais chaque État de l'Empire peut créer, dans les tribunaux de 1ʳᵉ instance, une ou plusieurs Chambres chargées de juger les affaires commerciales. En *Portugal*, les tribunaux de commerce se composent d'un magistrat, juge de droit, qui siège avec des jurés commerçants dont le nombre varie, suivant les localités, de 4 à 12. Même organisation en *Norvège* (L. du 20 déc. 1902).

Enfin, en *Suisse*, chaque canton est libre de créer un tribunal de commerce : on en trouve notamment à *Genève*, à *Fribourg*, etc.

Les autres pays étrangers ne connaissent pas l'institution des tribunaux de commerce : ces tribunaux n'ont jamais existé en *Angleterre* et aux *États-Unis d'Amérique*; ils ont été successivement supprimés en *Hollande* par la L. du 16 avril 1827, en *Roumanie* par la L. du 4 juill. 1865, en *Espagne* par la L. du 6 déc. 1868, en *Grèce* par la L. du 28 mai 1877, et en *Italie*, par la L. du 25 janv. 1888.

(2) Voy. le décr. du 6 oct. 1809, *infrà*, 2ᵉ partie,

Le nombre des juges ne peut être inférieur à deux, non compris le président.

Un règlement d'administration publique fixera, pour chaque tribunal, le nombre des juges et juges suppléants.

618. [L. du 21 décembre 1871.] (¹). Les membres des tribunaux de commerce seront nommés dans une assemblée d'électeurs pris parmi les commerçants recommandables par leur probité, esprit d'ordre et d'économie. — Pourront aussi être appelés à cette réunion les directeurs des compagnies anonymes de commerce, de finance et d'industrie, les agents de change, les capitaines au long cours et les maîtres au cabotage ayant commandé des bâtiments pendant cinq ans et domiciliés depuis deux ans dans le ressort du tribunal. Le nombre des électeurs sera égal au dixième des commerçants inscrits à la patente ; il ne pourra dépasser mille, ni être inférieur à cinquante ; dans le département de la Seine, il sera de trois mille.

619. (L. du 21 décembre 1871.) La liste des électeurs sera dressée par une commission composée :

1o Du président du tribunal de commerce, qui présidera, et d'un juge au tribunal de commerce. Pour la première élection qui suivra la création d'un tribunal, on appellera dans la commission le président du tribunal civil et un juge au même tribunal ;

2o Du président et d'un membre de la chambre de commerce ; si le président de la chambre de commerce est en même temps président du tribunal, on appellera un autre membre de la chambre ; dans les villes où il n'existe pas de chambre de commerce, on appellera le président et un membre de la chambre consultative des arts et métiers ; à défaut, on appellera un conseiller municipal ;

3o De trois conseillers généraux choisis, autant que possible, parmi les membres élus dans les cantons du ressort du tribunal ;

4o Du président du conseil des prud'hommes, et, s'il y en a plusieurs, du plus âgé des présidents ; à défaut du conseil des prud'hommes, on appellera dans la commission le juge de paix ou le plus âgé des juges de paix de la ville où siège le tribunal ;

5o Du maire de la ville où siège le tribunal de commerce, et, à Paris, du président du conseil municipal.

Les juges au tribunal de commerce, les membres de la chambre de commerce, les juges du tribunal civil, les conseillers généraux et les conseillers municipaux, dans les cas prévus aux paragraphes précédents, seront élus par les corps auxquels ils appartiennent. Chaque année, la commission remplira les vacances provenant de décès ou d'incapacités légales survenues depuis la dernière revision. Elle ajoutera à la liste, en sus du nombre d'électeurs fixé par l'article 619, les anciens membres

---

(1) Les art. 618 à 621 ont été modifiés, en ce qui concerne les tribunaux de commerce, par la L. du 8 déc. 1883 relative l'élection des juges consulaires, et en ce qui concerne les chambres de commerce, par la L. du 19 février 1908 (voy. *infrà*, 2ᵉ partie).

de la chambre et du tribunal de commerce, et les anciens présidents du conseil des prud'hommes.

Ne pourront être portés sur la liste ni participer à l'élection, s'ils y avaient été portés :

1° Les individus condamnés soit à des peines afflictives ou infamantes, soit à des peines correctionnelles pour des faits qualifiés crimes par la loi, ou pour délit de vol, escroquerie, abus de confiance, usure, attentat aux mœurs, soit pour contrebande, quand la condamnation pour ce dernier délit aura été d'un mois au moins d'emprisonnement ;

2° Les individus condamnés pour contravention aux lois sur les maisons de jeu, les loteries et les maisons de prêts sur gages ;

3° Les individus condamnés pour les délits prévus aux articles 413, 414, 419, 420, 421, 423, 430, paragraphe 2, du Code pénal, et aux articles 596 et 597 du Code de commerce ;

4° Les officiers ministériels destitués ;

5° Les faillis non réhabilités (1), et généralement tous ceux que la loi électorale prive du droit de voter aux élections législatives.

La liste sera envoyée au préfet, qui la fera publier et afficher. Un exemplaire signé par le président du tribunal de commerce sera déposé au greffe du tribunal de commerce. Tout patenté du ressort aura le droit d'en prendre connaissance, et, à toute époque, de demander la radiation des électeurs qui se trouveraient dans un des cas d'incapacité ci-dessus. L'action sera portée sans frais devant le tribunal civil, qui prononcera en la chambre du conseil. En appel, la Cour statuera dans la même forme.

620. (**L.** du 5 décembre 1876.) Tout commerçant, agent de change, âgé de trente ans, inscrit à la patente depuis cinq ans et domicilié, au moment de l'élection, dans le ressort du tribunal, toute personne ayant rempli pendant cinq ans les fonctions de directeur de société anonyme, tout capitaine au long cours et maître au cabotage ayant commandé pendant cinq ans, justifiant des mêmes conditions d'âge et de domicile, porté sur la liste des électeurs ou étant dans les conditions voulues pour y être inscrit, pourra être nommé juge ou suppléant.

(**L.** du 21 décembre 1871.) Les anciens commerçants et agents de change seront éligibles s'ils ont exercé leur commerce pendant le même temps.

Nul ne pourra être nommé juge s'il n'a été suppléant.

Le président ne pourra être choisi que parmi les anciens juges.

621. (**L.** du 21 décembre 1871.) L'élection sera faite au scrutin de liste pour les juges et les suppléants, et au scrutin individuel pour le président. Lorsqu'il s'agira d'élire le président, l'objet spécial de cette élection sera annoncé avant d'aller au scrutin.

Les élections se feront dans le local du tribunal de commerce, sous la présidence du maire du chef-lieu où siège le tribunal, assisté de quatre as-

---

(1) Voy. *infrà*, 2ᵉ partie, la L. du 30 déc. 1903.

sesseurs, qui seront les deux plus jeunes et les deux plus âgés des électeurs présents.

La convocation des électeurs sera faite, dans la première quinzaine de décembre, par le préfet du département.

Au premier tour de scrutin, nul ne sera élu s'il n'a réuni la moitié plus un des suffrages exprimés et un nombre égal au quart du nombre des électeurs inscrits. Au deuxième tour, qui aura lieu huit jours après, la majorité relative sera suffisante. La durée de chaque scrutin sera de deux heures au moins.

Le procès-verbal sera dressé en triple original, et le président en transmettra un exemplaire au préfet et un autre au procureur général ; le troisième sera déposé au greffe du tribunal. Tout électeur pourra, dans les cinq jours après l'élection, attaquer les opérations devant la cour d'appel, qui statuera sommairement et sans frais. Le procureur général aura un délai de dix jours pour demander la nullité.

622. (L. du 3 mars 1840, art. 6.) A la première élection, le président et la moitié des juges et des suppléants dont le tribunal sera composé, seront nommés pour deux ans ; la seconde moitié des juges et des suppléants sera nommée pour un an ; aux élections postérieures, toutes les nominations seront faites pour deux ans.

Tous les membres compris dans une même élection seront soumis simultanément au renouvellement périodique, encore bien que l'institution de l'un ou de plusieurs d'entre eux ait été différée.

623. (L. du 17 juill. 1908.) Le président et les juges sortant d'exercice après deux années pourront être réélus, sans interruption, pour deux autres périodes de deux années chacune. Ces trois périodes expirées, ils ne seront éligibles qu'après un an d'intervalle.

Tout membre élu en remplacement d'un autre, par suite de décès ou de toute autre cause, ne demeurera en exercice que pendant la durée du mandat confié à son prédécesseur.

Toutefois le président, quel que soit, au moment de son élection, le nombre de ses années de judicature comme juge titulaire, pourra toujours être élu pour deux années, à l'expiration desquelles il pourra être réélu pour deux autres périodes de deux années chacune.

624. Il y aura près de chaque tribunal un greffier et des huissiers nommés par (*le roi*) le Président de la République : leurs droits, vacations et devoirs seront fixés par un règlement d'administration publique.

625. *Il sera établi, pour la ville de Paris seulement, des gardes du commerce pour l'exécution des jugements emportant la contrainte par corps : la forme de leur organisation et leurs attributions seront déterminées par un règlement particulier* ([1]).

626. Les jugements, dans les tribunaux de commerce, seront rendus par trois juges au moins ; aucun suppléant ne pourra être appelé que pour compléter ce nombre.

---

(1) La contrainte par corps est abolie par la L. du 22 juill. 1867.

(L. du 5 décembre 1876.) Lorsque, par des récusations ou empêchements, il ne restera pas un nombre suffisant de juges ou de juges suppléants, il y sera pourvu au moyen d'une liste formée annuellement par chaque tribunal de commerce, entre les éligibles du ressort, et, en cas d'insuffisance, entre les électeurs ayant, les uns et les autres, leur résidence dans la ville où siége le tribunal.

Cette liste sera de cinquante noms à Paris, de vingt-cinq noms pour les tribunaux de neuf membres, de quinze noms pour les autres tribunaux.

Les juges complémentaires seront appelés dans l'ordre fixé par un tirage au sort fait en séance publique par le président du tribunal entre tous les noms de la liste.

627. Le ministère des avoués est interdit dans les tribunaux de commerce, conformément à l'article 414 du Code de procédure civile ; nul ne pourra plaider pour une partie devant ces tribunaux, si la partie présente à l'audience ne l'autorise, ou s'il n'est muni d'un pouvoir spécial. Ce pouvoir, qui pourra être donné au bas de l'original ou de la copie de l'assignation, sera exhibé au greffier avant l'appel de la cause, et par lui visé sans frais.

(L. du 3 mars 1840, art. 4.) Dans les causes portées devant les tribunaux de commerce, aucun huissier ne pourra, ni assister comme conseil, ni représenter les parties en qualité de procureur fondé, à peine d'une amende de vingt-cinq à cinquante francs, qui sera prononcée, sans appel, par le tribunal,

sans préjudice des peines disciplinaires contre les huissiers contrevenants.

Cette disposition n'est pas applicable aux huissiers qui se trouveront dans l'un des cas prévus par l'article 86 du Code de procédure civile.

628. Les fonctions des juges de commerce sont seulement honorifiques.

629. Ils prêtent serment avant d'entrer en fonctions, à l'audience de la cour d'appel (*royale*), lorsqu'elle siége dans l'arrondissement communal où le tribunal de commerce est établi ; dans le cas contraire, la cour d'appel (*royale*) commet, si les juges de commerce le demandent, le tribunal civil de l'arrondissement pour recevoir leur serment ; et, dans ce cas, le tribunal en dresse procès-verbal, et l'envoie à la cour d'appel (*royale*), qui en ordonne l'insertion dans ses registres. Ces formalités sont remplies sur les conclusions du ministère public et sans frais.

630. Les tribunaux de commerce sont dans les attributions et sous la surveillance du ministre de la justice.

Titre II. — De la compétence des tribunaux de commerce.

631. (L. du 17 juillet 1856.) Les tribunaux de commerce connaîtront : 1° des contestations relatives aux engagements et transactions entre négociants, marchands et banquiers ; 2° des contestations entre associés, pour raison d'une société de commerce ; 3° de celles relatives aux actes de commerce entre toutes personnes.

632. La loi répute actes de commerce (1) :

Tout achat de denrées et marchandises pour les revendre, soit en nature, soit après les avoir travaillées et mises en œuvre, ou même pour en louer simplement l'usage (2) ;

Toute entreprise de manufacture, de commission, de transport par terre ou par eau ;

Toute entreprise de fournitures, d'agences, bureaux d'affaires, établissements de ventes à l'encan, de spectacles publics (3) ;

Toute opération de change, banque et courtage (4) ;

Toutes les opérations des banques publiques ;

Toutes obligations entre négociants, marchands et banquiers ;

(L. du 7 juin 1894.) Entre toutes personnes, les lettres de change (5).

633. La loi répute pareillement actes de commerce :

Toute entreprise de construction, et tous achats, ventes et reventes de bâtiments pour la navigation intérieure et extérieure ;

Toutes expéditions maritimes ;

Tout achat ou vente d'agrès, apparaux et avitaillements ;

Tout affrètement ou nolissement, emprunt ou prêt à la grosse ; toutes assurances et autres contrats concernant le commerce de mer ;

Tous accords et conventions pour salaires et loyers d'équipages ;

Tous engagements de gens de mer, pour le service de bâtiments de commerce.

634. Les tribunaux de commerce connaîtront également :

1º Des actions contre les facteurs, commis des marchands ou leurs serviteurs, pour le fait seulement du trafic du marchand auquel ils sont attachés (6) ;

2º Des billets faits par les receveurs, payeurs, percepteurs ou autres comptables des deniers publics.

---

(1) La plupart des législations reproduisent, d'une manière encore plus détaillée, cette énumération des actes de commerce : voy. C. com. *allemand*, 1 ; C. com. *belge*, 2 et 3 ; C. com. *hollandais*; 3 à 5 ; C. com. *italien*, 3 à 7 ; C. com. *roumain*, 3 à 6. Le C. com. *espagnol*, 2, et le C. com. *portugais*, 2, s'abstiennent au contraire de toute énumération, et considèrent comme actes de commerce tous ceux qui sont prévus par le Code de commerce et tous les autres actes d'une nature analogue.

(2) La plupart des législations étrangères ne considèrent pas non plus les opérations sur les immeubles comme des actes de commerce : voy. notamment C. com. *allemand*, 1-1º. Le C. com. *italien* admet seul une solution différente : l'art. 3 - 3º déclare actes de commerce « les achats et ventes d'immeubles quand ils sont faits en vue d'une spéculation commerciale ». Le C. com. *belge*, 2, sans aller aussi loin, décide cependant qu'on doit réputer acte de commerce « toute entreprise de travaux publics ou privés ».

(3) La plupart des lois étrangères ne reproduisent pas la disposition de l'art. 632 relative aux entreprises d'agences et de bureaux d'affaires. Voy. cependant C. com. *belge*, 2, et C. com. *italien*, 3-21º.

(4) Certaines législations ne rangent le courtage parmi les actes de commerce qu'autant qu'il a une opération commerciale pour objet : C. com. *allemand*. 272 - 4º ; C. com. *italien*, 3 - 22º.

(5) Les lois étrangères considèrent généralement le billet à ordre comme un acte de commerce aussi bien que la lettre de change ; C. com. *belge*, 2 ; C. com. *italien*, 3 - 12º, etc.

(6) Les procès entre patrons et employés au-dessous de 1 000 fr. sont aujourd'hui de la compétence des conseils de prud'hommes commerciaux (L. du 27 mars 1907, art. 1 et 32).

635. (L. du 28 mai 1838.) Les tribunaux de commerce connaîtront de tout ce qui concerne les faillites, conformément à ce qui est prescrit au livre troisième du présent Code.

636. Lorsque les lettres de change ne seront réputées que simples promesses, aux termes de l'article 112, ou lorsque les billets à ordre ne porteront que des signatures d'individus non négociants, et n'auront pas pour occasion des opérations de commerce, trafic, change, banque ou courtage, le tribunal de commerce sera tenu de renvoyer au tribunal civil, s'il en est requis par le défendeur.

637. Lorsque ces lettres de change et ces billets à ordre porteront en même temps des signatures d'individus négociants et d'individus non négociants, le tribunal de commerce en connaîtra; mais il ne pourra prononcer la contrainte par corps contre les individus non négociants, à moins qu'ils ne se soient engagés à l'occasion d'opérations de commerce, trafic, change, banque ou courtage (¹).

638. Ne seront point de la compétence des tribunaux de commerce, les actions intentées contre un propriétaire, cultivateur ou vigneron, pour vente de denrées provenant de son cru, les actions intentées contre un commerçant, pour paiement de denrées et marchandises achetées pour son usage particulier.

Néanmoins, les billets souscrits par un commerçant seront censés faits pour son commerce, et ceux des receveurs, payeurs, percepteurs ou autres comptables de deniers publics, seront censés faits pour leur gestion, lorsqu'une autre cause n'y sera pas énoncée (²).

639. (L. du 3 mars 1840, art. 1ᵉʳ.) Les tribunaux de commerce jugeront en dernier ressort :

1° Toutes les demandes, dans lesquelles les parties justiciables de ces tribunaux, et usant de leurs droits, auront déclaré vouloir être jugées définitivement et sans appel;

2° Toutes les demandes dont le principal n'excédera pas la valeur de quinze cents francs;

3° Les demandes reconventionnelles ou en compensation, lors même que, réunies à la demande principale, elles excéderaient quinze cents francs.

Si l'une des demandes principales ou reconventionnelles s'élève au-dessus des limites ci-dessus indiquées, le tribunal ne prononcera sur toutes qu'en premier ressort.

Néanmoins, il sera statué en dernier ressort sur les demandes en dommages - intérêts, lorsqu'elles seront fondées exclusivement sur la demande principale elle-même.

640. Dans les arrondissements où il n'y aura pas de tribunaux de commerce, les juges du tribunal civil exerceront les fonctions et connaîtront des matières attribuées aux juges de commerce par la présente loi.

641. L'instruction, dans ce

---

(1) La contrainte par corps est abolie par la L. du 22 juillet 1867.

(2) Les Codes étrangers admettent également cette théorie de l'accessoire : voy. C. com. *allemand*, 344 et s. ; C. com. *belge*, 2, *in fine* ; C. com. *italien*, 4, etc.

cas, aura lieu dans la même forme que devant les tribunaux de commerce, et les jugements produiront les mêmes effets.

Titre III. — De la forme de procéder devant les tribunaux de commerce.

642. La forme de procéder devant les tribunaux de commerce sera suivie telle qu'elle a été réglée par le titre XXV du livre II de la première partie du Code de procédure civile (1).

643. Néanmoins les articles 156, 158 et 159 du même Code relatifs aux jugements par défaut rendus par les tribunaux infé-

---

(1) C. proc. civ., liv. II, tit. XXV, art. 414 : « La procédure devant les tribunaux de commerce se fait sans le ministère d'avoués. »

415 : « Toute demande doit y être formée par exploit d'ajournement, suivant les formalités ci-dessus prescrites au titre des ajournements. »

416 : « Le délai sera au moins d'un jour. »

417 : « Dans les cas qui requerront célérité, le président du tribunal pourra permettre d'assigner, même de jour à jour et d'heure à d'heure, et de saisir les effets mobiliers ; il pourra, suivant l'exigence des cas, assujettir le demandeur à donner caution, ou à justifier de solvabilité suffisante. Ses ordonnances seront exécutoires, nonobstant opposition ou appel. »

418 : « Dans les affaires maritimes où il existe des parties non domiciliées et dans celles où il s'agit d'agrès, victuailles, équipages et radoubs de vaisseaux prêts à mettre à la voile, et autres matières urgentes et provisoires, l'assignation de jour à jour, ou d'heure à heure, pourra être donnée sans ordonnance, et le défaut pourra être jugé sur-le-champ. »

419 : « Toutes assignations données à bord à la personne assignée seront valables. »

420 : « Le demandeur pourra assigner, à son choix : — Devant le tribunal du domicile du défendeur ; — Devant celui dans l'arrondissement duquel la promesse a été faite et la marchandise livrée ; — Devant celui dans l'arrondissement duquel le paiement devait être effectué. »

421 : « Les parties seront tenues de comparaître en personne, ou par le ministère d'un fondé de procuration spéciale. »

422 : « Si les parties comparaissent et qu'à la première audience il n'intervienne pas jugement définitif, les parties non domiciliées dans le lieu où siège le tribunal seront tenues d'y faire élection d'un domicile. L'élection de domicile doit être men-

tionnée sur le plumitif de l'audience ; à défaut de cette élection, toute signification, même celle du jugement définitif, sera faite valablement au greffe du tribunal. »

423. (Cet article dispensait les étrangers demandeurs de la *cautio judicatum solvi* en matière commerciale : il a été abrogé par la L. du 5 mars 1895.)

424 : « Si le tribunal est incompétent à raison de la matière, il renverra les parties, encore que le déclinatoire n'ait pas été proposé. — Le déclinatoire pour toute autre cause ne pourra être proposé que préalablement à toute autre défense. »

425 : « Le même jugement pourra, en rejetant le déclinatoire, statuer sur le fond, mais par deux dispositions distinctes, l'une sur la compétence, l'autre sur le fond ; les dispositions sur la compétence pourront toujours être attaquées par la voie de l'appel. »

426 : « Les veuves et héritiers des justiciables du tribunal de commerce y seront assignés en reprise ou par action nouvelle ; sauf, si les qualités sont contestées, à les renvoyer aux tribunaux ordinaires, pour y être réglés, et ensuite être jugés sur le fond au tribunal de commerce. »

427 : « Si une pièce produite est méconnue, déniée ou arguée de faux, et que la partie persiste à s'en servir, le tribunal renverra devant les juges qui doivent en connaître, et il sera sursis au jugement de la demande principale. — Néanmoins si la pièce n'est relative qu'à un des chefs de la demande, il pourra être passé outre au jugement des autres chefs. »

428 : « Le tribunal pourra, dans tous les cas, ordonner, même d'office, que les parties seront entendues en personne, à l'audience ou dans la chambre, et, s'il y a empêchement légitime, commettre un des juges, ou même un juge de paix pour les entendre, lequel dressera procès-verbal de leurs déclarations. »

429 : « S'il y a lieu de renvoyer les

rieurs, seront applicables aux jugements par défaut rendus par les tribunaux de commerce (¹).

parties devant des arbitres, pour examen de comptes, pièces et registres, il sera nommé un ou trois arbitres pour entendre les parties, et les concilier, si faire se peut, sinon donner leur avis. — S'il y a lieu à visites ou estimation d'ouvrage ou marchandises, il sera nommé un ou trois experts. — Les arbitres et les experts seront nommés d'office par le tribunal, à moins que les parties n'en conviennent à l'audience. »

430 : « La récusation ne pourra être proposée que dans les trois jours de la nomination. »

431 : « Le rapport des arbitres et experts sera déposé au greffe du tribunal. »

432 : « Si le tribunal ordonne la preuve par témoins, il y sera procédé dans les formes ci-dessus prescrites pour les enquêtes sommaires. Néanmoins, dans les causes sujettes à appel, les dépositions seront rédigées par écrit par le greffier, et signées par le témoin ; en cas de refus, mention en sera faite. »

433 : « Seront observées, dans la rédaction et l'expédition des jugements, les formes prescrites dans les articles 141 et 146 pour les tribunaux de première instance. »

434 : « Si le demandeur ne se présente pas, le tribunal donnera défaut, et renverra le défendeur de la demande. — Si le défendeur ne comparaît pas, il sera donné défaut, et les conclusions du demandeur seront adjugées, si elles se trouvent justes et bien vérifiées. »

435 : « Aucun jugement par défaut ne pourra être signifié que par un huissier commis à cet effet par le tribunal : la signification contiendra, à peine de nullité, élection de domicile dans la commune où elle se fait, si le demandeur n'y est domicilié. — Le jugement sera exécutoire un jour après la signification et jusqu'à l'opposition. »

436 : « L'opposition ne sera plus recevable après la huitaine du jour de la signification. »

437 : « L'opposition contiendra les moyens de l'opposant, et assignation dans le délai de la loi ; elle sera signifiée au domicile élu. »

438 : « L'opposition faite à l'instant de l'exécution, par déclaration sur le procès-verbal de l'huissier, arrêtera l'exécution ; à la charge, par l'opposant, de la réitérer dans les trois jours, par exploit contenant assignation ; passé lequel délai, elle sera censée non avenue. »

439 : « Les tribunaux de commerce pourront ordonner l'exécution provisoire de leurs jugements, nonobstant l'appel, et sans caution, lorsqu'il y aura titre non attaqué, ou condamnation précédente dont il n'y aura pas d'appel : dans les autres cas, l'exécution provisoire n'aura lieu qu'à la charge de donner caution, ou de justifier de solvabilité suffisante. »

440 : « La caution sera présentée par acte signifié au domicile de l'appelant s'il demeure dans le lieu où siège le tribunal, sinon au domicile par lui élu en exécution de l'art. 422, avec sommation à jour et heures fixes de se présenter au greffe pour prendre communication, sans déplacement, des titres de la caution, s'il est ordonné qu'elle en fournira, et à l'audience, pour voir prononcer sur l'admission, en cas de contestation. »

441 : « Si l'appelant ne comparaît pas, ou ne conteste point la caution, elle fera sa soumission au greffe ; s'il conteste, il sera statué au jour indiqué par la sommation : dans tous les cas, le jugement sera exécutoire nonobstant opposition ou appel. »

442 : « Les tribunaux de commerce ne connaîtront point de l'exécution de leurs jugements. »

(1) C. proc. civ. Art. 156 : « Tous jugements par défaut contre une partie qui n'a pas constitué d'avoué seront signifiés par un huissier commis, soit par le tribunal, soit par le juge du domicile du défaillant que le tribunal aura désigné ; ils seront exécutés dans les six mois de leur obtention, sinon seront réputés non avenus. »

158 : « S'il est rendu contre une partie qui n'a pas d'avoué, l'opposition sera recevable jusqu'à l'exécution du jugement. »

159 : « Le jugement est réputé exécuté, lorsque les meubles saisis ont été vendus, ou que le condamné a été emprisonné ou recommandé, ou que la saisie d'un ou de plusieurs de ses immeubles lui a été notifiée, ou que les frais ont été payés, ou enfin lorsqu'il y a quelque acte duquel il résulte nécessairement que l'exé-

644. Les appels de jugements des tribunaux de commerce seront portés par-devant les cours dans le ressort desquelles ces tribunaux sont situés.

Titre IV. — De la forme de procéder devant les cours royales (cours d'appel).

645. (L. du 3 mai 1862.) Le délai pour interjeter appel des jugements des tribunaux de commerce sera de deux mois, à compter du jour de la signification du jugement, pour ceux qui auront été rendus contradictoirement, et du jour de l'expiration du délai de l'opposition, pour ceux qui auront été rendus par défaut : l'appel pourra être interjeté du jour même du jugement.

646. (L. du 2 mars 1840, art. 2.) Dans les limites de la compétence fixée par l'article 639 pour le dernier ressort, l'appel ne sera pas reçu, encore que le jugement n'énonce pas qu'il est rendu en dernier ressort, et même quand il énoncerait qu'il est rendu à la charge d'appel.

647. Les cours *royales* (cours d'appel) ne pourront, en aucun cas, à peine de nullité, et même des dommages et intérêts des parties, s'il y a lieu, accorder des défenses, ni surseoir à l'exécution des jugements des tribunaux de commerce, quand même ils seraient attaqués d'incompétence ; mais elles pourront, suivant l'exigence des cas, accorder la permission de citer extraordinairement à jour et heure fixes, pour plaider sur l'appel.

648. Les appels des jugements des tribunaux de commerce seront instruits et jugés dans les cours, comme appels de jugements rendus en matière sommaire. La procédure, jusques et y compris l'arrêt définitif, sera conforme à celle qui est prescrite pour les causes d'appel en matière civile, au livre III de la première partie du Code de procédure civile.

---

cution du jugement a été connue de la partie défaillante : l'opposition formée dans les délais ci-dessus et dans les formes ci-après prescrites suspend l'exécution, si elle n'a pas été ordonnée nonobstant opposition. »

LOIS COMMERCIALES USUELLES

CODE CIVIL, LIVRE III, TITRE IX

Du contrat de société.

CHAP. I. — DISPOSITIONS GÉNÉRALES.

Art. **1832.** La société est un contrat par lequel deux ou plusieurs personnes conviennent de mettre quelque chose en commun, dans la vue de partager le bénéfice qui pourra en résulter.

1833. Toute société doit avoir un objet licite, et être contractée pour l'intérêt commun des parties.

Chaque associé doit y apporter ou de l'argent, ou d'autres biens, ou son industrie.

1834. Toutes sociétés doivent être rédigées par écrit, lorsque leur objet est d'une valeur de plus de cent cinquante francs.

La preuve testimoniale n'est point admise contre et outre le contenu en l'acte de société, ni sur ce qui serait allégué avoir été dit avant, lors et depuis cet acte, encore qu'il s'agisse d'une somme ou valeur moindre de cent cinquante francs.

CHAP. II. — DES DIVERSES ESPÈCES DE SOCIÉTÉS.

1835. Les sociétés sont universelles ou particulières.

Sect. 1. — Des sociétés universelles.

1836. On distingue deux sortes de sociétés universelles, la société de tous biens présents, et la société universelle de gains.

1837. La société de tous biens présents est celle par laquelle les parties mettent en commun tous les biens meubles et immeubles qu'elles possèdent actuellement, et les profits qu'elles pourront en tirer. — Elles peuvent aussi y comprendre toute autre espèce de gains ; mais les biens qui pourraient leur advenir par succession, donation ou legs, n'entrent dans cette société que pour la jouissance : toute stipulation tendant à y faire entrer la propriété de ces biens est prohibée, sauf entre époux, et conformément à ce qui est réglé à leur égard.

1838. La société universelle de gains renferme tout ce que les parties acquerront par leur industrie, à quelque titre que ce soit, pendant le cours de la société : les meubles que chacun des associés possède au temps du contrat, y sont aussi compris ; mais leurs immeubles personnels n'y entrent que pour la jouissance seulement.

1839. La simple convention de société universelle, faite sans autre explication, n'emporte que la société universelle de gains.

1840. Nulle société universelle ne peut avoir lieu qu'entre personnes respectivement capables de se donner ou de recevoir l'une de l'autre, et auxquelles il n'est point défendu de s'avantager au préjudice d'autres personnes.

*Sect. 2. — De la société particu-
lière.*

1841. La société particulière
est celle qui ne s'applique qu'à
certaines choses déterminées,
ou à leur usage, ou aux fruits à
en percevoir.

1842. Le contrat par lequel
plusieurs personnes s'associent,
soit pour une entreprise désignée, soit pour l'exercice de
quelque métier ou profession,
est aussi une société particulière.

CHAP. III. — DES ENGAGEMENTS
DES ASSOCIÉS ENTRE EUX ET
A L'ÉGARD DES TIERS.

*Sect. 1. — Des engagements
des associés entre eux.*

1843. La société commence
à l'instant même du contrat, s'il
ne désigne une autre époque.

1844. S'il n'y a pas de convention sur la durée de la société, elle est censée contractée
pour toute la vie des associés,
sous la modification portée en
l'article 1869 ; ou, s'il s'agit
d'une affaire dont la durée soit
limitée, pour tout le temps que
doit durer cette affaire.

1845. Chaque associé est débiteur envers la société, de tout
ce qu'il a promis d'y apporter.
— Lorsque cet apport consiste
en un corps certain, et que la
société en est évincée, l'associé
en est garant envers la société,
de la même manière qu'un vendeur l'est envers son acheteur.

1846. L'associé qui devait
apporter une somme dans la société, et qui ne l'a point fait,
devient, de plein droit et sans
demande, débiteur des intérêts
de cette somme, à compter du
jour où elle devait être payée.

— Il en est de même à l'égard
des sommes qu'il a prises dans
la caisse sociale, à compter du
jour où il les en a tirées pour
son profit particulier ; — Le tout
sans préjudice de plus amples
dommages-intérêts, s'il y a lieu.

1847. Les associés qui se
sont soumis à apporter leur industrie à la société, lui doivent compte de tous les gains
qu'ils ont faits par l'espèce d'industrie qui est l'objet de cette
société.

1848. Lorsque l'un des associés est, pour son compte particulier, créancier d'une somme
exigible envers une personne
qui se trouve aussi devoir à la
société une somme également
exigible, l'imputation de ce qu'il
reçoit de ce débiteur doit se
faire sur la créance de la société
et sur la sienne dans la proportion des deux créances, encore
qu'il eût par sa quittance dirigé
l'imputation intégrale sur sa
créance particulière : mais s'il a
exprimé dans sa quittance que
l'imputation serait faite en entier sur la créance de la société,
cette stipulation sera exécutée.

1849. Lorsqu'un des associés
a reçu sa part entière de la
créance commune, et que le débiteur est depuis devenu insol-
vable, cet associé est tenu de
rapporter à la masse commune
ce qu'il a reçu, encore qu'il eût
spécialement donné quittance
pour sa part.

1850. Chaque associé est tenu
envers la société, des dommages
qu'il lui a causés par sa faute,
sans pouvoir compenser avec
ces dommages les profits que
son industrie lui aurait procu-
rés dans d'autres affaires.

1851. Si les choses dont la

jouissance seulement a été mise dans la société sont des corps certains et déterminés, qui ne se consomment point par l'usage, elles sont aux risques de l'associé propriétaire. — Si ces choses se consomment, si elles se détériorent en les gardant, si elles ont été destinées à être vendues, ou si elles ont été mises dans la société sur une estimation portée par un inventaire, elles sont aux risques de la société. — Si la chose a été estimée, l'associé ne peut répéter que le montant de son estimation

1852. Un associé a action contre la société, non seulement à raison des sommes qu'il a déboursées pour elle, mais encore à raison des obligations qu'il a contractées de bonne foi pour les affaires de la société, et des risques inséparables de sa gestion.

1853. Lorsque l'acte de société ne détermine point la part de chaque associé dans les bénéfices ou pertes, la part de chacun est en proportion de sa mise dans le fonds de la société. — A l'égard de celui qui n'a apporté que son industrie, sa part dans les bénéfices ou dans les pertes est réglée comme si sa mise eût été égale à celle de l'associé qui a le moins apporté.

1854. Si les associés sont convenus de s'en rapporter à l'un d'eux ou à un tiers pour le règlement des parts, ce règlement ne peut être attaqué s'il n'est évidemment contraire à l'équité. — Nulle réclamation n'est admise à ce sujet, s'il s'est écoulé plus de trois mois depuis que la partie qui se prétend lésée a eu connaissance du règlement, ou si ce règlement a reçu de sa part un commencement d'exécution.

1855. La convention qui donnerait à l'un des associés la totalité des bénéfices, est nulle. — Il en est de même de la stipulation qui affranchirait de toute contribution aux pertes, les sommes ou effets mis dans le fonds de la société par un ou plusieurs des associés.

1856. L'associé chargé de l'administration par une clause spéciale du contrat de société, peut faire, nonobstant l'opposition des autres associés, tous les actes qui dépendent de son administration, pourvu que ce soit sans fraude. — Ce pouvoir ne peut être révoqué sans cause légitime, tant que la société dure ; mais s'il n'a été donné que par acte postérieur au contrat de société, il est révocable comme un simple mandat.

1857. Lorsque plusieurs associés sont chargés d'administrer, sans que leurs fonctions soient déterminées, ou sans qu'il ait été exprimé que l'un ne pourrait agir sans l'autre, ils peuvent faire chacun séparément tous les actes de cette administration.

1858. S'il a été stipulé que l'un des administrateurs ne pourra rien faire sans l'autre, un seul ne peut, sans une nouvelle convention, agir en l'absence de l'autre, lors même que celui-ci serait dans l'impossibilité actuelle de concourir aux actes d'administration.

1859. A défaut de stipulations spéciales sur le mode d'administration, l'on suit les règles suivantes : — 1º Les associés sont censés s'être donné réciproquement le pouvoir d'administrer l'un pour l'autre. Ce que chacun fait, est valable même pour la part de ses associés, sans qu'il ait pris leur consentement ; sauf le droit qu'ont ces derniers, ou l'un d'eux, de s'opposer à l'opération avant qu'elle soit conclue ; — 2º Chaque associé peut se servir des choses appartenant à la société, pourvu qu'il les emploie à leur destination fixée par l'usage, et qu'il ne s'en serve pas contre l'intérêt de la société, ou de manière à empêcher ses associés d'en user selon leur droit ; — 3º Chaque associé a le droit d'obliger ses associés à faire avec lui les dépenses qui sont nécessaires pour la conservation des choses de la société ; — 4º L'un des associés ne peut faire d'innovations sur les immeubles dépendant de la société, même quand il les soutiendrait avantageuses à cette société, si les autres associés n'y consentent.

1860. L'associé qui n'est point administrateur, ne peut aliéner ni engager les choses, même mobilières, qui dépendent de la société.

1861. Chaque associé peut, sans le consentement de ses associés, s'associer une tierce personne relativement à la part qu'il a dans la société : il ne peut pas, sans ce consentement, l'associer à la société, lors même qu'il en aurait l'administration.

Sect. 2. — Des engagements des associés à l'égard des tiers.

1862. Dans les sociétés autres que celles de commerce, les associés ne sont pas tenus solidairement des dettes sociales, et l'un des associés ne peut obliger les autres si ceux-ci ne lui en ont conféré le pouvoir.

1863. Les associés sont tenus envers le créancier avec lequel ils ont contracté, chacun pour une somme et part égales, encore que la part de l'un d'eux dans la société fût moindre, si l'acte n'a pas spécialement restreint l'obligation de celui-ci sur le pied de cette dernière part.

1864. La stipulation que l'obligation est contractée pour le compte de la société, ne lie que l'associé contractant et non les autres, à moins que ceux-ci ne lui aient donné pouvoir, ou que la chose n'ait tourné au profit de la société.

CHAP. IV. — DES DIFFÉRENTES MANIÈRES DONT FINIT LA SOCIÉTÉ.

1865. La société finit : — 1º Par l'expiration du temps pour lequel elle a été contractée ; — 2º Par l'extinction de la chose, ou la consommation de la négociation ; — 3º Par la mort naturelle de quelqu'un des associés ; — 4º Par la *mort civile*, l'interdiction ou la déconfiture de l'un d'eux (¹) ; — 5º Par la volonté qu'un seul ou plusieurs expriment de n'être plus en société.

1866. La prorogation d'une société à temps limité ne peut être prouvée que par un écrit revêtu des mêmes formes que le contrat de société.

1867. Lorsque l'un des associés a promis de mettre en commun la propriété d'une chose, la perte survenue avant que la mise en soit effectuée, opère la dissolution de la société par

---

(1) La mort civile a été abolie par la L. du 21 mai 1854.

rapport à tous les associés. — La société est également dissoute dans tous les cas par la perte de la chose, lorsque la jouissance seule a été mise en commun, et que la propriété en est restée dans la main de l'associé. — Mais la société n'est pas rompue par la perte de la chose dont la propriété a déjà été apportée à la société.

1868. S'il a été stipulé qu'en cas de mort de l'un des associés, la société continuerait avec son héritier, ou seulement entre les associés survivants, ces dispositions seront suivies : au second cas, l'héritier du décédé n'a droit qu'au partage de la société, en égard à la situation de cette société lors du décès, et ne participe aux droits ultérieurs qu'autant qu'ils sont une suite nécessaire de ce qui s'est fait avant la mort de l'associé auquel il succède.

1869. La dissolution de la société par la volonté de l'une des parties ne s'applique qu'aux sociétés dont la durée est illimitée, et s'opère par une renonciation notifiée à tous les associés, pourvu que cette renonciation soit de bonne foi, et non faite à contretemps.

1870. La renonciation n'est pas de bonne foi lorsque l'associé renonce pour s'approprier à lui seul le profit que les associés s'étaient proposé de retirer en commun. — Elle est faite à contretemps lorsque les choses ne sont plus entières, et qu'il importe à la société que sa dissolution soit différée.

1871. La dissolution des sociétés à terme ne peut être demandée par l'un des associés avant le terme convenu, qu'autant qu'il y en a de justes motifs, comme lorsqu'un autre associé manque à ses engagements, ou qu'une infirmité habituelle le rend inhabile aux affaires de la société, ou autres cas semblables, dont la légitimité et la gravité sont laissées à l'arbitrage des juges.

1872. Les règles concernant le partage des successions, la forme de ce partage, et les obligations qui en résultent entre les cohéritiers, s'appliquent aux partages entre associés.

Disposition relative aux sociétés de commerce.

1873. Les dispositions du présent titre ne s'appliquent aux sociétés de commerce que dans les points qui n'ont rien de contraire aux lois et usages du commerce (¹).

———

Arrêté du Conseil du 26 novembre 1781, *sur les bourses de commerce et agents de change.*

. . . .

Art. **13.** Fait Sa Majesté défenses à toutes personnes autres que les agents de change, de s'immiscer dans les négociations d'effets royaux et papiers commerçables, comme aussi de prendre la qualité d'agent ou courtier de change, d'avoir et tenir dans la bourse aucuns carnets, pour y inscrire les cours des effets, et de rester à la bourse après le son de la cloche qui en indique la sortie, à peine, pour l'une ou

———

(1) Voy. *suprà*, C. com., art. 18 à 64, et *infrà*, L. du 24 juillet 1867.

l'autre de ces contraventions, de nullité des négociations, de 3,000 livres d'amende, et, en cas de récidive, de punition corporelle.

Décret du 2 mars 1791, *portant suppression de tous les droits d'aides, de toutes les maîtrises et jurandes et établissement de patentes.*

. . . .

Art. 7. A compter du 1er avril prochain, il sera libre à toute personne de faire tel négoce, ou d'exercer telle profession, art ou métier qu'elle trouvera bon ; mais elle sera tenue de se pourvoir auparavant d'une patente, d'en acquitter le prix suivant les taux ci-après déterminés, et de se conformer aux règlements de police qui sont ou pourront être faits.

. . . .

Décret du 21 septembre 1793, *concernant l'acte de navigation.*

. . . .

Art. 2. Après le 1er janvier 1794, aucun bâtiment ne sera réputé français, n'aura droit au privilège des bâtiments français, s'il n'a pas été construit en France ou dans les colonies ou autres possessions de France ([1]), ou déclaré de bonne prise faite sur l'ennemi, ou confisqué pour contravention aux lois de la République, s'il n'appartient pas entièrement à des Français ([2]), et si les officiers et trois quarts de l'équipage ([3]) ne sont pas Français ([4]). — Voy. aussi L. 7 avril 1902, art. 17.

. . . .

Décret du 27 vendémiaire an II, *contenant des dispositions relatives à l'acte de navigation.*

. . . .

Art. 9. Les bâtiments de trente tonneaux et au-dessus auront un

---

(1) Aujourd'hui et en vertu de l'art. 3 de la L. du 19 mai 1866, les bâtiments de mer à voiles ou vapeur construits à l'étranger peuvent être admis à la francisation, moyennant le paiement d'un droit de 2 fr. par tonneau de jauge.

(2) Depuis la loi du 9 juin 1845, art. 11, il suffit que le navire appartienne pour moitié à des nationaux.

(3) Les conditions exigées pour qu'un navire puisse porter le pavillon national varient suivant les législations. — En *Angleterre* (L. de 1854, 18) et en *Allemagne* (D. du 25 octobre 1867 et du 23 déc. 1888), il suffit que le navire appartienne en totalité à des nationaux. — En *Hollande*, il suffit que le navire appartienne à des nationaux pour les cinq huitièmes. — En *Belgique* (L. du 20 janvier 1873), la qualité de navires belges est reconnue à ceux qui appartiennent même à des étrangers qui résident dans le pays depuis un an ou qui ont été autorisés à y établir leur domicile. — En *Autriche* (L. du 7 mai 1879), le navire doit appartenir pour les deux tiers à des nationaux et avoir un capitaine autrichien. — En *Espagne* (Décr. du 2 nov. 1868) et en *Italie*, les propriétaires doivent être nationaux et cette qualité est requise des officiers et d'une partie de l'équipage. — Enfin les *États-Unis* et le *Portugal* (Décr. du 8 juill. 1863) exigent également que le navire soit construit dans le pays, et que les propriétaires, les officiers et une partie de l'équipage soient des nationaux.

(4) Cette disposition a été complétée par le Décr. du 21 avril 1882, art. 2 : « Nul ne peut être chargé, en chef ou en sous-ordre, de la direction d'une machine à bord de tout bâtiment, quel qu'il soit, s'il n'est Français ou naturalisé Français, et dans aucun cas le personnel de la machine ne doit comprendre, dans son effectif total, plus du quart d'étrangers. »

congé où seront la date et le numéro de francisation, qui exprimera les noms, état, domicile du propriétaire, et son affirmation qu'il est seul propriétaire (ou conjointement avec des Français dont il indiquera les noms, état et domicile), le nom du bâtiment, du port auquel il appartient, le temps et le lieu où le bâtiment a été construit, ou condamné, ou adjugé; le nom du vérificateur, qui certifiera que le bâtiment est de construction...; qu'il a ... mâts, ... ponts; que sa longueur, de l'éperon à l'étambot, est de ... pieds ... pouces; sa plus grande largeur de ... ... pieds ... pouces; que sa hauteur entre les ponts est de ...pieds ... pouces (s'il n'y a qu'un pont); que la profondeur de la cale est de ... pieds ... pouces; qu'il mesure ... tonneaux; qu'il est un brick, ou navire ou bateau, qu'il a ou n'a pas de galerie en tête.

10. Ces congés et actes de francisation seront délivrés au bureau du port ou district, auquel appartient le bâtiment.

. . . .

12. Aucun Français résidant en pays étranger ne pourra être propriétaire, en totalité ou en partie, d'un bâtiment français, s'il n'est pas associé d'une maison de commerce française, faisant le commerce en France ou possession de France, et s'il n'est pas prouvé, par le certificat du consul de France dans le pays étranger où il réside, qu'il n'a point prêté serment de fidélité à cet État, et qu'il s'y est soumis à la juridiction consulaire de France.

13. Le serment à prêter par le propriétaire avant la délivrance des congé et acte de francisation, sera en cette forme : — « Je (*nom, état, domicile*), jure et affirme que (*le nom du bâtiment, du port auquel appartient le bâtiment*), est un (*espèce, tonnage du bâtiment et description, suivant le certificat du mesureur vérificateur*), a été construit à (*lieu de construction*), en (*année de construction*); (*s'il a été pris ou confisqué, ou perdu sur la côte, exprimer le lieu, le temps des jugement et vente*); que je suis seul propriétaire dudit bâtiment, *ou* conjointement avec (*nom, état, domicile des intéressés*); et qu'aucune autre personne quelconque n'y a droit, titre, intérêt, portion ou propriété ; que je suis citoyen de France, soumis et fidèle à la Constitution des Français, ainsi que les associés ci-dessus (*s'il y en a*); *qu'aucun étranger n'est directement ou indirectement intéressé dans le susdit bâtiment.* »

. . . .

18. (Ainsi modifié par la loi du 23 nov. 1897.) Tout acte de vente de bâtiment ou de partie de bâtiment contiendra : — 1º le nom et la désignation du navire, — 2º la date et le numéro de l'acte de francisation, — 3º la copie *in extenso* des extraits dudit acte, relatifs au port d'attache, à l'immatriculation, au tonnage, à l'identité, à la construction et à l'âge du navire.

Loi du 6 thermidor an III, *qui autorise le dépôt du montant des billets à ordre ou autres effets négociables. dont le porteur ne se sera pas présenté dans les trois jours qui suivront celui de l'échéance.*

Art. **1er.** Tout débiteur de billet à ordre, lettre de change, billet au porteur, ou autre effet négociable, dont le porteur ne se sera pas présenté dans les trois jours qui suivront celui de l'échéance, est autorisé à déposer la somme portée au billet, aux mains *du receveur de l'enregistrement dans l'arrondissement duquel l'effet est payable* (1).

2. L'acte de dépôt contiendra la date du billet, celle de l'échéance et le nom de celui au bénéfice duquel il aura été originairement fait.

3. Le dépôt consommé, le débiteur ne sera tenu qu'à remettre l'acte de dépôt en échange du billet.

4. La somme déposée sera remise à celui qui représentera l'acte de dépôt, sans autre formalité que celle de la remise d'icelui, et de la signature du porteur sur le registre du receveur.

5. Si le porteur ne sait pas écrire, il en sera fait mention sur le registre.

6. Les droits attribués aux receveurs de l'enregistrement pour les présents dépôts, sont fixés à un pour cent. Ils sont dus par le porteur du billet.

——————

Loi du 28 ventôse an IX, *relative à l'établissement de bourses de commerce.*

Titre I. — Établissement des bourses.

Art. **1er.** Le Gouvernement pourra établir des bourses de commerce dans tous les lieux où il n'en existe pas, et où il le jugera convenable.

2. Il pourra affecter à la tenue de la bourse les édifices et emplacements qui ont été ou sont encore employés à cet usage, et qui ne sont pas aliénés. — Il pourra assigner à cette destination tout ou partie d'un édifice national, dans les lieux où il n'y a pas de bâtiments qui aient été ou soient affectés à cet usage. — Les banquiers, négociants et marchands, pourront faire des souscriptions pour construire des établissements de ce genre, avec l'autorisation du Gouvernement.

3. Le Gouvernement pourvoira à l'administration des édifices et emplacements où se tiennent les bourses, et de ceux qui seront affectés ultérieurement à la même destination, ou construits par le commerce.

4. Les dépenses annuelles relatives à l'entretien et réparation des bourses, seront supportées par les banquiers, négociants et marchands : en conséquence, il pourra être levé une contribution proportionnelle sur le total de chaque patente de commerce *de première et deuxième classe, et sur celles d'agents de change et courtiers.* — Le montant en sera fixé chaque année, en rai-

——————

son des besoins, par *un arrêté du préfet du département* (1).

5. Le Gouvernement réglera le mode suivant lequel seront faits la perception et l'emploi et rendu le compte des fonds provenant de cette contribution.

Titre II. — Établissement des agents de change et courtiers.

6. Dans toutes les villes où il y aura une bourse, il y aura des agents de change et des *courtiers de commerce* nommés par le Gouvernement (2).

7. Les agents de change et *courtiers* qui seront nommés en vertu de l'article précédent, auront seuls le droit d'en exercer la profession, de constater le cours du change, celui des effets publics, marchandises, matières d'or et d'argent et de justifier devant les tribunaux ou arbitres la vérité et le taux des négociations, ventes et achats.

8. Il est défendu, sous peine d'une amende qui sera au plus du sixième du cautionnement des agents de change ou *courtiers* de la place, et au moins du douzième, à tous individus autres que ceux nommés par le Gouvernement, d'exercer les fonctions d'agent de change ou *courtier*. — L'amende sera prononcée correctionnellement par le tribunal de première instance, payable par corps, et applicable aux enfants abandonnés.

9. Les agents de change et *courtiers de commerce* seront tenus de fournir un cautionnement. — Le montant en sera réglé par le Gouvernement, sur l'avis des préfets de département. — *Il ne pourra excéder, pour les agents de change, la somme de soixante mille francs, ni être moindre de six mille francs en numéraire* (3). — *Pour les courtiers de commerce, il ne pourra excéder la somme de douze mille francs, ni être moindre de deux mille francs.* — Le montant en sera versé à la caisse d'amortissement. — L'intérêt en sera payé à *cinq pour cent.*

10. En cas de démission ou décès, le cautionnement sera remboursé par la *caisse d'amortissement* à l'agent de change ou courtier, ses héritiers ou ayants cause.

11. Le Gouvernement fera, pour la police des bourses, et en général pour l'exécution de la présente loi, les règlements qui seront nécessaires.

———

Arrêté du 27 prairial an X, *concernant les bourses de commerce.*

§ 1er. — Dispositions générales.

Art. 1er. Les bourses de commerce seront ouvertes à tous les citoyens, et même aux étrangers.

2. A Paris, le préfet de police réglera, de concert avec quatre banquiers, quatre négociants, quatre agents de change et quatre courtiers de commerce désignés par le tribunal de commerce, les jours et heures d'ouverture, de tenue et de fer-

———

(1) Aujourd'hui par décret (art. 16, L. du 23 juill. 1820).

(2) Voy. sur les courtiers de marchandises la L. du 18 juill. 1866, *infrà.*

(3) Le cautionnement des agents de change est fixé par le décr. du 1er oct. 1862, art. 4 : le maximum est de 250,000 fr., à Paris.

meture de la bourse. — **Dans les autres villes**, *le commissaire général de police ou* le maire fera cette fixation de concert avec le tribunal de commerce.

3. Il est défendu de s'assembler ailleurs qu'à la bourse, et à d'autres heures qu'à celles fixées par le règlement de police, pour proposer et faire des négociations, à peine de destitution des agents de change ou courtiers qui auraient contrevenu, et, pour les autres individus, sous les peines portées par la loi contre ceux qui s'immisceront dans les négociations sans titre légal. — Le préfet de police de Paris, et les maires et officiers de police des villes des départements, sont chargés de prendre les mesures nécessaires pour l'exécution de cet article.

4. Il est défendu, sous les peines portées par les articles 13 de l'arrêt du Conseil du 26 novembre 1781, et 8 de la loi du 28 ventôse an IX, à toutes personnes autres que celles nommées par le Gouvernement, de s'immiscer, en façon quelconque, et sous quelque prétexte que ce puisse être, dans les fonctions des agents de change *et courtiers de commerce*, soit dans l'intérieur, soit à l'extérieur de la bourse. Les commissaires de police sont spécialement chargés de veiller à ce qu'il ne soit pas contrevenu à la présente disposition. — Il est néanmoins permis à tous particuliers de négocier entre eux et par eux-mêmes des lettres de change ou billets à leur ordre et au porteur, et tous les effets de commerce qu'ils garantiront par leur endossement, et de vendre aussi par eux-mêmes leurs marchandises.

5. En cas de contravention à l'article ci-dessus, les commissaires de police, les syndics ou les adjoints des agents de change *et courtiers de commerce* feront connaître les contrevenants au préfet de police, à Paris, et aux maires et officiers de police, dans les départements ; lesquels, après la vérification des faits et audition du prévenu, pourront, par mesure de police, lui interdire l'entrée de la bourse. — En cas de récidive, il sera, par le Gouvernement, déclaré incapable de pouvoir parvenir à l'état d'agent de change *ou courtier* ; le tout sans préjudice de la traduction devant les tribunaux, pour faire prononcer les peines portées par les loi et arrêt du Conseil ci-dessus cités.

6. Il est défendu, sous les peines portées contre ceux qui s'immiscent dans les négociations sans être agents de change *ou courtiers*, à tout banquier, négociant ou marchand, de confier ses négociations, ventes ou achats, et de payer des droits de commission ou de courtage à d'autres qu'aux agents de change *et courtiers*. — Les syndics et adjoints des agents de change *et courtiers*, le préfet de police de Paris, et les maires et officiers de police des autres places de commerce, sont spécialement chargés de veiller à l'exécution du présent article, et de dénoncer les contrevenants aux tribunaux. — Le *commissaire du Gouvernement* sera tenu de les poursuivre d'office.

7. Conformément à l'article 7 de la loi du 28 ventôse an IX, toutes négociations faites par des intermédiaires sans qualité sont déclarées nulles.

8. Les compagnies de banque ou de commerce qui émettent des actions, sont comprises dans la disposition des articles précédents, et ne pourront exiger d'autre garantie que celle prescrite par les lois et règlements.

9. Les agents de change pourront faire, concurremment avec les courtiers du commerce, les négociations en ventes ou achats des monnaies d'or ou d'argent et matières métalliques.

§ 2. — Obligations des agents de change et courtiers.

10. Les agents de change *et les courtiers de commerce* ne pourront être associés, teneurs de livres ni caissiers d'aucun négociant, marchand ou banquier; ne pourront pareillement faire aucun commerce de marchandises, lettres, billets, effets publics et particuliers, pour leur compte, ni endosser aucun billet, lettre de change ou effet négociable quelconque, ni avoir entre eux ou avec qui que ce soit, aucune société de banque ou en commandite, ni prêter leur nom, pour une négociation, à des citoyens non commissionnés, sous peine de trois mille francs d'amende et de destitution. — Il n'est pas dérogé à la faculté qu'ont les agents de change de donner leur aval pour les effets de commerce.

11. Les agents de change *et courtiers de commerce* seront tenus de consigner leurs opérations sur des carnets, et de les transcrire, dans le jour, sur un journal timbré, coté et paraphé par les juges du tribunal de commerce, lesquels registre et carnet ils seront tenus de représenter aux juges ou aux arbitres :

ils ne pourront, en outre, refuser de donner des reconnaissances des effets qui leur seront confiés.

12. Lorsque deux agents de change *ou courtiers de commerce* auront consommé une opération, chacun d'eux l'inscrira sur son carnet, et le montrera à l'autre.

13. (Modifié par la loi du 28 mars 1885, art. 4.) Chaque agent de change est responsable de la livraison et du paiement de ce qu'il aura vendu et acheté. Son cautionnement sera affecté à cette garantie. — Lorsque le cautionnement aura été entamé, l'agent de change sera suspendu de ses fonctions jusqu'à ce qu'il l'ait complété entièrement, conformément à l'arrêté du 29 germinal an IX. — Les noms des agents de change ainsi suspendus de leurs fonctions, seront affichés à la bourse.

14. Les agents de change seront civilement responsables de la vérité de la dernière signature des lettres de change ou autres effets qu'ils négocieront.

. . . .

18. Ne pourront les agents de change *et courtiers de commerce,* sous peine de destitution et de trois mille francs d'amende, négocier aucune lettre de change, billet, vendre aucune marchandise appartenant à des gens dont la faillite serait connue.

19. Les agents de change devront garder le secret le plus inviolable aux personnes qui les auront chargés de négociations, à moins que les parties ne consentent à être nommées, ou que la nature des opérations ne l'exige.

. . . .

Loi du 24 germinal an XI, *relative à la Banque de France.*

Art. 1er. L'association formée à Paris sous le nom de Banque de France aura le privilège exclusif d'émettre des billets de banque, aux conditions énoncées dans la présente loi (¹).

2. Le capital de la Banque de France sera de *quarante-cinq mille actions* (²) de mille francs chacune en fonds primitif, et en plus du fonds de réserve. — Tout appel de fonds sur ces actions est prohibé.

3. Les actions de la Banque seront représentées par une inscription nominale sur les registres ; elles ne pourront être mises au porteur.

4. La moindre coupure des billets de la Banque de France sera de *cinq cents francs* (³).

5. La Banque escomptera les lettres de change et autres effets de commerce (⁴). — La Banque ne pourra faire aucun commerce autre que celui des matières d'or et d'argent. Elle refusera d'escompter les effets dérivant d'opérations qui paraîtront contraires à la sûreté de la République ; les effets qui résulteraient d'un commerce prohibé ; les effets dits de circulation créés collusoirement entre les signataires, sans cause ni valeur réelle.

6. L'escompte sera perçu à raison du nombre des jours à courir, et même d'un seul jour s'il y a lieu.

7. La qualité d'actionnaire ne donnera aucun droit particulier pour être admis aux escomptes de la Banque.

. . . .

10. L'universalité des actionnaires de la Banque sera représentée par deux cents d'entre eux, qui, réunis, formeront l'assemblée générale de la Banque.

11. Les deux cents actionnaires qui composeront l'assemblée générale, seront ceux qui, d'après la revue de la Banque, seront constatés être, depuis six mois révolus, les plus forts propriétaires de ses actions ; en cas de parité dans le nombre des actions, l'actionnaire le plus anciennement inscrit sera préféré.

12. L'assemblée générale de la Banque se réunira dans le courant de vendémiaire de chaque année. Elle sera assemblée extraordinairement dans les cas prévus par les statuts.

13. Les membres de l'assemblée générale devront assister et voter en personne, sans pouvoir se faire représenter. Chacun d'eux n'aura qu'une voix, quelque nombre d'actions qu'il possède.

14. Nul ne pourra être membre de l'assemblée générale de la Banque s'il ne jouit des droits de citoyen français.

. . . .

28. Le privilège de la Banque de France lui est accordé pour quinze années, à dater du 1er vendémiaire an XII (⁵).

---

(1) En Algérie et dans les colonies, il existe des Banques jouissant de privilèges analogues à celui de la Banque de France.

(2) Ce chiffre a été porté à 182,500 par l'art. 2 de la L. du 9 juin 1857.

(3) Ce chiffre a été successivement abaissé par diverses lois jusqu'à 10 fr. et 5 fr. (L. du 20 déc. 1871.)

(4) Voy. *infrà*, sur les escomptes des effets de commerce, le décr. du 16 janv. 1808.

(5) Ce privilège a été successivement

Loi du 22 avril 1806, *relative à la Banque de France.*

. . . .

Titre III. — De l'administration de la Banque.

Sect. 1. — De l'assemblée générale de la Banque.

Art. **6.** En conséquence des articles 10, 11, 12, 13 et 14 de la loi du 24 germinal an XI, l'universalité des actionnaires de la Banque sera représentée par deux cents d'entre eux, qui, réunis, formeront l'assemblée générale de la Banque.

7. L'assemblée générale nommera les régents et les censeurs ; il lui sera rendu compte, chaque année, de toutes les opérations de la Banque.

8. Les quinze régents et les trois censeurs créés par l'article 15 de la loi du 24 germinal, formeront le conseil général de la Banque.

9. Cinq régents sur les quinze et les trois censeurs seront pris parmi les manufacturiers, fabricants ou commerçants, actionnaires de la Banque ; trois régents seront pris parmi les *receveurs généraux* (trésoriers-payeurs généraux) des contributions publiques.

Sect. 2. — De la direction générale de la Banque.

10. La direction de toutes les affaires de la Banque, déléguée à son comité central par la loi du 24 germinal an XI, sera désormais exercée par un gouverneur de la Banque de France (1).

11. Le gouverneur aura deux suppléants, qui exerceront les fonctions qui leur seront par lui déléguées ; ils auront le titre de premier et second sous-gouverneur. — Les sous-gouverneurs, dans l'ordre de leur nomination, rempliront les fonctions du gouverneur en cas de vacance, absence ou maladie.

12. Le gouverneur et ses deux suppléants seront nommés par *Sa Majesté l'Empereur.*

13. Avant d'entrer en fonctions, le gouverneur justifiera de la propriété de cent actions de la Banque ; et chacun des sous-gouverneurs, de la propriété de cinquante actions.

14. Il est interdit au gouverneur et à ses suppléants de présenter à l'escompte aucun effet revêtu de leur signature ou leur appartenant.

. . . .

Sect. 3. — Du conseil général de la Banque.

17. Le conseil général de la Banque continuera à surveiller toutes les parties de l'établissement, à faire le choix des effets qui pourront être pris à l'escompte, à délibérer ses statuts particuliers et les règlements de son régime intérieur ; à délibérer, sur la proposition du gouverneur, tous traités généraux et conventions ; à statuer sur la création et l'émission des billets de la Banque, payables au porteur et à vue ; à statuer pareillement sur le retirement et l'annulation ; à régler la forme de ces billets ; à déterminer les signatures dont ils devront être

---

prorogé par diverses lois et, en dernier lieu, par la L. du 17 nov. 1897, art. 1er, jusqu'au 31 déc. 1920.

(1) Aux termes de l'art. 3, L. du 17 nov. 1897 : « Les fonctions de gouverneur et de sous-gouverneur de la Banque de France sont incompatibles avec le mandat législatif. »

revêtus ; à délibérer sur l'émission des quarante-cinq mille actions créées par la présente loi ; à déterminer, à l'avenir, le placement des fonds de réserve, et à veiller sur ce que la Banque ne fasse d'autres opérations que celles déterminées par la loi, et selon les formes réglées par les statuts. — Les appointements et salaires des agents et employés de la Banque, et les dépenses générales de son administration, seront délibérés chaque année, et d'avance, par le conseil. Il présentera le compte annuel de la Banque à l'assemblée générale.

Sect. 4. — Des comités.

18. Les quinze régents et les trois censeurs seront répartis en cinq comités pour exercer les détails de surveillance des opérations de la Banque, savoir : — Le comité d'escompte ; — Le comité des billets ; — Le comité des livres et portefeuilles ; — Le comité des caisses ; — Le comité des relations avec le Trésor public et avec les *receveurs généraux* des contributions publiques. — Il entrera dans la formation de ce dernier comité au moins deux *receveurs généraux* régents.

Sect. 5. — Des fonctions du gouverneur de la Banque.

19. Nul effet ne pourra être escompté que sur la proposition du conseil général et sur l'approbation formelle du gouverneur. — La nomination, la révocation et destitution des agents de la Banque seront exercées par lui. Il signera seul, au nom de la Banque, tous traités et conventions ; les actions judiciaires seront exercées au nom des régents, à la poursuite et diligence du gouverneur : il signera la correspondance ; il pourra néanmoins se faire suppléer à cet égard, ainsi que pour les endossements et acquits des effets actifs de la Banque. (Ajouté par la L. du 17 nov. 1897, art. 4) : Ces agents devront être Français. — Le gouverneur présidera le conseil général de la Banque et tous les comités ; nulle délibération ne pourra être exécutée si elle n'est revêtue de sa signature ; il fera exécuter dans toute leur étendue les lois relatives à la Banque, les statuts et les délibérations du conseil général.

20. Les sous-gouverneurs assisteront et auront voix délibérative au conseil général ; ils prendront rang parmi les régents, à raison de l'ancienneté de leur nomination.

. . . .

———

Loi du 3 septembre 1807, *sur le taux de l'intérêt de l'argent* (¹).

Art. **1er**. L'intérêt conventionnel ne pourra excéder, en matière civile, cinq pour cent, *ni en matière de commerce, six pour cent*, le tout sans retenue. **2**. (Ainsi modifié par la L. du 7 avril 1900.) L'intérêt légal sera, en matière civile, de quatre pour

(1) Le taux de l'intérêt est libre en *Allemagne* (L. du 12 mai 1866), en *Angleterre* (L. du 10 août 1854), en *Autriche* (L. du 14 juin 1868), en *Belgique* (L. du 5 mai 1865), en *Italie* (C. civ. 1831), etc. — En *Hongrie*, la L. 8 de 1877 établit la liberté en matière commerciale, mais fixe un maximum de 8 p. 100 en matière civile. En *Suisse*, la législation varie suivant les cantons.

cent; et en matière de commerce de cinq pour cent (1).

3 et 4. (Abrogés par la loi du 19 décembre 1850.)

Décret du 16 janvier 1808, *qui arrête définitivement les statuts de la Banque de France.*

Titre I. — De la Banque de France.

. . . .

Art. 7. Les actionnaires qui voudront donner à leurs actions la qualité d'immeubles, en auront la faculté; et, dans ce cas, ils en feront la déclaration dans la forme prescrite pour les transferts. — Cette déclaration une fois inscrite sur le registre, les actions immobilisées resteront soumises au Code *Napoléon* et aux lois de privilège et d'hypothèque, comme les propriétés foncières; elles ne pourront être aliénées et les privilèges et hypothèques être purgés qu'en se conformant au Code *Napoléon* et aux lois relatives aux privilèges et hypothèques sur les propriétés foncières.

8. La Banque ne peut, dans aucun cas et sous aucun prétexte, faire ou entreprendre d'autres opérations que celles qui lui sont permises par les lois et les présents statuts.

9. (Ainsi modifié par l'art. 2 de la L. du 17 nov. 1897.) Les opérations de la Banque consistent : — 1º A escompter à toutes personnes des lettres de change et autres effets de commerce à ordre, à des échéances détermi-nées qui ne pourront excéder trois mois, et souscrits par des commerçants, par des syndicats agricoles ou autres, et par toutes autres personnes notoirement solvables ; — 2º A se charger, pour le compte des particuliers et des établissements publics, du recouvrement des effets qui lui sont remis ; — 3º A recevoir, en compte courant, les sommes qui lui sont versées par des particuliers et des établissements publics, et à payer les dispositions faites sur elle et les engagements pris à son domicile, jusqu'à la concurrence des sommes encaissées ; — 4º A tenir une caisse de dépôts volontaires pour tous titres, lingots et monnaies d'or et d'argent de toute espèce.

10. Il sera établi des *comptoirs d'escompte* dans les villes de département où les besoins du commerce en feront sentir la nécessité. — Le conseil général en délibérera l'organisation, pour être soumise à l'approbation du Gouvernement.

11. La Banque, soit à Paris, soit dans les comptoirs et succursales, n'admet à l'escompte que des effets de commerce à ordre, timbrés, et garantis par trois signatures au moins, notoirement solvables.

12. La Banque pourra cependant admettre à l'escompte, tant à Paris que dans ses comptoirs, des effets garantis par deux signatures seulement, mais notoirement solvables, et après s'être assurée qu'ils sont créés pour fait de marchandises, si on ajoute à la garantie des deux signatures

-----

(1) Il en est de même en *Italie* (L. du 22 juin 1905). En *Belgique*, la L. du 20 déc. 1890 fixe l'intérêt légal à 4 1/2 p. 100 en matière civile et à 5 1/2 p. 100 en matière commerciale. En *Allemagne*, le taux de l'intérêt légal en matière commerciale est de 5 p. 100 (C. com., 352).

un transfert d'actions de la Banque ou de cinq pour cent consolidés, valeur nominale (1).

13. Les transferts faits en addition de garantie ne devant pas arrêter les poursuites contre les signataires de ces effets, ce ne sera qu'à défaut du paiement et après protêt que la Banque se couvrira, en disposant des effets à elle transférés.

. . . .

16. La Banque peut faire des avances sur les effets publics qui lui sont remis en recouvrement, *lorsque leurs échéances sont déterminées* (2).

17. La Banque peut, avec l'approbation du Gouvernement, acquérir, vendre ou échanger des propriétés immobilières, suivant que l'exigera son service. Elle fera construire un palais, proportionné à la grandeur de son établissement et à la magnificence de la ville de Paris : ces dépenses ne pourront être prises que sur les fonds de réserve.

18. La Banque fournit des récépissés des dépôts volontaires qui lui sont faits. — Le récépissé exprime : — La nature et la valeur des objets déposés ; — Les nom et demeure du déposant ; — La date où le dépôt a été fait et doit être retiré ; — Le numéro du registre d'inscription. — Le récépissé n'est point à ordre, et ne peut être transmis par la voie de l'endossement.

19. La Banque perçoit un droit sur la valeur estimative du dépôt ; la quotité de ce droit est délibérée par le conseil général et soumise à l'approbation du Gouvernement.

20. La Banque peut faire des avances sur les dépôts de lingots ou monnaies étrangères d'or et d'argent qui lui sont faits.

. . . .

———

Décret du 1er juillet 1809, *concernant la retenue qui se fait dans le commerce sous le nom de passe de sacs.*

Art. 1er. Le prélèvement qui sera fait par le débiteur, sous le nom de passe de sacs, en remboursement de l'avance faite par lui des sacs contenant les espèces qu'il donne en paiement, ne pourra avoir lieu, à compter de la publication du présent décret, que dans les cas et au taux exprimés dans les articles suivants.

2. Dans les paiements en pièces d'argent de sommes de cinq cents francs et au-dessus, le débiteur est tenu de fournir le sac et la ficelle. — Les sacs seront d'une dimension à contenir au moins mille francs chaque ; ils seront en bon état et faits avec la toile propre à cet usage.

3. La valeur des sacs sera payée par celui qui reçoit, ou la retenue en sera exercée par ce-

---

(1) Ont été admis depuis à la garantie toutes les valeurs sur lesquelles la Banque est autorisée à faire des avances (Décr. du 13 janv. 1869, art. 2), et les récépissés des magasins généraux (Décr. du 26 mars 1848).

(2) Cette faculté a été étendue : 1° à tous les effets publics français à échéance non déterminée (L. du 17 mai 1834, art. 3) ; 2° aux actions et obligations des chemins de fer français (Décr. du 3 mars 1852, art. 2) ; 3° aux obligations de la Ville de Paris (Décr. du 28 mars 1852) ; 4° aux obligations du Crédit foncier (L. du 9 juin 1857, art. 7), et 5° aux obligations de la Société algérienne (Décr. du 13 janv. 1869, art. 1er).

lui qui paie, sur le pied de *quinze* centimes par sac (¹).

4. Le mode de paiement en sacs et au poids ne prive pas celui qui reçoit de la faculté d'ouvrir les sacs, de vérifier et de compter les espèces, en présence du payeur.

____

Décret du 6 octobre 1809, *concernant l'organisation des tribunaux de commerce.*

Art. 1er. Il y aura un tribunal de commerce dans chacune des villes désignées dans le tableau annexé à notre présent décret.

2. Ces tribunaux seront composés du nombre de juges et de suppléants fixé par le même tableau (²).

3. Dans les ressorts des tribunaux civils où il se trouve plusieurs tribunaux de commerce, l'arrondissement de chacun d'eux sera composé des cantons désignés au tableau mentionné dans les articles précédents.

4. Lorsque, par des récusations ou des empêchements, il ne restera pas dans les tribunaux de commerce un nombre suffisant de juges ou de suppléants, ces tribunaux seront complétés par des négociants pris sur la liste formée en vertu de l'article 619 du Code de commerce, et suivant l'ordre dans lequel ils y sont portés, s'ils ont d'ailleurs les qualités énoncées en l'article 620 de la même loi (³).

5. Le tribunal de commerce de Paris sera divisé en deux sections, et aura quatre huissiers.

6. Les autres tribunaux de commerce n'auront que deux huissiers. — Les huissiers seront, autant que faire se pourra, choisis parmi ceux déjà nommés par nous.

____

Décret du 18 août 1810, *concernant la monnaie de cuivre et de billon.*

. . . .

Art. 2. La monnaie de cuivre et de billon de fabrication française ne pourra être employée dans les paiements, si ce n'est de gré à gré, que pour l'appoint de la pièce de cinq francs.

. . . .

____

Ordonnance royale du 15 juin 1834, *qui règle le mode d'exécution de l'art. 3 de la loi du 17 mai 1834.*

Art. 1er. Le conseil général de la Banque de France fixera, lors de sa première réunion de chaque semaine, la somme qui pourra être employée à des avances sur effets publics français, à échéance non déterminée.

2. L'avance ne pourra excéder les quatre cinquièmes de la valeur des effets présentés, d'après leur cours au comptant, la veille du jour où l'avance sera faite. Ces effets seront immédiatement transférés à la Banque.

3. L'emprunteur souscrira envers la Banque l'engagement de rembourser, dans un délai qui ne pourra excéder trois mois, les sommes qui lui auront été fournies.

4. Cet engagement contiendra,

____

(1) Le décret du 17 nov. 1852 a réduit cette retenue à 10 cent. par sac.

(2) Voy. C. com., art. 617.

(3) Voy. *infrà*, L. du 8 déc. 1883, art. 16.

en outre, de la part de l'emprunteur, l'obligation de couvrir la Banque du montant de la baisse qui pourrait survenir dans le cours des effets par lui transférés, toutes les fois que cette baisse atteindra dix pour cent.

5. Faute par l'emprunteur de satisfaire à l'engagement souscrit, en vertu des articles 3 et 4 ci-dessus, la Banque aura le droit de faire vendre à la Bourse, par le ministère d'un agent de change, tout ou partie des effets qui lui auront été transférés, savoir : — 1º A défaut de couverture, trois jours après une simple mise en demeure par acte extrajudiciaire ; — 2º A défaut de remboursement, dès le lendemain de l'échéance, sans qu'il soit besoin de mise en demeure, ni d'aucune autre formalité. — La Banque se remboursera sur le produit net de la vente du montant de ses avances en capital, intérêts et frais. Le surplus, s'il y en a, sera remis à l'emprunteur. — Ces conditions seront exprimées et consenties par l'emprunteur dans l'engagement prescrit par les articles 3 et 4 ci-dessus.

Loi du 21 mai 1836, *portant prohibition des loteries.*

Art. 1er. Les loteries de toutes espèces sont prohibées.

2. Sont réputées loteries et interdites comme telles : — Les ventes d'immeubles, de meubles, ou de marchandises effectuées par la voie du sort, ou auxquelles auraient été réunis des primes ou autres bénéfices dus au hasard, et généralement toutes opérations offertes au public pour faire naître l'espérance d'un gain qui serait acquis par la voie du sort.

3. La contravention à ces prohibitions sera punie des peines portées à l'article 410 du Code pénal. — S'il s'agit d'immeubles, la confiscation prononcée par ledit article sera remplacée, à l'égard du propriétaire de l'immeuble mis en loterie, par une amende qui pourra s'élever jusqu'à la valeur estimative de cet immeuble. — En cas de seconde ou ultérieure condamnation, l'emprisonnement et l'amende portés en l'article 410 pourront être élevés au double du maximum. — Il pourra, dans tous les cas, être fait application de l'article 463 du Code pénal.

4. Ces peines sont encourues par les auteurs, entrepreneurs ou agents des loteries françaises ou étrangères, ou des opérations qui leur sont assimilées. — Ceux qui auront colporté ou distribué les billets, ceux qui, par des avis, annonces, affiches ou par tout autre moyen de publication, auront fait connaître l'existence de ces loteries ou facilité l'émission des billets, seront punis des peines portées en l'article 411 du Code pénal : il sera fait application, s'il y a lieu, des deux dernières dispositions de l'article précédent.

5. Sont exceptées des dispositions des articles 1 et 2 ci-dessus, les loteries d'objets mobiliers exclusivement destinés à des actes de bienfaisance ou à l'encouragement des arts, lorsqu'elles auront été autorisées dans les formes qui seront déterminées par des règlements d'administration publique.

Loi du 25 juin 1841, *sur les ventes aux enchères de marchandises neuves.*

Art. 1er. Sont interdites les ventes en détail des marchandises neuves, à cri public, soit aux enchères, soit au rabais, soit à prix fixe proclamé avec ou sans l'assistance des officiers ministériels.

2. Ne sont pas comprises dans cette défense les ventes prescrites par la loi, ou faites par autorité de justice, non plus que les ventes après décès, faillite ou cessation de commerce, ou dans tous les autres cas de nécessité dont l'appréciation sera soumise au tribunal de commerce. — Sont également exceptées les ventes à cri public de comestibles et objets de peu de valeur, connus dans le commerce sous le nom de menue mercerie.

3. Les ventes publiques et en détail de marchandises neuves qui auront lieu après décès ou par autorité de justice, seront faites selon les formes prescrites et par les officiers ministériels préposés pour la vente forcée du mobilier, conformément aux articles 625 et 945 du Code de procédure civile.

4. Les ventes de marchandises après faillite seront faites, conformément à l'article 486 du Code de commerce, par un officier public de la classe que le juge-commissaire aura déterminée. — Quant au mobilier du failli, il ne pourra être vendu aux enchères que par le ministère des commissaires-priseurs, notaires, huissiers ou greffiers de justice de paix, conformé-

ment aux lois et règlements qui déterminent les attributions de ces différents officiers.

5. Les ventes publiques et par enchères après cessation de commerce, ou dans les autres cas de nécessité prévus par l'article 2 de la présente loi, ne pourront avoir lieu qu'autant qu'elles auront été préalablement autorisées par le tribunal de commerce, sur la requête du commerçant propriétaire, à laquelle sera joint un état détaillé des marchandises. — Le tribunal constatera, par son jugement, le fait qui donne lieu à la vente ; il indiquera le lieu de son arrondissement où se fera la vente ; il pourra même ordonner que les adjudications n'auront lieu que par lots dont il fixera l'importance. — Il décidera, d'après les lois et règlements d'attribution, qui, des courtiers ou des commissaires-priseurs et autres officiers publics, sera chargé de la réception des enchères. — L'autorisation ne pourra être accordée pour cause de nécessité qu'au marchand sédentaire, ayant depuis un an au moins son domicile réel dans l'arrondissement où la vente doit être opérée. — Des affiches apposées à la porte du lieu où se fera la vente énonceront le jugement qui l'aura autorisée.

6. Les ventes publiques aux enchères de marchandises en gros continueront à être faites par le ministère des courtiers, dans les cas, aux conditions et selon les formes indiqués par les décrets des 22 novembre 1811, 17 avril 1812, la loi du 15 mai 1818, et les ordonnances

des 1er juillet 1818 et 9 avril 1819 (1).

7. Toute contravention aux dispositions ci-dessus sera punie de la confiscation des marchandises mises en vente, et, en outre, d'une amende de 50 à 3,000 fr., qui sera prononcée solidairement, tant contre le vendeur que contre l'officier public qui l'aura assisté sans préjudice des dommages-intérêts, s'il y a lieu. — Ces condamnations seront prononcées par les tribunaux correctionnels.

8. Seront passibles des mêmes peines les vendeurs ou officiers publics qui comprendraient sciemment dans les ventes faites par autorité de justice, sur saisie, après décès, faillite, cessation de commerce, ou dans les autres cas de nécessité prévus par l'article 2 de la présente loi, des marchandises neuves ne faisant pas partie du fonds ou mobilier mis en vente.

9. Dans tous les cas ci-dessus où les ventes publiques seront faites par le ministère des courtiers, ils se conformeront aux lois qui les régissent, tant pour les formes de la vente que pour les droits de courtage.

10. Dans les lieux où il n'y aura point de courtiers de commerce, les commissaires-priseurs, les notaires, huissiers et greffiers de justice de paix feront les ventes ci-dessus, selon les droits qui leur sont respectivement attribués par les lois et règlements. — Ils seront, pour lesdites ventes, soumis aux formes, conditions et tarifs imposés aux courtiers.

———

Loi du 9 juin 1845 *relative aux douanes.*

. . . .

Art. 11. L'article 2 de la loi du 21 septembre 1793 est abrogé dans la disposition qui porte qu'aucun bâtiment ne sera réputé français, s'il n'appartient entièrement à des Français. — Toutefois, la moitié au moins de la propriété devra appartenir à des Français. — Les articles 12 et 13 de la loi du 27 vendémiaire an II sont modifiés conformément aux dispositions des paragraphes précédents.

———

Ordonnance du 15 novembre 1846, *portant règlement sur la police, la sûreté et l'exploitation des chemins de fer* (2).

. . . .

Titre V. — De la perception des taxes et des frais accessoires.

Art. 44. Aucune taxe, de quelque nature qu'elle soit, ne pourra être perçue par la compagnie qu'en vertu d'une homologation du ministre des travaux publics. — Les taxes perçues actuellement sur les chemins dont les concessions sont antérieures à 1835, et qui ne sont pas encore régularisées, devront l'être avant le 1er avril 1847.

———

(1) Ces textes ont été abrogés par l'art. 8 de la L. du 28 mai 1858 pour les ventes publiques de marchandises en gros (voy. *infra*).

(2) Le décret du 1er mars 1901, modificatif de cette ordonnance, a maintenu les dispositions des articles 44 à 50.

45. Pour l'exécution du paragraphe 1er de l'article qui précède, la compagnie devra dresser un tableau des prix qu'elle a l'intention de percevoir, dans la limite du maximum autorisé par le cahier des charges, pour le transport des voyageurs, des bestiaux, marchandises et objets divers et en transmettre en même temps des expéditions au ministre des travaux publics, aux préfets des départements traversés par le chemin de fer et aux *commissaires royaux.*

46. La compagnie devra, en outre, dans le plus court délai et dans les formes énoncées en l'article précédent, soumettre ses propositions au ministre des travaux publics pour les prix de transports non déterminés par le cahier des charges, et à l'égard desquels le ministre est appelé à statuer.

47. Quant aux frais accessoires, tels que ceux de chargement, de déchargement et d'entrepôt dans les gares et magasins du chemin de fer, et quant à toutes les taxes qui doivent être réglées annuellement, la compagnie devra en soumettre le règlement à l'approbation du ministre des travaux publics, dans le dixième mois de chaque année. Jusqu'à décision, les anciens tarifs continueront à être perçus.

48. Les tableaux des taxes et des frais accessoires approuvés seront constamment affichés dans les lieux les plus apparents des gares et stations des chemins de fer (¹).

49. Lorsque la compagnie voudra apporter quelques changements aux prix autorisés, elle en donnera avis au ministre des travaux publics, aux préfets des départements traversés et aux *commissaires royaux.* — Le public sera en même temps informé par des affiches des changements soumis à l'approbation du ministre. — A l'expiration du mois à partir de la date de l'affiche, lesdites taxes pourront être perçues, si, dans cet intervalle, le ministre des travaux publics les a homologuées. — Si des modifications à quelques-uns des prix affichés étaient prescrites par le ministre, les prix modifiés devront être affichés de nouveau et ne pourront être mis en perception qu'un mois après la date de ces affiches (²).

50. La compagnie sera tenue d'effectuer avec soin, exactitude et célérité, et sans tour de faveur, les transports des marchandises, bestiaux et objets de toute nature qui lui seront confiés. — Au fur et à mesure que des colis, des bestiaux ou des objets quelconques arriveront au chemin de fer, enregistrement en sera fait immédiatement, avec mention du prix total dû pour le transport. Le transport s'effectuera dans l'ordre des inscriptions, à moins de délais demandés ou consentis par l'expéditeur, et qui seront mentionnés dans l'enregistrement. — Un récépissé devra être délivré à l'expéditeur, s'il le demande, sans préjudice, s'il y a lieu, de la lettre de voiture. Le récépissé énoncera la nature et le poids des colis, le prix total

---

(1 et 2). Les tarifs de *transit* et d'*exportation* sont dispensés des formalités de l'affichage (Décr. du 26 avril 1862).

du transport et le délai dans lequel ce transport devra être effectué. — Les registres mentionnés au présent article seront représentés à toute réquisition des fonctionnaires et agents chargés de veiller à l'exécution du présent règlement.

Décret du 24 mars 1848, *qui modifie provisoirement les articles 178 et 179 du Code de commerce.*

Le Gouvernement provisoire, — Considérant les abus du compte de retour qui pèsent sur le commerce, et qui, dans les circonstances actuelles surtout, aggraveraient ses charges, — Décrète : — Provisoirement les articles 178 et 179 du Code de commerce sont modifiés de la manière suivante :

Art. **178**. La retraite comprend, avec le bordereau détaillé et signé du tireur seulement, et transcrit au dos du titre : — 1º Le principal du titre protesté ; — 2º Les frais de protêt et de dénonciation, s'il y a lieu ; — 3º Les intérêts de retard ; — 4º La perte de change ; — 5º Le timbre de la retraite, qui sera soumise au droit fixe de trente-cinq centimes.

179. Le rechange se règle, pour la France continentale, uniformément comme suit : — Un quart pour cent sur les chefs-lieux de département ; — Demi pour cent sur les chefs-lieux d'arrondissement ; — Trois quarts pour cent sur toute autre place ; — En aucun cas il n'y aura lieu à rechange dans le même département. — Les changes étrangers et ceux relatifs aux possessions françaises en dehors du continent seront régis par les usages du commerce. — L'exécution des articles 180, 181, 186 du Code de commerce et de toute autre disposition de lois est suspendue.

Loi du 5 juin 1850, *relative au timbre des effets de commerce, des bordereaux de commerce, des actions dans les sociétés, des obligations négociables des départements, communes, établissements publics et compagnies, et des polices d'assurances.*

Titre I.

CHAP. I. — DES EFFETS DE COMMERCE.

Art. **1er**. Le droit de timbre proportionnel sur les lettres de change, billets à ordre ou au porteur, mandats, retraites et tous autres effets négociables ou de commerce, est fixé ainsi qu'il suit : — A cinq centimes pour les effets de cent francs et au-dessous...

(Modifié par la L. du 29 juillet 1881, art. 5, 2e al.) A partir du 1er janvier 1882, le droit de timbre des effets négociables et de commerce est gradué de cent francs en cent francs.

2. Celui qui reçoit du souscripteur un effet non timbré conformément à l'article 1er est tenu de le faire viser pour timbre dans les quinze jours de sa date, ou avant l'échéance si cet effet a moins de quinze jours de date, et dans tous les cas avant toute négociation. — Ce visa pour timbre sera soumis à un droit de quinze centimes par cent francs ou fraction de cent francs, qui s'ajoutera au montant de l'effet, nonobstant toute stipulation contraire.

3. Les effets venant soit de l'étranger, soit des îles ou des colonies dans lesquelles le timbre n'aurait pas encore été établi, et payables en France, seront, avant qu'ils puissent y être négociés, acceptés ou acquittés, soumis au timbre ou au visa pour timbre, et le droit sera payé d'après la quotité fixée par l'article 1er.

4. En cas de contravention aux articles précédents, le souscripteur, l'accepteur, le bénéficiaire ou premier endosseur de l'effet non timbré ou non visé pour timbre, seront passibles chacun d'une amende de six pour cent. — A l'égard des effets compris en l'article 3, outre l'application, s'il y a lieu, du paragraphe précédent, le premier des endosseurs résidant en France, et à défaut d'endossement en France, le porteur, sera passible de l'amende de six pour cent. — Si la contravention ne consiste que dans l'emploi d'un timbre inférieur à celui qui devait être employé, l'amende ne portera que sur la somme pour laquelle le droit de timbre n'aura pas été payé.

5. Le porteur d'une lettre de change non timbrée, ou non visée pour timbre, conformément aux articles 1, 2 et 3, n'aura d'action, en cas de non-acceptation, que contre le tireur; en cas d'acceptation, il aura seulement action contre l'accepteur et contre le tireur, si ce dernier ne justifie pas qu'il y avait provision à l'échéance. — Le porteur de tout autre effet sujet au timbre et non timbré, ou non visé pour timbre, conformément aux mêmes articles, n'aura d'action que contre le souscripteur. — Toutes stipulations contraires seront nulles.

6. Les contrevenants seront soumis solidairement au paiement du droit de timbre et des amendes prononcées par l'article 4. Le porteur fera l'avance de ce droit et de ces amendes, sauf son recours contre ceux qui en seront passibles. Ce recours s'exercera devant la juridiction compétente pour connaître de l'action en remboursement de l'effet.

7. Il est interdit à toutes personnes, à toutes sociétés, à tous établissements publics, d'encaisser ou de faire encaisser pour leur compte ou pour le compte d'autrui, même sans leur acquit, des effets de commerce non timbrés ou non visés pour timbre, sous peine d'une amende de six pour cent du montant des effets encaissés.

8. Toute mention ou convention de retour sans frais, soit sur le titre, soit en dehors du titre, sera nulle, si elle est relative à des effets non timbrés ou non visés pour timbre.

9. Les dispositions de la présente loi sont applicables aux lettres de change, billets à ordre, ou autres effets souscrits en France et payables hors de France.

10. L'exemption du timbre accordée, par l'article 6 de la loi du 1er mai 1822, aux duplicata de lettres de change est maintenue. Toutefois, si la première, timbrée ou visée pour timbre, n'est pas jointe à celle mise en circulation et destinée à recevoir les endossements, le timbre ou visa pour timbre devra toujours

être apposé sur cette dernière, sous les peines prescrites par la présente loi.

. . . .

Décret du 19 mars 1852, *concernant le rôle d'équipage et les indications des bâtiments et embarcations exerçant une navigation maritime.*

Art. 1er. Le rôle d'équipage est obligatoire pour tous bâtiments et embarcations exerçant une navigation maritime (1). — La navigation est dite maritime, sur la mer, dans les ports, sur les étangs et canaux où les eaux sont salées, et, jusqu'aux limites de l'inscription maritime, sur les fleuves et rivières affluant directement ou indirectement à la mer.

2. Le rôle d'équipage est renouvelé à chaque voyage pour les bâtiments armés au long cours, et tous les ans pour ceux armés au cabotage ou à la petite pêche.

3. Tout capitaine, maître ou patron, ou tout individu qui en fait fonctions, est tenu, sur la réquisition de qui de droit, d'exhiber son rôle d'équipage, sous peine d'une amende de cinq cents francs si le bâtiment est armé au long cours, de deux cents francs si le bâtiment ou embarcation est armé au cabotage, de cent francs s'il est armé à la petite pêche.

4. L'embarquement de tout individu qui ne figure pas sur le rôle d'équipage est punissable, par chaque individu embarqué, d'une amende de trois cents francs, si le bâtiment est armé au long cours ; — de cinquante à cent francs, si le bâtiment ou embarcation est armé au cabotage ; — de vingt-cinq à cinquante francs, s'il est armé à la petite pêche.

5. Est punissable des peines portées à l'article 4, et sous les mêmes conditions, le débarquement, sans l'intervention de l'autorité maritime ou consulaire, de tout individu porté à un titre quelconque sur un rôle d'équipage.

6. Le nom et le port d'attache de tout bâtiment ou embarcation exerçant une navigation maritime seront marqués à la poupe, en lettres blanches de huit centimètres au moins de hauteur, sur fond noir, sous peine d'une amende de cent à trois cents francs, s'il est armé au long cours ; — de cinquante à cent francs s'il est armé au cabotage ; — de dix à cinquante francs, s'il est armé à la petite pêche. — Défense est faite, sous les mêmes peines, d'effacer, altérer, couvrir ou masquer lesdites marques.

. . . .

---

(1) Aux termes des art. 1 et 2 du Décr. du 25 oct. 1863, sont exemptés du rôle d'équipage : 1° les bateaux et chalands uniquement employés à l'exploitation de propriétés rurales, fabriques, usines et biens de toute nature situés dans les îles et sur les rives de fleuves ou de rivières dans leur partie maritime ; 2° les yachts et bateaux uniquement affectés à une navigation de plaisance.

Loi du 30 mai 1857, *qui autorise les sociétés anonymes et autres associations commerciales, industrielles ou financières, légalement constituées en Belgique, à exercer leurs droits en France.*

Art. 1er. Les sociétés anonymes et les autres associations commerciales, industrielles ou financières qui sont soumises à l'autorisation du Gouvernement belge, et qui l'ont obtenue, peuvent exercer tous leurs droits et ester en justice en France, en se conformant aux lois de l'*Empire* [1].

2. Un décret *impérial*, rendu en Conseil d'État, peut appliquer à tous autres pays le bénéfice de l'article 1er [2].

Loi du 28 mai 1858, *sur les négociations concernant les marchandises déposées dans les magasins généraux* [3].

Art. 1er. Les magasins généraux établis en vertu du décret du 21 mars 1848 et ceux qui seront créés à l'avenir, recevront les matières premières, les marchandises et les objets fabriqués que les négociants et industriels voudront y déposer [4]. — *Ces magasins sont ouverts, les cham-*

[1] Les pays étrangers peuvent à cet égard se diviser en 2 groupes :

A. — Les uns exigent une autorisation spéciale à chaque société, soit pour toute société quel que soit son objet, soit seulement pour les sociétés ayant certains objets. Ainsi, aucune société par actions ne peut établir des succursales ou faire des opérations sans l'autorisation du Gouvernement, en *Autriche* (Ord. du 29 nor. 1865), en *Roumanie* (C. com. 237 à 251), en *Russie* (Décr. du 9 nov. 1887 et du 8 juill. 1888) et en *Turquie* (L. 25 nov. 1887, art. 1er). D'autre part, dans certains États de l'Allemagne, le *Wurtemberg* (L. 3 août 1865, 38), l'autorisation n'est nécessaire que pour les sociétés étrangères qui ont pour objet la banque, les assurances ou les contrats de rente viagère.

B. — Les autres pays reconnaissent au contraire aux sociétés étrangères légalement constituées d'après leur législation d'origine le droit de faire des opérations et d'établir des succursales, sauf, dans ce dernier cas, à remplir les formalités de publicité exigées par la loi locale pour les sociétés nationales. Il en est ainsi en *Belgique* (L. de 1873, 128 et suiv.), en *Espagne* (C. com. 21), en *Italie* (C. com. 230 à 232) et en *Portugal* (C. com. 111); des conditions plus rigoureuses sont exigées en *Hongrie* par le C. com. de 1875, art. 210 à 217.

[2] Cette disposition a été successivement étendue par divers décrets à la *Turquie* et à l'*Égypte* (7 mai 1859), à la *Sardaigne* (8 sept. 1860), au *Luxembourg* (27 févr. 1861), au *Portugal* (27 févr. 1861), à l'*Espagne* (5 août 1861), à la *Grèce* (9 nov. 1861), aux *Pays-Bas* (22 juill. 1863), à la *Russie* (25 févr. 1865), à la *Prusse* (19 déc. 1866), à l'*Autriche* (20 juin 1868), à la *Suède* et à la *Norvège* (14 juin 1872), à la *Roumanie* (17 déc. 1908) et aux *États-Unis d'Amérique* (6 août 1882). — D'autre part, un traité conclu entre la France et l'*Angleterre* le 30 avril 1862 a reconnu l'existence légale en France des sociétés anglaises.

[3] Voy. pour les législations étrangères : en *Allemagne*, le C. comm. de 1897, art. 416 à 424 ; — en *Autriche*, la L. du 28 avril 1889 (*An. de lég. étr.*, 1890, p. 342) ; — en *Espagne*, la L. du 9 juill. 1862 et les art. 193 à 198, C. com. ; — en *Hongrie*, les art. 434 à 452, C. com. ; — en *Italie*, les L. du 3 juill. 1871 et du 2 avril 1882 (*ibid.*, 1883, p. 536), et les art. 461 à 470, C. com. — en *Portugal*, les art. 94 et 408 à 424, C. com. ; — en *Russie*, la L. du 30 mars 1888 (*ibid.*, 1889, p. 796). — En *Suisse*, il n'existe que des lois particulières. — En *Angleterre* et en *Hollande*, la matière est régie par les usages.

[4] Voy. *infrà*, les notes sous la L. du 31 août 1870.

bres de commerce ou les chambres consultatives des arts et manufactures entendues, avec l'autorisation du Gouvernement et placés sous sa surveillance. (Abrogé, art. 5, loi du 31 août 1870.) — Des récépissés délivrés aux déposants énoncent leurs nom, profession et domicile, ainsi que la nature de la marchandise déposée et les indications propres à en établir l'identité et à en déterminer la valeur.

2. A chaque récépissé de marchandises est annexé, sous la dénomination de warrant, un bulletin de gage contenant les mêmes mentions que le récépissé [1].

3. Les récépissés et les warrants peuvent être transférés par voie d'endossement, ensemble ou séparément [2].

4. L'endossement du warrant séparé du récépissé vaut nantissement de la marchandise au profit du cessionnaire du warrant. — L'endossement du récépissé transmet au cessionnaire le droit de disposer de la marchandise, à la charge par lui, lorsque le warrant n'est pas transféré avec le récépissé, de payer la créance garantie par le warrant, ou d'en laisser payer le montant sur le prix de la vente de la marchandise.

5. L'endossement du récépissé et du warrant, transférés ensemble ou séparément, doit être daté. — L'endossement du warrant séparé du récépissé doit en outre énoncer le montant intégral, en capital et intérêts, de la créance garantie, la date de son échéance, et les nom, profession et domicile du créancier. — Le premier cessionnaire du warrant doit immédiatement faire transcrire l'endossement sur les registres du magasin avec les énonciations dont il est accompagné. Il est fait mention de cette transcription sur le warrant.

6. Le porteur du récépissé séparé du warrant peut, même avant l'échéance, payer la créance garantie par le warrant. — Si le porteur du warrant n'est pas connu ou si, étant connu, il n'est pas d'accord avec le débiteur sur les conditions auxquelles aurait lieu l'anticipation de paiement, la somme due, y compris les intérêts jusqu'à l'échéance, est consignée à l'administration du magasin général, qui en demeure responsable, et cette consignation libère la marchandise.

7. A défaut de paiement à l'échéance, le porteur du warrant séparé du récépissé peut, huit jours après le protêt, et sans aucune formalité de justice, faire procéder à la vente publique aux enchères et en gros de la marchandise engagée, dans les formes et par les officiers publics indiqués dans la loi du 28 mai 1858. — Dans le cas où le souscripteur primitif du warrant l'a remboursé, il peut faire procéder à la vente de la marchandise, comme il est dit au para-

---

[1] Le dédoublement du récépissé et du warrant est également admis par la plupart des législations étrangères. En *Hollande* et en *Angleterre* cependant, les magasins généraux ne délivrent qu'un seul titre, comme en France avant la L. de 1858.

[2] Les règles sur l'endossement du récépissé et du warrant et sur les droits des porteurs de ces titres sont, à peu de chose près, les mêmes dans toutes les législations.

graphe précédent, contre le porteur du récépissé, huit jours après l'échéance et sans qu'il soit besoin d'aucune mise en demeure.

8. Le créancier est payé de sa créance sur le prix, directement et sans formalités de justice, par privilège et préférence à tous créanciers, sans autre déduction que celle : 1° des contributions indirectes, des taxes d'octroi et des droits de douanes dus par la marchandise ; 2° des frais de vente, de magasinage et autres faits pour la conservation de la chose. — Si le porteur du récépissé ne se présente pas lors de la vente de la marchandise, la somme excédant celle qui est due au porteur du warrant est consignée à l'administration du magasin général, comme il est dit à l'article 6.

9. Le porteur du warrant n'a de recours contre l'emprunteur et les endosseurs qu'après avoir exercé ses droits sur la marchandise, et en cas d'insuffisance. — Les délais fixés par les articles 165 et suivants du Code de commerce, pour l'exercice du recours contre les endosseurs, ne courent que du jour où la vente de la marchandise est réalisée. — Le porteur du warrant perd en tout cas son recours contre les endosseurs, s'il n'a pas fait procéder à la vente dans le mois qui suit la date du protêt.

10. Les porteurs de récépissés et de warrants ont, sur les indemnités d'assurances dues, en cas de sinistres, les mêmes droits et privilèges que sur la marchandise assurée.

11. Les établissements publics de crédit peuvent recevoir les warrants comme effets de commerce, avec dispense d'une des signatures exigées par leurs statuts.

12. Celui qui a perdu un récépissé ou un warrant peut demander et obtenir par ordonnance du juge, en justifiant de sa propriété et en donnant caution, un duplicata, s'il s'agit du récépissé, le paiement de la créance garantie, s'il s'agit du warrant.

13. Les récépissés sont timbrés ; ils ne donnent lieu pour l'enregistrement qu'à un droit fixe d'un franc (1). — Sont applicables aux warrants endossés séparément des récépissés, les dispositions du titre Ier de la loi du 5 juin 1850, et de l'article 69, paragraphe 2, n° 6, de la loi du 22 frimaire an VII (2). — L'endossement d'un warrant séparé du récépissé non timbré ou non visé pour timbre, conformément à la loi, ne peut être transcrit ou mentionné sur les registres du magasin, sous peine, contre l'administration du magasin, d'une amende égale au montant du droit auquel le warrant est soumis. — Les dépositaires des registres des magasins généraux sont tenus de les communiquer aux préposés de l'enregistrement, selon le mode prescrit par l'article 54 de la loi du 22 frimaire an VII, et sous les peines y énoncées.

----

(1) Ce droit fixe est aujourd'hui de 1 fr. 50 c. (L. 28 févr. 1872, art. 4).

(2) Voy. *suprà*, la loi du 5 juin 1850. — Le timbre du warrant est un timbre mobile, qui est collé au dos du warrant et au-dessus du premier endossement, et oblitéré, au moment de son apposition, par le premier endosseur (L. 19 févr. 1874, art. 3 et 4).

14. Un règlement d'administration publique prescrira les mesures qui seraient nécessaires à l'exécution de la présente loi. (*V.* infrà, *décr. 12 mars 1859.*)

15. Sont abrogés le décret du 21 mars 1848 et l'arrêté du 26 mars de la même année. — Est également abrogé, en ce qu'il a de contraire à la présente loi, le décret des 23-26 août 1848.

Loi du 28 mai 1858, *sur les ventes publiques de marchandises en gros.*

Art. **1er.** La vente volontaire aux enchères, en gros, des marchandises comprises au tableau annexé à la présente loi, peut avoir lieu par le ministère des courtiers, sans autorisation du tribunal de commerce. — Ce tableau peut être modifié, soit d'une manière générale, soit pour une ou plusieurs villes, par un décret rendu dans la forme des règlements d'administration publique et après avis des chambres de commerce.

2. Les courtiers établis dans une ville où siège un tribunal de commerce ont qualité pour procéder aux ventes régies par la présente loi, dans toute localité dépendant du ressort de ce tribunal où il n'existe pas de courtiers. — Ils se conforment aux dispositions prescrites par la loi du 22 pluviôse an VII, concernant les ventes publiques de meubles.

3. Le droit de courtage pour les ventes qui font l'objet de la présente loi est fixé, pour chaque localité, par le ministre de l'agriculture, du commerce et des travaux publics, après avis de la Chambre et du tribunal de commerce ; mais, dans aucun cas, il ne peut excéder le droit établi dans les ventes de gré à gré, pour les mêmes sortes de marchandises.

4. Le droit d'enregistrement des ventes publiques en gros est fixé à 10 cent. pour 100 fr.

5. Les contestations relatives aux ventes sont portées devant le tribunal de commerce.

6. Il est procédé aux ventes dans des locaux spécialement autorisés à cet effet, après avis de la Chambre et du tribunal de commerce.

7. Un règlement d'administration publique prescrira les mesures nécessaires à l'exécution de la présente loi. — Il déterminera notamment les formes et les conditions des autorisations prévues par l'article 6. (*Voy. Décr. 12 mars 1859.*)

8. Les décrets du 22 novembre 1811 et du 17 avril 1812, et les ordonnances des 1er juillet 1818 et 9 avril 1819, sont abrogés en ce qui concerne les ventes régies par la présente loi ; ils sont maintenus en ce qui touche les ventes publiques de marchandises faites par autorité de justice.

Décret du 12 mars 1859, *portant règlement d'administration publique pour l'exécution des lois du 28 mai 1858 sur les négociations concernant les marchandises déposées dans les magasins généraux, et sur les ventes publiques de marchandises en gros.*

Titre I. — Dispositions communes aux magasins généraux et aux salles de ventes publiques.

Art. 1er. (Modifié par le décret du 6 juin 1896.) Les salles de ventes publiques de marchandises aux enchères et en gros, prévues par la loi du 28 mai 1858, peuvent être ouvertes par toute personne et par toute société commerciale, industrielle ou de crédit, en vertu d'une autorisation donnée par un arrêté du préfet, après avis de la Chambre de commerce, ou, à son défaut, de la chambre consultative des arts et manufactures, et du tribunal de commerce (¹). — Les salles de vente peuvent être formées spécialement pour une ou plusieurs espèces de marchandises.

2. (Modifié par le décret du 6 juin 1896.) Toute personne qui demande l'autorisation d'ouvrir une salle de ventes publiques doit justifier de ressources en rapport avec l'importance de l'établissement projeté. — Les exploitants de salles de ventes publiques sont soumis, par l'arrêté préfectoral, à l'obligation d'un cautionnement variant de trois mille à trente mille francs.

Ce cautionnement peut être exceptionnellement élevé jusqu'au maximum de cent mille francs, sur la demande expresse de la Chambre de commerce, ou, à son défaut, du tribunal de commerce. — Il peut être fourni, en totalité ou en partie, en argent, en rentes, en obligations cotées à la Bourse, ou par une première hypothèque sur des immeubles d'une valeur double de la somme garantie. — Si le cautionnement est fourni en argent, il est versé à la Caisse des dépôts et consignations ; s'il est fourni en valeurs, les titres sont également déposés à cette caisse. S'il est représenté par une hypothèque, la valeur des immeubles est estimée par le directeur de l'enregistrement et des domaines sur les bases établies pour la perception des droits de mutation en cas de décès. — Pour la conservation de cette garantie, une inscription est prise, dans l'intérêt des tiers, à la diligence et au nom du directeur de l'enregistrement et des domaines.

3. Les propriétaires ou exploitants sont responsables de la garde et de la conservation des marchandises qui leur sont confiées, sauf les avaries et déchets naturels provenant de la nature et du conditionnement des marchandises ou de cas de force majeure.

4. Il est interdit aux exploitants de magasins généraux et de salles de ventes de se livrer directement ou indirectement, pour leur propre compte ou pour le compte d'autrui, à aucun commerce ou spéculation ayant

---

(1) Voy., pour l'autorisation d'ouverture des magasins généraux, l'art. 1er, L. du 31 août 1870, *infra.*

pour objet les marchandises. — Ils peuvent se charger des opérations et formalités de douane et d'octroi, déclarations de débarquement et d'embarquement, soumissions et déclarations d'entrée et sortie d'entrepôt, transferts et mutations ; — Des règlements de fret et autres entre les capitaines et les consignataires, sous réserve des droits des courtiers et de leur intervention dans la mesure prescrite par les lois ; — Des opérations de factage, camionnage et gabarage extérieur. — Ils peuvent également se charger de faire assurer les marchandises dont ils sont détenteurs, au moyen, soit de polices collectives, soit de polices spéciales, suivant les ordres des intéressés. — Ils peuvent, en outre, être autorisés à se charger de toutes opérations ayant pour objet de faciliter les rapports du commerce et de la navigation avec l'établissement.

5. Il leur est interdit, à moins d'une autorisation spéciale de l'administration, de faire directement ou indirectement avec des entrepreneurs de transports, sous quelque dénomination ou forme que ce puisse être, des arrangements qui ne seraient pas consentis en faveur de toutes les entreprises ayant le même objet. — Les règlements particuliers prévus par l'article 9 doivent contenir les dispositions nécessaires pour assurer la plus complète égalité entre les diverses entreprises de transports, dans leur rapport avec chaque établissement.

6. Les exploitants des magasins généraux et des salles de ventes sont tenus de les mettre, sans préférence ni faveur, à la disposition de toute personne qui veut opérer le magasinage ou la vente de ses marchandises, dans les termes des lois du 28 mai 1858.

7. Les magasins généraux et les salles de ventes publiques sont soumis aux mesures générales de police concernant les lieux publics affectés au commerce, sans préjudice des droits du service des douanes, lorsqu'ils sont établis dans les locaux placés sous le régime de l'entrepôt réel, ou lorsqu'ils contiennent des marchandises en entrepôt fictif.

8. Les tarifs établis par les exploitants, afin de fixer la rétribution due pour le magasinage, la manutention, la location de la salle, la vente, et généralement pour les divers services qui peuvent être rendus au public, doivent être imprimés et transmis, avant l'ouverture des établissements, au préfet et aux corps entendus sur la demande d'autorisation. — Tous les changements apportés aux tarifs doivent être d'avance annoncés par des affiches et communiqués au préfet et aux corps ci-dessus désignés. Si ces changements ont pour objet de relever les tarifs, ils ne deviennent exécutoires que trois mois après qu'ils ont été annoncés et communiqués comme il vient d'être dit. — La perception des taxes doit avoir lieu indistinctement et sans aucune faveur.

9. Chaque établissement doit avoir un règlement particulier qui est communiqué à l'avance, ainsi que tous les changements qui y seraient apportés, comme il est dit à l'article précédent.

10. La loi, le présent décret, le tarif et le règlement particulier sont et demeurent affichés à la principale porte et dans l'endroit le plus apparent de chaque établissement.

11. En cas de contravention ou d'abus commis par les exploitants, de nature à porter un grave préjudice à l'intérêt du commerce, l'autorisation accordée peut être révoquée par un acte rendu dans la même forme que cette autorisation, et les parties entendues.

12. (Modifié par le décret du 21 avril 1888.) Les propriétaires ou exploitants de magasins généraux et de salles de ventes publiques ne peuvent céder leur établissement sans une autorisation délivrée dans les mêmes formes et par la même autorité que pour l'autorisation primitive.

Titre II. — **Dispositions particulières aux magasins généraux et aux récépissés et warrants.**

13. Les récépissés de marchandises et les warrants y annexés sont extraits d'un registre à souche.

14. Dans le cas où un courtier est requis pour l'estimation des marchandises, il n'a droit qu'à une vacation, dont la quotité est fixée, pour chaque place, par le ministre de l'agriculture, du commerce et des travaux publics, après avis du tribunal de commerce.

15. A toute réquisition du porteur du récépissé et du warrant réunis, la marchandise déposée doit être fractionnée en autant de lots qu'il lui conviendra, et le titre primitif remplacé par autant de récépissés et de warrants qu'il y aura de lots.

16. Tout cessionnaire du récépissé ou du warrant peut exiger la transcription, sur les registres à souches dont ils sont extraits, de l'endossement fait à son profit, avec indication de son domicile.

17. A toute époque, l'administration du magasin général est tenue, sur la demande du porteur du récépissé ou du warrant, de liquider les dettes et les frais énumérés à l'article 8 de la loi du 28 mai 1858, sur les négociations de marchandises, et dont le privilège prime celui de la créance garantie sur le warrant. Le bordereau de liquidation délivré par l'administration du magasin général relate les numéros du récépissé et du warrant auxquels il se réfère.

18. Sur la présentation du warrant protesté, l'administration du magasin général est tenue de donner au courtier désigné pour la vente par le porteur du warrant toutes facilités pour y procéder. — Elle ne délivre la marchandise à l'acheteur que sur le vu du procès-verbal de la vente et moyennant : 1° la justification du paiement des droits et frais privilégiés, ainsi que du montant de la somme prêtée sur le warrant ; 2° la consignation de l'excédent, s'il en existe, revenant au porteur du récépissé, dans le cas prévu par le dernier paragraphe de l'article 8 de la loi.

19. Outre les livres ordinaires de commerce et le livre des récépissés et warrants, l'administration du magasin général doit tenir un livre à souche destiné à constater les consignations qui peuvent lui être faites en vertu des articles 6 et 8 de la loi. — Tous ces livres sont cotés et parafés par première et dernière conformément à l'article 11 du Code de commerce.

Titre III. — Dispositions particulières aux ventes publiques de marchandises en gros (¹).

. . . .

22. Avant la vente, il est dressé et imprimé un catalogue des denrées et marchandises à vendre, lequel porte la signature du courtier chargé de l'opération. Ce catalogue est délivré à tout requérant.

. . . .

24. Lors de la vente, le courtier inscrit immédiatement sur le catalogue, en regard de chaque lot, les nom et domicile de l'acheteur, ainsi que le prix d'adjudication.

. . . .

26. Les enchères sont reçues et les adjudications faites par le courtier chargé de la vente. — Le courtier dresse procès-verbal de chaque séance sur un registre coté et parafé, conformément à l'article 11 du Code de commerce.

27. Faute par l'adjudicataire de payer le prix dans les délais fixés, la marchandise est revendue, à la folle enchère et à ses risques et périls, trois jours après la sommation qui lui a été faite de payer sans qu'il soit besoin de jugement.

28. Nos ministres, secrétaires d'État aux départements *de l'agriculture*, du commerce *et des travaux publics*, et des finances,

sont chargés, chacun en ce qui le concerne, de l'exécution du présent décret.

———

Loi du 3 juillet 1861, *sur les ventes publiques de marchandises en gros, autorisées ou ordonnées par la justice consulaire.*

Art. 1er. Les tribunaux de commerce peuvent, après décès ou cessation de commerce, et dans tous les autres cas de nécessité dont l'appréciation leur est soumise, autoriser la vente aux enchères en gros des marchandises de toute espèce et de toute provenance. — L'autorisation est donnée sur requête ; un état détaillé des marchandises à vendre est joint à la requête. — Le tribunal constate par son jugement le fait qui donne lieu à la vente.

2. Les ventes autorisées en vertu de l'article précédent, ainsi que toutes celles qui sont autorisées ou ordonnées par la justice consulaire dans les divers cas prévus par le Code de commerce, sont faites par le ministère des courtiers. — Néanmoins, il appartient toujours au tribunal, ou au juge qui autorise ou ordonne la vente, de désigner, pour y procéder, une autre classe d'officiers publics ; dans ce cas, l'officier public, quel qu'il soit, est soumis aux dispositions qui régissent les courtiers, relativement aux formes, aux tarifs et à la responsabilité.

3. Les dispositions des articles 2 à 7 inclusivement de la

———

(1) Les articles 20, 21, 23 et 25 ont été modifiés par le décret du 30 mai 1863 ; voy. *infrà*.

loi du 28 mai 1858, sur les ventes publiques, sont applicables aux ventes autorisées ou ordonnées comme il est dit dans les deux articles qui précèdent.

Décret du 30 mai 1863, *qui modifie : 1º le tableau annexé à la loi du 28 mai 1858 sur les ventes publiques de marchandises en gros ; 2º le décret du 12 mars 1859, portant règlement d'administration publique pour l'exécution de ladite loi.*

Art. 1er. Peuvent être vendues en gros, aux enchères publiques, conformément à la loi du 28 mai 1858, dans tout l'*Empire :* 1º les marchandises de toute provenance portées au tableau annexé au présent décret, lequel remplacera le tableau annexé à ladite loi ; 2º toutes les marchandises exotiques quelconques destinées à la réexportation.

2. Les articles 20, 21, 23 et 25 du règlement d'administration publique du 12 mars 1859 sont modifiés ainsi qu'il suit :

Art. 20. Il sera procédé aux ventes publiques, à la bourse ou dans les salles autorisées, conformément au présent décret ; toutefois, le courtier est autorisé à vendre sur place, dans le cas où la marchandise ne peut être déplacée sans préjudice pour le vendeur et où, en même temps, la vente ne peut être convenablement faite que sur le vu de la marchandise. — Le courtier peut également vendre sur place, s'il n'existe pas de bourse ni de salle de vente au-

torisée dans la commune où la marchandise est déposée.

Art. 21. Le lieu, les jours, les heures et les conditions de la vente, la nature et la quantité de la marchandise, doivent être, trois jours au moins à l'avance, publiés au moyen d'une annonce dans l'un des journaux désignés pour les annonces judiciaires de la localité, et, en outre, au moyen d'affiches apposées à la bourse ainsi qu'à la porte du local où il doit être procédé à la vente, et du magasin où les marchandises sont déposées. — Deux jours au moins avant la vente, le public doit être admis à examiner et vérifier les marchandises, et toutes facilités doivent lui être données à cet égard. — Toutefois, le président du tribunal de commerce du lieu de la vente peut, sur requête motivée, accorder dispense de l'exposition préalable prescrite par le paragraphe précédent, lorsqu'il s'agit de marchandises qui, à cause de leur nature ou de leur état d'avarie, ne pourraient pas y être soumises sans inconvénients. Mais, en tout cas, des mesures doivent être prises pour que le public puisse examiner les marchandises avant qu'il soit procédé à la vente.

Art. 23. Le catalogue énonce les marques, numéros, nature et quantités de chaque lot de marchandises, les magasins où elles sont déposées, les jours et les heures où elles peuvent être examinées, et le lieu, les jours et les heures où elles seront vendues. — Sont mentionnées également les époques de livraison, les conditions de paiement, les tares, avaries et toutes les autres indications et conditions qui seront la base et la régle du contrat entre les vendeurs et les acheteurs. — La formation préalable de lots distincts n'est pas obligatoire pour les marchandises en grenier ou en chantier. Si elle n'a pas lieu, le catalogue doit mentionner la cause qui empêche d'y procéder et la manière dont s'opérera la livraison. La même mention doit être reproduite dans le procès-verbal de la vente.

Art. 25. Les lots ne peuvent être, d'après l'évaluation approximative, et selon le cours moyen des marchandises, au-dessous de cinq cents francs. — Ce minimum peut être élevé ou abaissé dans chaque localité, pour certaines classes de marchandises, par arrêté du ministre *de l'agriculture, du commerce et des travaux publics,* rendu après avis de la chambre de commerce ou de la chambre consultative des arts et manufactures. — En cas d'avaries, les marchandises peuvent être vendues par lots d'une valeur inférieure au minimum fixé pour chacune d'elles, mais après autorisation donnée sur requête par le président du tribunal de commerce du lieu de la vente. Le magistrat peut toujours, s'il le juge nécessaire, faire constater l'avarie par un expert qu'il désigne. — Le minimum de la valeur des lots est fixé à cent francs pour les ventes après protêt de warrant de marchandises de toute espèce.

3. Sont abrogés les décrets susvisés des 8 mai et 29 juin 1861, dont les dispositions sont remplacées par celles du présent décret.

Décret du 6 juin 1863, *relatif aux ventes publiques de marchandises en gros autorisées ou ordonnées par la justice consulaire.*

Art. 1er. Les dispositions des articles 3, 6 et 20 à 27 inclusivement du règlement d'administration publique du 12 mars 1859 sont applicables aux ventes prévues par la loi du 3 juillet 1861, sauf les additions et modifications ci-après.

2. Les annonces et affiches prescrites par l'article 21 du décret du 12 mars 1859, ainsi que le catalogue qui est dressé et imprimé en exécution de l'article 22 du même décret, doivent énoncer la décision judiciaire qui a autorisé ou ordonné la vente. — La même énonciation doit être insérée au procès-verbal de la vente.

3. Le minimum de la valeur des lots est fixé à cent francs pour les ventes de marchandises de toutes espèces, ordonnées ou autorisées dans les cas prévus par la loi du 3 juillet 1861. — Ce minimum peut être abaissé par le tribunal ou le juge qui ordonne ou autorise la vente.

Décret du 29 août 1863, *portant que les articles 3, 6 et 20 à 27 du règlement d'administration publique du 12 mars 1859, modifié par le décret du 30 mai 1863, sont applicables aux ventes prévues par la loi du 23 mai 1863, qui modifie le titre VI du livre Ier du Code de commerce.*

Art. 1er. Les dispositions des

articles 3, 6 et 20 à 27 inclusivement du règlement d'administration publique du 12 mars 1859, modifié par le décret du 30 mai 1863, sont applicables aux ventes prévues par la loi du 23 mai 1863, sauf les additions et modifications ci-après.

2. Lorsque, en exécution du paragraphe 2 du nouvel article 93 du Code de commerce, le président du tribunal de commerce aura désigné pour la vente une autre classe d'officiers publics que les courtiers, il en sera fait mention dans les annonces, affiches et catalogues prescrits par les articles 21 et 22 du décret du 12 mars 1859.

3. Le minimum de la valeur des lots est fixé à cent francs pour les ventes de marchandises de toute espèce faites dans les cas prévus par la loi du 23 mai 1863.

Loi du 14 juin 1865, *concernant les chèques* (1).

Art. 1er. Le chèque est l'écrit qui, sous la forme d'un mandat de paiement, sert au tireur à effectuer le retrait, à son profit ou au profit d'un tiers, de tout ou partie des fonds portés au crédit de son compte chez le tiré, et disponibles (2). — Il est signé par le tireur et porte la date du jour où il est tiré. — Il ne peut être tiré qu'à vue. — Il peut être souscrit au porteur ou au profit d'une personne dénommée. — Il peut être souscrit à ordre et transmis même par voie d'endossement en blanc.

2. Le chèque ne peut être tiré que sur un tiers ayant provision préalable ; il est payable à présentation (3).

3. Le chèque peut être tiré d'un lieu sur un autre ou sur la même place.

4. L'émission d'un chèque, même lorsqu'il est tiré d'un lieu sur un autre, ne constitue pas, par sa nature, un acte de commerce (4). — Toutefois, les dispositions du Code de commerce relatives à la garantie solidaire du tireur et des endosseurs, au protêt et à l'exercice de l'action en garantie, en matière de lettres de change, sont applicables aux chèques.

5. Le porteur d'un chèque doit en réclamer le paiement dans le délai de cinq jours, y compris le jour de la date, si le chèque est tiré de la place sur laquelle il est payable, et dans le délai de huit jours, y compris le jour de la date, s'il est tiré d'un autre lieu. Le porteur d'un chèque qui n'en réclame pas le paiement

---

(1) Voy. *infrá*, la L. du 19 févr. 1874 et la L. du 30 déc. 1911.

(2) Voy. en *Angleterre*, la L. du 18 août 1882 ; en *Allemagne*, la L. du 11 mars 1908 ; en *Autriche*, la L. du 3 avril 1906 ; en *Hongrie*, la L. du 28 déc. 1908 ; en *Belgique*, la L. du 30 juin 1873 ; en *Espagne*, le C. com., 534 à 543 ; en *Hollande*, le C. com., 210 à 219 ; en *Italie*, le C. com., 339 à 344 ; en *Portugal*, le C. com., 341 à 343 ; en *Roumanie*, le C. com., 364 à 368 ; en *Suisse*, le C. féd. des oblig. 830 à 837 ; et pour les *États Scandinaves*, les lois du 23 avril 1897, *Danemark*, du 3 août 1897, *Norvége*, et du 24 mars 1898, *Suède*.

(3) En *Allemagne* (L. de 1908, 2-a), en *Angleterre* (L. de 1882, 73), en *Autriche* (L. de 1906), en *Hongrie* (L. de 1908, 2), le chèque ne peut être tiré que sur un banquier, ou, pour ces derniers pays, sur les établissements de droit public et les caisses d'épargne postales.

(4) En *Belgique*, le chèque est un acte de commerce (L. 15 déc. 1872, 2).

dans les délais ci-dessus, perd son recours contre les endosseurs ; il perd aussi son recours contre le tireur, si la provision a péri par le fait du tiré, après lesdits délais (1).

. . . .

Arrêté ministériel du 12 juin 1866, *relatif aux délais d'expédition, de transport et de livraison, de gare en gare, des marchandises sur les chemins de fer.*

Art. 1er. Les animaux, denrées, marchandises et objets quelconques remis aux chemins de fer seront expédiés, transportés et livrés, de gare en gare, sur chaque réseau, dans les délais résultant des conditions ci-après exprimées :

Grande vitesse.

2. (Modifié par l'arrêté min. du 6 déc. 1878.) Les animaux, denrées, marchandises et objets quelconques à grande vitesse seront expédiés par le premier train de voyageurs comprenant des voitures de toutes classes et correspondant avec leur destination, pourvu qu'ils aient été présentés à l'enregistrement trois heures au moins avant l'heure réglementaire du départ de ce train, faute de quoi ils seront remis au départ suivant. — Toutefois, cette prescription n'est pas obligatoire pour les trains express et les trains-poste dans lesquels les compagnies admettent exceptionnellement des voitures de 2e et de 3e classe et qui auront été nommément désignés, tant sur les livrets soumis lors des changements de service à l'approbation ministérielle que sur les affiches portant la marche des trains à la connaissance du public. — Les compagnies pourront, comme par le passé, être autorisées, sur leur demande, à admettre les petits colis dans les trains express ou poste proprement dits, sauf à appliquer le même traitement à tous les expéditeurs placés dans les mêmes conditions. Les autorisations précédemment accordées sont maintenues.

3. (Modifié par l'arrêté min. du 3 nov. 1879.) Pour les animaux, denrées, marchandises et objets quelconques passant d'un réseau sur un autre par une gare commune, le délai de transmission sera de trois heures, à compter de l'arrivée du train qui les aura apportés au point de jonction, et l'expédition à partir de ce point aura lieu par le premier train de voyageurs comprenant des voitures de toutes classes dont le départ suivra l'expiration de ce délai.

Le délai de transmission entre les réseaux aboutissant à une même localité, dans deux gares distinctes en communication par rails, sera de six heures, non compris le temps pendant lequel les gares sont fermées, conformément aux deuxième et troisième paragraphes de l'article 5, et il sera de la même durée entre les diverses gares de Paris

---

(1) Même délai en *Autriche*. Dans les autres pays, le délai varie de six jours à quinze jours suivant les législations. En *Angleterre*, le chèque doit être présenté dans un délai raisonnable (L. de 1882, 74).

formant têtes de ligne, jusqu'à ce que le service de la grande vitesse entre lesdites gares ait été organisé sur le chemin de fer de ceinture, le surplus des conditions énoncees au § 1er du présent article restant applicable dans ces deux derniers cas. Un délai plus long pourra être accordé par le ministre des travaux publics pour les diverses gares de chaque réseau, sur la proposition des inspecteurs généraux du contrôle, les compagnies entendues, sans toutefois pouvoir dépasser le maximum de huit heures.

4. Les expéditions seront mises à la disposition des destinataires à la gare, deux heures après l'arrivée du train mentionné aux articles 2 et 3.

5. Les expéditions arrivant de nuit ne seront mises à la disposition des destinataires que deux heures après l'ouverture de la gare. — Du 1er avril au 30 septembre, les gares seront ouvertes, pour la réception et la livraison des marchandises à grande vitesse, à six heures du matin au plus tard, et fermées, au plus tôt, à huit heures du soir. — Du 1er octobre au 31 mars, elles seront ouvertes à sept heures du matin au plus tard, et fermées, au plus tôt, à huit heures du soir. — Les dispositions des trois paragraphes qui précèdent ne sont pas applicables au lait, aux fruits, à la volaille, à la marée et autres denrées destinées à l'approvisionnement des marchés de la ville de Paris et des autres villes qui seraient ultérieurement désignées par l'administration supérieure, les compagnies entendues. — Ces marchandises seront mises à la disposition des destinataires, de nuit comme de jour, dans le délai fixé à l'article 4.

Petite vitesse.

6. Les animaux, denrées, marchandises et objets quelconques, à petite vitesse, seront expédiés dans le jour qui suivra celui de la remise.

7. La durée du trajet, pour les transports à petite vitesse, sera calculée à raison de vingt-quatre heures par fraction indivisible de 125 kilomètres. — Ne seront pas comptés les excédents de distance jusques et y compris 25 kilomètres. Ainsi 150 kilomètres compteront comme 125, 275 comme 250, etc.

8. (Modifié par l'arrêté min. du 29 déc. 1886.) Sur les lignes ou sections de réseau désignées à la suite du présent paragraphe et dans les deux sens, tant pour les parcours partiels que pour le parcours total, la durée du trajet sera réduite à vingt-quatre heures par fraction indivisible de 200 kilomètres pour les animaux, ainsi que pour les marchandises taxées aux prix de la 1re, de la 2e, de la 3e et de la 4e série des tarifs généraux de chaque compagnie, conformément à la classification approuvée par décision ministérielle du 17 avril 1879, et, en général, pour toutes les marchandises, denrées et objets quelconques qui, rangés dans les séries inférieures, seraient taxés au prix de la 4e série, sur la demande des expéditeurs. — Réseau du Nord....., réseau de l'Est....., réseau de l'Ouest....., etc. — Les animaux et les marchandises taxés comme il est dit ci-dessus, passant directement, sur

un même réseau, d'une des lignes précitées sur une autre de ces mêmes lignes, seront également transportés dans le délai de vingt-quatre heures par fraction indivisible de 200 kilomètres, comme si le transport avait lieu sur une seule et même ligne. — Pour les animaux et les marchandises qui emprunteraient successivement des lignes sur lesquelles ils auraient droit à l'accélération de vitesse, et d'autres sur lesquelles ils n'y auraient pas droit, le délai total du transport sera calculé en additionnant les délais partiels afférents à chacune des lignes de régime différent, sans que toutefois ce délai total puisse dépasser le délai fixé par l'article 7.

9. (Modifié par l'arrêté min. du 3 nov. 1879.) Pour les animaux, denrées, marchandises et objets quelconques passant d'un réseau sur un autre par une gare commune, le délai d'expédition fixé à l'article 6 ne sera compté qu'à la gare originaire et une seule fois ; mais il est accordé aux compagnies un jour de délai pour la transmission d'un réseau à l'autre, la durée du trajet, pour chaque compagnie, restant fixée comme il est dit aux articles 7 et 8. — Le délai de transmission entre les réseaux aboutissant à une même localité, dans deux gares distinctes, en communication par rails, sera de deux jours, le surplus des conditions énoncées au § 1er du présent article restant applicable dans ce dernier cas. Toute-

fois, à Paris, pour la transmission d'une gare à l'autre par le chemin de fer de ceinture, le délai de deux jours comprendra la durée du trajet sur cedit chemin. Un délai plus long pourra être accordé par le ministre des travaux publics pour les diverses gares de chaque réseau, sur la proposition des inspecteurs généraux du contrôle, les compagnies entendues, sans pouvoir toutefois dépasser le maximum de trois jours (1).

10. Les expéditions sont mises à la disposition des destinataires dans le jour qui suivra celui de leur arrivée effective en gare.

11. Le délai total résultant des articles 6, 7, 8, 9 et 10 sera seul obligatoire pour les compagnies.

12. La fixation des délais ci-dessus déterminés, pour les transports à petite vitesse effectués aux prix et conditions des tarifs généraux, ne fait point obstacle à la fixation de délais plus longs dans les tarifs spéciaux ou communs, où ils ont été ou seraient ultérieurement introduits, avec l'approbation de l'administration supérieure, comme compensation d'une réduction de prix.

13. (Modifié par l'arrêté min. du 16 février 1887.) Du 16 mars au 15 octobre, les gares seront ouvertes, pour la réception ou la livraison des marchandises à petite vitesse, à six heures du matin, au plus tard, et fermées, au plus tôt, à six heures du soir. — Du 16 octobre au 15 mars, elles seront ouvertes à sept heu-

---

(1) L'arrêté min. du 3 nov. 1879 contient un art. 2 qui est ainsi conçu : « Les dispositions qui précèdent (art. 3 et 9 ci-dessus) sont applicables au chemin de fer de ceinture, dont toutes les sections sont considérées, au point de vue des délais de transmission, comme appartenant à une seule et même exploitation. »

res du matin, au plus tard, et fermées, au plus tôt, à cinq heures du soir

Par exception, les dimanches et jours fériés, les gares des marchandises à petite vitesse seront fermées à midi, et les livraisons restant à faire avant la fin de la journée seront remises à la première moitié du jour suivant. — Dans ce dernier cas, le délai fixé pour la perception du droit de magasinage, soit par les tarifs généraux, soit par les tarifs spéciaux ou communs, homologués par l'administration supérieure, sera augmenté de tout le temps compris entre l'heure de midi et l'heure réglée, aux §§ 1 et 2 du présent article, pour la fermeture des gares.

(Ajouté par l'arrêté min. du 2 juin 1886.) Le 14 juillet, à l'occasion de la Fête Nationale, les gares de petite vitesse seront fermées toute la journée et le délai fixé pour la perception du droit de magasinage sera augmenté d'un jour.

Dispositions générales.

14. Aux délais fixés ci-dessus, tant pour la grande que pour la petite vitesse, seront ajoutés les délais nécessaires pour l'accomplissement des formalités de douane.

15. Toute expédition de marchandises sera constatée, si l'expéditeur le demande, par une lettre de voiture dont un exemplaire restera aux mains de la compagnie et l'autre aux mains de l'expéditeur. Dans le cas où l'expéditeur ne demanderait pas de lettre de voiture, la compagnie sera tenue de lui délivrer un récépissé qui énoncera la nature, le poids et la désignation des colis, les noms et l'adresse du destinataire, le prix total du transport et le délai dans lequel ce transport devra être effectué.

Loi du 13 juin 1866, *concernant les usages commerciaux.*

Art. 1er. Dans les ventes commerciales, les conditions, tares et autres usages indiqués dans le tableau annexé à la présente loi sont applicables dans toute l'étendue de l'*Empire*, à défaut de convention contraire.

2. La présente loi sera exécutoire à partir du 1er janvier 1867.

TABLEAU ANNEXÉ

1re PARTIE. — RÈGLES GÉNÉRALES.

I. Toute marchandise pour laquelle la vente est faite au poids se vend au poids brut ou au poids net. — Le poids brut comprend le poids de la marchandise et de son contenant. Le poids net est celui de la marchandise à l'exclusion du poids de son contenant. — La tare représente, à la vente, le poids présumé du contenant. La tare s'applique à certaines marchandises que, pour les facilités du commerce, il est d'usage de ne pas déballer (1).

---

(1) **Décret du 15 juin 1867,** *qui fixe la tare légale sur certaines marchandises.*

Art. 1er. La tare légale sur les marchandises ci-après est fixée ainsi qu'il suit :

Cafés en sacs ou en balles.	1 1/2 p. 100
Cacao en sacs ou en balles.	1 1/2 —

Cannelle en sacs ou en balles.	sous simple emballage	4 p. 100
	sous double emballage	5 —
Indigo.	Suron	10 —
	Caisses ou futailles renfermant un suron.	22 —
Piment, poivre ou cubèbe en sacs ou en balles.		2 —

II. Tout article se vendant au poids et non mentionné au tableau est vendu au poids net.

III. L'acheteur a le droit, en renonçant à la tare d'usage, de réclamer le poids net, même pendant le cours de la livraison.

IV. Pour la marchandise vendue au poids brut, l'emballage doit être conforme aux habitudes du commerce.

V. L'emballage (toile, fût, barrique, caisse, etc.) reste à l'acheteur, sauf les exceptions portées au tableau.

VI. Lorsqu'il y a deux emballages, l'emballage intérieur, en tant qu'il est considéré dans l'usage comme marchandise et qu'il est conforme aux habitudes du commerce est compris dans le poids net.

VII. Le tonneau de mer s'entend du tonneau d'affrètement tel qu'il est réglé pour l'exécution des articles 3 et 6 de la loi du 8 juillet 1861.

VIII. Sauf les exceptions portées au tableau ci-après, il n'est accordé ni dons, ni surdons, ni tolérance.

IX. Dans les ports maritimes, toutes les marchandises autres que les articles manufacturés se vendent sur le pied de deux pour cent d'escompte au comptant, et, lorsque le vendeur consent à convertir tout ou partie de l'escompte en terme, l'escompte se règle à raison de un demi pour cent par mois.

2ᵉ PARTIE. — RÈGLES SPÉCIALES A CERTAINES MARCHANDISES.

. . . .

———

Loi du 14 juillet 1866, *relative à la convention monétaire conclue, le 23 décembre 1865, entre la France, la Belgique, l'Italie et la Suisse.*

. . . .

Art. 5. Les nouvelles pièces d'argent, fabriquées en vertu de la présente loi et en vertu de la loi du 25 mai 1864, n'auront cours légal entre les particuliers que comme monnaie d'appoint, et seulement jusqu'à concurrence de cinquante francs pour chaque paiement. Elles seront reçues dans les caisses publiques sans limitation de quantité.

. . . .

———

Loi du 18 juillet 1866, *sur les courtiers de marchandises.*

Titre I. — De l'exercice de la profession de courtier de marchandises.

Art. 1er. A partir du 1er janvier 1867, toute personne sera libre d'exercer la profession de courtier de marchandises, et les dispositions contraires du Code de commerce, des lois, décrets, ordonnances et arrêtés actuellement en vigueur seront abrogées.

2. Il pourra être dressé par le tribunal de commerce une liste des courtiers de marchandises de la localité qui auront demandé à y être inscrits. — Nul ne pourra être inscrit sur ladite liste s'il ne justifie : 1º de sa moralité par un certificat délivré par le maire ; 2º de sa capacité professionnelle par l'attestation de cinq commerçants de la place faisant partie des notables chargés d'é-

lire le tribunal de commerce ; 3° de l'acquittement d'un droit d'inscription une fois payé au Trésor. Ce droit d'inscription, qui ne pourra excéder trois mille francs, sera fixé, pour chaque place, en raison de son importance commerciale, par un décret rendu en la forme des règlements d'administration publique, et cessera d'être exigé à l'époque où sera amortie l'avance du Trésor, dont il sera parlé à l'article 17. — Aucun individu en état de faillite, ayant fait abandon de biens ou atermoiement sans s'être depuis réhabilité, ou ne jouissant pas des droits de citoyen français, ne pourra être inscrit sur la liste dont il vient d'être parlé. — Tout courtier inscrit sera tenu de prêter, devant le tribunal de commerce, dans la huitaine de son inscription, le serment de remplir avec honneur et probité les devoirs de sa profession. — Il sera également tenu de se soumettre, en tout ce qui se rapporte à la discipline de sa profession, à la juridiction d'une chambre syndicale, qui sera établie comme il est dit à l'article suivant.

3. (L. du 22 mars 1893.) Tous les ans, à l'époque fixée par le règlement de chaque compagnie, les courtiers inscrits éliront parmi eux les membres qui devront composer, pour l'année suivante, la chambre syndicale. — L'organisation et les pouvoirs disciplinaires de cette chambre seront déterminés dans un règlement dressé pour chaque place par le tribunal de commerce, après avis de la chambre de commerce ou de la chambre consultative des arts et manu-

factures. — Ce règlement sera soumis à l'approbation du ministre *de l'agriculture*, du commerce *et des travaux publics*. — La chambre syndicale pourra prononcer, sauf appel devant le tribunal de commerce, les peines disciplinaires suivantes : — l'avertissement ; — la radiation temporaire ; — la radiation définitive, sans préjudice des actions civiles à intenter par les tiers intéressés, ou même de l'action publique, s'il y a lieu. — Si le nombre des courtiers inscrits n'est pas suffisant pour la constitution d'une chambre syndicale, le tribunal de commerce en remplira les fonctions.

4. Les ventes publiques de marchandises aux enchères et en gros qui, dans les divers cas prévus par la loi, doivent être faites par un courtier, ne pourront être confiées qu'à un courtier inscrit sur la liste dressée conformément à l'article 2, ou, à défaut de liste, désigné, sur la requête des parties intéressées, par le président du tribunal de commerce.

5. A défaut d'experts désignés d'accord entre les parties, les courtiers inscrits pourront être requis pour l'estimation des marchandises déposées dans un magasin général. — Si le courtier requis dans le cas prévu par le paragraphe qui précède réclame plus d'une vacation, il sera statué par le président du tribunal de commerce sans frais et sans recours.

6. Le courtier chargé de procéder à une vente publique, ou qui aura été requis pour l'estimation de marchandises déposées dans un magasin général, ne pourra se rendre acquéreur,

pour son compte, des marchandises dont la vente ou l'estimation lui aura été confiée. — Le courtier qui aura contrevenu à la disposition qui précède sera rayé par le tribunal de commerce, statuant disciplinairement et sans appel, sur la plainte d'une partie intéressée ou d'office, de la liste des courtiers inscrits, et ne pourra plus y être inscrit de nouveau, sans préjudice de l'action des parties en dommages-intérêts.

7. Tout courtier qui sera chargé d'une opération de courtage pour une affaire où il avait un intérêt personnel, sans en prévenir les parties auxquelles il aura servi d'intermédiaire, sera poursuivi devant le tribunal de police correctionnelle et puni d'une amende de cinq cents francs à trois mille francs, sans préjudice de l'action des parties en dommages-intérêts. S'il était inscrit sur la liste des courtiers dressée conformément à l'article 2, il en sera rayé et ne pourra plus y être inscrit de nouveau.

8. Les droits de courtage pour les ventes publiques et la quotité de chaque vacation due au courtier, pour l'estimation des marchandises déposées dans un magasin général continueront à être fixés, pour chaque localité, par le ministre *de l'agriculture, du commerce et des travaux publics,* après avis de la chambre et du tribunal de commerce.

9. Dans chaque ville où il existe une bourse de commerce, le cours des marchandises sera constaté par les courtiers inscrits, réunis, s'il y a lieu, à un certain nombre de courtiers non inscrits et de négociants de la place, dans la forme qui sera prescrite par un règlement d'administration publique.

Titre II. — De l'indemnité à payer aux courtiers en marchandises actuellement en exercice.

. . . .

———

Loi du 24 juillet 1867
sur les sociétés.

(Modifiée par la L. du 1er août 1893.)

Titre I. — Des sociétés en commandite par actions.

Art. 1er. (Modifié par la loi du 1er août 1893.) Les sociétés en commandite ne peuvent diviser leur capital (1) en actions ou coupures d'actions de moins de 25 francs lorsque le capital n'excède pas 200,000 francs, de moins de 100 francs lorsque le capital est supérieur à 200,000 francs (2). — Elles ne peuvent

---

(1) La plupart des législations étrangères ne fixent aucun chiffre minimum pour le montant des actions : il en est ainsi en *Angleterre,* en *Belgique,* en *Espagne,* en *Italie,* en *Portugal,* au *Mexique,* en *Suisse,* etc. — La législation *allemande,* au contraire, est plus rigoureuse que la loi française : aux termes de l'art. 180, C. com., les actions doivent être au minimum de 1,000 marks ; par exception, elles peuvent être de 200 marks au moins lorsqu'il s'agit d'une œuvre d'utilité publique et que le Conseil fédéral l'autorise, ou lorsque la transmission des actions est subordonnée à l'agrément de la société.

D'autre part, d'après la législation *allemande,* les commandités doivent être au moins au nombre de cinq (C. com. 321).

(2) La loi française ne s'est pas occupée de deux questions fort importantes que les législations étrangères récentes ont formellement tranchées, et qui sont relatives :

a) L'une à *l'émission de nouvelles actions* : d'après le C. com. *italien,* art. 130, le C. com. *espagnol,* art. 165, le C. com.

être définitivement constituées qu'après la souscription de la totalité du capital ([1]) et le versement en espèces, par chaque actionnaire, du montant des actions ou coupures d'actions souscrites par lui, lorsqu'elles n'excèdent pas 25 francs, et du quart au moins des actions lorsqu'elles sont de 100 francs et au-dessus ([2]). — Cette souscription et ces versements seront constatés par une déclaration du gérant dans un acte notarié ([3]).

---

roumain, art. 132, et le C. com. *allemand*, 278 et s., l'émission de nouvelles actions est interdite tant que les actions précédemment émises ne sont pas entièrement libérées ;

b) L'autre à l'*émission des obligations* : en *Belgique*, l'émission des obligations à prime n'est permise que sous certaines conditions et notamment à la condition que le montant de ces obligations ne soit pas supérieur au capital social versé (L. de 1873, art. 68). En *Italie*, l'émission des obligations est réglementée avec soin par les art. 170 à 175 C. com. : d'après l'art. 170, les sociétés ne peuvent émettre d'obligations pour une somme dépassant le capital versé et encore existant suivant le dernier bilan approuvé. Il en est de même en *Portugal* (C. com. 196).

(1) La nécessité de la souscription intégrale du capital social se retrouve dans presque toutes les législations : voy. L. *anglaise* de 1900, art. 4 ; L. *belge* de 1873, art. 29 ; C. com. *italien*, 130 ; C. com. *hollandais*, 51 ; C. com. *portugais*, 162 ; C. com. *roumain*, 132 ; C. com. *allemand*, 189 ; L. *suisse* des obligations, art. 618. — En *Espagne*, au contraire, la souscription intégrale du capital social n'est requise que pour les compagnies de chemins de fer et d'autres travaux publics (C. com. 185).

Jusqu'à la L. du 30 janv. 1897, notre législation ne prescrivait aucune règle de forme pour la souscription des actions. Les législations étrangères, du moins les plus récentes, assujettissent à certaines formalités la rédaction du bulletin de souscription que doit remplir l'actionnaire. Ainsi, en *Belgique*, le bulletin de souscription doit être rédigé en double et indiquer la date de l'acte authentique de société et de sa publication, l'objet de la société, le capital et le nombre d'actions, les apports et les conditions auxquelles ils sont faits, les avantages particuliers attribués aux fondateurs, le versement sur chaque action d'un dixième au moins de la souscription et enfin la convocation des souscripteurs à l'assemblée constitutive de la société (L. de 1873, modifiée par la L. de 1886, art. 31). Il en est de même, sauf quelques différences de détail, en *Allemagne* (C. com. 189), en *Angleterre* (L. du 28 août 1907) et en *Portugal* (C. com. 175). — En *Italie*, on va encore plus loin : aux termes de l'art. 129 C. com., les souscriptions doivent être recueillies au bas d'un ou de plusieurs exemplaires du prospectus des promoteurs, ou du projet des statuts de la société : elles doivent contenir les nom et prénom, ou la raison sociale et le domicile de celui qui souscrit, le nombre en toutes lettres des actions souscrites, la date de la souscription et enfin la déclaration que le souscripteur connaît et accepte le prospectus ou le projet des statuts. — En *Suisse*, la loi fédérale des obligations (art. 615) se contente d'exiger du souscripteur une déclaration écrite se référant aux statuts de la société.

(2) Parmi les législations étrangères, quelques-unes sont plus rigoureuses que la loi française : en *Italie*, d'après les art. 130 et 132 C. com., chaque actionnaire doit verser, en espèces, les trois dixièmes des actions par lui souscrites, sauf pour les sociétés d'assurance où le versement est réduit à un dixième ; ces versements doivent être effectués à la Caisse des dépôts et prêts, ou à une banque d'émission légalement constituée. — Le C. com. *allemand*, art. 195, exige le versement du quart. — Les autres législations sont moins rigoureuses : la L. *belge* de 1873 modifiée par la L. de 1886, art. 31, et le C. com. *portugais*, art. 162, se contentent du versement d'un dixième ; la loi *anglaise* de 1900, art. 4, le C. fédéral *suisse* des obligations, art. 618, n'imposent qu'un versement d'un vingtième ; enfin le C. com. *espagnol* ne contient aucune obligation pareille pour la constitution de la société, sauf pour les compagnies de chemins de fer ou d'autres travaux publics où le versement doit être du quart comme en droit français (C. com. 185).

(3) Aucune formalité pareille n'est

— A cette déclaration sont annexés la liste des souscripteurs, l'état des versements effectués, l'un des doubles de l'acte de société, s'il est sous seing privé, et une expédition, s'il est notarié et s'il a été passé devant un notaire autre que celui qui a reçu la déclaration (1). — L'acte sous seing privé, quel que soit le nombre des associés, sera fait en double original, dont l'un sera annexé, comme il est dit au paragraphe qui précède, à la déclaration de souscription du capital et de versement du quart, et l'autre restera déposé au siège social (2).

2. Les actions ou coupons d'actions sont négociables après le versement du quart.

3. (Modifié par la loi du 1er août 1893.) Les actions sont nominatives jusqu'à leur entière libération (3). — Les actions représentant des apports devront toujours être intégralement libérées au moment de la constitution de la société. — Ces actions ne peuvent être détachées de la souche et ne sont négociables que deux ans après la constitution définitive de la société. — Pendant ce temps, elles devront, à la diligence des administrateurs, être frappées d'un timbre indiquant leur nature et la date de cette constitution. — (Ajouté par la loi du 16 novembre 1903.) En cas de fusion de sociétés par voie d'absorption ou de création d'une société nouvelle englobant une ou plusieurs sociétés préexistantes, l'interdiction de détacher les actions de la souche et de les négocier ne s'applique pas aux actions d'apport attribuées à une société par actions

---

exigée ni par le C. com. *espagnol*, ni par le C. com. *portugais*, ni par la loi *allemande* de 1884, tout au moins en ce qui concerne les sociétés en commandite (voy., pour les sociétés anonymes, *infrà*, la note sous l'art. 24). — En *Belgique*, le notaire n'intervient que pour présider l'assemblée générale où est vérifié l'accomplissement des conditions légales. — Enfin l'*Italie* a emprunté au C. com. *espagnol* de 1829 un système de vérification qui a été abrogé en *Espagne* par le Code de commerce de 1886. D'après l'art. 90, C. com. *italien*, l'acte constitutif et les statuts des commandites par actions et des sociétés anonymes doivent être déposés, par les soins et sous la responsabilité du notaire qui a reçu l'acte et des administrateurs, dans les quinze jours de leur date, au greffe du tribunal civil dans la juridiction duquel le siège de la société est établi : le tribunal vérifie alors en chambre du conseil, et le ministère public entendu, l'accomplissement des conditions fixées par la loi pour la constitution de la société; et ce n'est qu'autant qu'il a ordonné, à la suite de cette vérification, la publicité de la société que cette société est régulièrement constituée.

(1) En *Angleterre*, les conditions de formation des sociétés *limited* diffèrent profondément de celles qui sont prescrites par les autres législations. D'après les lois de 1862 et de 1867, il suffit que sept associés, dont chacun a souscrit au moins une action, présentent au *registrar* un memorandum d'association portant certaines mentions (dénomination de la société, siège social, montant du capital social, etc.) : le *registrar* délivre alors aux signataires un certificat d'enregistrement, et, dès ce moment, la société est valablement fondée, sauf à elle à faire appel aux souscripteurs pour se procurer les fonds qui lui sont nécessaires.

(2) Voy. *suprà*, C. com., art. 39 et 40.

(3) La conversion après versement de moitié est admise en *Espagne* (C. com. 164, 5e alin.) et en *Suisse* (C. féd. des oblig., art. 636). Les autres législations au contraire n'autorisent la conversion qu'après la libération intégrale de l'action : voy. L. *belge*, de 1873, art. 40, 3e al.; C. com. *hollandais*, art. 41; C. com. *italien*, art. 165; C. com. *portugais*, art. 166, § 1; C. com. *allemand*, art. 179.

ayant, lors de la fusion, plus de deux ans d'existence. — Les titulaires, les cessionnaires intermédiaires et les souscripteurs sont tenus solidairement du montant de l'action. — Tout souscripteur ou actionnaire qui a cédé son titre cesse, deux ans après la cession, d'être responsable des versements non encore appelés [1].

4. Lorsqu'un associé fait un apport qui ne consiste pas en numéraire, ou stipule à son profit des avantages particuliers, la première assemblée générale fait apprécier la valeur de l'apport ou la cause des avantages stipulés [2]. — La société n'est définitivement constituée qu'après l'approbation de l'apport ou des avantages, donnée par une autre assemblée générale, après une nouvelle convocation. — La seconde assemblée générale ne pourra statuer sur l'approbation de l'apport ou des avantages qu'après un rapport qui sera imprimé et tenu à la

---

[1] Les législations d'après lesquelles les actions doivent rester nominatives jusqu'à leur entière libération décident que les versements peuvent être réclamés également au souscripteur primitif, aux cessionnaires intermédiaires et au propriétaire actuel. La plupart admettent cependant la libération des anciens propriétaires au bout d'un certain temps, 5 ans en *Belgique* à dater de la publication annuelle de la liste des associés où il ne figure plus (L. de 1873, art. 41), 2 ans en *Allemagne* à compter du jour où le transfert a été notifié à la société pour être inscrit sur les registres sociaux (C. com. 220). En *Italie* et en *Portugal*, la responsabilité des anciens propriétaires est perpétuelle, sauf leur recours contre le propriétaire actuel (C. com. *italien*, 165 ; C. com. *portugais*, 170, § 1er). — En *Espagne*, la conversion des actions nominatives en actions au porteur a pour effet de libérer d'une manière absolue les anciens propriétaires en ce qui concerne les versements restant à effectuer. (C. com., 164, 4e alin.)

D'autre part, dans toutes les législations, la société, en cas d'insolvabilité ou de disparition des actionnaires, peut faire vendre les actions non libérées en Bourse au risque et pour le compte desdits actionnaires (C. com. *allemand*, art. 219 ; C. com. *italien*, 167 ; C. com. *espagnol*, 164 ; 4e alin., etc.).

[2] Parmi les législations étrangères, les unes ne se sont pas occupées spécialement de la question des apports en nature et des avantages particuliers faits à certains actionnaires : le C. com. *espagnol* n'en parle point. — D'autres législations soumettent l'approbation des apports à l'assemblée générale des actionnaires, mais sans exiger des conditions spéciales pour la tenue de cette assemblée : il en est ainsi en *Belgique* (L. de 1873, art. 31 et 32), en *Italie* (C. com. 133), en *Portugal* (C. com. 164) et en *Suisse* (C. féd. des obligations, art. 619). La loi *belge* et le C. com. *italien* n'enlèvent même pas voix délibérative aux associés qui ont fait des apports en nature ou stipulé des avantages particuliers. — La législation *allemande* seule contient des prescriptions plus rigoureuses. Aux termes des art. 191 et s., et 322 et s., C. com., les associés engagés personnellement dans les sociétés en commandite et les fondateurs dans les sociétés anonymes doivent d'abord indiquer, par une déclaration signée d'eux, les raisons qui leur paraissent justifier l'évaluation de l'apport ou des installations ou immeubles à reprendre : ils doivent aussi spécifier les opérations antérieures auxquelles les installations ou immeubles ont donné lieu depuis deux ans, ou leur prix de revient pendant la même période. De plus, le conseil de surveillance dans les commandites, et les directeurs et le conseil de surveillance dans les sociétés anonymes, doivent soumettre à l'assemblée générale des actionnaires un rapport détaillé concernant les avantages particuliers et l'évaluation des apports en nature : dans les sociétés anonymes, si les membres de la direction et du conseil de surveillance sont eux-mêmes au nombre des fondateurs, le rapport est fait en leur lieu et place par des reviseurs spéciaux que désigne la Chambre de commerce. Ce n'est qu'autant que ces formalités ont été accomplies que l'assemblée générale des actionnaires peut valablement statuer.

disposition des actionnaires, cinq jours au moins avant la réunion de cette assemblée. — Les délibérations sont prises par la majorité des actionnaires présents. Cette majorité doit comprendre le quart des actionnaires et représenter le quart du capital social en numéraire. — Les associés qui ont fait l'apport ou stipulé des avantages particuliers soumis à l'appréciation de l'assemblée n'ont pas voix délibérative. — A défaut d'approbation, la société reste sans effet à l'égard de toutes les parties. — L'approbation ne fait pas obstacle à l'exercice ultérieur de l'action qui peut être intentée pour cause de dol ou de fraude. — Les dispositions du présent article relatives à la vérification de l'apport qui ne consiste pas en numéraire ne sont pas applicables au cas où la société à laquelle est fait ledit apport est formée entre ceux seulement qui en étaient propriétaires par indivis.

5. Un conseil de surveillance, composé de trois actionnaires au moins, est établi dans chaque société en commandite par actions [1]. — Ce conseil est nommé par l'assemblée générale des actionnaires immédiatement après

la constitution définitive de la société et avant toute opération sociale. — Il est soumis à la réélection aux époques et suivant les conditions déterminées par les statuts. — Toutefois, le premier conseil n'est nommé que pour une année.

6. Ce premier conseil doit, immédiatement après sa nomination, vérifier si toutes les dispositions contenues dans les articles qui précèdent ont été observées.

7. Est nulle et de nul effet à l'égard des intéressés, toute société en commandite par actions constituée contrairement aux prescriptions des articles 1er, 2, 3, 4 et 5 de la présente loi. — Cette nullité ne peut être opposée aux tiers par les associés [2].

8. Lorsque la société est annulée, aux termes de l'article précédent, les membres du premier conseil de surveillance peuvent être déclarés responsables, avec le gérant, du dommage résultant, pour la société ou pour les tiers, de l'annulation de la société [3]. — La même responsabilité peut être prononcée contre ceux des associés dont les apports ou les avantages n'auraient pas été vérifiés et approuvés conformément à l'ar-

---

(1) Dans tous les pays étrangers, sauf cependant en *Espagne*, on retrouve cette institution d'un organe de surveillance dans les sociétés en commandite. A cet égard, les législations étrangères ne diffèrent qu'au point de vue des personnes qui peuvent faire partie de ce conseil. Quelques-unes exigent que les membres de ce conseil soient pris parmi les associés (C. com. *portugais*, 175; C. com. *roumain*, 186 à 188). La majorité décide au contraire que les commissaires de surveillance peuvent être choisis en dehors des associés (L. *anglaise* de 1862, art. 81

et suiv.; L. *belge* de 1873, art. 54 et 80; C. com. *allemand*, art. 190 et 243; C. com. *italien*, art. 182; C. *suisse* des obligations, art. 659). Nulle part d'ailleurs on ne rencontre cette différence peu justifiable que fait la loi française entre les sociétés en commandite où les commissaires de surveillance sont nécessairement des associés et les sociétés anonymes où ces commissaires peuvent être pris en dehors des associés (art. 5 et 32, L. de 1867).

(2) Voy. *infrà*, la note sous l'art. 41.

(3) Voy. *infrà*, la note sous les art. 42 et 43.

ticle 4 ci-dessus. — (Ajouté par la loi du 1er août 1893.) L'action en nullité de la société ou des actes et délibérations postérieurs à sa constitution n'est plus recevable lorsque, avant l'introduction de la demande, la cause de nullité a cessé d'exister. L'action en responsabilité, pour les faits dont la nullité résultait, cesse également d'être recevable lorsque, avant l'introduction de la demande, la cause de nullité a cessé d'exister et, en outre, que trois ans se sont écoulés depuis le jour où la nullité était encourue. — Si, pour couvrir la nullité, une assemblée générale devait être convoquée, l'action en nullité ne sera plus recevable à partir de la date de la convocation régulière de cette assemblée. — Ces actions en nullité contre les actes constitutifs des sociétés sont prescrites par dix ans. — Cette prescription ne pourra, toutefois, être opposée avant l'expiration des dix années qui suivront la promulgation de la présente loi.

9. Les membres du conseil de surveillance n'encourent aucune responsabilité en raison des actes de la gestion et de leurs résultats. — Chaque membre du conseil de surveillance est responsable de ses fautes personnelles, dans l'exécution de son mandat, conformément aux règles du droit commun (1).

10. Les membres du conseil de surveillance vérifient les livres, la caisse, le portefeuille et les valeurs de la société (2). — Ils font, chaque année, à l'assemblée générale, un rapport dans lequel ils doivent signaler les irrégularités et inexactitudes qu'ils ont reconnues dans les inventaires, et constater, s'il y a lieu, les motifs qui s'opposent aux distributions des dividendes proposées par le gérant. — Aucune répétition de dividendes (3) ne peut être exercée contre les actionnaires, si ce n'est dans le cas où la distribution en aura été faite en l'absence de tout inventaire ou en dehors des résultats constatés par l'inventaire (4). — L'action en répétition, dans le cas où elle est

---

(1) Voy. *infra*, la note sous l'art. 43.

(2) Les pouvoirs des membres du conseil de surveillance dans les sociétés en commandite sont ainsi plus étendus que ceux que l'art. 33 accorde aux commissaires de surveillance dans les sociétés anonymes : cette différence injustifiable ne se retrouve dans aucune autre législation. Voy. *infrà*, art. 33 et la note.

(3) La jurisprudence française ne considère pas comme des dividendes fictifs et sujets à répétition les intérêts qui sont payés aux actionnaires en vertu d'une clause des statuts sociaux et pour le cas où la société anonyme ou en commandite n'a réalisé aucun bénéfice. Plusieurs législations étrangères ont également consacré cette solution, mais en la renfermant dans des limites plus étroites : ainsi en *Italie* (C. com. 180) et en *Portugal* (C. com. 192, § 2), les statuts peuvent, par exception, accorder aux actionnaires un intérêt déterminé sur le capital qu'ils ont versé, mais seulement pour un temps qui ne peut dépasser trois années et à un taux moyen qui ne peut excéder le cinq pour cent. En *Allemagne*, les intérêts d'un taux déterminé peuvent être convenus pour le temps que réclame, d'après les statuts, la préparation de l'entreprise jusqu'au moment de son exploitation normale (art. 215).

(4) D'après le C. com. *allemand* (art. 217) et le C. féd. *suisse* des obligations (art. 632), les actionnaires de bonne foi ne sont jamais tenus de rapporter les dividendes fictifs. Le C. com. *hongrois* (art. 167), tout en admettant cette règle, y apporte une exception, et soumet à restitution les acomptes même reçus de bonne

ouverte, se prescrit par cinq ans, à partir du jour fixé pour la distribution des dividendes. — Les prescriptions commencées à l'époque de la promulgation de la présente loi et pour lesquelles il faudrait encore, suivant les lois anciennes, plus de cinq ans, à partir de la même époque, seront accomplies par ce laps de temps.

11. Le conseil de surveillance peut convoquer l'assemblée générale, et, conformément à son avis, provoquer la dissolution de la société.

12. Quinze jours au moins avant la réunion de l'assemblée générale, tout actionnaire peut prendre par lui ou par un fondé de pouvoirs, au siège social, communication du bilan, des inventaires et du rapport du conseil de surveillance([1]).

13. L'émission d'actions ou de coupons d'actions d'une société constituée contrairement aux prescriptions des articles 1er, 2 et 3 de la présente loi, est punie d'une amende de cinq cents à dix mille francs. — Sont punis de la même peine : — Le gérant qui commence les opérations sociales avant l'entrée en fonctions du conseil de surveillance ;

— Ceux qui, en se présentant comme propriétaires d'actions ou de coupons d'actions qui ne leur appartiennent pas, ont créé frauduleusement une majorité factice dans une assemblée générale, sans préjudice de tous dommages-intérêts, s'il y a lieu, envers la société ou envers les tiers ; — Ceux qui ont remis les actions pour en faire un usage frauduleux. — Dans les cas prévus par les deux paragraphes précédents, la peine de l'emprisonnement de quinze jours à six mois peut, en outre, être prononcée.

14. La négociation d'actions ou de coupons d'actions dont la valeur ou la forme serait contraire aux dispositions des articles 1er, 2 et 3 de la présente loi, ou pour lesquels le versement du quart n'aurait pas été effectué conformément à l'article 2 ci-dessus, est punie d'une amende de cinq cents à dix mille francs. — Sont punies de la même peine toute participation à ces négociations et toute publication de la valeur desdites actions.

15. Sont punis des peines portées par l'article 405 du Code pénal([2]), sans préjudice de l'ap-

---

foi dans le courant de l'année lorsqu'il résulte du bilan annuel qu'ils dépassent le dividende qui revient aux actionnaires. — En *Italie*, l'art. 180 C. com. porte que « les associés ne sont pas obligés de restituer les dividendes qui leur ont été payés », ce qui semble exclure la répétition même contre les actionnaires de mauvaise foi : cette solution est formellement consacrée au *Mexique* par l'art. 52, L. 10 nov. 1888.

(1) Voy. *infrà*, la note sous l'art. 35.

(2) Art. 405, C. pén. : « Quiconque, soit en faisant usage de faux nom ou de fausses qualités, soit en employant des manœuvres frauduleuses pour persuader l'existence de fausses entreprises, d'un pouvoir ou d'un crédit imaginaire, ou pour faire naître l'espérance ou la crainte d'un succès, d'un accident ou de tout autre événement chimérique, se sera fait remettre ou délivrer, ou aura tenté de se faire remettre ou délivrer des fonds, des meubles ou des obligations, dispositions, billets, promesses, quittances ou décharges, et aura, par un de ces moyens, escroqué ou tenté d'escroquer la totalité ou partie de la fortune d'autrui sera puni d'un emprisonnement d'un an au moins et de cinq ans au plus et d'une amende de

plication de cet article à tous les faits constitutifs du délit d'escroquerie : — 1º Ceux qui, par simulation de souscriptions ou de versements ou par publication, faite de mauvaise foi, de souscriptions ou de versements qui n'existent pas, ou de tous autres faits faux, ont obtenu ou tenté d'obtenir des souscriptions ou des versements ; — 2º Ceux qui, pour provoquer des souscriptions ou des versements, ont, de mauvaise foi, publié les noms de personnes désignées, contrairement à la vérité, comme étant ou devant être attachées à la société à un titre quelconque ; — 3º Les gérants qui, en l'absence d'inventaire ou au moyen d'inventaires frauduleux, ont opéré entre les actionnaires la répartition de dividendes fictifs. — Les membres du conseil de surveillance ne sont pas civilement responsables des dé-lits commis par le gérant (¹).

16. L'article 463 du Code pénal est applicable aux faits prévus par les trois articles qui précèdent (²).

17. Des actionnaires représentant le vingtième au moins du capital social peuvent, dans un intérêt commun, charger à leurs frais un ou plusieurs mandataires de soutenir, tant en demandant qu'en défendant, une action contre les gérants ou contre les membres du conseil de surveillance et de les représenter, en ce cas, en justice, sans préjudice de l'action que chaque actionnaire peut intenter individuellement en son nom personnel (³).

18. Les sociétés antérieures à la loi du 17 juillet 1856, et qui ne se seraient pas conformées à l'article 15 de cette loi, seront tenues, dans un délai de six mois, de constituer un conseil

---

cinquante francs au moins et de trois mille francs au plus. Le coupable pourra être, en outre, à compter du jour où il aura subi sa peine, interdit, pendant cinq ans au moins et dix ans au plus, des droits mentionnés en l'article 42 du présent Code : le tout, sauf les peines plus graves, s'il y a eu crime de faux. »

(1) Parmi les législations étrangères, il n'en est que deux, à notre connaissance, qui n'établissent point de pénalités spéciales en matière de sociétés par actions : ce sont les Codes de commerce de l'*Espagne* et du *Portugal*. Les autres législations contiennent toutes des dispositions analogues et même plus sévères que celles de la loi française : voy. notamment, L. *belge* de 1873, modifiée par la L. de 1886, art. 131 à 135 ; C. com. *allemand*, art. 312 à 319 ; C. com. *italien*, art. 244 à 24‑, etc. De ces législations, la plus rigoureuse est sans contredit la législation *allemande* : c'est ainsi qu'elle déclare responsables pénalement les fondateurs, directeurs et commissaires de surveillance dans tous les cas où ils ont agi avec intention au détri-ment de la société : et les peines qu'ils encourent peuvent aller jusqu'à une amende de vingt mille marks et un emprisonnement dont la durée varie suivant les cas.

(2) Cet article du Code pénal est relatif aux circonstances atténuantes.

(3) La plupart des législations étrangères ne permettent pas aux actionnaires isolés d'intenter une action sociale contre les administrateurs et les commissaires de surveillance, si ce n'est pour cause de dol. En *Allemagne*, les actionnaires, à condition qu'ils représentent le dixième du capital social, peuvent assigner directement les administrateurs et les commissaires de surveillance (C. com. 268 et s.). Dans les autres pays, les actionnaires qui représentent une partie du capital social, le 5ᵉ, le 8ᵉ ou le 10ᵉ suivant les législations, ne peuvent que dénoncer les faits au tribunal et le requérir de nommer des inspecteurs chargés de les vérifier (L. *anglaise* de 1862, art. 56 à 61 ; L. *belge* de 1873, art. 124 ; C. com. *italien*, 152).

de surveillance, conformément aux dispositions qui précèdent. — A défaut de constitution du conseil de surveillance dans le délai ci-dessus fixé, chaque actionnaire a le droit de faire prononcer la dissolution de la société.

19. Les sociétés en commandite par actions antérieures à la présente loi, dont les statuts permettent la transformation en société anonyme autorisée par le Gouvernement, pourront se convertir en société anonyme dans les termes déterminés par le titre II de la présente loi, en se conformant aux conditions stipulées dans les statuts pour la transformation.

20. Est abrogée la loi du 17 juillet 1856.

Titre II. — Des sociétés anonymes.

21. A l'avenir, les sociétés anonymes pourront se former sans l'autorisation du Gouvernement (¹). — Elles pourront, quel que soit le nombre des associés, être formées par un acte sous seing privé fait en double original (²). — Elles seront soumises aux dispositions des articles 29, 30, 32, 33, 34 et 36 du Code de commerce et aux dispositions contenues dans le présent titre.

22. Les sociétés anonymes sont administrées par un ou plusieurs mandataires à temps, révocables, salariés ou gratuits pris parmi les associés. — Ces mandataires peuvent choisir parmi eux un directeur, ou, si les statuts le permettent, se substituer un mandataire étranger à la société et dont ils sont responsables envers elle.

23. La société ne peut être constituée, si le nombre des associés est inférieur à sept (³).

24. Les dispositions des articles 1er, 2, 3 et 4 de la présente loi sont applicables aux sociétés anonymes. — La déclaration imposée au gérant par l'article 1er est faite par les fondateurs de la société anonyme ; elle est soumise, avec les pièces à l'appui, à la première assemblée générale qui en vérifie la sincérité (⁴).

---

(1) Aujourd'hui, l'autorisation du Gouvernement est supprimée dans la très grande majorité des pays étrangers. Le mouvement à cet égard est parti de l'*Angleterre* dès 1856 ; et de là il s'est étendu à la *France* en 1867, à l'*Espagne* en 1868, à l'*Allemagne* en 1870, à la *Belgique* en 1873, à la *Hongrie* en 1875, à la *Suisse* en 1881, à l'*Italie* en 1882, et au *Portugal* en 1888. La nécessité de l'autorisation gouvernementale continue à subsister en *Autriche* (C. com. 203), en *Hollande* (C. com. 37) et en *Russie* (C. civ. 2131).

(2) Voy. *supra*, C. com., art. 39 et 40 et les notes.

(3) Cette règle se retrouve en *Angleterre* (L. de 1862, art. 6), en *Belgique* (L. de 1873, art. 29), et en *Suisse* (C. féd. des obligations, art. 640, 649 et 655).

Mais elle n'a pas été reproduite par les autres législations.

(4) Nous avons vu plus haut, sous l'art. 1er, 3e alin., que l'accomplissement des conditions de constitution des sociétés en commandite devait être vérifié en *Belgique* par l'assemblée générale présidée par un notaire, et en *Italie* par le tribunal du siège social : les mêmes formalités sont aussi exigées pour les sociétés anonymes. — En *Allemagne*, la vérification est faite par l'assemblée générale convoquée par le tribunal et présidée par un de ses membres (C. com. 196). De plus et dans certains cas, par exemple s'il y a des apports en nature, la chambre de commerce ou, à son défaut le tribunal, nomme des *reviseurs*, chargés de les contrôler (C. com. 192).

25. Une assemblée générale est, dans tous les cas, convoquée à la diligence des fondateurs, postérieurement à l'acte qui constate la souscription du capital social et le versement du quart du capital, qui consiste en numéraire. Cette assemblée nomme les premiers administrateurs ; elle nomme également, pour la première année, les commissaires institués par l'article 32 ci-après. — Ces administrateurs ne peuvent être nommés pour plus de six ans ; ils sont rééligibles, sauf stipulation contraire ([1]). — Toutefois, ils peuvent être désignés par les statuts, avec stipulation formelle que leur nomination ne sera point soumise à l'approbation de l'assemblée générale. En ce cas, ils ne peuvent être nommés pour plus de trois ans ([2]). — Le procès-verbal de la séance constate l'acceptation des administrateurs et des commissaires présents à la réunion.

— La société est constituée à partir de cette acceptation.

26. Les administrateurs doivent être propriétaires d'un nombre d'actions déterminé par les statuts ([3]). — Ces actions sont affectées en totalité à la garantie de tous les actes de la gestion, même de ceux qui seraient exclusivement personnels à l'un des administrateurs. — Elles sont nominatives, inaliénables, frappées d'un timbre indiquant l'inaliénabilité et déposées dans la caisse sociale.

27. Il est tenu, chaque année au moins, une assemblée générale à l'époque fixée par les statuts. Les statuts déterminent le nombre d'actions qu'il est nécessaire de posséder, soit à titre de propriétaire, soit à titre de mandataire, pour être admis dans l'assemblée, et le nombre de voix appartenant à chaque actionnaire, eu égard au nombre d'actions dont il est porteur ([4]). — (Ajouté par la loi du

---

(1 et 2) La plupart des législations distinguent également entre les administrateurs statutaires et les administrateurs nommés par l'assemblée générale (C. com. *italien*, 123 ; C. *hongrois*, 183 ; C. *suisse* des obligations, 649). — En *Belgique*, les administrateurs peuvent toujours être nommés pour 6 ans (L. de 1873, art. 45). — En *Allemagne*, la durée de leurs fonctions n'est pas limitée (C. com. 231).

(3) Des garanties analogues sont établies par quelques législations étrangères. En *Belgique*, les administrateurs doivent déposer, dans la caisse de la société ou d'un tiers, un nombre d'actions représentant le cinquantième du capital social et au maximum cinquante mille francs, s'ils sont nommés par les statuts, et le nombre d'actions déterminé par les statuts, s'ils sont nommés par l'assemblée générale (art. 47 et 48, L. de 1873). Le C. com. *italien* consacre des dispositions semblables (art. 122). En *Portugal*, les administrateurs doivent également fournir caution dans les conditions prescrites par les statuts ou par l'assemblée générale. — Le C. com. *allemand* au contraire et le C. com. *espagnol* n'imposent aucun cautionnement aux administrateurs.

(4) D'après les législations *allemande* (C. com., art. 252), *belge* (L. de 1873, art. 61), *italienne* (C. com. 156) et *suisse* (C. fédéral des obligations, 640), tout actionnaire, ne possédât-il qu'une action, a le droit de voter dans toutes les assemblées générales quelles qu'elles soient ; les statuts ne peuvent l'en priver par une clause contraire. — D'autre part, la majorité des législations étrangères limitent le nombre de voix dont un actionnaire peut disposer, les unes au 5e du nombre des actions ou aux deux cinquièmes des actions représentées (L. *belge* de 1873, art. 61), ou dans des proportions analogues (C. *suisse* des obligations, 640 ; C. com. *portugais*, 183, § 3), les autres d'une manière progressive en attribuant, par exemple, une voix sur chacune des dix

1ᵉʳ août 1893.) Tous propriétaires d'un nombre d'actions inférieur à celui déterminé pour être admis dans l'assemblée, pourront se réunir pour former le nombre nécessaire et se faire représenter par l'un d'eux. — Néanmoins, dans les assemblées générales appelées à vérifier les apports, à nommer les premiers administrateurs et à vérifier la sincérité de la déclaration des fondateurs de la société, prescrite par le deuxième paragraphe de l'article 24, tout actionnaire, quel que soit le nombre des actions dont il est porteur, peut prendre part aux délibérations avec le nombre de voix déterminé par les statuts, sans qu'il puisse être supérieur à dix (1).

28. Dans toutes les assemblées générales, les délibérations sont prises à la majorité des voix. — Il est tenu une feuille de présence; elle contient les noms et domiciles des actionnaires et le nombre d'actions dont chacun d'eux est porteur. — Cette feuille, certifiée par le bureau de l'assemblée, est déposée au siège social et doit être communiquée à tout requérant.

29. Les assemblées générales qui ont à délibérer dans des cas autres que ceux qui sont prévus par les deux articles qui suivent, doivent être composées d'un nombre d'actionnaires représentant le quart au moins du capital social (2). — Si l'assemblée générale ne réunit pas ce nombre, une nouvelle assemblée est convoquée dans les formes et avec les délais prescrits par les statuts, et elle délibère valablement, quelle que soit la portion du capital représentée par les actionnaires présents.

30. Les assemblées qui ont à délibérer sur la vérification des apports, sur la nomination des premiers administrateurs, sur la sincérité de la déclaration faite par les fondateurs aux termes du paragraphe 2 de l'article 24, doivent être composées d'un nombre d'actionnaires représentant la moitié au moins du capital social. — Le capital social, dont la moitié doit être représentée pour la vérification de l'apport, se compose seulement des apports non soumis à vérification. — Si l'assemblée générale ne réunit pas un nombre d'actionnaires représentant la moitié du capital social, elle ne peut prendre qu'une délibération provisoire. Dans ce cas, une nouvelle assemblée générale est convoquée. Deux avis, publiés à huit jours d'intervalle, au moins un mois à l'avance, dans l'un des journaux désignés

---

premières actions, puis une voix par cinq actions sur les suivantes jusqu'à cent, et enfin une voix par dix actions sur l'excédent (L. *anglaise* de 1862, art. 44 ; voy. aussi C. com. *italien.* 156. 2ᵉ al.).

(1) En *Belgique* (L. de 1873, art. 70) et en *Portugal* (C. com. 185), les porteurs d'obligations peuvent également assister aux assemblées générales, mais avec voix consultative seulement.

(2) La plupart des législations étrangères n'exigent pas la présence d'un nombre déterminé d'actionnaires pour les assemblées générales ordinaires : il en est ainsi en *Allemagne* (C. com., 250 et s.). en *Belgique* (L. de 1873, art. 59), en *Angleterre* (L. de 1862, art. 37) et en *Portugal* (C. com. 183). — En *Italie,* au contraire, la présence d'actionnaires représentant la moitié du capital social est requise, sauf à renvoyer à une nouvelle assemblée qui délibérera valablement quel que soit le nombre des actionnaires présents (C. com. 156).

pour recevoir les annonces légales, font connaître aux actionnaires les résolutions provisoires adoptées par la première assemblée, et ces résolutions deviennent définitives si elles sont approuvées par la nouvelle assemblée, composée d'actionnaires représentant le cinquième au moins du capital social (1).

31. Les assemblées qui ont à délibérer sur des modifications aux statuts ou sur des propositions de continuation de la société au delà du terme fixé pour sa durée, ou de dissolution avant ce terme, ne sont régulièrement constituées et ne délibèrent valablement qu'autant qu'elles sont composées d'un nombre d'actionnaires représentant la moitié au moins du capital social (2).

32. L'assemblée générale annuelle désigne un ou plusieurs commissaires (3), associés ou non, chargés de faire un rapport à l'assemblée générale de l'année suivante sur la situation de la société, sur le bilan et sur les comptes présentés par les administrateurs (4). — La délibération contenant approbation du bilan et des comptes est nulle, si elle n'a été précédée du rapport des commissaires (5). — A défaut de nomination des commissaires par l'assemblée générale ou en cas d'empêchement ou de refus d'un ou de plusieurs commissaires nommés, il est procédé à leur nomination ou à leur remplacement par ordonnance du président du tribunal de commerce du siège de la société, à la requête de tout intéressé, les administrateurs dûment appelés.

33. Pendant le trimestre qui précède l'époque fixée par les statuts pour la réunion de l'assemblée générale, les commissaires ont droit, toutes les fois qu'ils le jugent convenable dans l'intérêt social, de prendre communication des livres et d'examiner les opérations de la société (6). — Ils peuvent toujours, en cas d'urgence, convoquer l'assemblée générale.

34. Toute société anonyme

---

(1) Voy. sur les apports en nature et les avantages particuliers, *suprà*, art. 4 et la n.

(2) Les législations étrangères sont en général plus rigoureuses lorsqu'il s'agit de modifier les statuts sociaux. En *Belgique*, il faut la présence de la moitié des actionnaires et la majorité des trois quarts des voix (L. de 1873, art. 59). En *Angleterre*, la décision doit être prise par une majorité comprenant les trois quarts des associés et confirmée par une seconde assemblée (L. de 1862, art. 50 et 51). En *Allemagne*, la majorité doit comprendre les trois quarts du capital social représenté dans l'assemblée (C. com., art. 274). Enfin, en *Italie*, il faut la présence des actionnaires représentant les trois quarts du capital social et le vote favorable des actionnaires représentant la moitié de ce capital. De plus, les droits de la minorité sont sauvegardés ; les dissidents peuvent se retirer de la société en se faisant rembourser leurs actions dans la proportion de l'actif social (C. com. 157).

(3) Voy., pour les législations étrangères, *suprà*, art. 5, note 1.

(4 et 5) Il en est de même dans la plupart des législations : voy. L. *anglaise* de 1862, art. 94 ; L. *belge* de 1873, art. 64 ; C. fédéral *suisse* des obligations, art. 644 ; C. com. *allemand*, art. 246. Cette dernière législation prend en outre des précautions supplémentaires pour l'approbation du bilan et des comptes annuels : aux termes de l'art. 266, l'assemblée générale peut d'abord nommer, à côté du conseil de surveillance, des vérificateurs spéciaux pour l'examen du bilan ; de plus, d'après l'art. 264, la délibération peut être renvoyée à une séance ultérieure, si ce renvoi est requis par une minorité d'actionnaires représentant le dixième du capital social.

(6) Les pouvoirs des commissaires de surveillance sont en général plus étendus

doit dresser, chaque semestre, un état sommaire de sa situation active et passive (1). — Cet état est mis à la disposition des commissaires. — Il est, en outre, établi chaque année, conformément à l'article 9 du Code de commerce, un inventaire contenant l'indication des valeurs mobilières et immobilières et de toutes les dettes actives et passives de la société. — L'inventaire, le bilan et le compte des profits et pertes sont mis à la disposition des commissaires le quarantième jour, au plus tard, avant l'assemblée générale. Ils sont présentés à cette assemblée.

35. Quinze jours au moins avant la réunion de l'assemblée générale, tout actionnaire peut prendre, au siège social, communication de l'inventaire et de la liste des actionnaires, et se faire délivrer copie du bilan résumant l'inventaire et du rapport des commissaires (2).

36. Il est fait annuellement, sur les bénéfices nets, un prélèvement d'un vingtième au moins, affecté à la formation d'un fonds de réserve. — Ce prélèvement cesse d'être obligatoire lorsque le fonds de réserve a atteint le dixième du capital social (3).

37. En cas de perte des trois quarts du capital social, les administrateurs sont tenus de provoquer la réunion de l'assemblée générale de tous les actionnaires, à l'effet de statuer sur la question de savoir s'il y a lieu de prononcer la dissolution de la société (4). — La résolution

---

dans les pays étrangers : ils consistent dans un contrôle permanent en vertu duquel les commissaires de surveillance ont le droit et le devoir de vérifier les livres de la société et d'examiner la marche des affaires sociales toutes les fois qu'ils le jugent convenable : voy. L. *anglaise* de 1862, art. 93 ; C. com. *allemand*, art. 246 ; L. *belge* de 1873, art. 55 ; C. com. *hongrois*, art. 195 ; L. fédérale *suisse* des obligations, art. 660. Certaines législations imposent même au conseil de surveillance l'obligation de procéder périodiquement à la vérification des livres : tous les trois mois en *Portugal* (C. com. 176-2°), tous les mois en *Italie* (C. com. 183-4°).

(1) Quelques législations ont établi, pour la confection du bilan, certaines règles qui ont pour but d'empêcher les administrateurs de majorer la valeur des titres en portefeuille. Ainsi en *Allemagne*, les titres en portefeuille et les marchandises ayant un cours coté doivent être portés pour leur valeur au jour du dressement du bilan, sauf si cette valeur est supérieure au prix d'achat, auquel cas on ne tient compte que de ce prix (C. com., art. 261). En *Suisse*, les valeurs cotées ne peuvent être évaluées au-dessus de leur cours moyen dans le mois qui précède le bilan (C. fédéral des obligations, art. 656-3°).

(2) Même disposition dans les législations étrangères : voy. L. *belge* de 1873, art. 63 ; C. com. *allemand*, art. 263 ; C. com. *italien*, art. 178, etc.

(3) L'obligation de constituer un fonds de réserve est également admise par la plupart des législations étrangères : voy. L. *belge* de 1873, art. 62 ; C. com. *italien*, 181 ; C. com *portugais*, 191 ; C. com. *allemand*, art. 262 ; dans ce dernier pays, le fonds de réserve doit comprendre d'abord le vingtième des bénéfices jusqu'à ce qu'il ait atteint le dixième du capital social, et de plus les profits résultant de l'émission au-dessus du pair des actions lors de la constitution de la société ou lors d'une augmentation de capital. En *Espagne*, en *Hollande* et en *Suisse*, la constitution d'un fonds de réserve est facultative.

(4) Cette dissolution est également facultative dans les pays étrangers, sauf en *Hollande* où l'art. 47, C. com., dispose que la société est dissoute de plein droit lorsque les trois quarts du capital social sont perdus.

de l'assemblée est, dans tous les cas, rendue publique. — A défaut par les administrateurs de réunir l'assemblée générale, comme dans le cas où cette assemblée n'aurait pu se constituer régulièrement, tout intéressé peut demander la dissolution de la société devant les tribunaux.

38. La dissolution peut être prononcée sur la demande de toute partie intéressée, lorsqu'un an s'est écoulé depuis l'époque où le nombre des associés est réduit à moins de sept(1).

39. L'article 17 est applicable aux sociétés anonymes.

40. Il est interdit aux administrateurs de prendre ou de conserver un intérêt direct ou indirect dans une entreprise ou dans un marché fait avec la société ou pour son compte, à moins qu'ils n'y soient autorisés par l'assemblée générale. — Il est, chaque année, rendu à l'assemblée générale un compte spécial de l'exécution des marchés ou entreprises par elle autorisés, aux termes du paragraphe précédent(2).

41. Est nulle et de nul effet à l'égard des intéressés, toute société anonyme pour laquelle n'ont pas été observées les dispositions des articles 22, 23, 24 et 25 ci-dessus(3).

42. (Modifié par la loi du 1er août 1893.) Lorsque la nullité de la société ou des actes et délibérations a été prononcée aux termes de l'article précédent, les fondateurs auxquels la nullité est imputable et les administrateurs en fonctions au moment où elle a été encourue, sont responsables solidairement envers les tiers et les actionnaires du dommage résultant de cette annulation(4). — La même responsabilité solidaire peut être prononcée contre ceux des associés dont les apports ou les avantages n'auraient pas été vérifiés et approuvés conformément à l'article 24. — (Ajouté par la loi du 1er août 1893.)

---

(1) En *Belgique*, la dissolution est dans ce cas obligatoire (L. de 1873, art. 73).

(2) En *Belgique* (L. de 1873, art. 50) et en *Italie* (C. com. 149), les administrateurs peuvent avoir un intérêt opposé à celui de la société; mais ils doivent en prévenir le conseil d'administration et s'abstenir de prendre part aux délibérations concernant les affaires où ils sont intéressés. La législation *allemande* n'a pas reproduit cette interdiction : mais l'art. 236, C. com., interdit aux administrateurs de faire pour leur propre compte des affaires analogues à celles de la société ou d'entrer dans une autre société faisant des affaires de ce genre.

(3) Ce système de la nullité des sociétés anonymes ou en commandite (voy. *suprà*, art. 7), pour inaccomplissement des conditions prescrites par la loi, n'est pas admis par toutes les législations étrangères. Nous ne parlons pas seulement de l'*Angleterre*, où la société est valablement fondée dès que le *registrar* a délivré aux fondateurs un certificat d'enregistrement (voy. *suprà*, la note sous l'art. 1er, 4e al.). Il en est de même en *Italie* : l'ordre donné par la justice, après vérification des conditions légales, d'enregistrer la société, a pour effet de constituer cette société d'une manière définitive et d'exclure pour l'avenir toute demande en nullité. En *Allemagne* (C. com. 309) et en *Belgique* (L. de 1873, modifiée par la L. de 1886, art. 34), la nullité peut être prononcée pour inobservation des formes de l'acte constitutif ou pour défaut de publicité.

(4) En *Belgique*, les administrateurs ne sont également responsables, dans les cas exceptionnels de nullité, que du préjudice qui est une suite directe et immédiate de cette nullité (L. de 1873 modifiée par la L. de 1886, art. 34-4e).

L'action en nullité et celle en responsabilité en résultant sont soumises aux dispositions de l'article 8 ci-dessus.

43. L'étendue et les effets de la responsabilité des commissaires envers la société sont déterminés d'après les règles générales du mandat ([1]).

44. Les administrateurs sont responsables, conformément aux règles du droit commun, individuellement ou solidairement suivant les cas, envers la société ou envers les tiers, soit des infractions aux dispositions de la présente loi, soit des fautes qu'ils auraient commises dans leur gestion, notamment en distribuant ou en laissant distribuer sans opposition des dividendes fictifs ([2]).

45. Les dispositions des articles 13, 14, 15 et 16 de la présente loi sont applicables en matière de sociétés anonymes, sans distinction entre celles qui sont actuellement existantes et celles qui se constitueront sous l'empire de la présente loi. Les administrateurs qui, en l'absence d'inventaire ou au moyen d'inventaire frauduleux, auront opéré des distributions de dividendes fictifs, seront punis de la peine qui est prononcée dans ce cas par le n° 3 de l'article 15 contre les gérants des sociétés en commandite. — Sont également applicables, en matière de sociétés anonymes, les dispositions des trois derniers paragraphes de l'article 10.

46. Les sociétés anonymes actuellement existantes continueront à être soumises, pendant toute leur durée, aux dispositions qui les régissent. — Elles pourront se transformer en sociétés anonymes dans les termes de la présente loi, en obtenant l'autorisation du Gouvernement et en observant les formes prescrites pour la modification de leurs statuts.

47. Les sociétés à responsabilité limitée pourront se convertir en sociétés anonymes dans les termes de la présente loi, en se conformant aux conditions stipulées pour la modification de leurs statuts. — Sont abrogés les articles 31, 37 et 40 du Code de commerce et la loi du 23 mai 1863 sur les sociétés à responsabilité limitée.

Titre III. — Dispositions particulières aux sociétés à capital variable ([3]).

48. Il peut être stipulé, dans les statuts de toute société, que le capital social sera susceptible d'augmentation par des versements successifs faits par les associés ou l'admission d'associés nouveaux, et de diminution par la reprise totale ou partielle

---

(1) Même disposition dans les législations étrangères: voy. notamment C. com. allemand. art. 249 ; L. belge de 1873, art. 55; C. com. italien, 184.

(2) Même disposition des lois étrangères : voy. C. com. allemand, art. 241 ; L. belge de 1873, art. 52; C. com. italien, 146; C. com. portugais, 173, etc.

(3) Les législations étrangères se sont aussi occupées des sociétés à capital variable ou sociétés coopératives : voy. en Allemagne, C. com., art. 335 à 342 ; en Angleterre, l'Industrial and providend societies act de 1876, modifié par L. du 12 sept. 1893 ; en Autriche, la L. du 9 avril 1873, complétée par la L. du 10 juin 1903; en Belgique, la L. de 1873 sur les sociétés, art. 85 à 100; en Hongrie, le C. com., art. 223 à 257; en Italie, le C. com., art. 219 à 228; en Portugal, le C. com., art. 207 à 223; en Suisse, le C. féd. des oblig., art. 324 à 551.

des apports effectués. — Les sociétés dont les statuts contiendront la stipulation ci-dessus seront soumises, indépendamment des régles générales qui leur sont propres suivant leur forme spéciale, aux dispositions des articles suivants.

49. Le capital social ne pourra être porté par les statuts constitutifs de la société au-dessus de la somme de deux cent mille francs. — Il pourra être augmenté par des délibérations de l'assemblée générale, prises d'année en année ; chacune des augmentations ne pourra être supérieure à deux cent mille francs.

50. Les actions ou coupons d'actions seront nominatifs, même après leur entiére libération ; *ils ne pourront être inférieurs à cinquante francs* (¹). — Ils ne seront négociables qu'aprés la constitution définitive de la société. La négociation ne pourra avoir lieu que par voie de transfert sur les registres de la société, et les statuts pourront donner, soit au conseil d'administration, soit à l'assemblée générale, le droit de s'opposer au transfert.

51. Les statuts détermineront une somme au-dessous de laquelle le capital ne pourra être réduit par les reprises des apports autorisés par l'article 48. — Cette somme ne pourra être inférieure au dixiéme du capital social. — La société ne sera définitivement constituée qu'aprés le versement du dixième.

52. Chaque associé pourra se retirer de la société lorsqu'il le jugera convenable, à moins de conventions contraires et sauf l'application du paragraphe 1er de l'article précédent. — Il pourra être stipulé que l'assemblée générale aura le droit de décider, à la majorité fixée pour la modification des statuts, que l'un ou plusieurs des associés cesseront de faire partie de la société. — L'associé qui cessera de faire partie de la société, soit par l'effet de sa volonté, soit par suite de décision de l'assemblée générale, restera tenu, pendant cinq ans, envers les associés et envers les tiers, de toutes les obligations existant au moment de sa retraite.

53. La société, quelle que soit sa forme, sera valablement représentée en justice par ses administrateurs.

54. La société ne sera point dissoute par la mort, la retraite, l'interdiction, la faillite ou la déconfiture de l'un des associés ; elle continuera de plein droit entre les autres associés.

Titre IV. — Dispositions relatives à la publication des actes de société.

55. Dans le mois de la constitution de toute société commerciale, un double de l'acte constitutif, s'il est sous seing privé, ou une expédition, s'il est notarié, est déposé aux greffes de la justice de paix et du tribunal de commerce du lieu dans lequel est établie la société (²).

---

(1) Cette disposition est aujourd'hui abrogée : voy. *infrà*, art. 71.

(2) Cette mesure de publicité est également prescrite par les législations étrangères. Dans la plupart des pays, elle consiste dans l'insertion de l'acte constitutif de la société sur le registre du commerce : voy. C. com. *allemand*, 106, 198 et s. ; C. com. *espagnol*, 119 ; C. com. *italien*, 90 et suiv. ; C. com. *portugais*, 49-5°.

— A l'acte constitutif des sociétés en commandite par actions et des sociétés anonymes sont annexées : 1° une expédition de l'acte notarié constatant la souscription du capital social et le versement du quart ; 2° une copie certifiée des délibérations prises par l'assemblée générale dans les cas prévus par les articles 4 et 24. — En outre, lorsque la société est anonyme, on doit annexer à l'acte constitutif la liste nominative, dûment certifiée, des souscripteurs contenant les nom, prénoms, qualités, demeure et le nombre d'actions de chacun d'eux.

56. Dans le même délai d'un mois, un extrait de l'acte constitutif et des pièces annexées est publié dans l'un des journaux désignés pour recevoir les annonces légales ([1]). — Il sera justifié de l'insertion par un exemplaire du journal certifié par l'imprimeur, légalisé par le maire et enregistré dans les trois mois de sa date ([2]). — Les formalités prescrites par l'article précédent et par le présent article seront observées, à peine de nullité, à l'égard des intéressés ; mais le défaut d'aucune d'elles ne pourra être opposé aux tiers par les associés.

57. L'extrait doit contenir les noms des associés autres que les actionnaires ou commanditaires ; la raison de commerce ou la dénomination adoptée par la société et l'indication du siège social ; la désignation des associés autorisés à gérer, administrer et signer pour la société ; le montant du capital social et le montant des valeurs fournies ou à fournir par les actionnaires ou commanditaires ; l'époque où la société commence, celle où elle doit finir, et la date du dépôt fait aux greffes de la justice de paix et du tribunal de commerce.

58. L'extrait doit énoncer que la société est en nom collectif ou en commandite simple, ou en commandite par actions, ou anonyme, ou à capital variable. — Si la société est anonyme, l'extrait doit énoncer le montant du capital social en numéraire et en autres objets, la quotité à prélever sur les bé-

---

C. féd. *suisse* des obligations, art. 619 et suiv. Dans les autres pays où il n'existe pas de registre de commerce, par exemple en *Belgique*, l'acte constitutif de la société, ou un extrait de cet acte, s'il s'agit de société en nom ou en commandite simple doivent être déposés au greffe du tribunal de commerce dans les quinze jours de sa date (L. de 1873, art. 7 et suiv.).

(1) La plupart des législations étrangères prescrivent aussi ce mode de publicité. Mais le système qu'elles ont adopté en général est bien préférable à celui de la loi française. Les insertions qui, en France, sont perdues dans une foule de journaux différents, sont au contraire centralisées dans un même journal à l'étranger : elles doivent être faites en *Allema*-gne dans le Moniteur de l'Empire (C. com., art. 182-7°), en *Belgique* dans le Moniteur officiel (L. de 1873, art. 10), en *Italie* dans le Bulletin officiel des sociétés (C. com. 94), en *Suisse* dans la Feuille officielle du commerce (C. fédéral des obligations, art. 621 et suiv.). — En *Belgique* et en *Italie*, l'acte constitutif doit être publié en entier lorsqu'il s'agit d'une société anonyme ou en commandite par actions. Dans les autres pays, on se contente comme en France de la publication d'un extrait.

(2) Depuis le décret du 28 déc. 1870, le choix des journaux est librement laissé aux parties dans les départements. A Paris, au contraire, le préfet de la Seine désigne chaque année les journaux appelés à recevoir les annonces légales.

néfices pour composer le fonds de réserve. — Enfin, si la société est à capital variable, l'extrait doit contenir l'indication de la somme au-dessous de laquelle le capital social ne peut être réduit.

59. Si la société a plusieurs maisons de commerce situées dans divers arrondissements, le dépôt prescrit par l'article 55 et la publication prescrite par l'article 56 ont lieu dans chacun des arrondissements où existent les maisons de commerce. — Dans les villes divisées en plusieurs arrondissements, le dépôt sera fait seulement au greffe de la justice de paix du principal établissement.

60. L'extrait des actes et pièces déposés est signé, pour les actes publics, par le notaire, et, pour les actes sous seing privé, par les associés en nom collectif, par les gérants des sociétés en commandite ou par les administrateurs des sociétés anonymes.

61. Sont soumis aux formalités et aux pénalités prescrites par les articles 55 et 56 : — Tous actes et délibérations ayant pour objet la modification des statuts, la continuation de la société au delà du terme fixé pour sa durée, la dissolution avant ce terme et le mode de liquidation, tout changement ou retraite d'associés et tout changement à la raison sociale. — Sont également soumises aux dispositions des articles 55 et 56 les délibérations prises dans les cas prévus par les articles 19, 37, 46, 47 et 49 ci-dessus.

62. Ne sont pas assujettis aux formalités de dépôt et de publi-

cation les actes constatant les augmentations ou les diminutions du capital social opérées dans les termes de l'article 48, ou les retraites d'associés, autres que les gérants ou administrateurs, qui auraient lieu conformément à l'article 52.

63. Lorsqu'il s'agit d'une société en commandite par actions ou d'une société anonyme, toute personne a le droit de prendre communication des pièces déposées aux greffes de la justice de paix et du tribunal de commerce, ou même de s'en faire délivrer à ses frais expédition ou extrait par le greffier ou par le notaire détenteur de la minute. — Toute personne peut également exiger qu'il lui soit délivré au siège de la société une copie certifiée des statuts, moyennant paiement d'une somme qui ne pourra excéder un franc. — Enfin, les pièces déposées doivent être affichées d'une manière apparente dans les bureaux de la société.

64. Dans tous les actes, factures, annonces, publications et autres documents imprimés ou autographiés, émanés des sociétés anonymes ou des sociétés en commandite par actions, la dénomination sociale doit toujours être précédée ou suivie immédiatement de ces mots écrits lisiblement en toutes lettres : *société anonyme* ou *société en commandite par actions*, et de l'énonciation du montant du capital social. — Si la société a usé de la faculté accordée par l'article 48, cette circonstance doit être mentionnée par l'addition de ces mots : *à capital variable*. — Toute contravention aux dispositions qui précèdent est punie d'une amende de cinquante à mille francs ([1]).

65. Sont abrogées les dispositions des articles 42, 43, 44, 45 et 46 du Code de commerce.

Titre V. — Des tontines et des sociétés d'assurances.

66. (Abrogé par l'art. 22 de la loi du 17 mars 1905.) *Les associations de la nature des tontines et les sociétés d'assurances sur la vie, mutuelles ou à prime, restent soumises à l'autorisation et à la surveillance du Gouvernement*([2]). — Les autres sociétés d'assurances pourront se former sans autorisation. Un règlement d'administration publique déterminera les conditions sous lesquelles elles pourront être constituées. (Voy. *infrà*, le décret du 22 janvier 1868.)

67. Les sociétés d'assurances désignées dans le paragraphe 2 de l'article précédent, qui existent actuellement, pourront se placer sous le régime qui sera établi par le règlement d'administration publique, sans l'autorisation du Gouvernement, en observant les formes et les conditions prescrites pour la modification de leurs statuts.

Dispositions diverses ajoutées par la L. du 1er août 1893.

68. Quel que soit leur objet, les sociétés en commandite ou anonymes qui seront constituées dans les formes du Code de commerce ou de la présente loi seront commerciales et soumises aux lois et usages du commerce ([3]).

69. Il pourra être consenti hypothèque au nom de toute société commerciale, en vertu des pouvoirs résultant de son acte de formation, même sous seing privé, ou des délibérations ou autorisations constatées dans les formes réglées par ledit acte.

---

(1) Ces mentions, qui constituent une sorte de publicité permanente, se retrouvent dans la plupart des législations étrangères : voy. L. *anglaise* de 1862, art. 9 ; C. com. *italien*, 103 ; C. fédéral *suisse* des obligations, art. 638, etc.

(2) La plupart des législations étrangères ont supprimé la nécessité de l'autorisation du Gouvernement même pour les sociétés d'assurances sur la vie. En *Suisse*, au contraire, cette autorisation a été établie d'une manière générale pour toutes les sociétés d'assurances, quelles qu'elles soient, par la loi fédérale du 25 juin 1885 : d'après cette loi, les sociétés d'assurances ne peuvent faire des opérations en Suisse qu'après avoir obtenu l'autorisation du Conseil fédéral ; de plus, elles restent soumises à la surveillance des fonctionnaires nommés à cet effet par le Conseil ; et enfin l'autorisation qui leur a été accordée peut dans certains cas leur être retirée. On retrouve des lois analogues dans la plupart des *États de l'Amérique du Nord :* voy. la L. du 21 avril 1887 pour l'*État de Massachusetts.* — Dans d'autres pays, les sociétés d'assurances, tout en étant libres, sont cependant soumises à une réglementation plus étroite que les autres sociétés. Il en est ainsi en *Italie* et en *Angleterre* pour les sociétés d'assurances sur la vie et les tontines : l'art. 144, C. com. *italien*, oblige ces sociétés à placer en titres de la dette publique de l'État, déposés à la caisse des dépôts et prêts, un quart ou la moitié des sommes payées pour les assurances et des revenus desdits titres, suivant que la société est nationale ou étrangère. En *Angleterre*, la L. du 9 août 1870 sur les sociétés d'assurances sur la vie oblige ces sociétés à déposer à la Cour de chancellerie, avant de commencer leurs opérations, 20,000 liv. sterl., qui ne leur sont rendues qu'autant que le fonds de réserve a atteint 40,000 livres ; de plus, ces sociétés doivent faire vérifier leur situation tous les cinq ans par des experts et remettre la copie de cette vérification au *Board of Trade.* (Voy. *infrà*, la L. du 17 mars 1905.)

(3) Même règle en *Allemagne* (C. com., 210) et en *Espagne* (C. com., 116).

L'acte d'hypothèque sera passé en forme authentique, conformément à l'article 2127 du Code civil.

70. Dans le cas où les sociétés ont continué à payer les intérêts ou dividendes des actions, obligations, ou tous autres titres remboursables par suite d'un tirage au sort, elles ne peuvent répéter ces sommes lorsque le titre est présenté au remboursement.

71. Dans l'article 50, paragraphe 1er, sont supprimés les mots : « Ils ne pourront être inférieurs à cinquante francs. »

Dispositions transitoires.

(L. 1er août 1893, art. 7.) Pour les sociétés par actions, en commandite ou anonymes, déjà existantes, sans distinction entre celles antérieures à la loi du 24 juillet 1867 et celles postérieures, il n'est pas dérogé à la faculté qu'elles peuvent avoir de convertir leurs actions en titres au porteur avant libération intégrale. — Quant aux actions nominatives des mêmes sociétés, les deux ans après lesquels tout souscripteur ou actionnaire qui a cédé son titre cesse d'être responsable des versements non appelés ne courront, à l'égard des créanciers antérieurs à la présente loi, qu'à partir de l'entrée en vigueur de la loi, et sauf application de l'article 2257 du Code civil pour les créances conditionnelles ou à terme et les actions en garantie. — Les dispositions de l'article 8 et celles de l'article 42 s'appliquent aux sociétés déjà constituées sous l'empire de la loi du 24 juillet 1867. — Dans les mêmes sociétés, l'action en nullité résultant des articles 7 et 41 ne sera plus recevable si les causes de nullité ont cessé d'exister au moment de la présente loi. — En tout cas, l'action en responsabilité pour les faits dont la nullité résultait ne cessera d'être recevable que trois ans après la présente loi. — Les sociétés civiles actuellement constituées sous d'autres formes pourront, si leurs statuts ne s'y opposent pas, se transformer en sociétés en commandite ou en sociétés anonymes, par décision d'une assemblée générale spécialement convoquée et réunissant les conditions tant de l'acte social que de l'article 31 ci-dessus.

Décret du 22 janvier 1868, *portant règlement d'administration publique pour la constitution des sociétés d'assurances.*

Titre I. — Des sociétés anonymes d'assurances à primes.

Art. 1er. Les sociétés anonymes d'assurances à primes sont soumises aux dispositions des lois relatives à cette forme de société et, en outre, aux conditions ci-après déterminées. — Elles ne peuvent user des dispositions du titre III de la loi du 24 juillet 1867, particulières aux sociétés à capital variable.

2. La société n'est valablement constituée qu'après le versement d'un capital de garantie qui ne pourra, en aucun cas, et alors même que le capital social est moindre de deux cent mille francs, être inférieur à cinquante mille francs.

3. L'article 3 de la loi du 24 juillet 1867, relatif à la conversion des actions en actions au porteur, n'est applicable aux sociétés d'assurances à primes que si le fonds de réserve est égal au moins à la partie du capital social non encore versée, et s'il a été intégralement constitué.

4. La société est tenue de faire annuellement un prélèvement d'au moins 20 p. 100 sur les bénéfices nets pour former un fonds de réserve. Ce prélèvement devient facultatif lorsque le fonds de réserve est égal au cinquième du capital.

5. (Modifié par le décret du 10 juillet 1901.) Les fonds de la société, à l'exception des sommes nécessaires aux besoins du service courant, sont placés de la manière suivante : — 1º Jusqu'à concurrence des trois quarts au moins : — en immeubles ou en prêts hypothécaires sur des immeubles situés en France ou en Algérie ; — en valeurs sur l'État ou en valeurs ayant une garantie de l'État portant sur le capital ou sur le revenu ; — en actions de la Banque de France ; — en prêts aux départements, aux communes, aux chambres de commerce de France ou d'Algérie ou en obligations émises par ces divers emprunteurs ; — en valeurs jouissant d'une garantie portant sur le capital ou le revenu. de la part desdits départements, communes ou chambres de commerce régulièrement autorisés ; — en obligations foncières et communales émises par le Crédit foncier de France ; — en prêts ou avances sur les effets publics ci-dessus désignés ; — 2º Pour le surplus : en immeubles ou en prêts hypothécaires sur les immeubles situés dans les colonies françaises, les pays de

protectorat ou à l'étranger ; — en prêts aux colonies françaises ou en valeurs garanties par ces colonies ; — en effets publics de toute nature, français ou étrangers, portés à la cote officielle de la Bourse de Paris et dont la liste sera arrêtée, chaque année, par l'assemblée générale des actionnaires ; — en prêts ou avances sur les effets publics ci-dessus désignés ; — en valeurs étrangères exigées pour dépôt de cautionnement dans chaque État étranger où la société réalise des opérations, pourvu que ces valeurs soient cotées à la Bourse de la capitale dudit État et comprises dans la liste annuellement arrêtée par l'assemblée générale.

6. Toute police doit faire connaître : — 1º Le montant du capital social ; — 2º La portion de ce capital déjà versée ou appelée, et, s'il y a lieu, la délibération par laquelle les actions auraient été converties en actions au porteur ; — 3º Le maximum que la compagnie peut, aux termes de ses statuts, assurer sur un seul risque, sans réassurance ; — 4º Et, dans le cas où un même capital couvrirait, aux termes des statuts, des risques de nature différente, le montant de ce capital et l'énumération de tous ces risques.

7. Tout assuré peut, par lui ou par un fondé de pouvoirs, prendre à toute époque, soit au siège social, soit dans les agences établies par la société, communication du dernier inventaire. — Il peut également exiger qu'il lui en soit délivré une copie certifiée, moyennant le paiement d'une somme qui ne peut excéder un franc.

Titre II. — Des sociétés d'assurances mutuelles.

Sect. 1. — De la constitution des sociétés et de leur objet.

8. Les sociétés d'assurances mutuelles peuvent se former soit par un acte authentique, soit par un acte sous seing privé fait en double original, quel que soit le nombre des signatures à l'acte.

9. Les projets de statuts doivent : — 1o Indiquer l'objet, la durée, le siége, la dénomination de la société et la circonscription territoriale de ses opérations ; — 2o Comprendre le tableau de classification des risques, les tarifs applicables à chacun d'eux, et déterminer les formes suivant lesquelles ce tableau et ces tarifs peuvent être modifiés ; — 3o Fixer le nombre d'adhérents et le minimum de valeurs assurées au-dessous desquels la société ne peut être valablement constituée, ainsi que la somme à valoir sur la contribution de la première année, qui devra être versée avant la constitution de la société.

10. Le texte entier des projets de statuts doit être inscrit sur toute liste destinée à recevoir les adhésions.

11. Lorsque les conditions ci-dessus ont été remplies, les signataires de l'acte primitif ou leurs fondés de pouvoir le constatent par une déclaration devant notaire. — A cette déclaration sont annexés : — 1o La liste nominative dûment certifiée des adhérents, contenant leurs noms, prénoms, qualités et domiciles, et le montant des valeurs assurées par chacun d'eux ; — 2o L'un des doubles de l'acte de société, s'il est sous seing privé, ou une expédition, s'il est notarié ou s'il a été passé devant un notaire autre que celui qui reçoit la déclaration ; — 3o L'état des versements effectués.

12. La première assemblée générale, qui est convoquée à la diligence des signataires de l'acte primitif, vérifie la sincérité de la déclaration mentionnée aux articles précédents ; elle nomme les membres du premier conseil d'administration ; elle nomme également, pour la première année, les commissaires institués par l'article 21 ci-après. — Les membres du conseil d'administration ne peuvent être nommés pour plus de six ans ; ils sont rééligibles, sauf stipulation contraire. Toutefois, ils peuvent être désignés par les statuts, avec stipulation formelle que leur nomination ne sera pas soumise à l'assemblée générale ; en ce cas, ils ne peuvent être nommés pour plus de trois ans. — Le procès-verbal de la séance constate l'acceptation des membres du conseil d'administration et des commissaires présents à la réunion. — La société n'est définitivement constituée qu'à partir de cette acceptation.

13. Le compte des frais de premier établissement est apuré par le conseil d'administration et soumis à l'assemblée générale, qui l'arrête définitivement et détermine le mode et l'époque du remboursement.

Sect. 2. — Administration des sociétés.

14. L'administration peut être confiée à un conseil d'administration dont les statuts déterminent les pouvoirs. Les membres de ce conseil peuvent choisir parmi eux un directeur, ou, si les statuts le permettent, se substituer un mandataire étranger à la société et dont ils sont responsables envers elle. — L'administration peut également être confiée par les statuts à un directeur nommé par l'assemblée générale et assisté d'un conseil d'administration. Les statuts déterminent, dans ce cas, les attributions respectives du directeur et du conseil.

15. Les membres du conseil d'administration doivent être pris parmi les sociétaires ayant la somme de valeurs assurées déterminée par les statuts.

16. Il est tenu chaque année au moins une assemblée générale, à l'époque fixée par les statuts. — Les statuts déterminent, soit le minimum de valeurs assurées nécessaires pour être admis à l'assemblée, soit le nombre des plus forts assurés qui doivent la composer; ils règlent également le mode suivant lequel les sociétaires peuvent s'y faire représenter.

17. Dans toutes les assemblées générales, il est tenu une feuille de présence. Elle contient les noms et domiciles des membres présents. — Cette feuille, certifiée par le bureau de l'assemblée et déposée au siège social, doit être communiquée à tout requérant.

18. L'assemblée générale ne peut délibérer valablement que si elle réunit le quart au moins des membres ayant le droit d'y assister; si elle ne réunit pas ce nombre, une nouvelle assemblée est convoquée dans les formes et avec les délais prescrits par les statuts, et elle délibère valablement, quel que soit le nombre des membres présents ou représentés.

19. L'assemblée générale, qui doit délibérer sur la nomination des membres du premier conseil d'administration et sur la sincérité de la déclaration faite, aux termes de l'article 11, par les signataires de l'acte primitif, doit être composée de la moitié au moins des membres ayant le droit d'y assister. — Si l'assemblée générale ne réunit pas le nombre ci-dessus, elle ne peut prendre qu'une délibération provisoire ; dans ce cas, une nouvelle assemblée générale est convoquée. Deux avis, publiés à huit jours d'intervalle, au moins un mois à l'avance, dans l'un des journaux désignés pour recevoir les annonces légales, font connaître aux sociétaires les résolutions provisoires adoptées par la première assemblée, et ces résolutions deviennent définitives si elles sont approuvées par la nouvelle assemblée, composée du cinquième au moins des sociétaires ayant le droit d'y assister.

20. Les assemblées qui ont à délibérer sur des modifications aux statuts ou sur des propositions de continuation de la société au delà du terme fixé pour sa durée, ou de dissolution avant ce terme, ne sont régulièrement constituées et ne délibèrent valablement qu'autant qu'elles sont composées de la moitié au moins des sociétaires ayant le droit d'y assister. — Toute modification de statuts est portée à la connaissance des sociétaires dans le premier récépissé de cotisation qui leur est délivré.

21. L'assemblée générale annuelle désigne un ou plusieurs commissaires, sociétaires, ou non, chargés de faire un rapport à l'assemblée générale de l'année suivante sur la situation de la société, sur le bilan et sur les comptes présentés par l'administration. — La délibération contenant approbation du bilan et des comptes est nulle si elle n'a été précédée du rapport des commissaires. — A défaut de nomination des commissaires par l'assemblée générale, ou en cas d'empêchement ou de refus d'un ou de plusieurs d'entre eux, il est procédé à leur nomination ou à leur remplacement par ordonnance du président du tribunal de première instance du siège de la société, à la requête de tout intéressé, les membres du conseil d'administration dûment appelés.

22. Pendant le trimestre qui précède l'époque fixée par les statuts pour la réunion de l'assemblée générale, les commissaires ont droit, toutes les fois qu'ils le jugent convenable dans l'intérêt de la société, de prendre communication des livres et d'examiner les opérations de la société. Ils peuvent toujours, en cas d'urgence, convoquer l'assemblée générale.

23. Toute société doit dresser chaque semestre un état sommaire de sa situation active et passive. — Cet état est mis à la disposition des commissaires. — Il est, en outre, établi chaque année un inventaire ainsi qu'un compte détaillé des recettes et dépenses de l'année précédente et du montant des sinistres. — Ces divers documents sont mis à la disposition des commissai-

res le quarantième jour au plus tard avant l'assemblée générale. Ils sont présentés à cette assemblée. — L'inventaire et le compte détaillé sont également adressés au ministre de l'agriculture, du commerce et des travaux publics.

24. Quinze jours au moins avant la réunion de l'assemblée générale, tout sociétaire peut prendre, par lui ou par un fondé de pouvoirs, au siège social, communication de l'inventaire et de la liste des membres composant l'assemblée générale, et se faire délivrer copie de ces documents.

Sect. 3 — De la formation de l'engagement social.

25. Les statuts déterminent le mode et les conditions générales suivant lesquels sont contractés les engagements entre la société et les sociétaires. Toutefois, les sociétaires auront, indépendamment de toute disposition statutaire, le droit de se retirer tous les cinq ans, en prévenant la société six mois d'avance dans la forme indiquée ci-après. Ce droit sera réciproque au profit de la société. — Dans tous les cas où un sociétaire a le droit de demander la résiliation, il peut le faire soit par une déclaration au siège social ou chez l'agent local, dont il lui sera donné récépissé, soit par acte extrajudiciaire, soit par tout autre moyen indiqué dans les statuts. — Les statuts indiquent spécialement le mode suivant lequel se fait l'estimation des valeurs assurées, les conditions réciproques de prorogation ou de résiliation des contrats et les circonstances qui font cesser les effets desdits contrats.

26. Toute modification des statuts relative à la nature des risques garantis et au périmètre de la circonscription territoriale donne de plein droit à chaque sociétaire la faculté de résilier son engagement. — Cette faculté doit être exercée par lui dans un délai de trois mois, à dater de la notification qui lui aura été faite, conformément à l'article 20.

27. Les statuts ne peuvent défendre aux sociétaires de se faire réassurer ou assurer à une autre compagnie. Ils peuvent seulement stipuler que la société sera immédiatement informée et aura le droit de notifier la résiliation du contrat.

28. Les polices remises aux assurés doivent contenir les conditions spéciales de l'engagement, sa durée, ainsi que les clauses de résiliation et de tacite reconduction, s'il en existe dans les statuts. — La police constate, en outre, la remise d'un exemplaire contenant le texte entier des statuts.

Sect. 4. — Des charges sociales.

29. Les tarifs annexés aux statuts fixent, par degrés de risques, le maximum de la contribution annuelle dont chaque sociétaire est passible pour le paiement des sinistres. — Ce maximum constitue le fonds de garantie. — Les statuts peuvent décider que chaque sociétaire sera tenu de verser d'avance une portion de la contribution sociale pour former un fonds de prévoyance. Le montant de ce versement, dont le maximum est fixé dans les statuts, sera

déterminé chaque année par l'assemblée générale.

30. Si les statuts le stipulent ainsi, les indications du tableau de classification ne font pas obstacle à ce que le conseil d'administration demeure juge soit de l'application de la classification à tout risque proposé à l'assurance, soit même de l'admissibilité de ce risque.

31. Les statuts déterminent également le maximum de la contribution annuelle qui peut être exigée de chaque sociétaire pour frais de gestion de la société. — La quotité de cette contribution est fixée tous les cinq ans au moins par l'assemblée générale. — Il peut être décidé, soit par les statuts, soit par l'assemblée générale, qu'une somme fixe ou proportionnelle est allouée par traité à forfait à la direction. Ce traité est revisé tous les cinq ans au moins. — L'acte qui l'autorise ou l'approuve détermine en même temps, d'une manière précise, quels sont les frais auxquels la somme allouée a pour objet de pourvoir.

32. Il peut être formé, dans chaque société d'assurances mutuelles, un fonds de réserve ayant pour objet de donner à la société les moyens de suppléer à l'insuffisance de la cotisation annuelle pour le paiement des sinistres. — Le montant du fonds de réserve est fixé tous les cinq ans par l'assemblée générale, nonobstant toute stipulation contraire insérée dans les statuts. — Le mode de formation et l'emploi de ce fonds sont déterminés par les statuts, sauf application des dispositions suivantes : — Dans aucun cas, le prélèvement sur le fonds de réserve ne peut excéder la moitié de ce fonds pour un seul exercice. — En cas de dissolution de la société, l'emploi du reliquat du fonds de réserve est réglé par l'assemblée générale, sur la proposition des membres du conseil d'administration, et soumis à l'approbation du ministre de l'agriculture, du commerce et des travaux publics.

33. Les fonds de la société doivent être placés en rentes sur l'État, bons du Trésor ou autres valeurs créées ou garanties par l'État, en actions de la Banque de France, en obligations des départements et des communes, du Crédit foncier de France ou des compagnies françaises de chemins de fer qui ont un minimum d'intérêt garanti par l'État. — Ces valeurs sont immatriculées au nom de la société.

Sect. 5. — Déclaration, estimation et paiement des sinistres.

34. Les statuts déterminent le mode et les conditions de la déclaration à faire en cas de sinistre par les sociétaires pour le règlement des indemnités qui peuvent leur être dues.

35. L'estimation des sinistres est faite par un agent de la société ou tout autre expert désigné par elle, contradictoirement avec le sociétaire ou avec un expert choisi par lui ; en cas de dissidence, il en est référé à un tiers expert désigné, à défaut d'accord entre les parties, par le président du tribunal de première instance de l'arrondissement, ou, si les statuts l'ont ainsi décidé, par le juge de paix du canton où le sinistre a eu lieu.

36. Dans les trois mois qui suivent l'expiration de chaque année, il est fait un règlement général des sinistres à la charge de l'année, et chaque ayant droit reçoit, s'il y a lieu, le solde de l'indemnité réglée à son profit.

37. En cas d'insuffisance du fonds de garantie et de la part du fonds de réserve déterminée par les statuts, l'indemnité de chaque ayant droit est diminuée au centime le franc.

Sect. 6. — Dispositions relatives à la publication des actes de société.

38. Dans le mois de la constitution de toute société d'assurances mutuelles, une expédition de l'acte notarié et de ses annexes est déposée au greffe de la justice de paix et, s'il en existe, du tribunal civil du lieu où est établie la société. — A cette expédition est annexée une copie certifiée des délibérations prises par l'assemblée générale, dans les cas prévus par l'article 12.

39. Dans le même délai d'un mois, un extrait de l'acte constitutif et des pièces annexées est publié dans l'un des journaux désignés pour recevoir les annonces légales. Il sera justifié de l'insertion par un exemplaire du journal certifié par l'imprimeur, légalisé par le maire et enregistré dans les trois mois de sa date.

40. L'extrait doit contenir la dénomination adoptée par la société et l'indication du siège social, la désignation des personnes autorisées à gérer, administrer et signer pour la société, le nombre d'adhérents et le minimum de valeurs assurées au-dessous desquels la société ne pouvait être valablement constituée, l'époque où la société a commencé, celle où elle doit finir et la date du dépôt fait au greffe de la justice de paix et du tribunal de première instance. Il indique également si la société doit ou non constituer un fonds de réserve. — L'extrait des actes et pièces déposés est signé, pour les actes publics, par le notaire, et, pour les actes sous seing privé, par les membres du conseil d'administration.

41. Sont soumis aux formalités ci-dessus prescrites tous actes et délibérations ayant pour objet la modification des statuts, la continuation de la société au delà du terme fixé par les statuts, la dissolution avant ce terme et tout changement à la dénomination, ainsi que la transformation de la société dans les conditions indiquées par l'article 67 de la loi du 24 juillet 1867.

42. Toute personne a le droit de prendre communication des pièces déposées au greffe de la justice de paix et du tribunal, ou même de s'en faire délivrer à ses frais expédition ou extrait par le greffier ou par le notaire détenteur de la minute. — Toute personne peut également exiger qu'il lui soit délivré, au siège de la société, une copie certifiée des statuts, moyennant paiement d'une somme qui ne pourra excéder un franc. — Enfin les pièces déposées doivent être affichées d'une manière appa-

rente dans les bureaux de la société.

Loi du 12 août 1870, *relative au cours légal des billets de la Banque de France.*

Art. 1er. A partir du jour de la promulgation de la présente loi, les billets de la Banque de France seront reçus comme monnaie légale par les caisses publiques et par les particuliers.

2. *Jusqu'à nouvel ordre, la Banque est dispensée de l'obligation de rembourser ses billets avec des espèces* (1).

3. En aucun cas, le chiffre des émissions de la Banque et de ses succursales ne pourra dépasser *un milliard 800 millions* (2).

Loi du 31 août 1870, *concernant les marchandises déposées dans les magasins généraux.*

Art. 1er. Les magasins généraux autorisés par la loi du 28 mai 1858 et le décret du 12 mars 1859 pourront être ouverts par toute personne et par toute société commerciale, industrielle ou de crédit, en vertu d'une autorisation donnée par un arrêté du préfet après avis de la Chambre de commerce, à son défaut, de la Chambre consultative, et à défaut de l'une ou de l'autre, du tribunal de commerce. — Cet avis devra être donné dans les huit jours qui suivront la communication de la demande. — A l'expiration

---

(1) Cette disposition est aujourd'hui abrogée par l'art. 26 de la l. du 3 août 1875.

(2) Aujourd'hui, 6 milliards 300 millions (L. du 29 déc. 1911).

de ce délai et dans les trois jours qui suivront, le préfet sera tenu de statuer (1).

2. Le concessionnaire d'un magasin général devra être soumis, par l'arrêté préfectoral, à l'obligation d'un cautionnement variant de 20,000 à 100,000 fr. — Ce cautionnement pourra être fourni, en totalité ou en partie, en argent, en rentes, en obligations cotées à la Bourse, ou par une première hypothèque sur des immeubles d'une valeur double de la somme garantie. — Cette valeur sera estimée par le directeur de l'enregistrement et des domaines, sur les bases établies pour la perception des droits de mutation en cas de décès. — Pour la conservation de cette garantie, une inscription sera prise dans l'intérêt des tiers, à la diligence et au nom du directeur de l'enregistrement et des domaines (2).

3. Les exploitants de magasins généraux pourront prêter sur nantissement des marchandises à eux déposées, ou négocier les warrants qui les représenteront.

4. Les magasins généraux actuellement existants pourront profiter des dispositions de la présente loi, en se conformant, s'ils ne l'ont pas fait déjà, aux conditions qu'elle impose.

5. Sont abrogés le deuxième paragraphe de l'article 1er de la loi du 28 mai 1858 et toutes dispositions de lois et décrets antérieurs contraires à la présente loi.

Loi du 15 juin 1872, *modifiée par la loi du 8 février 1902, relative aux titres au porteur* (3).

Art. 1er. Le propriétaire de titres au porteur, qui en est dépossédé par quelque événement que ce soit, peut se faire restituer contre cette perte, dans la mesure et sous les conditions déterminées par la présente loi.

2. (Modifié par la loi de 1902.) Le propriétaire dépossédé fera notifier par huissier, au syndicat des agents de change de Paris, un acte d'opposition indiquant le nombre, la nature, la valeur nominale, le numéro et, s'il y a lieu, la série des titres, avec réquisition, sous la condition de

---

(1) Le système de l'autorisation préalable est suivi en *Autriche* (L. de 1889, 4) et en *Russie* (L. de 1888, 6). — En *Belgique* (L. de 1862, 3) et en *Angleterre* d'après les usages, la création des magasins généraux est libre d'une manière absolue. — En *Hongrie* et en *Italie*, elle est soumise à certaines conditions de publicité ou de capital établies dans l'intérêt des tiers.

(2) En *Autriche*, le cautionnement est déterminé par l'acte d'autorisation (L. de 1889, 5). Dans les pays où la création des magasins généraux est libre, ils ne sont assujettis à aucune garantie spéciale.

(3) Le système de revendication organisé par la L. de 1872 en faveur du propriétaire de titres au porteur perdus ou volés a été également consacré en *Espagne* (C. com. 559 et s.) et en *Roumanie* (L. du 18 janv. 1883). — Dans les autres pays, on continue à appliquer le droit commun, c'est-à-dire que le porteur de bonne foi est à l'abri de la revendication du propriétaire dépossédé : il en est ainsi en *Autriche* (C. com. 306 et 307), en *Belgique* (C. civil, 2279 et 2280), en *Italie* (C. com. 56), etc. En *Allemagne*, l'acquéreur est présumé de mauvaise foi, sauf preuve contraire, lorsqu'au moment de la vente où de la mise en gage, la perte ou le vol avait été publié dans le Journal officiel de l'Empire (C. com. 367).

paiement du coût, de publier dans la forme qui sera ci-après déterminée, les numéros des titres dont il a été dépossédé. — Il devra aussi, autant que possible, énoncer : — 1° L'époque et le lieu où il est devenu propriétaire, ainsi que le mode de son acquisition ; — 2° L'époque et le lieu où il a reçu les derniers intérêts ou dividendes ; — 3° Les circonstances qui ont accompagné sa dépossession. — Cet acte contiendra une élection de domicile à Paris.

Notification sera également faite par huissier, au nom du propriétaire dépossédé, à l'établissement débiteur. — L'acte contiendra les indications ci-dessus requises pour l'exploit notifié au syndicat des agents de change, et, de plus, à peine de nullité, une copie certifiée par l'huissier instrumentaire de la quittance délivrée par le syndicat, du coût de la publication prévue par l'article 11 ci-après. Cette quittance, soumise au seul droit de timbre de 10 centimes, s'il y échet, sera dispensée d'enregistrement. Il sera fait dans l'acte élection de domicile dans la commune du siège de l'établissement débiteur. — La notification ainsi faite emportera opposition au paiement tant du capital que des intérêts ou dividendes échus ou à échoir, jusqu'à ce que mainlevée en ait été donnée par l'opposant ou ordonnée par justice, ou jusqu'à ce que déclaration ait été faite, par le syndicat des agents de change, à l'établissement débiteur, de la radiation de l'opposition. — S'il s'agit de coupons détachés du titre, il n'y aura pas lieu à la notification au syndicat des agents de change, ni à l'insertion au bulletin quotidien. Le porteur dépossédé ne sera tenu que de l'opposition à l'établissement débiteur (1).

---

(1) En ce qui concerne le droit pour le propriétaire dépossédé d'obtenir le paiement de ses coupons et un duplicata de son titre, les législations étrangères se rattachent à quatre systèmes différents :

A. *Système français* : il est suivi en *Roumanie*, avec cette différence que c'est le tribunal qui autorise le paiement des coupons après 2 ans et la délivrance du nouveau titre après 10 années (L. du 18 janvier 1883, art. 1 à 18) ;

B. *Système belge* : le propriétaire dépossédé doit faire une opposition entre les mains de l'établissement débiteur ; et cette opposition lui permettra de toucher ses coupons et d'obtenir un nouveau titre, mais seulement après l'accomplissement de la prescription. Ce système est consacré par la jurisprudence en *Belgique*, en *Hollande* et en *Italie* ;

C. *Système anglo-américain* : le propriétaire dépossédé doit : 1° publier le vol par des insertions dans les journaux et une circulaire envoyée aux bourses des grandes villes ; 2° avertir l'établissement débiteur au moyen d'un *affidavit* ; 3° administrer la preuve de son droit devant les tribunaux ; 4° fournir un cautionnement. Moyennant ces conditions, il peut exiger, non un duplicata, mais le paiement au fur et à mesure de l'échéance du capital et des intérêts de son titre.

D. *Système germanique* : il consiste dans l'annulation du titre perdu ou volé après l'accomplissement de certaines formalités. Dans ce but, le propriétaire dépossédé doit d'abord saisir le tribunal compétent de sa demande en annulation : le tribunal adresse ensuite au porteur inconnu une sommation qui est publiée au moyen d'affiches et d'insertions dans les journaux ; et au bout d'un certain délai qui varie suivant les législations, il prononce l'annulation du titre entre les mains du porteur. Le propriétaire dépossédé peut alors exercer ses anciens droits contre l'établissement débiteur. Ce système est suivi en *Allemagne* (C. procéd. civ. de 1877, art. 838 et suiv.), en *Autriche* (L. du 3 mai 1868), en *Espagne* (C. com. 547 et suiv.),

3. (Modifié par la loi de 1902.) Lorsqu'il se sera écoulé une année depuis l'opposition sans qu'elle ait été formellement contredite par un tiers se prétendant propriétaire du titre frappé d'opposition, et que, dans cet intervalle, deux termes au moins d'intérêts ou de dividendes auront été mis en distribution, l'opposant pourra se pourvoir auprès du président du tribunal civil du lieu de son domicile, ou, s'il habite hors de France, auprès du président du tribunal civil du siège de l'établissement débiteur, afin d'obtenir l'autorisation de toucher les intérêts ou dividendes échus, ou même le capital des titres frappés d'opposition, dans le cas où ledit capital serait ou deviendrait exigible. — Le même droit appartiendra au porteur dépossédé de titres ne donnant pas droit à des intérêts ou dividendes, ou à l'égard desquels il y a eu cessation des distributions périodiques. Mais, en ce cas, il ne pourra être exercé que lorsqu'il se sera écoulé trois ans depuis l'opposition sans qu'elle ait été contredite dans les termes indiqués ci-dessus.

4. (*Ibid.*) Si le président accorde l'autorisation, l'opposant devra, pour toucher les intérêts ou dividendes, fournir une caution solvable dont l'engagement s'étendra au montant des annuités exigibles, et, de plus, à une valeur double de la dernière annuité échue. — Après deux ans écoulés depuis l'autorisation, sans que l'opposition ait été contredite dans les termes de l'article 3, la caution sera de plein droit déchargée. — Si l'opposant ne veut ou ne peut fournir la caution requise, il pourra, sur le vu de l'autorisation, exiger de la compagnie le dépôt, à la Caisse des dépôts et consignations, des intérêts ou dividendes échus et de ceux à échoir au fur et à mesure de leur exigibilité. — Après deux ans écoulés depuis l'autorisation, sans que l'opposition ait été contredite dans les termes de l'article 3, l'opposant pourra retirer de la Caisse des dépôts et consignations les sommes déposées et percevoir librement les intérêts ou dividendes à échoir, au fur et à mesure de leur exigibilité.

5. (*Ibid.*) Si le capital des titres frappés d'opposition est devenu exigible, l'opposant qui aura obtenu l'autorisation ci-dessus pourra en toucher le montant, à charge de fournir caution. Il pourra, s'il le préfère, exiger de la compagnie que le montant dudit capital soit déposé à la Caisse des dépôts et consignations. — Lorsqu'il se sera écoulé dix ans depuis l'époque de l'exigibilité et cinq ans au moins à partir de l'autorisation sans que l'opposition ait été contredite dans les termes de l'article 3, la caution sera déchargée, et, s'il y a eu dépôt, l'opposant pourra retirer de la Caisse des dépôts et consignations les sommes en faisant l'objet.

6. La solvabilité de la caution à fournir, en vertu des dispositions des articles précédents, sera appréciée comme en ma-

---

en *Hongrie* (L. du 17 mai 1881), en *Portugal* (C. com. 484) et en *Suisse* (C. féd. des oblig., art. 850 et suiv.).

tière commerciale. S'il s'élève des difficultés, il sera statué en référé par le président du tribunal du domicile de l'établissement débiteur. — Il sera loisible à l'opposant de fournir un nantissement au lieu et place d'une caution. Ce nantissement pourra être constitué en titres de rente sur l'État. Il sera restitué à l'expiration des délais fixés pour la libération de la caution.

7. (Modifié par la loi de 1902.) En cas de refus de l'autorisation dont il est parlé en l'article 3, l'opposant pourra saisir, par voie de requête, le tribunal civil de son domicile, ou, s'il habite hors de France, le tribunal civil du siège de l'établissement débiteur, lequel statuera après avoir entendu le ministère public. Le jugement obtenu dudit tribunal produira les effets attachés à l'ordonnance d'autorisation.

8. Quand il s'agira de coupons au porteur détachés du titre, si l'opposition n'a pas été contredite, l'opposant pourra, après trois années à compter de l'échéance et de l'opposition, réclamer le montant desdits coupons de l'établissement débiteur, sans être tenu de se pourvoir d'autorisation.

9. Les paiements faits à l'opposant, suivant les règles ci-dessus posées, libèrent l'établissement débiteur envers tout tiers porteur qui se présenterait ultérieurement. Le tiers porteur, au préjudice duquel lesdits paiements auraient été faits, conserve seulement une action personnelle contre l'opposant qui aurait formé son opposition sans cause.

10. Si, avant que la libération de l'établissement débiteur soit accomplie, il se présente un tiers porteur de titres frappés d'opposition, ledit établissement doit provisoirement retenir ces titres contre un récépissé remis au tiers porteur; il doit de plus avertir l'opposant, par lettre chargée, de la présentation du titre, en lui faisant connaître le nom et l'adresse du tiers porteur. Les effets de l'opposition restent alors suspendus jusqu'à ce que la justice ait prononcé entre l'opposant et le tiers porteur.

11. (Modifié par la loi de 1902.) Sur le vu de l'exploit mentionné en l'article 2 et de la réquisition y contenue, le syndicat des agents de change de Paris sera tenu de publier les numéros des titres dont la dépossession lui est notifiée. — Cette publication, qui aura pour effet de prévenir la négociation ou la transmission desdits titres, sera faite le surlendemain, au plus tard, par les soins et sous la responsabilité du syndicat des agents de change de Paris, dans un bulletin quotidien, établi et publié dans les formes et sous les conditions déterminées par un règlement d'administration publique. — Le même règlement fixera le coût de la rétribution annuelle due par l'opposant pour frais de publicité. Cette rétribution annuelle sera payée d'avance à la caisse du syndicat, faute de quoi la dénonciation de l'opposition ne sera pas reçue, ou la publication ne sera pas continuée à l'expiration de l'année pour laquelle la rétribution aura été payée. — Un mois après l'échéance de la publication non renouvelée le syndicat fera parvenir à l'établissement débiteur la liste de titres qui n'auront pas été maintenus au bulletin des oppositions ; avis lui sera donné, en même temps, que cette notification lui tient lieu de mainlevée pour tous paiements de coupons, remboursement de capital, conversions, transferts, etc., et lui donne pleine et entière décharge, à condition que les numéros signalés comme rayés du bulletin concordent bien avec ceux inscrits sur les registres de la compagnie comme frappés d'opposition (¹).

12. Toute négociation ou transmission postérieure au jour où le bulletin est parvenu ou aurait pu parvenir par la voie de la poste dans le lieu où elle a été faite sera sans effet vis-à-vis de l'opposant, sauf le recours du tiers porteur contre son vendeur et contre l'agent de change par l'intermédiaire duquel la négociation aura eu lieu. Le tiers porteur pourra également,

---

(1) **Décr. du 10 avril 1873.** Art. 1er. L'exploit signifié au syndicat des agents de change de Paris, en exécution de l'article 11 de la loi du 15 juin 1872, mentionnera en toutes lettres et en chiffres connus les numéros des titres dont la publication sera requise.

2. Le recueil quotidien que publiera la compagnie des agents de change de Paris, conformément au même article de loi, portera pour titre : Bulletin officiel des oppositions sur les titres au porteur, publié par le syndicat des agents de change de Paris.

3. Le prix de l'insertion sera de 50 centimes par numéro de valeur et par an. — En cas de mainlevée de l'opposition avant l'échéance de l'année, le prix payé restera acquis au syndicat.

4. Le bulletin publiera les oppositions par catégories de valeurs. — Tous les numéros d'une même valeur seront inscrits à la suite les uns des autres, par ordre augmentatif et en chiffres.

5. Il ne pourra être inséré dans le bulletin ni annonce, ni réclame, ni article quelconque.

6. Les parties intéressées ne pourront faire cesser la publication des numéros frappés d'opposition qu'en justifiant de la mainlevée de l'opposition dans l'une des trois formes suivantes : — 1° Par acte notarié ; — 2° Par la remise de l'original de l'opposition ou de sa notification au syndicat, avec mention de la mainlevée, ladite mention légalisée soit par un agent de change près la Bourse de Paris, soit par le président du tribunal civil, par le préfet ou le juge de paix du domicile de l'opposant ; — 3° Par la signification d'une décision judiciaire devenue définitive.

— Néanmoins, lorsqu'il s'agira d'une mainlevée partielle, l'opposant pourra arrêter la publication partielle de son opposition par un simple acte extrajudiciaire, mais à la condition de représenter au syndicat l'original de l'opposition à restreindre ou de sa notification et d'inscrire sur ledit original, qui continuera à rester en ses mains, mention de la mainlevée partielle par lui consentie.

7. Le prix de l'abonnement au bulletin ne pourra pas dépasser 70 fr. par an ; le prix du numéro ne pourra pas dépasser 50 cent. — Ces deux maxima sont fixés pour toute la France continentale, les droits de poste compris. Pour les colonies et l'étranger, les droits de poste seront perçus en sus.

8. Le syndicat sera tenu de donner à tout requérant communication gratuite, sans déplacement, des numéros du bulletin dont le tirage serait épuisé.

9. L'opposant et les tiers porteurs successifs du titre frappé d'opposition ou leurs ayants cause pourront obtenir du syndicat une copie certifiée ou un extrait des actes d'opposition ou de mainlevée les intéressant, moyennant un droit de 1 fr. en sus du timbre.

10. Toute personne pourra obtenir, moyennant un droit de 50 cent., l'indication du nom et du domicile de l'opposant, ainsi que la date de l'opposition.

11. Le taux de la rémunération allouée aux agents de change pour mentionner sur les bordereaux d'achat les numéros livrés est fixé à 50 cent. par titre.

12. Les prix et tarifs fixés par le présent règlement seront revisés, s'il y a lieu, après la première année de leur mise à exécution.

au cas prévu par le précédent article, contester l'opposition faite irrégulièrement ou sans droit. — Sauf le cas où la mauvaise foi serait démontrée, les agents de change ne seront responsables des négociations faites par leur entremise qu'autant que les oppositions leur auront été signifiées personnellement ou qu'elles auront été publiées dans le bulletin par les soins du syndicat.

13. Les agents de change doivent inscrire sur leurs livres les numéros des titres qu'ils achètent ou qu'ils vendent.

Ils mentionneront sur les bordereaux d'achats les numéros livrés. Un règlement d'administration publique déterminera le taux de la rémunération qui sera allouée à l'agent de change pour cette inscription des numéros.

La négociation qui rend sans effet toute publication postérieure de l'opposition sera réputée accomplie dès le moment où aura été opérée sur les livres des agents de change l'inscription des numéros des titres vendus pour compte du donneur d'ordre et livrés par lui.

Si la publication, bien que postérieure à cette inscription, survient avant la livraison ou l'attribution au donneur d'ordre, ou à l'agent de change acheteur, l'opposant pourra, sur la demande de mainlevée formée par l'agent de change ou par tout autre ayant droit, réclamer les titres contre remboursement du prix par application de l'article 2280 du Code civil.

14. A l'égard des négociations ou transmissions de titres antérieures à la publication de l'opposition, il n'est pas dérogé aux dispositions des articles 2279 et 2280 du Code civil (¹).

15. (Modifié par la loi de 1902.) Lorsqu'il se sera écoulé dix ans depuis l'autorisation obtenue par l'opposant, conformément à l'article 3, et que, pendant ce laps de temps, l'opposition aura été publiée sans être contredite dans les termes dudit article, l'opposant pourra exiger de l'établissement débiteur qu'il lui soit remis un titre semblable et subrogé au premier. Ce titre devra porter le même numéro que le titre originaire, avec la mention qu'il est délivré par duplicata.

Le titre délivré en duplicata conférera les mêmes droits que le titre primitif et sera négociable dans les mêmes conditions.

Dans le cas du présent article, le titre primitif sera frappé de déchéance, et le tiers qui le représentera après la remise du nouveau titre à l'opposant n'aura

---

(1) C. civ., art. 2279 : « En fait de meubles, la possession vaut titre. — Néanmoins celui qui a perdu ou auquel il a été volé une chose, peut la revendiquer pendant trois ans, à compter du jour de la perte ou du vol, contre celui dans les mains duquel il la trouve; sauf à celui-ci son recours contre celui duquel il la tient. »

Art. 2280 : « Si le possesseur actuel de la chose volée ou perdue l'a achetée dans une foire ou dans un marché, ou dans une vente publique, ou d'un marchand vendant des choses pareilles, le propriétaire originaire ne peut se la faire rendre qu'en remboursant au possesseur le prix qu'elle lui a coûté. — (Ajouté par la L. du 18 juill. 1892.) Le bailleur qui revendique, en vertu de l'article 2102, les meubles déplacés sans son consentement et qui ont été achetés dans les mêmes conditions, doit également rembourser à l'acheteur le prix qu'ils lui ont coûté. »

qu'une action personnelle contre celui-ci, au cas où l'opposition aurait été faite sans droit.

L'opposant qui réclamera de l'établissement un duplicata payera les frais qu'il occasionnera.

Il devra, de plus, payer à l'avance la publication faite au bulletin, à la rubrique des titres frappés de déchéance, pour le nombre d'années représenté par la feuille des coupons attachée au titre, sans que cette publication puisse, en aucun cas, être limitée à une durée inférieure à dix ans.

Un règlement d'administration publique fixera le coût de la somme à payer au syndicat pour la publication supplémentaire au delà de dix ans.

Pour les titres qui ne portent aucun coupon, l'opposant devra verser au syndicat, à l'avance, le prix de la publication pendant dix ans à la rubrique des titres frappés de déchéance.

16. (L. du 8 mars 1912.) Les dispositions de la présente loi sont applicables aux titres au porteur émis par les départements, les communes et les établissements publics, mais elles ne sont pas applicables aux billets de la Banque de France, ni aux billets de même nature, émis par des établissements légalement autorisés, ni, sauf ce qui concerne les obligations émises pour les besoins des chemins de fer de l'État, aux rentes et autres titres au porteur émis par l'État, lesquels continueront à être régis par les lois, décrets et règlements en vigueur. — Toutefois, les cautionnements exigés par l'administration des finances pour la délivrance des duplicata des ti-

tres perdus, volés ou détruits, seront restitués si, dans les vingt ans qui auront suivi, il n'a été formé aucune demande de la part des tiers porteurs, soit pour les arrérages, soit pour le capital. Le Trésor sera définitivement libéré envers le porteur des titres primitifs, sauf l'action personnelle de celui-ci contre la personne qui aura obtenu le duplicata.

17. (Ajouté par la loi de 1902.) Le porteur d'un titre frappé d'opposition peut poursuivre la mainlevée de cette opposition de la manière suivante :

Il fera sommation à l'opposant d'avoir à introduire, dans le mois, une demande en revendication, qui sera portée devant le tribunal civil du domicile du porteur actuel du titre.

Cette sommation sera signifiée au domicile de l'opposant et, si celui-ci n'a pas de domicile connu en France, au domicile élu dans l'opposition notifiée au syndicat des agents de change de Paris.

Elle indiquera, autant que possible, l'origine et la cause de la détention du titre, ainsi que la date à partir de laquelle le porteur est à même d'en justifier ; en cas d'acquisition par achat, elle indiquera le montant du prix d'achat et contiendra aussi copie d'un certificat délivré par le syndicat des agents de change, mentionnant la date à laquelle les titres ont paru pour la première fois au bulletin, ledit certificat non soumis au droit d'enregistrement.

Si la sommation est faite à la requête d'un agent de change dans les conditions prévues au paragraphe 4 de l'article 13, elle devra contenir un extrait certifié conforme des livres de l'agent de change constatant l'inscription des numéros des titres sur ses livres avant leur publication au bulletin.

Cette sommation contiendra, en outre, assignation à l'opposant à comparaître, dans un délai qui ne pourra pas être moindre d'un mois, à l'audience des référés, devant le président du tribunal du domicile du porteur, pour y entendre, dans les cas qui vont être ci-après spécifiés, prononcer la mainlevée de l'opposition.

18. (*Ibid.*) Si au jour de l'audience fixée par l'assignation pour la comparution en référé, l'opposant ne justifie pas avoir introduit une demande en revendication, le juge des référés devra prononcer la mainlevée immédiate.

Il en sera de même, quoique l'opposant ait introduit sa demande en revendication, si le porteur justifie, par un bordereau d'agent de change ou par d'autres actes probants et non suspects, antérieurs à l'opposition, qu'il est propriétaire des valeurs revendiquées depuis une date antérieure à celle de la publication de l'opposition, et si l'opposant n'offre pas le remboursement du prix d'achat dans les conditions prévues par l'article 2280 du Code civil.

Le juge des référés pourra prononcer la mainlevée, même en dehors de toute justification de propriété de la part du porteur, si l'opposant n'allègue à l'appui de sa demande en revendication aucun fait, ou ne produit aucune pièce, de nature à rendre vraisemblable le bien-fondé de sa prétention.

Dans tous les cas où la mainlevée sera prononcée, le juge des référés aura le droit de statuer sur les dépens.

Sur la signification de l'ordonnance à l'établissement débiteur et au syndicat accompagnée d'un certificat de non-appel, délivré conformément aux dispositions de l'article 548 du Code de procédure civile, l'établissement débiteur et le syndicat devront considérer l'opposition comme nulle et non avenue.

Ils seront quittes et déchargés, sans pouvoir exiger d'autres pièces ou justifications.

19. (*Ibid.*) Un décret en forme de règlement d'administration publique déterminera :

1° Les formes et les conditions de l'avis à donner en vertu du dernier paragraphe de l'article 11 ;

2° Les formes et les conditions dans lesquelles seront tenus les livres visés par l'article 13, et destinés à l'inscription des titres vendus et livrés par les donneurs d'ordre, ainsi que le contrôle auquel ils seront soumis (1).

(1) **Décr. du 8 mai 1902.**
Art. 1ᵉʳ. L'avis notifié par le syndicat des agents de change de Paris à l'établissement débiteur, conformément au paragraphe 4 de l'article 11 de la loi du 15 juin 1872, modifiée par celle du 8 février 1902, est extrait d'un registre à souche et contient les énonciations ci-après : — 1° Date de l'exploit d'opposition et indication des noms de l'huissier et de l'opposant ; — 2° Date de 'échéance de la publication non renouvelée ; — 3° Date de la radiation au bulletin ; — 4° Désignation, par nature et par numéro, des titres radiés. — Ces énonciations figureront également sur la souche. — L'avis mentionne que, conformément au paragraphe 4 de l'article 11 précité, la notification à l'établissement débiteur lui tient lieu de mainlevée pour tous paiements de coupons, remboursement de capital, conversions, transferts, etc., et lui donne pleine et entière

Décret du 10 avril 1873, *portant règlement d'administration publique pour l'exécution des articles 11 et 13 de la loi du 15 juin 1872, relative aux titres au porteur* (1).

. . . .

————

Loi du 19 février 1874, *portant augmentation de droits d'enregistrement et de timbre* (2).

. . . .

Art. **5.** Les dispositions suivantes sont ajoutées à l'article 1er de la loi du 14 juin 1865 : — Le chèque indique le lieu d'où il est émis. La date du jour où il est tiré est inscrite en toutes lettres et de la main de celui qui a écrit le chèque. — Le chèque, même au porteur, est acquitté par celui qui le touche ; l'acquit est daté. — Toutes stipulations entre le tireur, le bénéficiaire ou le tiré, ayant pour objet de rendre le chèque payable autrement qu'à vue et à première réquisition, sont nulles de plein droit.

6. L'article 6 de la loi du 14 juin 1865 est abrogé et remplacé par les dispositions suivantes : — Le tireur qui émet un chèque sans date, ou non daté en toutes lettres, s'il s'agit d'un chèque de place à place ; celui qui revêt un chèque d'une fausse date ou d'une fausse énonciation du lieu d'où il est tiré, est passible d'une amende de 6 pour 100 de la somme pour laquelle le chèque est tiré, sans que cette amende puisse être inférieure à 100 francs. — La même amende est due personnellement, et sans recours, par le premier endosseur ou le porteur d'un chèque sans date ou non daté en toutes lettres, s'il est tiré de place à place, ou portant une date postérieure à l'époque à laquelle il est endossé ou présenté. Cette amende est due, en outre, par celui qui paie ou reçoit en compensation un chèque sans date, ou irrégulièrement daté, ou présenté au paiement avant la date d'émission. — Celui qui émet un chèque sans provision préalable et disponible est passible de la même amende, sans préjudice des peines correctionnelles, s'il y a lieu.

7. Celui qui paie un chèque sans exiger qu'il soit acquitté est passible personnellement, et

décharge, à condition que les numéros signalés comme rayés du bulletin concordent bien avec ceux inscrits sur les registres de la compagnie comme frappés d'opposition. — L'avis, daté du jour de sa délivrance et signé, est envoyé par lettre recommandée.

2. Les livres tenus par les agents de change, conformément aux prescriptions de l'article 13 de la loi susvisée, sont cotés et paraphés par le président du tribunal de commerce ou par le juge qui le remplace. Ils doivent contenir dans des colonnes distinctes : — Les noms des donneurs d'ordres vendeurs ; — La nature des titres vendus et leurs numéros, qui sont inscrits les uns à la suite des autres, sans aucun blanc ni interligne ; — La date de la livraison par le vendeur et celle de la vente. — Ils sont arrêtés chaque jour, de manière à ne laisser aucun blanc ni interligne, par l'agent de change ou l'un de ses fondés de pouvoir, accrédité auprès de la chambre syndicale des agents de change et agréé spécialement par elle à cet effet. — Ces livres seront soumis au contrôle permanent de la chambre syndicale des agents de change.

(1) Voy. *suprà*, la L. du 15 juin 1872, art. 11, en note.

(2) Voy. *infra*, la L. du 30 déc. 1911 sur le chèque barré.

saus recours, d'une amende de 50 francs.

8. Les chèques de place à place sont assujettis à un droit de timbre fixe de 20 centimes. — Les chèques sur place continueront à être timbrés à 10 centimes. — Sont applicables aux chèques de place à place non timbrés conformément au présent article, les dispositions pénales des articles 4, 5, 6, 7 et 8 de la loi du 5 juin 1850. — Le droit de timbre additionnel peut être acquitté au moyen d'un timbre mobile de 10 centimes.

9. Toutes les dispositions législatives relatives aux chèques tirés de France sont applicables aux chèques tirés hors de France et payables en France. — Les chèques pourront, avant tout endossement en France, être timbrés avec des timbres mobiles. — Si le chèque tiré hors de France n'a pas été timbré conformément aux dispositions ci-dessus, le bénéficiaire, le premier endosseur, le porteur ou le tiré sont tenus, sous peine de l'amende de 6 p. 100, de le faire timbrer aux droits fixés par l'article précédent, avant tout usage en France. — Si le chèque tiré hors de France n'est pas souscrit conformément aux prescriptions de l'article 1er de la loi du 14 juin 1865 et de l'article 5 ci-dessus, il est assujetti aux droits de timbre des effets de commerce. Dans ce cas, le bénéficiaire, le premier endosseur, le porteur ou le tiré sont tenus de le faire timbrer avant tout usage en France, sous peine d'une amende de 6 p. 100. — Toutes les parties sont solidaires pour le recouvrement des droits et amendes.

. . . .

Décret du 6 février 1880, concernant la négociation en France des valeurs étrangères.

Art. 1er. Les chambres syndicales des agents de change, à Paris ou dans les départements, accordent, refusent, suspendent ou interdisent la négociation, à leurs bourses respectives, des actions, obligations, titres d'emprunt, quelle que soit d'ailleurs leur dénomination, émanant de sociétés, compagnies, entreprises, corporations, villes, provinces étrangères, et autres établissements étrangers.

2. (Modifié par le décret du 10 août 1896, art. 3.) La chambre syndicale près la bourse où l'admission d'une valeur étrangère est demandée, se fait remettre les pièces et justifications suivantes : — 1o Les actes publics ou privés, statuts, cahiers des charges, etc., en vertu desquels cette valeur a été créée dans son lieu d'origine ; — 2o La certification, par l'autorité consulaire établie en France, que ces actes sont conformes aux lois et usages de leur pays d'origine, et que la valeur est officiellement cotée dans ledit pays, à moins qu'il n'y existe pas de bourse officielle, auquel cas le fait serait constaté par le certificat ; — 3o La justification de l'agrément, par le ministre des finances ou, en vertu de la délégation du ministre, par le directeur général de l'enregistrement, des domaines et du timbre, d'un représentant responsable du paiement des droits du Trésor.

3. La chambre syndicale peut demander, en outre, toutes pièces, justifications et renseignements qu'elle juge nécessaires.

4. (Modifié par le décret du 1er décembre 1893.) Les actions admises à la cote ne peuvent être de moins de vingt-cinq francs, lorsque le capital des entreprises n'excède pas deux cent mille francs, ni de moins de cent francs, si le capital est supérieur à deux cent mille francs. Elles doivent être libérées de vingt-cinq francs lorsqu'elles sont inférieures à cent francs et au moins jusqu'à concurrence du quart lorsqu'elles sont supérieures à cent francs.

5. Le ministre des finances peut toujours interdire la négociation, en France, d'une valeur étrangère.

6. Sont abrogés les décrets des 22 mai 1858 et 16 août 1859, concernant la négociation, en France, des valeurs étrangères.

Loi du 8 décembre 1883, *relative à l'élection des membres des tribunaux de commerce.*

Art. 1er. Les membres des tribunaux de commerce seront élus par les citoyens français, commerçants patentés ou associés en nom collectif depuis cinq ans au moins, capitaines au long cours et maîtres de cabotage ayant commandé des bâtiments pendant cinq ans, directeurs des compagnies françaises anonymes de finance, de commerce et d'industrie, agents de change et courtiers d'assurances maritimes, courtiers de marchandises, courtiers-interprètes et conducteurs de navires institués en vertu des articles 77, 79 et 80 du Code de commerce, les uns et les autres après cinq années d'exercice, et tous, sans exception, devant être domiciliés depuis cinq ans au moins dans le ressort du tribunal. — Sont également électeurs, dans leur ressort, les membres anciens ou en exercice des tribunaux et des chambres de commerce, des chambres consultatives des arts et manufactures, les présidents anciens ou en exercice des conseils de prud'hommes. — (Ajouté par la loi du 23 janvier 1898.) Les femmes qui remplissent les conditions énoncées dans les paragraphes précédents seront inscrites sur la liste électorale : néanmoins, elles ne peuvent être appelées à faire partie d'un tribunal de commerce.

2. Ne pourront participer à l'élection : — 1º Les individus condamnés soit à des peines afflictives et infamantes, soit à des peines correctionnelles, pour faits qualifiés crimes par la loi ; — 2ᵒ Ceux qui ont été condamnés pour vol, escroquerie, abus de confiance, soustractions commises par les dépositaires de deniers publics, attentats aux mœurs ; — 3º Ceux qui ont été condamnés à l'emprisonnement pour délits d'usure, pour infraction aux lois sur les maisons de jeu, sur les loteries et les maisons de prêt sur gages, ou par application de l'article 1er de la loi du 27 mars 1851, de l'article 1er de la loi du 5 mai 1855, des articles 7 et 8 de la loi du 23 juin 1857 et de l'article 1er de la loi du *27 juillet 1867* (1) ; — 4º Ceux qui ont été condamnés à l'em-

---

(1) La L. du 27 juill. 1867 a été abrogée et remplacée par la L. du 1er août 1905.

prisonnement par application des lois du 17 juillet 1857, du 23 mai 1863 et du 24 juillet 1867 sur les sociétés ; — 5° Les individus condamnés pour les délits prévus aux articles 400, 413, 414, 417, 418, 419, 420, 421, 423, 433, 439, 443 du Code pénal, et aux articles 594, 596 et 597 du Code de commerce ; — 6° Ceux qui ont été condamnés à un emprisonnement de six jours au moins ou à une amende de plus de mille francs pour infraction aux lois sur les douanes, les octrois et les contributions indirectes, et à l'article 2 de la loi du 4 juin 1859 sur le transport, par la poste, des valeurs déclarées ; — 7° Les notaires, greffiers et officiers ministériels destitués en vertu de décisions judiciaires ; — 8° Les faillis non réhabilités dont la faillite a été déclarée soit par les tribunaux français, soit par des jugements rendus à l'étranger, mais exécutoires en France (1) ; — 9° Et généralement tous les individus privés du droit de vote dans les élections publiques.

3. Tous les ans, la liste des électeurs du ressort de chaque tribunal sera dressée pour chaque commune par le maire, assisté de deux conseillers municipaux désignés par le conseil, dans la première quinzaine du mois de septembre ; elle comprendra tous les électeurs qui rempliront, au 1ᵉʳ septembre, les conditions exigées par les articles précédents.

4. Le maire enverra la liste ainsi préparée au préfet, ou au sous-préfet qui fera déposer la liste générale au greffe du tribunal de commerce et la liste spéciale de chacun des cantons du ressort au greffe de chacune des justices de paix correspondantes : l'un et l'autre dépôt devront être effectués trente jours au moins avant l'élection. L'accomplissement de ces formalités sera annoncé, dans le même délai, par affiches apposées à la porte de la mairie de chaque commune du ressort du tribunal. — Ces listes électorales seront communiquées sans frais à toute réquisition.

5. Pendant les quinze jours qui suivent le dépôt des listes, tout commerçant patenté du ressort, et en général tout ayant droit compris dans l'article 1ᵉʳ pourra exercer ses réclamations, soit qu'il se plaigne d'avoir été indûment omis, soit qu'il demande la radiation d'un citoyen indûment inscrit. Ces réclamations seront portées devant le juge de paix du canton, par simple déclaration au greffe de la justice de paix du domicile de l'électeur dont la qualité sera mise en question. Cette déclaration se fera sans frais et il en sera donné récépissé. — Le juge de paix statuera sans opposition ni appel dans les dix jours, sans frais ni forme de procédure, et sur simple avertissement donné par les soins du juge de paix lui-même à toutes les parties intéressées. — La sentence sera, le jour même, transmise au maire de la commune de l'intéressé, lequel en fera audit inté-

---

(1) Voy. les art. 604 et suiv., C. comm., modifiés par les L. du 30 déc. 1903 et du 23 mars 1908.

ressé la notification dans les vingt-quatre heures de la réception. — Toutefois, si la demande portée devant le juge de paix implique la solution préjudicielle d'une question d'état, il renverra préalablement les parties à se pourvoir devant les juges compétents, et fixera un bref délai dans lequel la partie qui aura élevé la question préjudicielle justifiera de ses diligences. — Il sera procédé, en ce cas, conformément aux articles 855, 857 et 858 du Code de procédure. — Les actes judiciaires auxquels l'instance devant le juge de paix donnera lieu ne seront pas soumis au timbre et seront enregistrés gratis.

6. La décision du juge de paix pourra être déférée à la Cour de cassation dans tous les cas par ceux qui y auront été parties, et, en outre, dans le cas où le jugement ordonnerait l'inscription, sur la liste, d'une personne qui n'y figurerait pas, par tout électeur inscrit sur la liste électorale. — Le pourvoi ne sera recevable que s'il est formé dans les dix jours de la notification de la décision. Il ne sera pas suspensif. Il sera formé par simple requête dénoncé au défenseur dans les dix jours qui suivront, et jugé d'urgence, sans frais ni consignation d'amende. L'intermédiaire d'un avocat à la Cour de cassation ne sera pas obligatoire. — Les pièces et mémoires fournis par les parties seront transmis sans frais par le greffier de la justice de paix au greffier de la Cour de cassation. — La chambre civile de la Cour de cassation statuera définitivement sur le pourvoi.

7. La liste rectifiée, s'il y a lieu, par suite de décisions judiciaires, sera close définitivement dix jours avant l'élection. Cette liste servira pour toutes les élections de l'année.

8. Sont éligibles aux fonctions de président, de juge et de juge suppléant tous les électeurs inscrits sur la liste électorale [1], âgés de trente ans, et les anciens commerçants français ayant exercé leur profession pendant cinq ans au moins dans l'arrondissement et y résidant [2]. — Toutefois, nul ne pourra être élu président s'il n'a exercé pendant deux ans les fonctions de juge titulaire, et nul ne pourra être nommé juge s'il n'a été juge suppléant pendant un an.

9. Le vote aura lieu par canton à la mairie du chef-lieu. Dans les villes divisées en plusieurs cantons, le maire désignera, pour chaque canton, le local où s'effectueront les opérations électorales, et déléguera, pour y présider, l'un de ses adjoints, ou l'un des conseillers municipaux. — L'assemblée électorale sera convoquée par le

---

(1) Voy. cependant *infrà* l'art. 21, L. du 4 mars 1889, ; la L. du 23 mars 1908.

(2) Circulaire minist. du 13 févr. 1884 : « Pas plus que les articles du Code de commerce, la nouvelle loi ne prévoit les *incompatibilis*. Toutefois, il faut continuer à appliquer les dispositions du décret du 20 avril 110, qui interdisent aux parents ou alliés de faire partie du même tribunal. — En cas d'élection de deux parents ou alliés, c'est le dernier élu qui doit se retirer. S'il ne donne pas sa démission, le procureur général provoque l'annulation de son élection. — Il y a également incompatibilité entre le greffier et un membre du tribunal. L'élection de celui-ci devra être annulée, si le greffier ne donne pas immédiatement sa démission. »

préfet du département dans la première quinzaine de décembre au plus tard. Elle sera présidée par le maire ou son délégué, assisté de quatre électeurs, qui seront les deux plus âgés et les deux plus jeunes des membres présents. Le bureau ainsi composé nomme un secrétaire pris dans l'assemblée. Il statue sur toutes les questions qui peuvent s'élever dans le cours de l'élection. — Cette assemblée pourra être divisée en plusieurs sections par arrêté du préfet, sur l'avis conforme du conseil général, dans les localités où cette division sera jugée nécessaire. — Le préfet pourra, par arrêté pris sur l'avis conforme du conseil général, convoquer les électeurs des deux cantons au chef-lieu de l'un de ces cantons en une assemblée électorale, qui sera présidée par le maire de ce chef-lieu.

10. Le président sera élu au scrutin individuel. — Les juges titulaires et les juges suppléants seront nommés au scrutin de liste, mais par des bulletins distincts déposés dans des boîtes séparées. — Ces élections auront lieu simultanément. — Aucune élection ne sera valable au premier tour de scrutin si les candidats n'ont pas obtenu la majorité des suffrages exprimés, et si cette majorité n'est pas égale au quart des électeurs inscrits. — Si la nomination n'a pas été obtenue au premier tour, un scrutin de ballottage aura lieu quinze jours après, et la majorité relative suffira, quel que soit le nombre des suffrages. — La durée de chaque scrutin sera de six heures ; il s'ouvrira à dix heures du matin et sera fermé à quatre heures du soir.

11. Le président de chaque assemblée proclame le résultat de l'élection et transmet immédiatement au préfet le procès-verbal des opérations électorales. — Dans les vingt-quatre heures de la réception des procès-verbaux, le résultat général de l'élection de chaque ressort est constaté par une commission siégeant à la préfecture et composée ainsi qu'il suit : — Le préfet, président ; — Le conseiller général du chef-lieu du département, et, dans le cas où le chef-lieu est divisé en plusieurs cantons, le plus âgé des conseillers généraux du chef-lieu ; en cas d'absence ou d'empêchement des conseillers généraux, le conseiler d'arrondissement ou le plus âgé des conseillers d'arrondissement du chef-lieu ; — Le maire du chef-lieu du départemen ou l'un de ses adjoints, en cas d'empêchement ou d'absence. — Dans les trois jours qui suivront les constatations des résultats électoraux par la commision ainsi composée, le préfet transmettra au procureur général près la cour d'appel une copie certifiée du procès-verbal de l'ensemble des constatations et une autre copie, également certifiée, à chacun des greffiers des tribunaux de commerce du département. — Le préfet transmettra également le résultat des opérations électorales à toules maires des chefs-lieux de canton, qui devront les faire afcher à la porte de la maison commune. — Dans les cinq jours de l'élection, tout électeur aura le droit d'élever des réclamatios sur la régularité et la sincérité de l'élection. Dans les cin jours de la réception du procès-verbal, le procureur général aura le même droit. — Ces réclamations seront communiquées aux citoyens dont l'élection serait attaquée et qui auront le droit d'intervenir dans les cinq jours de la communication. Elles seront jugées sommairement et sans frais dans la quinzaine par la cour d'appel dans le ressort de laquelle l'élection a eu lieu. L'opposition ne sera pas admise contre l'arrêt rendu par défaut et qui devra être signifié. — Le pourvoi en cassation contre l'arrêt ne sera recevable que s'il est formé dans les dix jours de la signification. Il aura un effet suspensif et sera instruit suivant les formes indiquées à l'article 6.

12. La nullité partielle ou absolue de l'élection ne pourra être prononcée que dans les cas suivants : — 1º Si l'élection n'a pas été faite selon les formes prescrites par la loi ; — 2º Si le scrutin n'a pas été libre, ou s'il a été vicié par des manœuvres frauduleuses ; — 3º S'il y a incapacité légale dans la personne de l'un ou de plusieurs des élus. — Sont applicables aux élections faites en vertu du présent article les dispositions des articles 98, 99, 100, 102, 103, 104, 105, 106, 107, 108, 109, 110, 112, 113, 114, 116, 117, 118, 119, 120, 121, 122, 123 de la loi du 15 mars 1849.

13. (Abrogé, L. 17 juill. 1908.) *L'article 623 du Code de commerce est maintenu; toutefois le président, quel que soit, au moment de son élection, le nombre de ses années de judicature comme juge titulaire, pourra toujours être élu pour deux années, à l'expiration desquelles il pourra* *être réélu pour une seconde période de même durée.*

14. Dans la quinzaine de la réception du procès-verbal, s'il n'y a pas de réclamations, ou dans la huitaine de l'arrêt statuant sur les réclamations, le procureur général invite les élus à se présenter à l'audience de la cour d'appel, qui procède publiquement à leur réception et en dresse procès-verbal consigné dans ses registres. — Si la cour ne siège pas dans l'arrondissement où le tribunal de commerce est établi, et si les élus le demandent, elle peut commettre pour leur réception le tribunal civil de l'arrondissement, qui y procédera en séance publique, à la diligence du procureur de la République. — Le procès-verbal de cette séance est transmis à la cour d'appel, qui en ordonne l'insertion dans ses registres. Le jour de l'installation publique du tribunal de commerce, il est donné lecture du procès-verbal de réception.

15. Le rang à prendre dans le tableau des juges et des suppléants sera fixé par l'ancienneté, c'est-à-dire par le nombre des années de judicature avec ou sans interruption, et, entre les juges élus pour la première fois et par le même scrutin, par le nombre de voix que chacun d'eux aura obtenu dans l'élection, et, en cas d'égalité de suffrages, la priorité appartiendra au plus âgé. — Les jugements seront rendus par trois juges au moins ; un juge titulaire fera nécessairement partie du tribunal, à peine de nullité.

16. Lorsque, par suite de récusation ou d'empêchement, il ne restera pas un nombre suffisant de juges ou de suppléants, le président du tribunal tirera au sort, en séance publique, les noms des juges complémentaires pris sur une liste dressée annuellement par le tribunal. — Cette liste où ne seront portés que des éligibles ayant leur résidence dans la ville, ou, en cas d'insuffisance, des électeurs ayant également leur résidence dans la ville où siège le tribunal sera de cinquante noms pour Paris, de vingt-cinq noms pour les tribunaux de neuf membres, et de quinze noms pour les autres tribunaux. — Les juges complémentaires seront appelés dans l'ordre fixé par un tirage au sort fait en séance publique, par le président du tribunal, entre tous les noms de la liste (1).

17. Dans les villes de Paris et de Lyon, il y aura autant de collèges électoraux qu'il y a d'arrondissements. — Le vote aura lieu dans chaque mairie d'arrondissement, sur les listes électorales dressées conformément aux dispositions de la présente loi. — Dans les circonscriptions suburbaines comprises dans les départements de la Seine et du Rhône, les élections auront lieu au chef-lieu de canton, conformément aux règles précédemment établies.

18. Il sera procédé à une élection générale dans les formes et délais prescrits par la présente loi. — A cette première élection, le président, la moitié des juges et des suppléants, dont le tribunal sera composé, seront nommés pour deux ans ; la seconde moitié des juges et des suppléants sera nommée pour un an ; — Aux élections postérieures, toutes les nominations seront faites pour deux ans ; — Le tout conformément aux dispositions de l'article 622 du Code de commerce. — Les présidents et juges en exercice au moment où aura lieu cette élection seront éligibles, sans qu'il soit tenu compte des années de judicature pendant lesquelles ils ont exercé leurs fonctions.

19. Les pouvoirs des juges actuels sont maintenus jusqu'à l'installation de ceux qui doivent les remplacer.

20. Il sera statué par une loi spéciale sur le mode d'élection des chambres de commerce et des chambres consultatives des arts et manufactures.

21. Toutes dispositions antérieures qui seraient contraires à la présente loi sont et demeurent abrogées.

Loi du **28 mars 1885**, *sur les marchés à terme.*

Art. **1er.** Tous marchés à terme sur effets publics et autres, tous marchés à livrer sur denrées et marchandises sont reconnus légaux (2). — Nul ne

------

(1) Circulaire min. du 13 févr. 1884 : « Les tribunaux de commerce procèdent eux-mêmes, et sans invitation de l'autorité administrative, à la désignation des juges complémentaires. Ces juges doivent prêter serment et siéger en robe. »

(2) La validité des marchés à terme est également admise par la plupart des pays étrangers. Dans certains pays cependant, ces marchés n'engendrent point d'action lorsqu'il est prouvé qu'ils n'ont pour objet que le paiement de différences : voy. en *Espagne,* C. com., 355 et 356 ; en *Suisse,* C. fédér. des oblig., 512. En *Allemagne,*

peut, pour se soustraire aux obligations qui en résultent, se prévaloir de l'article 1965 du Code civil, lors même qu'ils se résoudraient par le paiement d'une simple différence (1).

2. Les articles 421 et 422 du Code pénal sont abrogés.

3. Sont abrogées les dispositions des anciens arrêts du Conseil des 24 septembre 1724, 7 août, 2 octobre 1785 et 22 septembre 1786, l'article 15, chapitre Ier, l'article 4, chapitre II, de la loi du 28 vendémiaire an IV, les articles 85, § 3, et 86 du Code de commerce.

4. L'article 13 de l'arrêté du 27 prairial an IX est modifié ainsi qu'il suit : — « Chaque agent de change est responsable de la livraison et du paiement de ce qu'il aura vendu et acheté. Son cautionnement sera affecté à cette garantie. »

5. Les conditions d'exécution des marchés à terme par les agents de change seront fixées par le réglement d'administration publique prévu par l'article 90 du Code de commerce (2).

Loi du 10 juillet 1885, *sur l'hypothèque maritime.*

Art. 1er. Les navires sont susceptibles d'hypothèques ; ils ne peuvent être hypothéqués que par la convention des parties (3).

2. Le contrat par lequel l'hypothèque maritime est consentie doit être rédigé par écrit : il peut être fait par acte sous signatures privées (4). — Le droit d'enregistrement de l'acte constitutif d'hypothèque authentique ou sous seing privé est fixé à 1 fr. par 1,000 fr. des sommes ou valeurs portées au contrat.

(Ajouté par la L. du 13 juill. 1907.) Pour les consentements à mainlevées totales ou partielles, ce droit sera de 20 cent. en principal par 1,000 fr. du montant des sommes faisant l'objet de la mainlevée. — En cas de simple réduction de l'inscription, il ne sera dû pour les mainlevées partielles qu'un droit fixe de 5 fr. qui ne pourra toutefois excéder le droit proportionnel exigible en cas de mainlevée totale.

3. L'hypothèque sur le navire ne peut être consentie que par le propriétaire ou son mandataire justifiant d'un mandat spé-

------

les marchés à terme doivent être autorisés par la Direction de la bourse ; d'autre part, ils ne sont permis qu'aux commerçants importants inscrits sur le registre du commerce ou aux corporations inscrites ; enfin ils sont prohibés pour les céréales et les produits de la meunerie des céréales (L. du 8 mai 1908).

(1) Code civil, art. 1965 : « La loi n'accorde aucune action pour une dette de jeu ou pour le paiement d'un pari. »

(2) Voy. *infrà*, le décr. du 7 oct. 1890.

(3) L'hypothèque des navires existe dans la plupart des nations étrangères : voy. en *Angleterre*, le *merchant shipping act* de 1854, 66 à 83 ; en *Belgique*, la L. du 21 août 1879, 131 à 155 ; en *Espagne*, la L. du 21 août 1893 ; à *Hambourg*, la L. du 27 avril 1885 ; en *Hollande*, le C. com., 315 et suiv. ; en *Italie*, le C. com., 485 à 490 ; en *Portugal*, le C. com., 584 à 594 ; en *Prusse*, la L. du 25 juin 1861.

En général, l'hypothèque ne peut porter que sur les bâtiments de mer : la législation *hollandaise* est la seule qui admette l'hypothèque sur les bâtiments destinés à la navigation fluviale dont le tonnage est de 10 *lastes* (20 tonneaux) au moins.

(4) Même régle dans les pays étrangers : le C. com. *portugais*, 588, exige cependant un acte authentique.

cial. — Si le navire a plusieurs propriétaires, il pourra être hypothéqué par l'armateur titulaire pour les besoins de l'armement ou de la navigation, avec l'autorisation de la majorité, telle qu'elle est établie par l'article 220 du Code de commerce, et celle du juge, comme il est dit à l'article 233. — Dans le cas où l'un des copropriétaires voudrait hypothéquer sa part indivise dans le navire, il ne pourra le faire qu'avec l'autorisation de la majorité, conformément à l'article 220 du Code de commerce (1).

4. L'hypothèque consentie sur le navire ou sur portion de navire s'étend, à moins de convention contraire, au corps du navire, aux agrès, apparaux, machines et autres accessoires (2).

5. L'hypothèque maritime peut être constituée sur un navire en construction. Dans ce cas, l'hypothèque doit être précédée d'une déclaration faite au receveur principal du bureau des douanes dans la circonscription duquel le navire est en construction. — Cette déclaration indiquera la longueur de la quille du navire et approximativement ses autres dimensions, ainsi que son tonnage présumé. Elle mentionnera l'emplacement de la mise en chantier du navire (3).

6. L'hypothèque est rendue publique par l'inscription sur un registre spécial tenu par le receveur principal du bureau des douanes dans la circonscription duquel le navire est immatriculé, s'il est déjà pourvu d'un acte de francisation. — Des décrets détermineront, pour les chantiers de construction établis en dehors du rayon maritime, le bureau des douanes dans la circonscription duquel ils devront être compris (4).

7. Tout propriétaire d'un navire construit en France, qui demande à le faire admettre à la francisation, est tenu de joindre aux pièces requises à cet effet un état des inscriptions prises sur le navire en construction ou un certificat qu'il n'en existe aucune. — Les inscriptions non rayées sont reportées d'office à leurs dates respectives par le receveur des douanes, sur le registre du lieu de francisation, si celui-ci est autre que celui de la construction. — Si le navire change de port d'immatricule, les inscriptions non rayées sont pareille-

---

(1) Mêmes règles en *Belgique* (L. de 1879, 136) et en *Portugal* (C. com., 586). En *Angleterre*, au contraire, chacun des propriétaires a le droit d'hypothéquer librement sa part, et la majorité ne peut jamais hypothéquer la part d'un propriétaire sans son consentement.

(2) Dans certains pays, en *Angleterre*, aux *États-Unis*, en *Prusse*, l'hypothèque s'étend aussi sur le fret ; en *France*, la question est controversée.

(3) L'hypothèque sur un navire en construction est aussi admise en *Angleterre*, en *Belgique* (L. de 1879, 138), en *Italie* (C. com., 486) et en *Portugal* (C. com., 587).

(4) En *Angleterre*, l'hypothèque est inscrite sur le registre de l'état civil des navires par un fonctionnaire spécial, le *registrar of shipping*. En *Belgique* et en *Hollande*, les inscriptions sont reçues par le conservateur des hypothèques terrestres d'Anvers et de La Haye. Dans les divers *États de l'Allemagne* et en *Portugal*, l'inscription doit être prise au greffe du tribunal de commerce du port d'immatricule (C. com. *portugais*, 590).

ment reportées d'office par le receveur des douanes du nouveau port où il est immatriculé, sur son registre et avec mention de leurs dates respectives.

8. Pour opérer l'inscription, il est présenté au bureau du receveur des douanes un des originaux du titre constitutif d'hypothèque, lequel y reste déposé s'il est sous seing privé ou reçu en brevet, ou une expédition s'il en existe minute. — Il est joint deux bordereaux signés par le requérant, dont l'un peut être porté sur le titre présenté. Ils contiennent : — 1º Les noms, prénoms et domicile du créancier et du débiteur, et leur profession, s'ils en ont une ; — 2º La date et la nature du titre ; — 3º Le montant de la créance exprimée dans le titre ; — 4º Les conventions relatives aux intérêts et au remboursement ; — 5º Le nom et la désignation du navire hypothéqué, la date de l'acte de francisation ou de la déclaration de la mise en construction ; — 6º Élection de domicile par le créancier dans le lieu de la résidence du receveur des douanes.

9. Le receveur des douanes fait mention sur son registre du contenu aux bordereaux et remet au requérant l'expédition du titre s'il est authentique, et l'un des bordereaux, au pied duquel il certifie avoir fait l'inscription.

10. S'il y a deux ou plusieurs hypothèques sur le même navire ou sur la même part de propriété du navire, le rang est déterminé par l'ordre de priorité des dates de l'inscription. — Les hypothèques inscrites le même jour viennent en concurrence, nonobstant la différence des heures de l'inscription (1).

11. L'inscription conserve l'hypothèque pendant dix ans, à compter du jour de sa date ; son effet cesse si l'inscription n'a pas été renouvelée avant l'expiration de ce délai sur le registre tenu en douane.

12. Si le titre constitutif de l'hypothèque est à ordre, sa négociation par voie d'endossement emporte la translation du droit hypothécaire (2).

13. L'inscription garantit, au même rang que le capital, deux années d'intérêt en sus de l'année courante.

14. Les inscriptions sont rayées, soit du consentement des parties intéressées ayant capacité à cet effet, soit en vertu d'un jugement en dernier ressort ou passé en force de chose jugée.

15. A défaut de jugement, la radiation totale ou partielle de l'inscription ne peut être opérée par le receveur des douanes que sur le dépôt d'un acte authentique de consentement à la radiation donnée par le créancier ou son cessionnaire justifiant de ses droits. — Dans le cas où l'acte constitutif de l'hypothèque est sous seing privé ou si, étant authentique, il a été reçu en brevet, il est communiqué au receveur des douanes qui y mentionne, séance tenante, la radiation totale ou partielle.

16. Le receveur des douanes est tenu de délivrer, à tous ceux

(1) Mêmes règles en pays étranger : voy. notamment, C. com. *portugais*, 592.

(2) Même **règle** dans la plupart des pays étrangers: en *Angleterre*, l'art. 73 de l'act de 1854 exige que le *registrar* mentionne sur le *register book* le nom du cessionnaire.

qui le requièrent, l'état des inscriptions subsistant sur le navire ou un certificat qu'il n'en existe aucune.

17. Les créanciers ayant hypothèque inscrite sur un navire ou portion de navire le suivent en quelques mains qu'il passe, pour être colloqués et payés suivant l'ordre de leurs inscriptions ([1]). — Si l'hypothèque ne grève qu'une portion de navire, le créancier ne peut saisir et faire vendre que la portion qui lui est affectée. Toutefois, si plus de la moitié du navire se trouve hypothéquée, le créancier pourra, après saisie, le faire vendre en totalité, à charge d'appeler à la vente les copropriétaires. — Dans tous les cas de copropriété, par dérogation à l'article 883 du Code civil, les hypothèques consenties durant l'indivision par un ou plusieurs des copropriétaires, sur une portion du navire, continuent à subsister après le partage ou la licitation. — Toutefois, si la licitation s'est faite en justice dans les formes déterminées par les articles 23 et suivants de la présente loi, le droit des créanciers n'ayant hypothèque que sur une portion du navire sera limité au droit de préférence sur la partie du prix afférente à l'intérêt hypothéqué ([2]).

18. L'acquéreur d'un navire ou d'une portion de navire hypothéqué, qui veut se garantir des poursuites autorisées par l'article précédent, est tenu, avant la poursuite ou dans le délai de quinzaine, de notifier à tous les créanciers inscrits sur le registre du port d'immatricule, au domicile élu dans leurs inscriptions : — 1º Un extrait de son titre indiquant seulement la date et la nature de l'acte, le nom du vendeur, le nom, l'espèce et le tonnage du navire et les charges faisant partie du prix ; — 2º Un tableau sur trois colonnes, dont la première contiendra la date des inscriptions ; la seconde, le nom des créanciers ; la troisième, le montant des créances inscrites. — Cette notification contiendra constitution d'avoué ([3]).

19. L'acquéreur déclarera par le même acte qu'il est prêt à acquitter, sur-le-champ, les dettes hypothécaires jusqu'à concurrence de son prix, sans distinction des dettes exigibles ou non exigibles.

20. Tout créancier peut requérir la mise aux enchères du navire ou portion de navire en offrant de porter le prix à un dixième en sus, et de donner caution pour le paiement du prix et des charges.

---

(1) En *Angleterre*, le premier créancier hypothécaire est seul investi du droit absolu de faire saisir et vendre aux enchères le navire hypothéqué : les créanciers hypothécaires postérieurs ne peuvent faire vendre sans son concours, sauf autorisation du juge compétent (L. de 1854, 71).

(2) La L. de 1885 a supprimé la subrogation de plein droit que la L. du 10 décembre 1874 accordait aux créanciers hypothécaires sur l'indemnité d'assurance due au propriétaire du navire. Parmi les lois étrangères, la loi *belge* est la seule qui admette cette subrogation (L. de 1879,149).

(3) La purge de l'hypothèque maritime est également admise par les législations étrangères. En *Angleterre* cependant, il n'y a pas de purge à proprement parler : l'acquéreur d'un navire paie les créanciers inscrits suivant leur rang, et se fait garantir par le vendeur contre toute réclamation ultérieure.

21. Cette réquisition, signée du créancier, doit être signifiée à l'acquéreur dans les dix jours des notifications. Elle contiendra assignation devant le tribunal civil du lieu où se trouve le navire, ou s'il est en cours de voyage, du lieu où il est immatriculé, pour voir ordonner qu'il sera procédé aux enchères requises.

22. La vente aux enchères aura lieu à la diligence, soit du créancier qui l'aura requise, soit de l'acquéreur dans les formes établies pour les ventes sur saisie.

23. Au cas de saisie, le saisissant devra, dans le délai de trois jours, notifier au propriétaire copie du procès-verbal de saisie, et le faire citer devant le tribunal civil du lieu de la saisie, pour voir dire qu'il sera procédé à la vente des choses saisies. — Si le propriétaire n'est pas domicilié dans le ressort du tribunal, les significations et citations lui seront données en la personne du capitaine du bâtiment saisi, ou, en son absence, en la personne de celui qui représentera le propriétaire ou le capitaine, et le délai de trois jours sera augmenté d'un jour par cinq myriamètres de la distance de son domicile, sans que le délai puisse dépasser un mois. — S'il est étranger, hors de France et non représenté, les citations et significations seront données ainsi qu'il est prescrit à l'article 69 du Code de procédure civile.

24. Le procès-verbal de saisie sera transcrit au bureau du receveur des douanes du lieu où le navire est en construction ou de celui où il est immatriculé, dans le délai fixé au § 1er de l'article précédent, avec aug-

mentation d'un jour par cinq myriamètres de la distance du lieu où se trouve le tribunal qui doit connaître de la saisie et de ses suites. — Dans la huitaine, le receveur des douanes délivrera un état des inscriptions et dans les trois jours qui suivront (avec augmentation du délai à raison des distances, comme il est dit ci-dessus), la saisie sera dénoncée aux créanciers inscrits, aux domiciles élus dans leurs inscriptions, avec indication du jour de la comparution devant le tribunal civil. — Le délai de la comparution sera calculé à raison d'un jour par cinq myriamètres de distance entre le lieu où le navire est immatriculé et le lieu où siège le tribunal dans le ressort duquel la saisie a été pratiquée, sans qu'en aucun cas et tous calculs faits, il puisse dépasser les termes fixés par les deux derniers paragraphes de l'article 23.

25. Le tribunal fixera par son jugement la mise à prix et les conditions de la vente. Si au jour fixé pour la vente il n'est pas fait d'offre, le tribunal déterminera par jugement le jour auquel les enchères auront lieu sur une nouvelle mise à prix inférieure à la première et qui sera déterminée par le jugement.

26. La vente se fera à l'audience des criées du tribunal civil, quinze jours après une apposition d'affiches et une insertion de cette affiche dans un des journaux imprimés au lieu où siège le tribunal, et, s'il n'y en a pas, au chef-lieu du département, sans préjudice de toutes autres publications qui seraient autorisées par le tribunal. — Néanmoins, le tribunal pourra ordonner que la vente sera faite soit devant un autre tribunal civil, soit en l'étude et par le ministère d'un notaire, soit par un courtier conducteur de navires à la Bourse ou dans tout autre lieu du port où se trouve le navire saisi. — Dans ces divers cas, le jugement réglementera la publicité locale.

27. Les affiches seront apposées au grand mât ou sur la partie la plus apparente du bâtiment saisi ; à la porte principale du tribunal devant lequel on procédera ; dans la place publique et sur le quai du port où le bâtiment sera amarré, ainsi qu'à la Bourse de commerce, s'il y en a une.

28. Les annonces et affiches devront indiquer : — Les noms, profession et demeure du poursuivant ; — Les titres en vertu desquels il agit ; — Le montant de la somme qui lui est due ; — L'élection de domicile par lui faite dans le lieu où siège le tribunal civil et dans le lieu où se trouve le bâtiment ; — Les noms, profession et domicile du propriétaire du bâtiment saisi ; — Le nom du bâtiment, et, s'il est armé ou en armement, celui du capitaine ; — Le mode de puissance motrice du navire, à voiles ou à vapeur, à roues ou à hélice ; s'il est à voiles, son tonnage légal ; s'il est à vapeur, les deux tonnages légaux, brut et net, ainsi que le nombre de chevaux nominaux de sa machine motrice ; — Le lieu où il se trouve ; — La mise à prix et les conditions de la vente ; — Les jour, lieu et heure de l'adjudication.

29. La surenchère n'est pas admise en cas de vente judiciaire.

30. L'adjudicataire sur saisie, comme l'adjudicataire par suite de surenchère, sera tenu de verser son prix, sans frais, à la Caisse des dépôts et consignations, dans les vingt-quatre heures de l'adjudication, à peine de folle enchère. — Il devra, dans les cinq jours suivants, présenter requête au président du tribunal civil, pour faire commettre un juge devant lequel il citera les créanciers par acte signifié aux domiciles élus, à l'effet de s'entendre à l'amiable sur la distribution du prix. — L'acte de convocation sera affiché dans l'auditoire du tribunal et inséré dans l'un des journaux imprimés au lieu où siège le tribunal, et, s'il n'y en a pas, dans l'un de ceux qui seront imprimés dans le département. — Le délai de la convocation sera de quinzaine, sans augmentation à raison de la distance.

31. Dans le cas où les créanciers ne s'entendraient pas sur la distribution du prix, il sera dressé procès-verbal de leurs prétentions et contredits. — Dans la huitaine, chacun des créanciers devra déposer au greffe une demande de collocation contenant constitution d'avoué avec titres à l'appui. — A la requête du plus diligent, les créanciers seront, par un simple acte d'avoué à avoué, appelés devant le tribunal qui statuera à l'égard de tous, même des créanciers privilégiés.

32. Le jugement sera signifié dans les trente jours de sa date, à avoué seulement pour les parties présentes, et aux domiciles élus pour les parties défaillantes. Ce jugement ne sera pas susceptible d'opposition. —

Le délai d'appel sera de dix jours à compter de la signification du jugement, outre un jour par cinq myriamètres de distance entre le siège du tribunal et le domicile élu dans l'inscription. — L'acte d'appel contiendra assignation et l'énonciation des griefs à peine de nullité. — La disposition finale de l'article 762 du Code de procédure civile sera appliquée, ainsi que les articles 761, 763 et 764 du même Code, relativement à la procédure devant la cour. — Dans les huit jours qui suivront l'expiration du délai d'appel, et s'il y a appel dans les huit jours de l'arrêt, le juge, déjà désigné, dressera l'état des créances colloquées, en principal, intérêts et frais. — Les intérêts des créances utilement colloquées cesseront de courir à l'égard de la partie saisie. Les dépens des contestations ne pourront être pris sur les deniers à distribuer, sauf les frais de l'avoué le plus ancien. — Sur l'ordonnance rendue par le juge-commissaire, le greffier délivrera les bordereaux de collocation exécutoires contre la Caisse des dépôts et consignations, dans les termes de l'article 770 du Code de procédure civile. La même ordonnance autorisera la radiation par le receveur des douanes des inscriptions des créanciers non colloqués. Il sera procédé à cette radiation sur la demande de toute partie intéressée.

33. La vente volontaire d'un navire grevé d'hypothèques à un étranger, soit en France, soit à l'étranger, est interdite. Tout acte fait en fraude de cette disposition est nul et rend le vendeur passible des peines portées par l'article 408 du Code pénal. L'article 463 du même Code pourra être appliqué. — Les hypothèques consenties à l'étranger n'ont d'effet à l'égard des tiers, comme celles consenties en France, que du jour de leur inscription sur les registres de la recette principale des douanes du port d'immatricule du navire. — Sont néanmoins valables les hypothèques constituées sur le navire acheté à l'étranger avant son immatriculation en France, pourvu qu'elles soient régulièrement inscrites par le consul français sur le congé provisoire de navigation et reportées sur le registre du receveur des douanes du lieu où le navire sera immatriculé. — Ce report sera fait sur la réquisition du créancier, qui devra produire à l'appui le bordereau prescrit par l'article 8 de la présente loi. — Les dispositions du présent article seront mentionnées sur l'acte de francisation.

34. L'article 191 du Code de commerce est terminé par la disposition suivante :..... (V. *suprà*, C. com.)

35. L'article 233 du Code de commerce est modifié ainsi qu'il suit :.... (V. *suprà*, C. com.)

36. Les navires de vingt tonneaux et au-dessus seront seuls susceptibles de l'hypothèque créée par la présente loi.

37. Le tarif des droits à percevoir par les employés de l'administration des douanes, ainsi que le cautionnement spécial à leur imposer à raison des actes auxquels donnera lieu la présente loi, les émoluments et honoraires dus aux notaires et aux courtiers conducteurs de navires pour les ventes dont ils pourront être chargés, seront fixés par des décrets rendus dans la forme des règlements d'administration publique. — La responsabilité de la régie des douanes du fait de ses agents ne s'applique pas aux attributions conférées aux receveurs par les dispositions qui précèdent.

38. L'intérêt conventionnel en matière de prêts hypothécaires sur navires est libre. L'intérêt légal est de 6 p. 100 (aujourd'hui, 5 p. 100), comme en matière commerciale.

39. Sont abrogés : — Le paragraphe 9 de l'article 191 et le paragraphe 7 de l'article 192 du Code de commerce ; — Les articles 201, 202, 203, 204, 205, 206 et 207 du même Code ; — La loi du 10 décembre 1874 sur l'hypothèque maritime ; — Et généralement toutes les dispositions contraires à la présente loi.

Loi du 12 janvier 1886, *relative aux taux de l'intérêt de l'argent.*

Article unique. Les lois des 3 septembre 1807 et 19 décembre 1850, dans leurs dispositions relatives à l'intérêt conventionnel, sont abrogées en matière de commerce ; elles restent en vigueur en matière civile.

Loi du 4 mars 1889, *portant modification à la législation des faillites.*

Art. 1er. Tout commerçant qui cesse ses paiements peut obtenir, en se conformant aux dispositions suivantes, le bénéfice de la liquidation judiciaire(¹) telle qu'elle est réglée par la présente loi.

2. La liquidation judiciaire ne peut être ordonnée que sur

---

(1) Depuis longtemps, la plupart des législations étrangères se sont préoccupées des moyens de soustraire à la faillite et aux déchéances rigoureuses qu'elle entraîne les débiteurs malheureux et de bonne foi. A ce point de vue, les législations étrangères peuvent se diviser en 3 groupes.

Premier groupe : Sursis de paiements. — *Belgique* (C. com. 593 à 614), *Hollande* (L. du 30 sept. 1893, art. 213 à 240), *Roumanie* (C. com. 832 à 843). Ces diverses législations permettent au commerçant qui a cessé ses paiements, mais dont l'actif est au moins égal au passif, de demander un sursis de paiements et d'éviter ainsi la faillite. Le sursis de paiements diffère de la faillite en ce que le commerçant qui l'a obtenu n'est pas dessaisi de l'administration de ses biens : il reste à la tête de ses affaires et procède lui-même à sa liquidation sous la surveillance d'une commission de créanciers et d'un juge délégué. Pour obtenir le sursis, une double condition est nécessaire : il faut d'abord que le sursis soit voté par une majorité de créanciers en nombre et en sommes qui doit être en général la même que celle du concordat ; il faut ensuite que le sursis soit homologué par le tribunal compétent (Cour d'appel en Belgique, Cour suprême en Hollande, Tribunal qui a déclaré la faillite en Italie). — Comme son nom l'indique, ce sursis est essentiellement temporaire, 6 mois ou 1 an suivant les pays, et il peut même être prorogé.

Deuxième groupe : Concordat préventif de faillite. — *Belgique* (L. du 20 juin 1883 et du 29 juin 1887), *Espagne* (C. com. 870 à 873), *Grèce* (L. du 6 févr. 1893), *Italie* (L. du 23 mai 1903), *Suisse* (L. de 1889, art. 293 à 317). Ce qui caractérise ces législations, c'est qu'elles établissent en faveur des débiteurs de bonne foi un concordat qui peut être obtenu avant la faillite et qui a ainsi pour effet d'empêcher que la faillite ne soit désormais déclarée. Le débiteur qui veut obtenir le concordat doit déposer son bilan accompagné de ses propositions concordataires au greffe du tribunal compétent (tribunal

requête présentée par le débiteur au tribunal de commerce de son domicile, dans les quinze jours de la cessation de ses paiements. Le droit de demander cette liquidation appartient au débiteur assigné en déclaration de faillite pendant cette période. — La requête est accompagnée du bilan ou d'une liste indiquant le nom et le domicile de tous les créanciers. — Peuvent être admis au bénéfice de la liquidation judiciaire de la succession de leur auteur, les héritiers qui en font la demande dans le mois du décès de ce dernier décédé dans la quinzaine de la cessation de ses paiements, s'ils justifient de leur acceptation pure et simple ou bénéficiaire.

3. En cas de cessation de paiements d'une société en nom collectif ou en commandite, la requête contient le nom et l'indication du domicile de chacun des associés solidaires, et elle est signée par celui ou ceux des associés ayant la signature sociale. — En cas de cessation de paiements d'une société anonyme, la requête est signée par le directeur ou l'administrateur qui en remplit les fonctions. — Dans tous les cas, elle est déposée au greffe du tribunal dans le ressort duquel se trouve le siège social. A défaut de siège social en France, le dépôt est effectué au greffe du tribunal dans le ressort duquel la société a son principal établissement.

4. Le jugement qui statue sur une demande d'admission à la liquidation judiciaire est délibéré en chambre du conseil et rendu en audience publique. Le débiteur doit être entendu en personne, à moins d'excuses reconnues valables par le tribunal. Si la requête est admise, le jugement nomme un des membres du tribunal juge-commissaire et un ou plusieurs liquidateurs provisoires. Ces derniers, qui sont immédiatement prévenus par le greffier, arrêtent et signent les livres du débiteur dans les vingt-quatre heures de leur nomination et procèdent avec celui-ci à

---

de commerce en Belgique, tribunal civil en Espagne, tribunal compétent d'après le droit de chaque canton en Suisse). Si le tribunal admet la requête, il ordonne la suspension des poursuites contre le débiteur et nomme un juge-commissaire chargé de convoquer les créanciers. On procède alors à la vérification des créances, et on passe ensuite au vote du concordat, lequel requiert les mêmes majorités en chiffre et en nombre que le concordat ordinaire et aussi l'homologation du tribunal. Si le concordat est voté et homologué, le débiteur conserve la possession de son patrimoine qu'il administre désormais sous la surveillance du juge-commissaire jusqu'à ce qu'il ait rempli ses obligations concordataires ; mais il n'encourt aucune des déchéances qu'entraîne la faillite. Si, au contraire, le concordat est rejeté, la faillite est déclarée, et elle se poursuit suivant les règles de la procédure ordinaire sans qu'on tienne compte de la procédure antérieure qui n'a pas abouti.

Troisième groupe : Concordat préventif faisant corps avec la faillite. — *Angleterre* (L. de 1883, art. 5 à 20). La législation anglaise se distingue des législations du groupe précédent notamment à deux points de vue : 1° le concordat préventif est le préliminaire obligatoire de toute faillite (ce concordat exige la majorité des créanciers en nombre et la majorité des 3/4 en sommes, et l'homologation de la cour : il empêche la mise en faillite), 2° si le concordat est rejeté, la faillite est déclarée ; mais la procédure antérieure (vérification des créances, etc.) n'est pas anéantie, et l'on procède immédiatement à la liquidation des biens du failli.

l'inventaire. Ils sont tenus, dans le même délai, de requérir les inscriptions d'hypothèques mentionnées en l'article 490 du Code de commerce. — Dans le cas où une société est déclarée en état de liquidation judiciaire, s'il a été nommé antérieurement un liquidateur, celui-ci représentera la société dans les opérations de la liquidation judiciaire. Il rendra compte de sa gestion à la première réunion des créanciers. Toutefois, il pourra être nommé liquidateur provisoire. — Le jugement qui déclare ouverte la liquidation judiciaire est publié conformément à l'article 442 du Code de commerce. Il n'est susceptible d'aucun recours, et ne peut être attaqué par voie de tierce opposition. Cependant, si le tribunal est saisi en même temps d'une requête en admission au bénéfice de la liquidation judiciaire et d'une assignation en déclaration de faillite, il statue sur le tout par un seul et même jugement rendu dans la forme ordinaire, exécutoire par provision, et susceptible d'appel dans tous les cas (¹).

5. (Ainsi modifié par la loi du 4 avril 1890.) A partir du jugement qui déclare ouverte la liquidation judiciaire, les actions mobilières ou immobilières et toutes voies d'exécution tant sur les meubles que sur les immeubles sont suspendues comme en matière de faillite. Celles qui subsistent doivent être intentées et suivies à la fois contre les liquidateurs et le débiteur (²). — Il ne peut être pris sur les biens de ce dernier d'autres inscriptions que celles mentionnées en l'article 4, et les créanciers ne peuvent poursuivre l'expropriation des immeubles sur lesquels ils n'ont pas d'hypothèque. De son côté le débiteur ne peut contracter aucune nouvelle dette, ni aliéner tout ou partie de son actif, sauf dans les cas qui sont énumérés ci-après.

6. Le débiteur peut, avec l'assistance des liquidateurs, procéder au recouvrement des effets et créances exigibles, faire tous actes conservatoires, vendre les objets sujets à dépérissement ou à dépréciation imminente ou dispendieux à conserver, et intenter ou suivre toute action mobilière ou immobilière. Au refus du débiteur, il pourra être procédé par les liquidateurs seuls, avec l'autorisation du juge-commissaire. Toutefois, s'il s'agit d'une action à intenter, cette autorisation ne sera pas demandée, mais les liquidateurs devront mettre le débiteur en cause. — Le débiteur peut aussi, avec l'assistance des liquidateurs et l'autorisation du juge-commissaire, continuer l'exploitation de son commerce ou de son industrie. — L'ordonnance du juge-commissaire qui autorise la continuation de l'exploitation est exécutoire par provision, et peut être déférée, par toute partie intéressée, au tribunal de commerce. — Les fonds provenant des recouvrements et ventes sont remis aux liquidateurs, qui les versent à la Caisse des dépôts et consignations.

---

(1) Voy., pour les voies de recours ouvertes contre les jugements déclaratifs de faillite, C. com., art. 580 à 583. — (2) Voy. art. 443, C. com.

7. Le débiteur peut, après l'avis des contrôleurs qui auraient été désignés conformément à l'article 9, avec l'assistance des liquidateurs et l'autorisation du juge-commissaire, accomplir tous actes de désistement, de renonciation ou d'acquiescement. — Il peut, sous les mêmes conditions, transiger sur tout litige dont la valeur n'excède pas quinze cents francs. Si l'objet de la transaction est d'une valeur indéterminée ou excédant quinze cents francs, la transaction n'est obligatoire qu'après avoir été homologuée dans les termes de l'article 487 du Code de commerce. — L'article 1er de la loi du 11 avril 1838 sur les tribunaux civils de première instance (¹) est applicable à la détermination de la valeur des immeubles sur lesquels a porté la transaction. Tout créancier peut intervenir sur la demande en homologation de la transaction.

8. Le jugement qui déclare ouverte la liquidation judiciaire rend exigibles, à l'égard du débiteur, les dettes passives non échues ; il arrête, à l'égard de la masse seulement, le cours des intérêts de toute créance non garantie par un privilège, par un nantissement ou par une hypothèque. — Les intérêts des créances garanties ne peuvent être réclamés que sur les sommes provenant des biens affectés au privilège, à l'hypothèque ou au nantissement (²).

9. Dans les trois jours du jugement, le greffier informe les créanciers, par lettres et par insertions dans les journaux, de l'ouverture de la liquidation judiciaire et les convoque à se réunir, dans un délai qui ne peut excéder quinze jours, dans une des salles du tribunal, pour examiner la situation du débiteur. Le jour de la réunion est fixé par le juge-commissaire. — Au jour indiqué, le débiteur, assisté des liquidateurs provisoires, présente un état de situation qu'il signe et certifie sincère et véritable, et qui contient l'énumération et l'évaluation de tous ses biens mobiliers ou immobiliers, le montant des dettes actives et passives, le tableau des profits et pertes et celui des dépenses. — Les créanciers donnent leurs avis sur la nomination des liquidateurs définitifs. Ils sont consultés par le juge-commissaire sur l'utilité d'élire immédiatement parmi eux un ou deux contrôleurs (³). — Ces contrôleurs peuvent être élus à toute période de la liquidation, s'ils ne l'ont été dans cette première assemblée (⁴). —

---

(1) L. du 11 avril 1838, art. 1er : « Les tribunaux civils de première instance connaîtront, en dernier ressort, des actions personnelles et mobilières jusqu'à la valeur de quinze cents francs de principal, et des actions immobilières jusqu'à soixante francs de revenu, déterminé, soit en rentes, soit par prix de bail. »

(2) Cet article reproduit les dispositions des art. 444 et 445 du Code de commerce.

(3 et 4) Les dispositions de cet article relatives aux *contrôleurs* sont aussi applicables à la faillite (voy. *infrà*, art. 20, *in fine*).

Cette institution des contrôleurs est inconnue en *Belgique*, en *Espagne* et en *Hollande*. Elle existe au contraire en *Allemagne*, sous le nom de comité de créanciers (L. de 1877, art. 79 et suiv.), en *Autriche* (L. de 1868, art. 74 et suiv.), en *Angleterre*, sous le nom de comité d'inspection (L. de 1883, art. 22), en *Italie*, sous le nom de délégation de créanciers (C. com. 711 et suiv.), en

Il est dressé de cette réunion et des dires et observations des créanciers un procès-verbal portant fixation par le juge-commissaire, dans un délai de quinzaine, de la date de la première assemblée de vérification des créances. — Ce procès-verbal est signé par le juge-commissaire et par le greffier. Sur le vu de cette pièce et le rapport du juge-commissaire, le tribunal nomme des liquidateurs définitifs.

10 (¹). Les contrôleurs sont spécialement chargés de vérifier les livres et l'état de la situation présenté par le débiteur et de surveiller les opérations des liquidateurs ; ils ont toujours le droit de demander compte de l'état de la liquidation judiciaire, des recettes effectuées et des versements faits. — Les liquidateurs sont tenus de prendre leur avis sur les actions à intenter ou à suivre. — Les fonctions des contrôleurs sont gratuites. Ils ne peuvent être révoqués que par le tribunal de commerce, sur l'avis conforme de la majorité des créanciers et la proposition du juge-commissaire. Ils ne peuvent être déclarés responsables qu'en cas de faute lourde et personnelle. — Les liquidateurs peuvent recevoir, quelle que soit leur qualité, une indemnité qui est taxée par le juge-commissaire.

11 (²). A partir du jugement d'ouverture de la liquidation judiciaire, les créanciers pourront remettre leurs titres, soit au greffe, soit entre les mains des liquidateurs. En faisant cette remise, chaque créancier sera tenu d'y joindre un bordereau énonçant ses nom, prénoms, profession et domicile, le montant et les causes de sa créance, les priviléges, hypothèques ou gages qui y sont affectés (³). — Cette remise n'est astreinte à aucune forme spéciale. — Le greffier tient état des titres et bordereaux qui lui sont remis et en donne récépissé.

Portugal, sous le nom de curateurs fiscaux (C. com. 706) et enfin en *Suisse*, sous le nom de commission de surveillance (L. de 1889, art. 235 à 243).

Dans ces divers pays, sauf cependant en Autriche, en Italie et en Portugal, la nomination de ces contrôleurs est facultative comme en France. En Angleterre même, cette nomination ne peut avoir lieu dans les petites faillites, c'est-à-dire dans les faillites où les biens du débiteur n'excédent pas 300 liv. sterl. (L. de 1883, art. 121 et 122).

D'autre part, ces contrôleurs sont presque partout élus par les créanciers. En *Autriche* cependant, cette élection doit être confirmée par le tribunal (L. de 1868, art. 74). En Portugal, c'est le tribunal lui-même qui nomme les curateurs fiscaux en dehors de toute intervention de la masse.

(1) Les dispositions de cet article relatives aux contrôleurs sont aussi applicables à la faillite (voy. *infrà*, art. 20, *in fine*).

La plupart des législations étrangères qui admettent cette institution des contrôleurs leur accordent des pouvoirs plus étendus. En *Italie*, la délégation des créanciers doit donner-son avis, à titre consultatif il est vrai, pour les transactions, la vente des meubles (C. com. 786 et 787). En *Allemagne* (L. de 1877, art. 121 et 122), en *Autriche* (L. de 1868, art. 140) et en *Angleterre* (L. de 1883, art. 57), l'autorisation des contrôleurs est nécessaire aux syndics pour les actes les plus importants de la faillite, par exemple pour continuer les affaires du failli, transiger, emprunter, etc.

(2) Cet article est applicable à la faillite (voy. *infrà*, art. 20).

(ε) Comp., pour la faillite, art. 491, C. com.

Il n'est responsable des titres que pendant cinq années à partir du jour de l'ouverture du procès-verbal de vérification. — Les liquidateurs sont responsables des titres, livres et papiers qui leur ont été remis, pendant dix ans, à partir du jour de la reddition de leurs comptes.

12. Après la réunion dont il est parlé en l'article 9, ou le lendemain au plus tard, les créanciers sont convoqués en la forme prévue par le même article pour la première assemblée de vérification. Les lettres de convocation et les insertions dans les journaux portent que ceux d'entre eux qui n'auraient pas fait à ce moment la remise des titres et bordereaux mentionnés en l'article 11 doivent faire cette remise, de la manière indiquée audit article, dans le délai fixé pour la réunion de l'assemblée de vérification. Ce délai peut être augmenté, par ordonnance du juge-commissaire, à l'égard des créanciers domiciliés hors du territoire continental de la France [1]. — La vérification et l'affirmation des créances ont lieu dans la même réunion et dans les formes prescrites par le Code de commerce en tout ce qui n'est pas contraire à la présente loi [2].

13. Le lendemain des opérations de la première assemblée de vérification, il est adressé, en la forme prescrite en l'article 9, une convocation à tous les créanciers, invitant ceux qui n'ont pas produit à faire leur production. — Les créanciers sont prévenus que l'assemblée de vérification, à laquelle ils sont convoqués, sera la dernière. Cette assemblée a lieu quinze jours après la première. — Si des lettres de change ou des billets à ordre souscrits ou endossés par le débiteur et non échus au moment de cette dernière assemblée sont en circulation, les liquidateurs pourront obtenir du juge-commissaire la convocation d'une nouvelle assemblée de vérification.

14. Le lendemain de la dernière assemblée, dans laquelle le juge-commissaire prononce la clôture de la vérification, tous les créanciers vérifiés, ou admis par provision, sont invités, en la forme prescrite par l'article 9, à se réunir pour entendre les propositions de concordat du débiteur et en délibérer. — Cette réunion a lieu quinze jours après la dernière assemblée de vérification. — Toutefois, en cas de contestation sur l'admission d'une ou plusieurs créances, le tribunal de commerce peut augmenter ce

(1) En matière de faillite, les délais de production sont proportionnels à la distance pour les créanciers domiciliés en France, et ils sont fixés par la loi, dans une mesure qui varie d'ailleurs suivant la distance, pour les créanciers domiciliés hors du territoire continental de la France (art. 492, C. com.). En matière de liquidation judiciaire, tous les créanciers domiciliés sur le territoire continental de la France ont le même délai ; et, d'autre part, le juge-commissaire peut seulement accorder une augmentation de délai aux créanciers domiciliés hors de ce territoire.

(2) En cas de faillite, un délai de huit jours est accordé pour l'affirmation devant le juge-commissaire (art. 497, dern. alin., C. com.). En cas de liquidation judiciaire, la procédure est simplifiée et se rapproche davantage de celle qui est admise par certaines législations étrangères (voy. *suprà*, 1re partie, sous l'art. 498, C. com.).

délai sans qu'il soit dérogé pour le surplus aux dispositions des articles 499 et 500 du Code de commerce.

15 ([1]). Le traité entre les créanciers et le débiteur ne peut s'établir que s'il est consenti par la majorité de tous les créanciers vérifiés et affirmés ou admis par provision, représentant en outre les deux tiers de la totalité des créances vérifiées et affirmées ou admises par provision. Le tout à peine de nullité. — Si le concordat est homologué, le tribunal déclare la liquidation judiciaire terminée. Lorsque le concordat contient abandon d'un actif à réaliser, les créanciers sont consultés sur le maintien ou le remplacement des liquidateurs et des contrôleurs. Le tribunal statue sur le maintien ou le remplacement des liquidateurs. Les opérations de réalisation et de répartition de l'actif abandonné se suivent conformément aux dispositions de l'article 541 du Code de commerce. — Dans la dernière assemblée, les liquidateurs donnent connaissance de l'état de leurs frais et indemnités, taxés par le juge-commissaire. Cet état est déposé au greffe. Le débiteur et les créanciers peuvent former opposition à la taxe dans la huitaine. Il est statué par le tribunal en chambre du conseil. — Dans tous les cas où il y a lieu à reddition de comptes par les liquidateurs, la disposition du paragraphe précédent est applicable.

16. Sont nuls et sans effet, tant à l'égard des parties intéressées qu'à l'égard des tiers, tous traités ou concordats qui, après l'ouverture de la liquidation judiciaire, n'auraient pas été souscrits dans les formes ci-dessus prescrites.

17. Les prescriptions du décret du 18 juin 1890, contenant le tarif des droits et émoluments que les greffiers des tribunaux de commerce sont autorisés à percevoir, sont applicables au cas de liquidation judiciaire comme au cas de faillite.

18. La notification à faire, s'il y a lieu, au propriétaire dans les termes de l'article 450 du Code de commerce, est faite par le débiteur et les liquidateurs avec l'autorisation du juge-commissaire, les contrôleurs entendus. Ils ont, pour cette notification, un délai de huit jours à partir de la première assemblée de vérification ([2]).

19. La faillite d'un commerçant admis au bénéfice de la liquidation judiciaire peut être déclarée par jugement du tribunal de commerce, soit d'office, soit sur la poursuite des créanciers : — 1° S'il est reconnu que la requête à fin de liquidation judiciaire n'a pas été présentée dans les quinze jours de la cessation des paiements ; — 2° Si le débiteur n'obtient pas de concordat. — Dans ce cas, si la faillite n'est pas déclarée, la liquidation judiciaire continue jusqu'à la réalisation et la répartition de l'actif, qui se feront

---

([1]) Les dispositions des paragraphes 1, 3 et 4 de cet article sont applicables à la faillite (voy. *infra*, art. 20).

(2) En cas de faillite, ce délai court de l'expiration des délais donnés aux créanciers pour la vérification de leurs créances (C. com. 450).

conformément aux dispositions du deuxième alinéa de l'article 15 de la présente loi. Si la faillite est déclarée, il est procédé conformément aux articles 529 et suivants du Code de commerce.

Le tribunal déclare la faillite à toute période de la liquidation judiciaire : — 1º Si, depuis la cessation de paiements ou dans les dix jours précédents, le débiteur a consenti l'un des actes mentionnés dans les articles 446, 447, 448 et 449 du Code de commerce (1), mais dans le cas seulement où la nullité aura été prononcée par les tribunaux compétents ou reconnue par les parties ; — 2º Si le débiteur a dissimulé ou exagéré l'actif ou le passif, omis sciemment le nom d'un ou de plusieurs créanciers, ou commis une fraude quelconque ; le tout sans préjudice des poursuites du ministère public ; — 3º Dans le cas d'annulation ou de résolution du concordat ; — 4º Si le débiteur en état de liquidation judiciaire a été condamné pour banqueroute simple ou frauduleuse. — Les opérations de la faillite sont suivies sur les derniers errements de la procédure de la liquidation (2).

20. L'article 11 et les dispositions des paragraphes 1er, 3e et 4e de l'article 15 de la présente loi sont applicables à l'état de faillite. — Sont également applicables à l'état de faillite les dispositions de la présente loi concernant l'institution des contrôleurs.

21. A partir du jugement d'ouverture de la liquidation judiciaire, le débiteur ne peut être nommé à aucune fonction élective ; s'il exerce une fonction de cette nature, il est réputé démissionnaire (3).

22. L'article 549 du Code de commerce est modifié ainsi qu'il suit (*voy. le nouveau texte suprà dans le Code de commerce*).

23. Le premier paragraphe de l'article 438 du Code de commerce et le nº 4 de l'énumération faite par l'article 586 sont modifiés comme il suit (*voy. les nouveaux textes à leur place suprà, dans le Code de commerce*).

24. Toutes les dispositions du Code de commerce qui ne sont pas modifiées par la présente loi continueront à recevoir leur application en cas de liquidation judiciaire comme en cas de faillite.

Dispositions transitoires.

25. Le commerçant en état de cessation de paiements dont la faillite n'aura pas été déclarée, ou dont le jugement déclaratif de faillite ne sera pas devenu définitif à la date de la promul-

---

(1) Les art. 448 et 449 C. com. paraissent avoir été visés à tort : dans le cas prévu par l'art. 448 en effet, aucune faute n'est imputable au débiteur ; et dans le cas prévu par l'art. 449, le paiement effectué par le débiteur ne peut pas être annulé.

(2) Cette disposition doit être rapprochée de celle de la loi anglaise de 1883 en vertu de laquelle la procédure de la faillite se continue sur celle du concordat préventif lorsqu'il a été rejeté (voy. suprà, sous l'art. 1er).

(3) Dans les législations étrangères qui admettent le sursis de paiement ou le concordat préventif de faillite, **le** débiteur qui obtient le bénéfice de ces **mesures** n'encourt aucune des déchéances qu'aurait entraînées la faillite (voy. **suprà**, sous l'art. 1).

gation de la présente loi, pourra obtenir le bénéfice de la liquidation judiciaire. Cette faculté s'exercera devant la juridiction saisie. La requête devra, dans tous les cas, être présentée dans la quinzaine de la promulgation. — Les faillites déclarées antérieurement à cette promulgation continueront à être régies par les dispositions du Code de commerce ; sont toutefois applicables à ces faillites les dispositions de la présente loi concernant l'institution des contrôleurs. — Le jugement qui homologuera le concordat obtenu par le débiteur dont la faillite aura été déclarée antérieurement à la promulgation de la présente loi, ou qui déclarera celui-ci excusable, pourra décider que le failli ne sera soumis qu'aux incapacités édictées par l'article 21 contre les débiteurs admis à la liquidation judiciaire. — Cette disposition sera applicable à tout ancien failli qui aura obtenu son concordat ou qui aura été déclaré excusable. Il devra saisir par requête le tribunal de commerce qui a déclaré sa faillite et produira son casier judiciaire. Cette requête sera affichée pendant quinze jours dans l'auditoire. Le tribunal statuera en chambre du conseil. Sa décision n'est susceptible d'aucun recours. — L'inscription sur les listes électorales pourra être faite à la suite de ces formalités, jusqu'au 31 mars, date de la clôture des listes.

26. La présente loi est applicable aux colonies de la Guadeloupe, de la Martinique et de la Réunion.

Loi du 4 avril 1890, *portant modification du paragraphe 1er de l'article 5 de la loi du 4 mars 1889 sur la législation des faillites* (1).

. . . .

Décret du 7 octobre 1890, *portant règlement d'administration publique pour l'exécution de l'article 90 du Code de commerce et de la loi du 28 mars 1885 sur les marchés à terme.*

Titre I. — Organisation.

CHAP. I. — DISPOSITIONS GÉNÉRALES.

Art. 1er. Nul ne peut être agent de change : — 1o S'il n'est Français ; — 2o S'il n'a vingt-cinq ans accomplis ; — 3o S'il ne jouit de ses droits civils et politiques, et s'il n'a satisfait aux obligations de la loi sur le recrutement.

2. Les agents de change sont nommés par décrets contresignés, soit par le ministre des finances, soit par le ministre du commerce et de l'industrie, suivant qu'ils exercent leur ministère près d'une bourse pourvue ou non d'un parquet.

3. Les présentations faites conformément à l'article 91 de la loi du 28 avril 1816 doivent être accompagnées : — 1o D'un certificat établissant que le candidat a travaillé, pendant quatre ans au moins, chez un agent de change, dans une maison de banque ou de commerce ou chez un notaire ; — 2o Du traité qu'il a souscrit, ledit traité appuyé.

---

(1) Voy. *supra*, L. du 4 mars 1889, art. 5.

s'il y a lieu, de la démission du titulaire, de la déclaration signée par les diverses parties en cause qu'il n'a été stipulé aucun avantage en dehors du prix indiqué au traité, et, dans les bourses non pourvues d'un parquet, d'un état des produits bruts de l'office pendant les cinq dernières années ; — 3° S'il y a lieu, du projet de convention relatif à l'adjonction de bailleurs de fonds. — Les présentations sont, ainsi que les traités et les conventions qui les accompagnent, soumises à l'approbation de la chambre syndicale ; s'il n'y a pas de chambre syndicale, les agents de change exerçant leur ministère dans la même ville, réunis à cet effet en assemblée générale, doivent, ainsi que le tribunal de commerce, émettre leur avis. Les présentations sont transmises au ministre compétent, à Paris directement par la chambre syndicale, dans les départements par le préfet, qui y joint son avis motivé.

4. Au cas où, dans le délai de quatre mois à partir de l'ouverture du droit de présentation, ce droit n'a pas été exercé, il peut être pourvu d'office à la nomination, sur une liste triple de candidats remplissant les conditions déterminées au n° 1 de l'article 3. La liste est dressée par la chambre syndicale, ou, s'il n'y a pas de chambre syndicale, par le tribunal de commerce. Le prix dû par le nouveau titulaire est fixé par le décret de nomination et versé à la Caisse des dépôts et consignations.

5. Les agents de change ne peuvent entrer en fonctions qu'après avoir justifié du versement de leur cautionnement et avoir prêté devant le tribunal de commerce, ou, à défaut de tribunal de commerce, devant le tribunal civil, le serment de remplir leurs fonctions avec honneur et probité.

6. Les actes relatifs à l'adjonction, en cours d'exercice, de bailleurs de fonds intéressés sont soumis à l'approbation de la chambre syndicale et communiqués au ministre des finances, suivant le mode déterminé à l'article 3. — Il en est de même des actes relatifs aux modifications apportées dans le personnel des bailleurs de fonds ou dans la répartition des parts d'intérêts.

. . . .

CHAP. II. — CRÉATION ET SUPPRESSION D'OFFICES.

. . . .

CHAP. III. — CRÉATION ET SUPPRESSION DE PARQUETS.

. . . .

CHAP. IV. — CHAMBRES SYNDICALES.

. . . .

CHAP. V. — DES ASSEMBLÉES GÉNÉRALES.

. . . .

CHAP. VI. — DES AUXILIAIRES DES AGENTS DE CHANGE.

34. Tout agent de change peut constituer, pour les actes autres que la négociation, la signature des bordereaux et les certifications prévues à l'article 76, des fondés de pouvoirs en vertu de procurations qui sont soumises, s'il y a une chambre syndicale, à l'approbation de cette chambre, et dont une expédition est, dans tous les cas, déposée au tribunal de commerce et affichée dans les bureaux de l'agent de change. — Tous les écrits émanés de l'agent de change doivent être revêtus, à défaut de sa propre signature, de la signature de ses fondés de pouvoir précédée de la mention qu'ils agissent en vertu de leur procuration.

35. Les agents de change près les bourses pourvues d'un parquet peuvent avoir, sous le nom de commis principaux, des mandataires spéciaux chargés de prendre part aux négociations dans la limite déterminée par leur mandat, au nom et sous la responsabilité de leurs mandants. — Toute négociation pour leur propre compte est interdite à ces mandataires.

. . . .

Titre II. — Des négociations.

CHAP. I. — DISPOSITIONS GÉNÉRALES.

38. Les négociations sont effectuées par les agents de change moyennant un courtage dont le taux est déterminé, pour chaque place, par la chambre syndicale, ou, s'il n'y a pas de chambre syndicale, par le tribunal de commerce, dans les limites d'un tarif maximum fixé, sur la proposition de la chambre syndicale et après avis de la chambre et du tribunal de commerce, par un décret rendu dans la forme des règlements d'administration publique et contresigné, suivant la distinction spécifiée à l'article 2, par le ministre des finances ou par le ministre du commerce et de l'industrie. — Le taux de courtage ainsi déterminé est obligatoire pour les agents de change.

— Jusqu'à ce que les droits de courtage aient été, s'il y a lieu, fixés conformément à ces dispositions, les droits actuels continueront à être perçus.

39. Les agents de change ne peuvent former entre eux aucune association particulière pour les opérations de leur ministère.

40. Les agents de change doivent garder le secret le plus inviolable aux personnes qui les chargent de négociations, à moins que les parties ne consentent à être nommées ou que la nature de l'opération ne l'exige, et sans préjudice du droit d'investigation qui appartient à la chambre syndicale aux termes de l'article 22, et qu'elle n'exerce elle-même que sous le sceau du secret professionnel.

41. Toute opération conclue par un agent de change est portée, au moment où elle est faite, sur un carnet dont le modèle est déterminé par les chambres syndicales, et qui est indépendant du registre prévu à l'article 84 du Code de commerce. — Il en est de même en ce qui concerne les négociations conclues par les commis principaux dans les conditions déterminées à l'article 35.

42. Les agents de change sont tenus de délivrer un reçu des fonds ou des valeurs qui leur sont remis.

CHAP. II. — DE LA NÉGOCIATION DES EFFETS PUBLICS ET AUTRES SUSCEPTIBLES D'ÊTRE COTÉS.

Sect. 1. — Règles communes aux marchés au comptant et aux marchés à terme.

43. Lorsqu'une bourse a été instituée, les agents de change se réunissent à cette bourse, pour y procéder entre eux aux négociations, aux heures déterminées par l'autorité municipale après avis de la chambre syndicale, ou, s'il n'y a pas de chambre syndicale, après avis du tribunal de commerce. — Les prix offerts et demandés sont, pour les négociations au comptant, préalablement inscrits sur un registre spécial. Les règlements prévus à l'article 82 peuvent appliquer les mêmes règles aux négociations à terme. Les prix offerts et demandés sont dans tous les cas, dans les bourses pourvues d'un parquet, annoncés à haute voix. — Les mêmes règles doivent être suivies pour l'exécution par voie d'application des ordres en sens contraire reçus par le même agent de change. L'agent de change, avant de réaliser l'application, fait constater par un des membres de la chambre syndicale l'absence de demandes ou d'offres plus favorables.

44. Les dispositions de l'article précédent ne sont pas applicables aux marchés au premier cours, au dernier cours ou au cours moyen.

45. La chambre syndicale ou, lorsqu'il n'y a pas de chambre syndicale, le tribunal de commerce peut toujours autoriser ou ordonner l'emploi, pour des valeurs déterminées, de la procédure spéciale indiquée au paragraphe 3 de l'article 70.

46. Les négociations ne portent que sur des quantités, sans aucune spécification, par voie d'indication de numéro ou autrement, des titres négociés.

47. Les agents de change ne se livrent entre eux que des valeurs au porteur, sauf en ce qui concerne les valeurs qui ne peuvent, d'après la loi ou d'après les statuts de l'établissement émetteur, affecter d'autre forme que la forme nominative et les autres valeurs qui seraient spécialement déterminées par les règlements prévus à l'article 82.

48. L'agent de change qui aurait livré un titre irrégulier, amorti, frappé d'opposition entre ses mains ou figurant au Bulletin officiel des oppositions, est tenu, indépendamment de tous dommages et intérêts, s'il y a lieu, de livrer un autre titre dans les trois jours au plus tard à partir de la réclamation.

49. Les agents de change peuvent faire effectuer, en leur nom, sous la dénomination de transferts d'ordre, des transferts provisoires. Ces transferts ne conservent leur caractère provisoire que pendant un délai de dix jours, à l'expiration duquel ils sont considérés comme définitivement opérés au nom de l'agent de change. — Si, avant l'expiration de ce délai, l'agent de change acheteur a notifié à l'établissement émetteur par acte extrajudiciaire le nom de son donneur d'ordre, le transfert effectué au nom de cet agent de change sera considéré, à partir du moment où le transfert aura été réalisé au nom du donneur d'ordre ainsi désigné, comme n'ayant jamais été opéré. — Les transferts d'ordre peuvent être effectués même au profit des agents de change porteurs de la procuration du vendeur.

50. Le point de départ de la jouissance pour l'acheteur des valeurs négociées est déterminé, suivant le cas, par les règlements prévus à l'article 82, sous la réserve des dispositions arrêtées par le ministre des finances en ce qui touche la négociation des rentes sur l'État et autres valeurs du Trésor.

51. Les règlements prévus à l'article 82 déterminent l'époque à partir de laquelle, avant chaque tirage, les valeurs amortissables par voie de tirage au sort ne sont, sauf convention contraire formellement exprimée, négociées que livrables après tirage. — En ce qui concerne les valeurs dont la possession vient à comporter, soit un avantage particulier, tel qu'un droit privilégié de souscription, soit une charge déterminée, telle qu'un appel de versement, les mêmes règlements déterminent les époques à partir desquelles les négociations ne peuvent plus porter, sauf convention contraire formellement exprimée, que sur des valeurs ayant bénéficié de cet avantage ou ayant satisfait à cette charge. — Ces règlements déterminent de même les époques à partir desquelles, en cas de conversion, les négociations ne peuvent plus porter, sauf convention contraire formellement exprimée, que sur les nouveaux titres.

52. Les délais de livraison, d'acceptation et de paiement, soit en ce qui concerne les rapports des agents de change entre eux, soit en ce qui concerne les rapports entre les agents de change et leurs donneurs d'ordre, sont déterminés par les règlements prévus à l'article 82.

53. A défaut soit d'acceptation ou de paiement par l'agent de change acheteur, soit de livraison par l'agent de change vendeur, la revente ou l'achat des valeurs négociées peuvent être, à la requête de l'agent de change avec lequel la négociation a été faite, effectués par l'intermédiaire du syndic ou d'un adjoint de service, aux risques et périls de l'agent de change en défaut. — Les formalités et les délais de la revente ou de l'achat d'office, qui peuvent être exécutés suivant conventions particulières, sont déterminés par les règlements prévus à l'article 82.

54. Sauf convention contraire, l'agent de change qui effectue une négociation répond envers son donneur d'ordre de l'exécution de cette négociation par l'agent de change avec lequel elle a été effectuée.

55. Si, en dehors de toute contestation sur le fond du droit, la livraison ou le paiement n'est pas effectué par l'agent de change dans les délais réglementaires, le donneur d'ordre peut, après l'avoir mis en demeure par acte extrajudiciaire, notifier en la même forme, dans le délai de vingt-quatre heures, cette mise en demeure à la chambre syndicale. — Au reçu de cette notification, la chambre syndicale prend, à l'égard de l'agent de change, les mesures propres à assurer l'exécution du marché. Elle l'exécute elle-même au besoin, au mieux des intérêts du donneur d'ordre et pour le compte et aux risques et périls de l'agent de change en défaut. Elle ne peut s'y refuser qu'en dénonçant la situation, dans le délai de quinze jours, au président du tribunal de commerce.

(Ajouté par le décret du 29 juin 1898.) Dans les bourses comportant plus de quarante agents de change, la chambre syndicale ne peut se refuser à exécuter le marché pour le compte de l'agent de change en défaut, dans la limite de la valeur totale des offices de la compagnie, calculée d'après les dernières cessions, du fonds commun et du montant des cautionnements.

56. (Modifié par le même décret.) Lorsque la chambre syndicale a constaté qu'un agent de change cesse d'exécuter les marchés qui le lient à ses confrères, ces marchés sont liquidés dans les conditions déterminées par les règlements prévus à l'article 82, en prenant pour base le cours moyen du jour de cette constatation. Les créances que cette liquidation peut faire ressortir en faveur de l'agent de change défaillant ne sont exigibles qu'à l'échéance primitive de chacune des opérations liquidées. — Les donneurs d'ordres sont mis, par l'administrateur provisoire de la charge, en demeure d'opter sans délai entre la liquidation de leur marché dans les conditions ci-dessus spécifiées et le maintien de leur position chez l'agent de change défaillant, sous réserve, en ce qui concerne les bourses comportant plus de quarante agents de change, des dispositions du paragraphe 3 de l'article 55.

57. Les négociations faites par les chambres syndicales et les transferts effectués en leur nom sont soumis aux dispositions du présent règlement.

Sect. 2. — Règles spéciales aux marchés au comptant.

58. L'agent de change est en droit d'exiger que le donneur d'ordre lui remette, avant toute négociation, les effets à négocier ou les fonds destinés à acquitter le montant de la négociation.

59. Dans le cas où, après avertissement par lettre recommandée, le donneur d'ordre n'a pas, dans le délai de trois jours à partir de l'envoi de cette lettre, remis soit les valeurs accompagnées, s'il y a lieu, d'une déclaration de transfert, soit les fonds destinés à acquitter le montant de la négociation, et accompagnés, le cas échéant, de son acceptation, l'agent de change a le droit de procéder sans autre mise en demeure, aux risques et périls du donneur d'ordre, à l'achat de valeurs semblables ou à la vente des valeurs acquises.

Sect. 3. — Règles spéciales aux marchés à terme.

60. Les négociations à terme se font pour les échéances et pour les quotités déterminées par les règlements prévus à l'article 82.

61. L'agent de change est en droit d'exiger, avant d'accepter un ordre et sauf à faire compte à l'échéance, la remise d'une couverture. — Lorsque cette couverture consiste en valeurs, l'agent de change a le droit de les aliéner et de s'en appliquer le prix faute de livraison ou de paiement à l'échéance par le donneur d'ordre.

62. Lorsque le donneur d'ordre s'est réservé la faculté d'abandonner le marché moyennant une prime, la couverture exigée ne peut être supérieure au montant de la prime, sauf à l'agent de change à exiger qu'il lui soit remis, le jour de la réponse et dans un délai déterminé avant l'heure fixée, comme il est dit à l'article 64, un supplément de couverture. Faute par le donneur d'ordre de satisfaire à cette demande, l'agent de change est en droit de liquider l'opération à l'expiration du délai imparti au donneur d'ordre.

63. L'acheteur a toujours la faculté de se faire livrer par anticipation, au moyen de l'escompte, les valeurs négociées, soit qu'il ait traité ferme, soit qu'il ait traité à prime. Les escomptes donnent lieu à une liquidation anticipée dont les conditions sont fixées par les règlements prévus à l'article 82. — Dans aucun cas, celui qui a bénéficié d'un avantage quelconque pour effectuer une livraison en report ne peut user de la faculté d'escompte.

64. Les règlements prévus à l'article 82 fixent les jours et les heures auxquels les déclarations de consolidation ou d'abandon des marchés à prime doivent intervenir. — Du moment où le marché est consolidé, la convention est, sous réserve des dispositions prévues à l'article 82, soumise à toutes les règles des négociations fermes.

65. A chacune des échéances fixées comme il est dit à l'article 60, il est procédé, dans les délais déterminés par les règlements prévus à l'article 82, à la liquidation générale des opérations engagées pour cette échéance.

66. Toutes les opérations engagées chez chaque agent de change par un même donneur d'ordre sont compensées en deniers et en titres de même nature. — Les opérations engagées chez plusieurs agents de change par un ou plusieurs donneurs d'ordres peuvent de même être compensées, si les diverses parties intéressées y consentent.

67. Les compensations sont établies d'après un cours uniforme déterminé par le syndic ou un adjoint de service, d'après les cours cotés le premier jour de la liquidation des différentes valeurs. — Le cours ainsi fixé est également celui sur lequel s'effectuent les reports. — Il est immédiatement affiché à la bourse.

68. Toutes les opérations entre agents de change sont soumises à une liquidation centrale effectuée par les soins de la chambre syndicale. — Par l'effet de cette liquidation, toutes les opérations entre agents de change sont compensées, de façon à faire ressortir le solde en deniers ou en titres à la charge ou au profit de chacun d'eux ; les différents soldes débiteurs ou créditeurs sont réglés par l'intermédiaire de la chambre syndicale.

69. Lorsque le donneur d'ordre n'a point, le premier jour de la liquidation des diverses valeurs et avant la bourse, remis à l'agent de change, suivant les cas, les titres accompagnés, s'il y a lieu, de la déclaration de transfert, ou les fonds accompagnés, le cas échéant, de son acceptation, l'agent de change peut exercer, sans qu'il soit besoin d'une mise en demeure préalable, à l'égard de toutes les opérations engagées par le donneur d'ordre en défaut, les droits spécifiés à l'article 59. — Les droits de l'agent de change sont les mêmes à l'égard du donneur d'ordre dont les opérations ont été reportées en tout ou en partie, s'il ne remplit ses obligations avant la fin de la liquidation.

Sect. 4. — Dispositions spéciales aux négociations judiciaires ou forcées et à la négociation de valeurs appartenant à des mineurs ou à des interdits.

70. Lorsqu'un agent de change est commis par justice à l'effet de négocier des valeurs, il doit faire apposer, vingt-quatre heures au moins avant la négociation, une affiche signée de lui dans l'intérieur de la bourse, dans ses bureaux ou dans tout autre endroit désigné par le juge. — Cette affiche indique la nature des valeurs à négocier, leur quantité, la décision en vertu de laquelle la négociation est effectuée, le nom de l'agent de change chargé de la négociation et les jours auxquels cette négociation aura lieu. — Pour les valeurs qui ne figurent pas à la partie officielle de la cote, des enchères sont ouvertes ou reçues avec faculté de surenchère pendant les délais et sous les conditions déterminées par la chambre syndicale, ou, s'il n'y a pas de chambre syndicale, par le tribunal de commerce. — La chambre syndicale, ou, s'il n'y a pas de chambre syndicale, le tribunal de commerce peut toujours décider que cette procédure sera appliquée même à des valeurs figurant à la partie officielle de la cote.

71. Les formalités prescrites par les deux premiers paragraphes de l'article précédent s'appliquent : — 1º A la négociation des valeurs réalisées en vertu de l'article 93 du Code de commerce après que l'agent de change s'est fait justifier de l'accomplissement des formalités prévues par cet article ; — 2º A la négociation des valeurs réali-

sées pour défaut de versement des termes appelés, à moins que les statuts de l'établissement qui exige la réalisation ne contiennent, sur ce point, des dispositions particulières. — La chambre syndicale, ou, s'il n'y a pas de chambre syndicale, le tribunal de commerce peut toujours, pour ces diverses négociations, autoriser ou ordonner l'emploi de la procédure spéciale indiquée au paragraphe 3 de l'article précédent.

72. Avant de procéder à la négociation de valeurs appartenant à des mineurs ou à des interdits, l'agent de change doit s'assurer que la négociation a été autorisée dans les conditions déterminées par la loi du 27 février 1880.

73. Dans les divers cas prévus aux articles 70 à 72, le bordereau de l'agent de change constitue le procès-verbal de la vente. Il contient la spécification des titres vendus.

CHAP. III. — DES NÉGOCIATIONS D'EFFETS COMMERÇABLES ET DE VALEURS MÉTALLIQUES.

74. Les bordereaux auxquels donnent lieu les négociations de lettres de change ou de billets constatent la quantité, la nature, l'échéance et le prix des effets.

75. Les mêmes règles s'appliquent à la négociation par les agents de change des matières métalliques.

Titre III. — Des certifications et légalisations.

76. Les agents de change délivrent les certifications exigées pour le transfert des inscriptions au grand-livre de la dette publique dans les conditions prévues par l'arrêté des consuls du 27 prairial an X, l'ordonnance royale du 14 avril 1819 et les décrets des 12 juillet 1883 et 10 juin 1884. — Ils délivrent toutes autres certifications prévues par des dispositions de lois ou de règlements d'administration publique. Ils peuvent délivrer toutes les certifications et légalisations autres que celles déterminées ci-dessus que comporteraient, d'après les statuts des établissements qui les ont émises, les opérations diverses relatives aux valeurs mobilières. — Le tarif applicable aux certifications émanées d'agents de change qui n'ont pas participé à la négociation est déterminé dans les mêmes conditions que le taux de courtage mentionné à l'article 38.

Titre IV. — De la cote des cours.

77. Les cours successivement déterminés par les négociations au comptant sont, au fur et à mesure qu'ils se produisent, inscrits sur un registre spécial. Les règlements prévus à l'article 82, peuvent prescrire le même procédé pour les négociations à terme. — Dans tous les cas, les agents de change se réunissent à l'issue de la bourse pour vérifier et arrêter la cote des cours pour les valeurs, le change et les matières métalliques.

78. Aussitôt que le bulletin de la cote a été arrêté dans les conditions fixées au deuxième paragraphe de l'article précédent, il est signé par le syndic, affiché dans l'intérieur de la Bourse et publié par les soins de la chambre syndicale. — Une copie de ce bulletin est adressée immédiatement au préfet ainsi qu'au ministre des finances ou au ministre du commerce et de l'industrie, suivant la distinction spécifiée à l'article 2.

79. Le bulletin de la cote indique au moins le premier et le dernier cours ainsi que le plus haut et le plus bas des cours auxquels des marchés ont été conclus. — Il mentionne, en outre, les autres indications propres à intéresser le public, et fait connaître, en particulier, les valeurs qui ne sont livrables que nominatives et les époques de jouissance déterminées comme il est dit à l'article 50. — Il peut également mentionner le cours moyen des effets cotés au comptant. Ce cours moyen est établi en prenant la moyenne entre le cours le plus haut et le cours le plus bas.

80. Dans les bourses pourvues d'un parquet, le bulletin de la cote comporte une partie permanente dite « officielle », comprenant les valeurs qui ont été préalablement reconnues par la chambre syndicale donner lieu ou pouvoir donner lieu sur la place à un nombre suffisant de transactions. Les fonds d'État français y sont portés de droit. — Les valeurs non comprises dans cette partie officielle figurent à la seconde partie du bulletin de la cote. Les règlements prévus à l'article 82 décident si ces deux parties seront publiées séparément ou donneront lieu à une publication unique.

Titre V. — Dispositions particulières.

81. Il n'est pas dérogé aux règlements actuels en ce qui concerne les valeurs étrangères.

82. Il est statué par des règlements particuliers délibérés par les compagnies d'agents de change, homologués, suivant les cas, par le ministre des finances ou par le ministre du commerce et de l'industrie, et publiés au *Journal officiel*, sur les points spécifiés aux articles 26, 29, 31, 35, 43, 47, 50, 51, 52, 53, 56, 60, 63, 64, 65, 77 et 80, ainsi que sur les conditions d'exécution des marchés non réglées par le présent décret.

83. Toutes dispositions contraires au présent décret sont et demeurent abrogées.

———

Loi du 1ᵉʳ août 1893,
sur les sociétés (¹).

. . . .

———

Loi du 7 juin 1894, *modifiant les articles 110, 112 et 632 du Code de commerce sur la lettre de change* (²).

. . . .

———

Loi du 5 novembre 1894,
relative à la création des sociétés de crédit agricole.

Art. 1ᵉʳ. (Modifié par les Lois du 14 janv. 1908 et du 18 févr. 1910.) Des sociétés de crédit agricole peuvent être constituées, soit par la totalité ou par une partie des membres d'un ou plusieurs syndicats professionnels agricoles, soit par la totalité ou par une partie des membres d'une ou plusieurs sociétés d'assurances mutuelles agricoles ré-gies par la loi du 4 juillet 1900; elles ont exclusivement pour objet de faciliter et même de garantir les opérations concernant la production agricole et effectuées par ces syndicats et ces sociétés d'assurances ou par des membres de ces syndicats et de ces sociétés d'assurances, ainsi que par les sociétés coopératives agricoles constituées d'après les dispositions de la loi du 29 décembre 1906. — (Ajouté par la L. du 19 mars 1910.) Les sociétés de crédit agricole peuvent également consentir des prêts individuels à long terme, destinés à faciliter l'acquisition, l'aménagement, la transformation et la reconstitution des petites exploitations rurales. — Ces sociétés peuvent recevoir des dépôts de fonds en comptes courants avec ou sans intérêts, se charger, relativement aux opérations concernant l'industrie agricole, des recouvrements et des paiements à faire pour les syndicats ou pour les membres de ces syndicats. Elles peuvent, notamment, contracter les emprunts nécessaires pour constituer ou augmenter leur fonds de roulement. — Le capital social ne peut être formé par des souscriptions d'actions. Il pourra être constitué à l'aide de souscriptions des membres de la société. Ces souscriptions formeront des parts qui pourront être de valeur inégale ; elles seront nominatives et ne seront transmissibles que par voie de cession aux membres des syndicats et avec l'agrément de la société. — La société ne pourra être constituée

———

(1) Voy. *suprà*, la L. du 24 juill. 1867.
(2) Voy. *suprà*, C. com., art. 110, 112 et 632.

qu'après versement du quart du capital souscrit. — Dans le cas où la société serait constituée sous la forme de société à capital variable, le capital ne pourra être réduit par les reprises des apports des sociétaires sortants au-dessous du montant du capital de fondation.

2. Les statuts détermineront le siège et le mode d'administration de la société de crédit, les conditions nécessaires à la modification de ces statuts et à la dissolution de la société, la composition du capital et la proportion dans laquelle chacun de ses membres contribuera à sa constitution. — Ils détermineront le maximum des dépôts à recevoir en comptes courants. —Ils régleront l'étendue et les conditions de la responsabilité qui incombera à chacun des sociétaires dans les engagements pris par la société. — Les sociétaires ne pourront être libérés de leurs engagements qu'après la liquidation des opérations contractées par la société antérieurement à leur sortie.

3. Les statuts détermineront les prélèvements qui seront opérés au profit de la société sur les opérations faites par elle. — Les sommes résultant de ces prélèvements, après acquittement des frais généraux et paiement des intérêts des emprunts et du capital social, seront d'abord affectées, jusqu'à concurrence des trois quarts au moins, à la constitution d'un fonds de réserve, jusqu'à ce qu'il ait atteint au moins la moitié de ce capital. — Le surplus pourra être réparti, à la fin de chaque exercice, entre les syndicats et entre les membres des syndicats au prorata des prélèvements faits sur leurs opérations. Il ne pourra, en aucun cas, être partagé, sous forme de dividende, entre les membres de la société. — A la dissolution de la société, ce fonds de réserve et le reste de l'actif seront partagés entre les sociétaires, proportionnellement à leur souscription, à moins que les statuts n'en aient affecté l'emploi à une œuvre d'intérêt agricole.

4. Les sociétés de crédit autorisées par la présente loi sont des sociétés commerciales, dont les livres doivent être tenus conformément aux prescriptions du Code de commerce. — Elles sont exemptes du droit de patente ainsi que de l'impôt sur les valeurs mobilières.

5. Les conditions de publicité prescrites pour les sociétés commerciales ordinaires sont remplacées par les dispositions suivantes : — Avant toute opération, les statuts, avec la liste complète des administrateurs ou directeurs et des sociétaires, indiquant leurs noms, profession, domicile, et le montant de chaque souscription, seront déposés, en double exemplaire, au greffe de la justice de paix du canton où la société a son siège principal. Il en sera donné récépissé. — Un des exemplaires des statuts et de la liste des membres de la société sera, par les soins du juge de paix, déposé au greffe du tribunal de commerce de l'arrondissement. — Chaque année, dans la première quinzaine de février, le directeur ou un administrateur de la société déposera, en double exemplaire, au greffe de la justice de paix du canton, avec

la liste des membres faisant partie de la société à cette date, le tableau sommaire des recettes et des dépenses, ainsi que des opérations effectuées dans l'année précédente. Un des exemplaires sera déposé par les soins du juge de paix au greffe du tribunal de commerce. — Les documents déposés au greffe de la justice de paix et du tribunal de commerce seront communiqués à tout requérant.

6. (Modifié par la loi du 20 juillet 1901.) Les membres chargés de l'administration de la société seront personnellement responsables, en cas de violation des statuts ou des dispositions de la présente loi, du préjudice résultant de cette violation. — En outre, au cas de fausse déclaration relative aux statuts ou aux noms et qualités des administrateurs, des directeurs ou des sociétaires, ils pourront être poursuivis et punis d'une amende de seize francs (16 fr.) à cinq cents francs (500 fr.).

7. La présente loi est applicable à l'Algérie et aux colonies.

Loi du 14 décembre 1897, *modifiant les articles 407 et 433 du Code de commerce* [1].

. . . .

Loi du 9 avril 1898, *relative aux Chambres de commerce et aux Chambres consultatives des arts et manufactures* [2].

Titre I. — Organisation des Chambres de commerce.

Art. 1er. Les Chambres de commerce sont, auprès des pouvoirs publics, les organes des intérêts commerciaux et industriels de leur circonscription. — Elles sont des établissements publics. — Il y a au moins une Chambre de commerce par département.

2. Les Chambres de commerce sont instituées par décrets rendus dans la forme des règlements d'administration publique, sur la proposition du ministre du commerce. L'avis du conseil municipal de la commune désignée pour être le siège de la nouvelle Chambre, celui du conseil général et des Chambres de commerce du département devront

---

[1] Voy. *supra*, C. com., art. 407 et 433.

[2] Les Chambres de commerce existent également dans tous les pays étrangers. Mais elles n'y présentent pas toujours le même caractère. Dans certains pays, en *Angleterre*, en *Belgique* (L. du 18 juin 1875), en *Portugal*, en *Russie* et en *Suisse*, ce sont de simples institutions privées, parfois très puissantes, mais qui n'ont aucun caractère officiel. Dans les autres pays, au contraire, en *Autriche* (L. du 29 juin 1868), dans la plupart des États de l'*Allemagne* (voy. notamment, pour la *Bavière*, l'ord. du 25 oct. 1889, et pour la Prusse, la L. du 19 août 1897, en *Italie* (L. du 2 juill. 1862), en *Espagne* (Décr. du 9 avril 1886), et en *Roumanie* (L. du 7 mai 1886), elles ont un caractère officiel comme en France. Les attributions des Chambres de commerce sont analogues dans tous les pays. En *Allemagne* et en *Autriche*, elles sont cependant plus étendues. En *Allemagne*, elles sont chargées de présenter des candidats pour les fonctions de juges dans les tribunaux de commerce (L. de 1877 sur l'organ. judic., 112). En *Autriche*, chacune d'elles envoie un certain nombre de députés à la Chambre des députés du Reichsrath.

être préalablement demandés. — Le décret d'institution détermine la circonscription de chaque Chambre de commerce. — Lorsqu'il n'y a dans un département qu'une Chambre de commerce, sa circonscription comprend tout le département.

3. Le nombre des membres des Chambres de commerce est déterminé par le décret qui les institue. Il peut être modifié par des décrets ultérieurs. — Ce nombre ne peut être inférieur à neuf ni excéder vingt et un, sauf à Paris, où il pourra s'élever jusqu'à trente-six.

4. Les Chambres de commerce peuvent désigner, dans toute l'étendue de leur circonscription, des membres correspondants dont le nombre ne doit pas dépasser celui des membres de la Chambre elle-même. — Les membres correspondants assistent aux séances de la Chambre avec voix consultative.

5. Les membres des Chambres de commerce sont élus pour six ans ; ils sont indéfiniment rééligibles ; le renouvellement a lieu par tiers, tous les deux ans, dans le courant de décembre. — Lors de la constitution d'une Chambre de commerce, la répartition des membres entre les séries et l'ordre de renouvellement desdites séries sont réglés par le sort.

6. Les membres qui, pendant six mois, se sont abstenus de se rendre aux convocations sans motif reconnu légitime, sont déclarés démissionnaires par le ministre du commerce, après avis de la Chambre. Ils sont remplacés au plus prochain renouvellement partiel. — Les autres vacances accidentelles sont également comblées au plus prochain renouvellement partiel.

7. Lorsqu'une Chambre de commerce se trouve, par l'effet des vacances survenues pour une cause quelconque, réduite aux trois quarts de ses membres, il est, dans le délai de deux mois à dater de la dernière vacance, procédé à des élections complémentaires. — Toutefois, dans l'année qui précède le renouvellement partiel, les élections complémentaires sont reportées à l'époque de ce renouvellement, à moins que la Chambre n'ait perdu plus de la moitié de ses membres. — Les membres nommés dans une élection complémentaire ne demeurent en fonctions que pendant la durée du mandat qui avait été confié à leurs prédécesseurs.

8. Les Chambres de commerce nomment, parmi leurs membres, un président, un ou deux vice-présidents, un secrétaire-trésorier ou un secrétaire et un trésorier. Exceptionnellement, la Chambre de commerce de Paris peut nommer plusieurs vice-présidents et un second secrétaire. Les nominations sont faites à la majorité absolue des membres en exercice. — Le bureau est renouvelé après les élections partielles biennales. Les membres sortants sont rééligibles. — En cas de décès ou de démission d'un membre du bureau dans l'intervalle des élections, il est immédiatement pourvu à la vacance. — Le préfet ou le sous-préfet, suivant les localités, ont entrée à la Chambre de commerce et ils y ont voix consultative.

9. Les Chambres de commerce

ne peuvent délibérer que si le nombre des membres présents dépasse la moitié de celui des membres en exercice. — Les délibérations sont prises à la majorité absolue des votants. — En cas de partage, la voix du président est prépondérante.

10. Les fonctions des membres des Chambres de commerce sont gratuites. — Ils prennent rang, dans les cérémonies publiques, immédiatement après les membres des tribunaux de commerce. Le président de la Chambre vient immédiatement après celui du tribunal.

Titre II. — Attributions des Chambres de commerce.

11. Les Chambres de commerce ont pour attributions : — 1º De donner au Gouvernement les avis et les renseignements qui leur sont demandés sur les questions industrielles et commerciales ; — 2º De présenter leurs vues sur les moyens d'accroître la prospérité de l'industrie et du commerce ; — 3º D'assurer, sous réserve des autorisations prévues aux articles 14 et 15, l'exécution des travaux et l'administration des services nécessaires aux intérêts dont elles ont la garde.

12. L'avis des Chambres de commerce doit être demandé : — 1º Sur les règlements relatifs aux usages commerciaux ; — 2º Sur la création, dans leur circonscription, de nouvelles Chambres de commerce, de bourses de commerce, d'offices d'agents de change et de courtiers maritimes, de tribunaux de commerce, de conseils de prud'hommes, de succursales de la Banque de France, de maga-

sins généraux et de salles de ventes publiques de marchandises neuves aux enchères et en gros ; — 3º Sur les taxes destinées à rémunérer les services de transport concédés, dans leur circonscription, par l'autorité publique ; — 4º Sur toutes matières déterminées par des lois ou des règlements spéciaux, notamment sur l'utilité des travaux publics à exécuter dans leur circonscription et sur les taxes ou péages à percevoir pour faire face aux dépenses de ces travaux ; — 5º Sur les tarifs de main-d'œuvre pour le travail dans les prisons.

13. Indépendamment des avis que le Gouvernement a toujours le droit de leur demander, les Chambres de commerce peuvent en émettre de leur propre initiative : — Sur les changements projetés dans la législation commerciale, douanière et économique ; — Sur les tarifs de douane ; — Sur les tarifs et règlements des services de transports concédés par l'autorité publique hors de leur ressort, mais intéressant leur circonscription ; — Sur les tarifs et règlements des établissements à l'usage du commerce ouverts dans leur circonscription, en vertu d'autorisations administratives.

14. Les Chambres de commerce peuvent être autorisées à fonder et à administrer des établissements à l'usage du commerce, tels que magasins généraux, salles de ventes publiques, entrepôts, bancs d'épreuves pour les armes, bureaux de conditionnement et titrage, expositions permanentes et musées commerciaux, écoles de commerce, écoles professionnelles, cours pour la propagation des connaissances commerciales et industrielles. — L'administration de ceux de ces établissements qui ont été fondés par l'initiative privée peut être remise aux Chambres de commerce d'après le vœu des souscripteurs ou donateurs. — Enfin cette administration peut leur être déléguée pour les établissements de même nature qui seraient créés par l'État, le département ou la commune. — Les autorisations sont données à cet effet aux Chambres de commerce par décision du ministre du commerce, à moins que, eu égard à la nature de l'établissement, un décret ou une loi ne soit nécessaire. — Sous la même réserve, les règlements et les tarifs maxima sont approuvés par le ministre. Les taxes et prix effectifs à percevoir sont homologués par le préfet, à moins que l'acte d'institution n'exige une décision ministérielle. — Les Chambres de commerce peuvent, avec l'autorisation ministérielle, acquérir ou construire des bâtiments pour leur propre installation ou celle d'établissements à l'usage du commerce.

15. Les Chambres de commerce peuvent, dans les formes prescrites par la loi du 27 juillet 1870, être déclarées concessionnaires de travaux publics ou chargées de services publics, notamment de ceux qui intéressent les ports maritimes ou les voies navigables de leur circonscription.

16. Dans les cas où tous les genres de commerce ou d'opérations qui se pratiquent sur la place ne seraient pas représentés suffisamment par les courtiers inscrits, les Chambres de commerce, après avis de la chambre syndicale des courtiers inscrits, peuvent appeler un certain nombre de courtiers non inscrits et de négociants de la place à se réunir aux courtiers inscrits pour concourir avec eux à la constatation du cours des marchandises. — Les Chambres de commerce peuvent délivrer les certificats d'origine pour les marchandises françaises destinées à l'exportation et les cartes de légitimation exigées des commis voyageurs en pays étrangers. — Chaque année, les Chambres de commerce sont appelées à présenter au ministre du commerce des propositions en vue de la désignation d'adjoints aux commissaires-experts pour les affaires de douane.

17. Les Chambres de commerce correspondent directement avec les ministres. — Elles peuvent saisir le ministre du commerce de toutes les questions intéressant le fonctionnement des services qui leur sont confiés. — Elles transmettent chaque année, au ministre du commerce, un compte rendu général de leurs travaux.

18. Les Chambres de commerce peuvent correspondre directement entre elles, avec les Chambres consultatives des arts et manufactures et les administrations publiques de leur circonscription, pour toutes les questions relatives aux intérêts commerciaux et industriels du pays. Elles peuvent provoquer, par l'entremise de leurs présidents, une entente sur les objets rentrant dans leurs attributions et intéressant à la fois leurs circonscriptions respectives.

19. Les Chambres de commerce peuvent publier le compte rendu de leurs séances.

20. Quand il existe dans une ville une Chambre de commerce et une ou plusieurs bourses de commerce, l'administration de la bourse ou des bourses appartient à la Chambre, sans préjudice des droits du maire et de la police municipale dans les lieux publics. — Un arrêté préfectoral désigne le local affecté à la tenue des bourses. — La Bourse des valeurs, à Paris, n'est pas régie par les dispositions ci-dessus.

Titre III. — Administration financière.

21. Il est pourvu aux dépenses ordinaires des Chambres de commerce et des bourses de commerce au moyen d'une imposition additionnelle au principal de la contribution des patentes, conformément à la loi du 23 juillet 1820, à l'article 4 de la loi du 14 juillet 1838 et à l'article 38 de la loi du 15 juillet 1880 sur les patentes.

22. Les Chambres de commerce peuvent être autorisées, par décret rendu sur le rapport du ministre du commerce, à contracter des emprunts en vue de subvenir ou de concourir aux dépenses de construction de bourses, de palais consulaires, de lignes téléphoniques, et aux dépenses de fondation des autres établissements mentionnés à l'article 14. — Il est fait face au service de ces emprunts, ainsi qu'aux dépenses d'exploitation des établissements mentionnés à l'article 14, au moyen des recettes, et, s'il y a lieu, des centimes additionnels prévus à l'article 21.

23. Les emprunts à contracter par les Chambres de commerce en vue de travaux publics et de l'établissement de services publics, notamment de ceux qui intéressent les ports maritimes ou les voies navigables de leur circonscription, sont autorisés par décret, sur le rapport du ministre du commerce, après avis du ministre des travaux publics. — Il est fait face au service de ces emprunts au moyen de l'excédent des recettes sur les dépenses d'exploitation et, s'il y a lieu, au moyen de péages ou de droits établis en vertu des lois ou décrets.

24. Les Chambres de commerce peuvent, sous réserve de l'autorisation ministérielle, se concerter en vue de créer, de subventionner ou d'entretenir des établissements, services ou travaux d'intérêt commun. — Elles peuvent être autorisées à contracter, à cet effet, des emprunts collectifs, dont la charge sera répartie suivant les dispositions déterminées par les actes d'autorisation et dont le service sera assuré par l'excédent des recettes et au besoin par des centimes additionnels ou par des péages et des droits établis en vertu de lois ou décrets. — Ces questions d'intérêt commun sont débattues dans des conférences, où chaque Chambre sera représentée par une commission spéciale nommée à cet effet. Le préfet du département où la conférence a lieu pourra toujours assister à ces conférences. Les décisions qui y seront prises ne seront exécutoires qu'après avoir été ratifiées par toutes les Chambres intéressées et par le ministre du commerce. — Si des questions autres que celles qui sont prévues ci-dessus étaient mises en discussion, le préfet déclarerait la réunion dissoute. — Toute délibération prise après cette déclaration donnerait lieu à l'application des dispositions et pénalités énoncées à l'article 34 de la loi du 10 avril 1871.

25. Les emprunts que les Chambres de commerce sont admises à contracter aux termes des articles 22, 23 et 24 peuvent être réalisés, soit avec publicité et concurrence, soit de gré à gré, soit par voie de souscription publique, avec faculté d'émettre des obligations au porteur ou transmissibles par endossement, soit directement auprès de la Caisse des dépôts et consignations ou du Crédit foncier de France, aux conditions de ces établissements. — Les contrats d'emprunt doivent toujours stipuler la faculté de remboursement par anticipation.

26. Indépendamment du budget ordinaire, les Chambres de commerce établissent des budgets spéciaux pour les services qu'elles administrent. — Dans les six premiers mois de chaque année, elles adressent le compte rendu des recettes et des dépenses de l'année précédente et le projet du budget des recettes et des dépenses de l'année suivante au préfet de leur département, qui les transmet, avec les pièces de comptabilité, au ministre du commerce, auquel il appartient d'approuver les budgets et les comptes. — En dehors des justifications à l'appui de leurs comptes, les Chambres de commerce adressent, chaque année, au ministre du commerce, un tableau d'amortissement des emprunts qu'elles ont été autorisées à contracter. — Les Chambres de commerce peuvent affecter tout ou partie des excédents provenant de la gestion de leur service ordinaire à la constitution d'un fonds de réserve en vue de faire face aux dépenses urgentes et imprévues. Le montant de ce fonds de réserve, qui doit être mentionné dans les comptes et budgets de ce service à un article spécial, ne peut, en aucun cas, être supérieur à la moitié de la totalité des ressources annuelles dudit budget.

27. Sont et demeurent abrogés le décret du 3 septembre 1851, ainsi que toutes autres dispositions contraires à la présente loi.

———

Loi du 12 mars 1900, *ayant pour objet de réprimer les abus commis en matière de vente à crédit des valeurs de bourse.*

Art. 1er. Sera déclarée nulle, sur la demande de l'acheteur, sans préjudice de tous dommages-intérêts, même s'il y a eu commencement d'exécution, toute cession, quelque forme qu'elle emprunte, consentie par acte sous signatures privées, de valeurs ou parts de valeurs cotées à la Bourse, moyennant un prix payable à terme en totalité ou en partie, si elle contrevient à l'une des prescriptions des articles 2 et 3 ci-après.

2. L'acte doit être fait en double original, et chacun des originaux doit en contenir la mention. — Chaque original doit indiquer clairement en toutes lettres et d'une façon apparente:

1º l'un des cours cotés à la Bourse de Paris dans les quatre jours précédant la cession, et, à défaut, le dernier cours coté ; 2º le numéro de chacune des valeurs vendues ; 3º le prix total de vente de chacune des valeurs, y compris tous frais de timbre ou de recouvrement par la poste ou autrement ; le taux d'intérêt, les délais et conditions de remboursement.

3. Les paiements fractionnés ne peuvent être échelonnés sur une durée de plus de deux ans.

4. Le vendeur est tenu de conserver le titre vendu. Il ne peut s'en dessaisir ni le mettre en gage. Il doit le représenter à toute réquisition de l'acheteur. — Toute stipulation contraire est nulle. — Il en est de même de toute clause ou de toute mention dérogeant directement ou indirectement aux régles générales de la compétence.

5. Le vendeur qui aura détourné, dissipé ou mis en gage, au préjudice de l'acheteur, le titre qu'il avait vendu, sera puni des peines portées en l'article 406 du Code pénal. L'article 463 pourra être appliqué.

6. Il est interdit aux établissements qui se livrent à la vente à crédit des valeurs de bourse, de faire entrer dans leur dénomination les mots « caisse d'épargne ». Leurs directeurs sont, en cas de contravention à cette défense, passibles d'une amende de 25 fr. à 3,000 fr.

7. Les dispositions de la présente loi ne sont pas applicables aux ordres de Bourse.

Loi du 7 avril 1900, *sur le taux de l'intérêt légal de l'argent* (1).

. . . .

———

Loi du 8 février 1902, *portant modification à la loi du 15 juin 1872 sur les titres au porteur* (2).

. . . .

———

Décret du 8 mai 1902, *portant règlement d'administration publique pour l'exécution de l'article 15, paragraphe 6, et de l'article 19 de la loi du 15 juin 1872, modifiée par la loi du 8 février 1902 sur les titres au porteur* (3).

. . . .

———

Loi du budget du 31 mars 1903.

. . . .

Art. **50.** La pièce de vingt-cinq centimes en nickel ne pourra être employée dans les paiements que pour l'appoint de cinq francs.

———

Loi du 16 novembre 1903, *modifiant la loi du 9 juillet 1902 relative aux actions de priorité et aux actions d'apport* (4).

. . . .

———

(1) Voy. *suprà*, la L. du 3 sept. 1807, art. 2.

(2) Voy. *suprà*, la L. du 15 juin 1872.

(3) Voy. *suprà*, la L. du 15 juin 1872, art. 19, en note.

(4) Voy. *suprà*. C. com., art. 34, et L. du 24 juill. 1867, modifiée par la L. du 1er août 1893, art. 3.

Loi du 30 décembre 1903, *relative à la réhabilitation des faillis, modifiée et complétée par les Lois du 31 mars 1906 et du 23 mars 1908.*

Art. 1er. (Modifié par la Loi du 23 mars 1908.) Les faillis non condamnés pour banqueroute simple ou frauduleuse ne peuvent être inscrits sur la liste électorale pendant trois ans à partir de la déclaration de faillite. — Ils ne sont éligibles qu'après réhabilitation.

2. Les articles 604 à 612 du Code de commerce sont modifiés comme il suit (1) :

. . . .

3. Les dispositions ci-dessus et l'article 614 du Code de commerce sont applicables aux commerçants qui ont obtenu la liquidation judiciaire.

4. Sont abrogées les dispositions du décret organique du 2 février 1852 contraires à la présente loi.

5. (Ajouté par la L. du 23 mars 1908.) La procédure de réhabilitation, prévue par les articles 604 à 612 inclus du Code de commerce, est dispensée de timbre et d'enregistrement.

6. (*Ibid.*) Cette loi est applicable à l'Algérie et aux Colonies.

———

Loi du 23 mars 1904, *décidant que les effets de commerce échus un dimanche ou*

un jour férié légal ne seront payables que le lendemain(2).

. . . .

———

Loi du 23 décembre 1904, *décidant que, lorsque les fêtes légales tomberont un dimanche, aucun payement ne sera exigé et aucun protêt ne sera dressé le lendemain de ces fêtes (3).*

Art. 1er. Aucun payement d'aucune sorte sur effet, mandat, chèque, compte courant, dépôt de fonds ou de titres, ou autrement ne peut être exigé ni aucun protêt dressé : les 2 janvier, 15 juillet, 16 août, 2 novembre et 26 décembre, lorsque ces jours tombent un lundi.

Dans ce cas, le protêt des effets impayés le samedi précédent, ne pouvant être fait que le mardi suivant, conservera néanmoins toute sa valeur à l'égard du tiré et des tiers, nonobstant toutes dispositions antérieures contraires.

2. La présente loi est applicable à l'Algérie et aux colonies.

———

Loi du 17 mars 1905, *ajoutant un paragraphe à l'article 108 du Code de commerce (4).*

. . . .

———

___

(1) Voy. *suprà*, C. com., art. 604 à 612, modifiés par les lois du 31 mars 1906 et du 23 mars 1908.

(2) Voy. *suprà*, C. com., art. 134.

(3) En *Allemagne* (L. de 1869, art. 92) et en *Portugal* (C. com. 214, § 2), la lettre de change échue un jour férié est payable le lendemain. En *Angleterre*, la lettre est payable la veille sauf si le jour de l'échéance est un jour de fête des banques (lundis de Pâques et de la Pentecôte, etc.), auquel cas elle est payable le lendemain (L. du 1882, 14, § 1).

(4) Voy. *suprà*, C. com., art. 108.

Loi du 17 mars 1905, *relative à la surveillance et au contrôle des sociétés d'assurances sur la vie et de toutes les entreprises dans les opérations desquelles intervient la durée de la vie humaine.*

Titre I. — Enregistrement des entreprises.

Art. **1er.** Sont assujetties à la présente loi les entreprises françaises ou étrangères de toute nature qui contractent des engagements dont l'exécution dépend de la durée de la vie humaine. — Sont exceptées les sociétés définies par la loi du 1er avril 1898 sur les sociétés de secours mutuels et les institutions de prévoyance publiques ou privées régies par des lois spéciales.

2. Ces entreprises doivent limiter leurs opérations à une ou plusieurs de celles qui font l'objet de la présente loi. Il leur est interdit de stipuler ou de réaliser l'exécution de contrats ou l'attribution de bénéfices par la voie de tirage au sort. — Elles ne peuvent fonctionner qu'après avoir été enregistrées, sur leur demande, par le ministre du commerce. Dans le délai maximum de six mois à dater du dépôt de la demande, le ministre du commerce fait mentionner l'enregistrement au *Journal officiel* ou notifie le refus d'enregistrement aux intéressés. — Aucune modification, soit aux statuts, soit aux tarifs de primes ou cotisations, ne peut être mise en vigueur qu'après nouvel enregistrement obtenu dans les mêmes formes ([1]).

3. Le refus d'enregistrement doit être motivé par une infraction soit aux lois, notamment à celles qui régissent les sociétés, soit aux décrets prévus par l'article 9 ci-après. — Les intéressés peuvent former un recours pour excès de pouvoir devant le Conseil d'État qui devra statuer dans les trois mois.

Titre II. — Garanties.

4. Pour les sociétés françaises anonymes ou en commandite, les statuts doivent spécifier la dissolution obligatoire en cas de perte de la moitié du capital social. — Pour les sociétés à forme mutuelle ou à forme tontinière, les statuts déterminent le mode de règlement et l'emploi des sommes perçues, ainsi que la quotité des prélèvements destinés à faire face aux frais de gestion de l'entreprise.

5. Les sociétés françaises anonymes ou en commandite doivent avoir un capital social au moins égal à 2 millions de francs. — Les sociétés françaises à forme mutuelle ou à forme tontinière devront constituer un fonds de premier établissement qui ne peut être inférieur à 50,000 fr. et qui doit être amorti en quinze

---

([1]) **Décret du 20 janv. 1906.** Art. **1er.** L'enregistrement prévu à l'article 2 de la loi du 17 mars 1905 cesse d'être valable si l'entreprise n'a pas commencé à fonctionner dans le délai d'un an à partir de la publication de l'enregistrement au *Journal officiel.*

2. Toute entreprise qui, avant l'expiration dudit délai n'a pas justifié de ce fonctionnement, est de plein droit déchue du bénéfice de l'enregistrement et ne pourra réaliser d'opérations qu'après un enregistrement nouveau. Le ministère du commerce fait mentionner cette déchéance au *Journal officiel.*

ans au plus. — Toutes les entreprises sont tenues, en outre, de constituer, dans les conditions prévues à l'article 9, § 4, une réserve de garantie qui tient lieu du prélèvement prescrit par l'article 36 de la loi du 24 juillet 1867. Toutefois, cette réserve n'est pas obligatoire pour les opérations à forme tontinière.

6. Toutes les entreprises qui contractent des **engagements** déterminés sont tenues de constituer des réserves mathématiques, égales à la différence entre les valeurs des engagements respectivement pris par elles et par les assurés dans les conditions déterminées par le décret prévu à l'article 9, § 5. Cette obligation ne s'applique aux entreprises étrangères que pour les contrats souscrits ou exécutés en France et en Algérie. — Les entreprises produiront annuellement, à l'époque et dans les formes déterminées par le ministre, et après avis du comité consultatif des assurances sur la vie prévu à l'article 10, la comparaison : 1° entre la mortalité réelle de leurs assurés et la mortalité prévue par les tables admises pour le calcul de leurs réserves mathématiques et de leurs tarifs ; 2° entre le taux de leurs placements réels et celui qui a été admis pour les calculs susvisés. — En cas d'écarts notables ou répétés portant sur un de ces éléments, des arrêtés ministériels peuvent exiger, au plus tous les cinq ans, une rectification des bases du calcul des réserves mathématiques des opérations en cours et des tarifs des primes ou cotisations. — Ces arrêtés sont pris sur avis conforme du comité consultatif des assurances sur la vie, les représentants de l'entreprise ayant été entendus et mis en demeure de fournir leurs observations par écrit dans un délai d'un mois. Ils fixent le délai dans lequel la rectification doit être opérée ; le montant des versements corrélatifs à la rectification des réserves mathématiques doit être, à la fin de chaque exercice, au moins proportionnel à la fraction du délai courue. — Les sociétés à forme tontinière sont tenues de faire, dans les conditions fixées par le décret prévu à l'article 9, § 7, emploi immédiat de toutes les cotisations, déduction faite des frais de gestion statutaires.

7. Lorsque les bénéfices revenant aux assurés ne sont pas payables immédiatement après la liquidation de l'exercice qui les a produits, un compte individuel doit mentionner chaque année la part de ces bénéfices attribuable à chacun des contrats souscrits ou exécutés en France et en Algérie et être adressé aux assurés. — Jusqu'à concurrence du montant des réserves mathématiques et de la réserve de garantie, ainsi que du montant des comptes spécifiés à l'alinéa précédent, l'actif des entreprises françaises est affecté au règlement des opérations d'assurances par un privilège qui prendra rang après le paragraphe 6 de l'article 2101 du Code civil. — Pour les entreprises étrangères, les valeurs représentant la portion d'actif correspondante doivent, à l'exception des immeubles, faire l'objet d'un dépôt à la caisse des dépôts et consignations, dans les conditions prévues à l'ar-

ticle 9, § 6. Le seul fait de ce dépôt confère privilège aux assurés, sur lesdites valeurs, pour les contrats souscrits ou exécutés en France et en Algérie.

8. Un règlement d'administration publique, rendu sur la proposition des ministres du commerce et des finances, détermine les biens mobiliers et immobiliers en lesquels devra être effectué le placement de l'actif des entreprises françaises et, pour les entreprises étrangères, de la portion d'actif afférente aux contrats souscrits ou exécutés en France et en Algérie, ainsi que le mode d'évaluation annuelle des différentes catégories de placements et les garanties à présenter pour les valeurs qui ne pourraient avoir la forme nominative. — Les entreprises sont tenues de produire au ministre, dans les formes et délais qu'il prescrit après avis du comité consultatif, des états périodiques des modifications survenues dans la composition de leur actif(1).

9. Des décrets rendus après avis du comité consultatif des assurances sur la vie prévu à l'article ci-après déterminent : — 1o Les pièces et justifications à produire à l'appui des demandes d'enregistrement, ainsi que le montant du dépôt préalable à effectuer à la caisse des dépôts et consignations par les différentes catégories d'entreprises et les conditions de réalisation et de restitution dudit dépôt ; — 2o Le délai passé lequel cessera d'être valable l'enregistrement d'une entreprise qui n'aurait pas commencé à fonctionner ;

— 3o Le maximum des dépenses de premier établissement pour les différentes espèces d'entreprises françaises et le délai d'amortissement desdites dépenses ; — 4o La fixation, pour chaque catégorie d'entreprises, de la réserve de garantie ; — 5o Les différentes tables de mortalité, le taux d'intérêt et les chargements d'après lesquels doivent être calculées au minimum les primes ou cotisations des opérations à réaliser ainsi que les réserves mathématiques. Publication de ces fixations est effectuée au *Journal officiel* au moins six mois avant le début du premier exercice auquel elles doivent s'appliquer ; — 6o Les conditions de dépôt et de retrait des valeurs représentant, pour les entreprises étrangères, la portion d'actif visée à l'article 7 ; — 7o Les conditions dans lesquelles doivent être gérées les entreprises à forme tontinière ; — 8o Les conditions dans lesquelles les entreprises sont tenues d'inscrire sur des registres spéciaux les contrats souscrits ou exécutés en France et en Algérie ; — 9o Les conditions dans lesquelles doivent fonctionner les entreprises de gestion d'assurances sur la vie, et suivant lesquelles peuvent être perçus les frais de gestion dans les limites d'un maximum fixé. Ces entreprises doivent déposer à la caisse des dépôts et consignations un capital de garantie de 100,000 fr. Elles ne peuvent valablement se faire attribuer la gestion pour une période initiale de plus de vingt ans, à l'expiration de laquelle leur mandat ne

____

(1) Voy. le décr. du 9 juin 1906, *Journal officiel*, 14 juin 1906.

pourra être renouvelé pour des périodes de plus de dix ans. Chaque renouvellement ne pourra être effectué qu'un an avant l'expiration de la période en cours(1).

Titre III. — Surveillance et contrôle.

10. Il est constitué auprès du ministre du commerce un comité consultatif des assurances sur la vie, composé de vingt et un membres, savoir : deux sénateurs et trois députés élus par leurs collègues, le directeur de l'assurance et de la prévoyance sociales au ministère du commerce, le directeur général de la caisse des dépôts et consignations, un représentant du ministre des finances, trois membres agrégés de l'institut des actuaires français, le président de la chambre de commerce ou un membre de la chambre délégué par lui, un professeur de la faculté de droit de Paris, deux directeurs ou administrateurs de sociétés d'assurances à forme mutuelle ou à forme tontinière, deux directeurs ou administrateurs de sociétés anonymes ou en commandite d'assurances, quatre personnes spécialement compétentes en matière d'assurances sur la vie. — Un décret détermine le mode de nomination et de renouvellement des membres, ainsi que la désignation du président, du vice-président et du secrétaire. — Le comité doit être consulté au sujet des demandes d'enregistrement prévues par l'article 2, et dans les autres cas prévus par la présente loi. Il peut être saisi par le ministre de toutes autres questions relatives à l'application de la loi. — La présence de neuf membres au moins est nécessaire pour la validité de ses délibérations, dans les cas spécifiés au troisième alinéa de l'article 6, à l'article 18 et à l'article 21.

11. Toute entreprise est tenue : 1° de publier en langue française un compte rendu annuel de toutes ses opérations, avec états et tableaux annexes ; 2° de produire ledit compte rendu au ministre du commerce et de le déposer aux greffes des tribunaux civils et des tribunaux de commerce, tant du département de la Seine que du siège social ; 3° de le délivrer à tout assuré ou associé qui en fait la demande, moyennant le paiement d'une somme qui ne peut excéder 1 fr. ; 4° de publier annuellement et à ses frais au *Journal officiel* un compte rendu sommaire comprenant : le compte général des profits et pertes, la balance générale des écritures et le mouvement général des opérations en cours. — Des arrêtés ministériels, pris après avis du comité consultatif des assurances sur la vie, déterminent, au moins trois mois avant le début de l'exercice, les modèles des états et tableaux à annexer au compte rendu publié, la date de production et de dépôt du compte rendu, la forme et le délai de la publication prescrite au *Journal officiel*. — Les entreprises doivent en outre communiquer au ministre, à toute époque et dans les formes et délais qu'il détermine, tous

---

(1) Voy. les **décr.** du 22 et du 25 juin 1906, *Journal officiel*, 26 juin 1906.

les documents et éclaircissements qui lui paraissent nécessaires. — Elles sont soumises à la surveillance de commissaires contrôleurs assermentés qui seront recrutés dans les conditions déterminées par décrets, après avis du comité consultatif des assurances sur la vie, et qui pourront à toute époque vérifier sur place toutes les opérations, indépendamment de toutes personnes exceptionnellement déléguées par le ministre à cet effet.

12. Les entreprises étrangères doivent, en ce qui concerne les opérations régies par la présente loi, avoir en France et en Algérie un siège spécial et une comptabilité spéciale pour tous les contrats souscrits ou exécutés en France et en Algérie et accréditer auprès du ministre du commerce un agent préposé à la direction de toutes ces opérations. Cet agent doit être domicilié en France ; il représente seul l'entreprise auprès du ministre, vis-à-vis des titulaires de contrats souscrits en France et en Algérie, notamment pour la signature des polices, avenants, quittances et autres pièces relatives aux opérations réalisées. — Toute entreprise est tenue de produire au ministre du commerce, dans le délai qu'il détermine, la traduction en langue française, certifiée conforme, des documents en langue étrangère se rapportant à ses opérations et pour lesquels cette traduction est requise. — Les conditions générales et particulières des polices, les avenants et autres documents se rapportant à l'exécution des contrats doivent être rédigés ou traduits en langue française. Dans ce

dernier cas, le texte français fait seul foi à l'égard des assurés français.

13. Le ministre du commerce présente chaque année au Président de la République et fait publier au *Journal officiel* un rapport d'ensemble sur le fonctionnement de la présente loi et sur la situation de toutes les entreprises qu'elle régit. — Les frais de toute nature résultant de la surveillance et du contrôle sont à la charge des entreprises. Un arrêté ministériel fixe, à la fin de chaque exercice, la répartition de ces frais entre les entreprises, au prorata du montant global des primes et des cotisations de toute nature encaissées par elles au cours de l'exercice, exception faite des opérations réalisées hors de France et d'Algérie par les entreprises étrangères, et sans que la contribution de chacune des entreprises puisse dépasser 1 p. 1,000 dudit montant. — Il y joint le compte détaillé des recettes et dépenses afférentes à la surveillance et au contrôle des entreprises.

Titre IV. — Pénalités.

14. Les entreprises sont passibles, de plein droit et sans aucune mise en demeure, d'amendes administratives, recouvrées comme en matière d'enregistrement, à la requête du ministre du commerce, savoir : — 1º D'une amende de 20 fr. par jour pour retard apporté à chacune des productions visées par le troisième alinéa de l'article 11 et le deuxième alinéa de l'article 12 ; — 2º D'une amende de 100 fr. par jour pour retard apporté à chacune des productions ou publications visées par le deuxième alinéa de l'article 6, les paragraphes 1er, 2 et 4 de l'article 11.

15. Les contraventions aux dispositions des premier et troisième alinéas de l'article 6, aux premier et troisième alinéas de l'article 7, à l'article 8, à l'article 20, à l'article 21, ainsi qu'au règlement d'administration publique prévu par l'article 8 et aux décrets prévus par les paragraphes 3 à 8 de l'article 9, sont constatées par procès-verbaux des commissaires contrôleurs, qui font foi jusqu'à preuve contraire, sans préjudice des constatations et poursuites de droit commun ; elles sont poursuivies devant le tribunal correctionnel à la requête du ministère public et punies d'une amende de 100 à 5.000 fr. et, en cas de récidive, de 500 à 10,000 fr.

16. Sont poursuivis devant le tribunal correctionnel et passibles d'une amende de 16 à 100 fr., toute personne qui aurait proposé ou fait souscrire des polices d'assurances, et notamment chacun des administrateurs ou directeurs d'entreprises, qui réalisent des opérations visées par la présente loi avant la publication au *Journal officiel* de l'enregistrement prévu à l'article 2, ou qui effectuent des opérations nouvelles après la publication du décret prévu par l'article 18 ou après le refus d'enregistrement prévu par l'article 19. — L'amende est prononcée pour chacune des opérations réalisées par le contrevenant, qui peut être, en outre, en cas de récidive, condamné à un emprisonnement d'un mois au plus. — Sous les mêmes peines, les prospectus, affiches, cir-

culaires et tous autres documents destinés à être distribués au public ou publiés par une entreprise assujettie à la présente loi doivent toujours porter, à la suite du nom ou de la raison sociale de l'entreprise, la mention ci-après, en caractères uniformes : « Entreprise privée, assujettie au contrôle de l'État », sans renfermer aucune assertion susceptible d'induire en erreur soit sur la véritable nature ou l'importance réelle des opérations, soit sur la portée du contrôle. — Toute déclaration ou dissimulation frauduleuse, soit dans les comptes rendus, soit dans tous autres documents produits au ministre du commerce ou portés à la connaissance du public, est punie des peines prévues par l'article 405 du Code pénal. — L'article 463 du Code pénal est applicable à tous les faits punis par le présent article et l'article précédent.

17. Les jugements prononcés contre les entreprises ou leurs représentants, en exécution de l'article précédent et de l'article 15, doivent être publiés, aux frais des condamnés ou des entreprises civilement responsables, dans le *Journal officiel* et dans deux autres journaux au moins, désignés par le tribunal.

18. L'enregistrement d'une entreprise, effectué en vertu de l'article 2 de la présente loi, cesse d'être valable dès qu'un décret constate que l'entreprise ne fonctionne plus en conformité soit de ses statuts, soit de la présente loi ou des décrets et arrêtés qu'elle prévoit. Ce décret est rendu après avis conforme du comité consultatif des assurances sur la vie, les représentants de l'entreprise ayant été mis en demeure de fournir leurs observations par écrit ou d'être entendus dans un délai d'un mois sur communication des irrégularités relevées contre l'entreprise. Le comité doit émettre son avis motivé dans le mois suivant. — Dans un délai de huitaine à compter de la notification du décret, l'entreprise peut se pourvoir pour excès de pouvoir devant le Conseil d'État, qui doit statuer dans le mois. Ce pourvoi est suspensif. La publication du décret au *Journal officiel* ne pourra être faite qu'après le rejet du pourvoi par le Conseil d'État.

Titre V. — Dispositions transitoires.

19. Les entreprises françaises ou étrangères soumises à la présente loi et opérant en France ou en Algérie à l'époque de sa promulgation sont tenues de se conformer immédiatement à ses dispositions, et notamment de demander l'enregistrement spécifié à l'article 2, dans un délai de deux mois à compter de la promulgation des règlements d'administration publique prévus par les articles 8 et 22, ainsi que des décrets prévus par l'article 9. — Elles peuvent toutefois continuer provisoirement leurs opérations jusqu'à ce que solution soit donnée à cette demande.

20. Les entreprises françaises régulièrement autorisées en vertu de la législation en vigueur pourront, après obtention de l'enregistrement spécifié à l'article 2, modifier, sans autorisation du gouvernement, leurs statuts approuvés, à charge de se conformer à la législation sur les sociétés. — Par dérogation à l'article 5 ci-dessus, elles ne seront pas tenues d'élever leur capital social au minimum spécifié audit article. — Elles pourront, d'autre part, si elles obtiennent l'enregistrement prévu à l'article précédent, conserver les placements antérieurement effectués par elles en conformité de leurs statuts, sans tenir compte des limitations imposées par le règlement d'administration publique prévu à l'article 8, sous réserve de ne plus effectuer, à compter de sa promulgation, aucun placement dans les catégories pour lesquelles les limites fixées seront atteintes ou dépassées, et ce, jusqu'à ce que la proportion réglementaire soit rétablie. — Toutefois, l'emploi en placements sur première hypothèque, pour la moitié au plus de la valeur estimative, pourra, pendant une période maximum de vingt-cinq ans, être renouvelé pour une somme égale à celle que lesdites entreprises consacraient à cet emploi antérieurement au 1er juillet 1904.

21. Pour chacune des entreprises enregistrées par application de l'article 19, un arrêté ministériel, pris sur avis conforme du comité consultatif des assurances sur la vie, fixe, dans les conditions spécifiées à l'avant-dernier alinéa de l'article 6, les bases du calcul des réserves mathématiques des opérations réalisées antérieurement à la mise en vigueur du décret prévu par le paragraphe 5 de l'article 9.

22. Est abrogé le premier alinéa de l'article 66 de la loi du 24 juillet 1867, ainsi que toutes autres dispositions relatives aux tontines et aux sociétés d'assurances sur la vie. — Un règlement d'administration publique déterminera les conditions dans lesquelles pourront être constituées les sociétés d'assurances sur la vie à forme mutuelle ou tontinière (1).

23. La présente loi est appli-

---

(1) Décret du 12 mai 1906.

Titre I. — Dispositions générales.

Art. **1er**. Les sociétés à forme mutuelle ou tontinière, contractant des engagements dont l'exécution dépend de la durée de la vie humaine, peuvent se former soit par un acte authentique, soit par un acte sous seing privé, fait en double original quel que soit le nombre des signataires à l'acte.

2. Les projets de statuts doivent : 1° indiquer l'objet, la durée, le siège, la dénomination de la société ; 2° déterminer le montant du fonds de premier établissement ; 3° fixer le nombre d'adhérents et le minimum de valeurs de contrats au-dessous desquels la société ne peut être valablement constituée, ainsi que la quote-part des premières cotisations qui devra être versée avant la constitution de la société.

3. Le texte entier des projets de statuts doit être inscrit sur toute liste destinée à recevoir les adhésions.

4. Lorsque le nombre des adhérents et le minimum de valeurs de contrats, fixés par les projets de statuts, auront été réunis, les fondateurs de la société ou leurs fondés de pouvoirs le constatent par une déclaration devant notaire. A cette déclaration sont annexés : 1° la liste nominative dûment certifiée des adhérents, contenant leurs noms, prénoms, qualités et domiciles et le montant des contrats souscrits par chacun d'eux ; 2° l'un des doubles de l'acte de société, s'il est sous seing privé, ou une expédition s'il est notarié et s'il a été passé devant un notaire autre que celui qui reçoit la déclaration; 3° l'état des versements effectués.

5. La première assemblée générale, qui est convoquée à la diligence des fondateurs, vérifie la sincérité de la déclaration mentionnée à l'article précédent ; elle nomme les membres du conseil d'administration. Elle nomme également pour la première année les commissaires institués par l'article 20 ci-après. Les membres du conseil d'administration ne peuvent être nommés pour plus de six ans ; ils sont rééligibles, sauf stipulation contraire. Toutefois, ils peuvent être désignés par les statuts, avec stipulation formelle que leur nomination ne sera pas soumise à l'assemblée générale ; dans ce cas, ils ne peuvent être nommés pour plus de trois ans. — La société n'est définitivement constituée qu'après l'acceptation des membres du conseil d'administration et des commissaires.

6. Le compte des frais de premier établissement est apuré par le conseil d'administration et soumis à l'assemblée générale, qui l'arrête définitivement.

7. Dans le mois de la constitution de la société, une expédition de la déclaration faite devant notaire et de ses annexes est déposée au greffe du tribunal civil de l'arrondissement dans lequel se trouve le siège de la société. A cette expédition est annexée une copie certifiée des délibérations prises par l'assemblée générale constitutive.

8. Dans le même délai d'un mois, un extrait de l'acte constitutif et des pièces annexées est publié dans l'un des journaux qui se publient dans le lieu où siège le tribunal ou, s'il n'y en a pas, dans l'un de ceux publiés dans le département.

9. L'extrait doit contenir la dénomination adoptée par la société, l'indication du siège social et la désignation des personnes autorisées à gérer, administrer et signer pour la société; il indique le nombre d'adhérents et la valeur de contrats souscrits au-dessous desquels la société ne pouvait être valablement constituée, l'époque où la société a commencé, celle où elle doit finir et la date du dépôt fait en exécution de l'article 7 ci-dessus. Il indique également si la société doit ou non constituer un fonds temporaire de garantie. — L'extrait des actes et pièces déposés est signé, pour les actes publics, par le notaire, et, pour les actes sous seing privé, par les membres du conseil d'administration.

10. Tous actes et délibérations ayant pour objet la modification des statuts, la continuation de la société au delà du terme fixé par les statuts, la dissolution

cable à l'Algérie et aux colonies de la Réunion, la Martinique, la Guadeloupe, la Guyane, l'Inde française et la Nouvelle-Calédonie.

———

avant ce terme et tout changement à la dénomination de la société sont soumis aux mêmes formalités que les actes et délibérations relatifs à la formation de la société.

11. Toute personne a le droit de prendre communication des pièces déposées au greffe du tribunal et de s'en faire délivrer à ses frais expédition ou extrait par le greffier ou par le notaire détenteur de la minute. — Toute personne peut également exiger qu'il lui soit délivré, au siège de la société, une copie certifiée des statuts, moyennant le paiement d'une somme qui ne pourra excéder 1 fr.

12. Les sociétés ne peuvent traiter avec une entreprise de gestion que si les statuts l'ont explicitement prévu. Dans ce cas, les statuts doivent stipuler que les traités de gestion seront soumis à l'approbation préalable de l'assemblée générale, et que tous les documents destinés au public devront porter, immédiatement après la dénomination de la société, celle de l'entreprise chargée de sa gestion.

13. Les statuts déterminent les pouvoirs du conseil d'administration, qui devra être composé de cinq membres au moins. Le conseil pourra, si les statuts l'y autorisent, déléguer une partie de ses pouvoirs à l'un de ses membres, ou à un directeur pris en dehors de son sein.

14. Les membres du conseil d'administration doivent être pris parmi les adhérents remplissant les conditions exigées par les statuts et, notamment, ayant souscrit des contrats pour une valeur déterminée par ces statuts. — Pendant la durée de leurs fonctions, ils ne pourront ni résilier leurs contrats, ni en toucher les capitaux, ni en opérer la cession, à moins de les remplacer immédiatement par des contrats équivalents.

15. Le conseil d'administration élit parmi ses membres un président, un vice-président et un secrétaire dont les fonctions durent un an. Ils sont rééligibles. — Le conseil d'administration se réunit au moins une fois par mois. La présence de la moitié plus un des membres est nécessaire pour la validité des délibérations. Celles-ci sont prises à la majorité absolue des voix des membres du conseil. Le vote par procuration est interdit.

16. Il est tenu chaque année au moins une assemblée générale, à l'époque fixée par les statuts. Les statuts déterminent le minimum de valeur des contrats qu'il est nécessaire d'avoir souscrit pour être admis à l'assemblée. — Les adhérents peuvent se faire représenter par un mandataire, membre lui-même de l'assemblée générale, sans que, toutefois, un même mandataire puisse disposer de plus de cinq voix.

17. Les statuts indiquent les conditions dans lesquelles sont faites les convocations à l'assemblée générale ; ces convocations doivent être individuelles et précéder de vingt jours au moins la date fixée pour la tenue de l'assemblée. — Dans toutes les assemblées générales, il est tenu une feuille de présence. Elle contient les noms et domiciles des membres présents. — Cette feuille, certifiée par le bureau de l'assemblée et déposée au siège social, doit être communiquée à tout requérant.

18. L'assemblée générale ne peut délibérer valablement que si elle réunit le quart au moins des membres ayant le droit d'y assister ; si elle ne réunit pas ce nombre, une nouvelle assemblée est convoquée dans les formes et avec les délais prescrits par les statuts, et elle délibère valablement, quel que soit le nombre des membres présents ou représentés.

19. L'assemblée générale qui doit délibérer sur la nomination des membres du premier conseil d'administration et sur la sincérité de la déclaration faite, aux termes de l'article 4, par les fondateurs, doit être composée de la moitié au moins des membres ayant le droit d'y assister.— Si l'assemblée générale ne réunit pas le nombre ci-dessus, elle ne peut prendre qu'une délibération provisoire ; dans ce cas, une nouvelle assemblée générale est convoquée. Deux avis, publiés à huit jours d'intervalle, au moins un mois à l'avance, dans l'un des journaux mentionnés à l'article 8, font connaître aux adhérents les résolutions provisoires adoptées par la première assemblée, et ces résolutions deviennent définitives si elles sont approuvées par la nouvelle assemblée, composée du cinquième au moins des adhérents ayant le droit d'y assister. — Il sera procédé de même pour les assemblées qui ont à délibérer sur des modifications aux sta-

Décret du 20 janvier 1906, | *relatif à l'inscription des*

tuts ou sur des propositions de continuation de la société au delà du terme fixé pour sa durée, ou de dissolution avant ce terme. — Toute modification de statuts est portée à la connaissance des adhérents dans le premier récépissé de cotisation qui leur est délivré.

20. L'assemblée générale annuelle désigne un ou plusieurs commissaires, adhérents ou non, chargés de faire un rapport à l'assemblée générale de l'année suivante sur la situation de la société, sur le bilan et sur les comptes présentés par l'administration. — La délibération contenant approbation du bilan et des comptes est nulle si elle n'a été précédée du rapport des commissaires. — A défaut de nomination des commissaires par l'assemblée générale, ou en cas d'empêchement ou de refus d'un ou de plusieurs d'entre eux, il est procédé à leur nomination ou à leur remplacement par ordonnance du président du tribunal de première instance du siège de la société, à la requête de tout intéressé, les membres du conseil d'administration dûment appelés.

21. Pendant le trimestre qui précède l'époque fixée par les statuts pour la réunion de l'assemblée générale, les commissaires ont droit, toutes les fois qu'ils le jugent convenable dans l'intérêt de la société, de prendre communication des livres et d'examiner les opérations de la société. Ils peuvent toujours, en cas d'urgence, convoquer l'assemblée générale.

22. Quinze jours au moins avant la réunion de l'assemblée générale, tout adhérent peut prendre ou faire prendre par un fondé de pouvoirs, au siège social, communication de l'inventaire et de la liste des membres composant l'assemblée générale, et se faire délivrer copie de ces documents.

23. Les statuts déterminent le mode et les conditions générales suivant lesquels sont contractés les engagements entre la société et les adhérents.

Titre II. — **Dispositions spéciales aux sociétés à forme mutuelle.**

24. Pour qu'une société à forme mutuelle puisse être valablement constituée, un nombre minimum de cinq cents contrats doit être souscrit sur des têtes distinctes pour un minimum de 500,000 fr. de capitaux assurés ou de 50,000 fr. de rentes viagères assurées.

25. Les statuts déterminent le maximum du chargement à ajouter aux primes pures pour faire face : 1° aux frais d'administration de la société ; 2° à la constitution de la réserve de garantie ; 3° à l'amortissement du fonds de premier établissement et, s'il y a lieu, du fonds temporaire de garantie prévu à l'article suivant.

26. Indépendamment du fonds de premier établissement, les statuts peuvent prévoir la constitution d'un fonds temporaire de garantie qui ne peut dépasser 1,500,000 fr. et qui doit être intégralement amorti lorsque la réserve de garantie atteint ce chiffre. La portion amortie doit être chaque année au moins égale au chiffre atteint par la réserve de garantie lors de l'inventaire de l'exercice précédent.

27. Les excédents réalisés au cours de chaque exercice, après acquittement intégral des charges sociales, appartiennent à l'ensemble des adhérents et leur profitent exclusivement. — Les statuts doivent spécifier le mode et les bases de répartition de ces excédents. — Les statuts doivent également prévoir le cas où l'actif de la société deviendrait insuffisant pour faire face à ses engagements et indiquer comment il serait procédé pour y pourvoir.

Titre III. — **Dispositions spéciales aux sociétés à forme tontinière.**

28. Les associations en cas de survie ou en cas de décès que forment les sociétés à forme tontinière ne peuvent être valablement constituées que si elles comprennent au moins cent membres.

29. Aucune association en cas de survie ne peut avoir une durée inférieure à dix ans, ni supérieure à vingt-cinq ans, comptés à partir du 1ᵉʳ janvier de l'année au cours de laquelle elle a été ouverte. — La durée pendant laquelle une association en cas de survie demeure ouverte doit être inférieure d'au moins cinq ans à sa durée totale.

30. Il est interdit aux sociétés à forme tontinière de garantir à leurs adhérents que la liquidation des associations dont ils font partie leur procurera une somme déterminée à l'avance.

31. Leurs statuts doivent spécifier : — 1° La cessation, en cas de décès du sociétaire, du versement des annuités que le souscripteur aurait encore à faire aux associations en cas de survie ; — 2° La ré-

contrats d'assurance sur la vie [1].

. . . .

___

Loi du 28 mars 1906, *modifiant l'article 509 du Code de commerce* [2].

. . . .

___

Loi du 31 mars 1906, *modifiant les dispositions de la loi du 30 décembre 1903* [3].

. . . .

___

Loi du 23 avril 1906, *créant des sociétés de crédit maritime.*

Art. 1er. Des sociétés de crédit maritime peuvent être constituées par la totalité ou une partie des membres d'un ou plusieurs syndicats professionnels. Elles ont exclusivement pour objet de faciliter ou de garantir les opérations concernant les industries maritimes et effectuées par ces syndicats ou par des membres de ces syndicats. Ces sociétés peuvent recevoir des dépôts de fonds en comptes courants, avec ou sans intérêts, se charger, relativement aux opérations concernant les industries maritimes, des recouvrements et des paiements à faire pour les syndicats ou pour leurs membres. Elles peuvent notamment contracter des emprunts nécessaires pour constituer ou augmenter leurs fonds de roulement. — Le capital social ne peut être formé par des souscriptions d'actions. Il pourra

duction des droits acquis au bénéficiaire, s'il y a eu cessation des versements du souscripteur aux associations en cas de survie, sous la condition de justifier de l'existence du sociétaire et du paiement d'une fraction de la souscription totale, sans que les statuts puissent fixer cette fraction à plus des trois dixièmes ; — 3° Les bases de répartition pour les contrats ainsi réduits, avec exclusion ou non du partage des intérêts et bénéfices ; — 4° Les délais et les formes dans lesquels la société est tenue d'aviser les intéressés de l'expiration des associations en cas de survie ; — 5° Les délais pour la production des pièces et justifications réglementaires à l'appui des liquidations d'associations, ainsi que l'affectation des sommes non retirées par les ayants droit, comme un délai déterminé, à partir du 31 décembre de l'année pendant laquelle a eu lieu la répartition ; — 6° L'affectation des fonds des associations en cas de survie, qui ne pourraient être liquidées par suite du décès ou de la forclusion de tous leurs membres, ainsi que des associations en cas de décès qui ne pourraient être liquidées par suite de l'absence de décès ; — 7° Le mode de paiement des cotisations aux associations en cas de décès, qui devront être exigibles d'avance, au début de chaque année, sauf la première qui pourra être payée à l'échéance choisie par le souscripteur, et qui devra alors être réduite d'un quart, de la moitié ou des trois quarts, selon que le versement de la cotisation aura lieu dans le deuxième, le troisième ou le quatrième trimestre de l'année ; — 8° La quotité des prélèvements qui pourraient être affectés à la constitution d'une réserve en faveur des survivants des associations en cas de décès ; — 9° Les conditions dans lesquelles le fonds de premier établissement sera versé, rémunéré et amorti, sans, d'autre part, pouvoir être augmenté ; — 10° Les conditions dans lesquelles la société, en cas de dissolution ou de retrait d'enregistrement, pourra procéder à la liquidation par anticipation des associations en cours, en vertu d'une délibération spéciale de l'assemblée générale des souscripteurs et sous réserve du visa du ministre du commerce.

(1) Voy. *suprà*, sous l'art. 1 de la loi du 17 mars 1905.

(2) Voy. C. com., art. 509.

(3) Voy. C. com., art. 606 et 607.

être constitué à l'aide de souscriptions des membres de la société. — Ces souscriptions formeront des parts qui pourront être de valeurs inégales ; elles seront nominatives et ne seront transmissibles que par voie de cession et avec l'agrément de la société. A la dissolution de la société, le fonds de réserve et le reste de l'actif seront partagés entre les sociétaires proportionnellement à leur souscription, à moins que les statuts n'en aient affecté l'emploi à une œuvre d'intérêt maritime.

2. Ces sociétés de crédit maritime seront soumises aux conditions et bénéficieront des avantages portés aux articles 1er (§§ 4 et 5), 2, 3 (§§ 1, 2 et 3), 4, 5, 6 (modifié par la loi du 20 juillet 1901) et 7 (§ 1er) de la loi du 5 novembre 1894, relative à la création de sociétés de crédit agricole. — Un décret fixera les moyens de contrôle et de surveillance à exercer par le ministre de la marine sur ces sociétés.

Loi du 30 avril 1906, *modifiant la loi du 18 juillet 1898 sur les warrants agricoles.*

Art. 1er. Tout agriculteur peut emprunter sur les produits agricoles ou industriels de son exploitation, qui ne sont pas immeubles par destination, y compris le sel marin et les animaux lui appartenant, soit en en conservant la garde dans les bâtiments ou sur les terres de cette exploitation, soit en en confiant le dépôt aux syndicats, comices et sociétés agricoles dont il est adhérent, ou à des tiers convenus entre les parties.

— L'emprunt peut également être contracté par les sociétés coopératives agricoles sur les produits dont elles sont devenues propriétaires, lorsque les statuts ne s'y opposent pas. — Le produit warranté reste, jusqu'au remboursement des sommes avancées, le gage du porteur du warrant. — L'emprunteur ou le dépositaire des produits warrantés est responsable de la marchandise qui reste confiée à ses soins et à sa garde, et cela sans aucune indemnité opposable aux bénéficiaires du warrant.

2. Le cultivateur, lorsqu'il ne sera pas propriétaire ou usufruitier de son exploitation, devra, avant tout emprunt, sauf ce qui sera dit ci-après, aviser le propriétaire du fonds loué de la nature, de la valeur et de la quantité des marchandises qui doivent servir de gage pour l'emprunt, ainsi que du montant des sommes à emprunter. — Cet avis devra être donné au propriétaire, usufruitier ou à leur mandataire légal désigné, par l'intermédiaire du greffier de paix du canton de la situation des objets warrantés ; si l'emprunteur est une société coopérative agricole, la compétence appartiendra au greffier du canton du siège légal de cette société. La lettre d'avis sera remise au greffier qui devra la viser, l'enregistrer et l'envoyer sous forme de pli d'affaires recommandé avec accusé de réception. — Le propriétaire, l'usufruitier ou le mandataire légal désigné pourront, dans le cas où des termes échus leur seraient dus, dans un délai de

huit jours francs à partir de la date de l'accusé de réception, s'opposer au prêt sur lesdits produits par une autre lettre envoyée également sous pli d'affaires recommandé au greffier du juge de paix. — Toutefois, si le prêteur y consent, et sous la condition que l'emprunteur devra conserver la garde des produits warrantés dans les bâtiments ou sur les terres de l'exploitation, aucun avis ne sera donné au propriétaire ou usufruitier, et le consentement donné sera mentionné dans les clauses particulières du warrant; mais, en ce cas, le privilège du bailleur subsistera dans les termes du droit. — Le bailleur pourra renoncer à son privilège jusqu'à concurrence de la dette contractée, en apposant sa signature sur le warrant.

3. Pour établir la pièce dénommée warrant, le greffier de la justice de paix du canton où se trouvent les objets à warranter inscrira, d'après les déclarations de l'emprunteur, la nature, la quantité, la valeur et le lieu de situation des produits, gage de l'emprunt, le montant des sommes empruntées, ainsi que les clauses et conditions particulières relatives au warrant, arrêtées entre les parties. — Il transcrira sur un registre spécial le warrant ainsi rédigé et, sur le warrant. il mentionnera le volume et le numéro de la transcription avec la mention des warrants préexistants sur les mêmes produits. — Si l'emprunteur ne sait signer, le warrant est signé pour lui, en sa présence dûment constatée, par le greffier. — Lorsque les produits warrantés ne restent pas

entre les mains de l'emprunteur lui-même, le dépositaire et le bailleur des lieux où est effectué le dépôt ne peuvent faire valoir aucun droit de rétention ou de privilège à l'encontre du bénéficiaire du warrant ou de ses ayants cause. — L'acceptation de la garde des produits engagés sera constatée par récépissé signé du dépositaire des produits et, s'il y a lieu, du bailleur des locaux où ils sont en dépôt, porté sur le warrant lui-même ou donné séparément pour l'accompagner. — Dans le cas où l'emprunteur ne sera point propriétaire ou usufruitier de l'exploitation, le greffier devra, en outre des indications ci-dessus, mentionner la date de l'envoi de l'avis au propriétaire ou usufruitier ainsi que la non-opposition de leur part après huit jours francs à partir de la date de l'accusé de réception de la lettre recommandée comme il est dit ci-dessus.

4. Le warrant agricole peut également être établi, entre les parties, sans l'observation des formalités ci-dessus prescrites. — Mais en ce cas, d'une part, il n'est opposable aux tiers qu'après sa transcription au greffe de la justice de paix, conformément à l'article 3 qui précède, et, d'autre part, il ne prime les privilèges, soit du bailleur, soit du dépositaire des produits warrantés et du propriétaire des locaux où est effectué le dépôt, que si les avis ou consentements prévus par les articles précédents ont été donnés.

5. Le warrant indiquera si le produit warranté est assuré ou non et, en cas d'assurance, le nom et l'adresse de l'assureur.

— Faculté est donnée aux prêteurs de continuer ladite assurance jusqu'à la réalisation du produit warranté. — Les porteurs de warrants ont, sur les indemnités d'assurances dues en cas de sinistres, les mêmes droits et privilèges que sur les produits assurés.

6. Le greffier délivrera à tout prêteur qui le requerra, avec l'autorisation de l'emprunteur, un état des warrants inscrits au nom de ce dernier ou un certificat établissant qu'il n'existe pas d'inscription. Cet état ne remontera pas à une époque antérieure à cinq années.

7. La radiation de l'inscription sera opérée sur la justification soit du remboursement de la créance garantie par le warrant, soit d'une mainlevée régulière. — L'emprunteur qui aura remboursé son warrant fera constater le remboursement au greffe de la justice de paix; mention de remboursement ou de la mainlevée sera faite sur le registre prévu à l'article 3; certificat lui sera donné de la radiation de l'inscription. L'inscription sera radiée d'office après cinq ans, si elle n'a pas été renouvelée avant l'expiration de ce délai; si elle est inscrite à nouveau après la radiation d'office, elle ne vaudra à l'égard des tiers que du jour de la nouvelle date.

8. L'emprunteur conserve le droit de vendre les produits warrantés à l'amiable et avant le paiement de la créance, même sans le concours du prêteur; mais la tradition à l'acquéreur ne peut être opérée que lorsque le créancier a été désintéressé. — L'emprunteur peut, même avant l'échéance, rembourser la créance garantie par le warrant; si le porteur du warrant refuse les offres du débiteur, celui-ci peut, pour se libérer, consigner la somme offerte, en observant les formalités prescrites par l'article 1259 du Code civil; les offres sont faites au dernier ayant droit connu par les avis donnés au greffier, en conformité de l'article 10 qui suit. Sur le vu d'une quittance de consignation régulière et suffisante, le juge de paix du canton où le warrant est inscrit rendra une ordonnance aux termes de laquelle le gage sera transporté sur la somme consignée. — En cas de remboursement anticipé d'un warrant agricole, l'emprunteur bénéficie des intérêts qui restaient à courir jusqu'à l'échéance du warrant, déduction faite d'un délai de dix jours.

9. Les établissements publics de crédit peuvent recevoir les warrants comme effets de commerce avec dispense d'une des signatures exigées par leurs statuts.

10. Le warrant est transmissible par voie d'endossement. L'endossement est daté et signé; il énonce les noms, professions, domiciles des parties. — Tous ceux qui ont signé ou endossé un warrant sont tenus à la garantie solidaire envers le porteur. — L'escompteur ou les réescompteurs d'un warrant seront tenus d'aviser, dans les huit jours, le greffier du juge de paix par pli recommandé avec accusé de réception, ou verbalement contre récépissé de l'avis. — L'emprunteur pourra, par une mention spéciale inscrite au warrant, dispenser l'escompteur et les réescompteurs de donner cet avis ; mais, dans ce cas, il n'y a pas lieu à l'application des dispositions des deux derniers paragraphes de l'article 8.

11. Le porteur du warrant doit réclamer à l'emprunteur paiement de sa créance échue et, à défaut de ce paiement, constater et réitérer sa réclamation par lettre recommandée adressée au débiteur et pour laquelle un avis de réception sera demandé. — S'il n'est pas payé dans les cinq jours de l'envoi de cette lettre, le porteur du warrant est tenu, à peine de perdre ses droits contre les endosseurs, de dénoncer le défaut de paiement, quinze jours francs au plus tard après l'échéance, par avertissement pour chacun des endosseurs remis au greffier de la justice de paix compétent, qui lui en donne récépissé. Le greffier fait connaître cet avertissement dans la huitaine qui le suit aux endosseurs, par lettre recommandée pour laquelle un avis de réception doit être demandé. — En cas de refus de paiement, le porteur du warrant peut, quinze jours après la lettre recommandée adressée à l'emprunteur comme il est ci-dessus prescrit, faire procéder par un officier public ou ministériel à la vente publique de la marchandise engagée. Il y est procédé en vertu d'une ordonnance du juge de paix rendue sur requête, fixant les jour, lieu et heure de la vente ; elle sera annoncée huit jours au moins à l'avance par affiches apposées dans les lieux indiqués par le juge de paix,

qui pourra même l'autoriser sans affiches après une ou plusieurs annonces à son de trompe ou de caisse ; le juge de paix pourra, dans tous les cas, en autoriser l'annonce par la voie des journaux. La publicité donnée sera constatée par une mention insérée au procès-verbal de vente. — L'officier public chargé de procéder préviendra par lettre recommandée le débiteur et les endosseurs, huit jours à l'avance, des lieu, jour et heure de la vente. — Les articles 622, 623, 624 et 625 du Code de procédure civile sont applicables aux ventes prévues par la présente loi. — Pour les tabacs warrantés, la vente publique est remplacée par une opposition entre les mains du comptable chargé d'en effectuer le paiement lors de sa livraison au magasin de la régie où il doit être livré, et ce par simple pli recommandé avec accusé de réception. Ce magasin sera désigné dès la création du warrant et dans son libellé même.

12. Le porteur du warrant est payé directement de sa créance sur le prix de vente, par privilège et de préférence à tous créanciers, sauf l'exception prévue par l'avant-dernier paragraphe de l'article 2 et sans autres déductions que celle des contributions directes et des frais de vente et sans autres formalités qu'une ordonnance du juge de paix.

13. Si le porteur du warrant fait procéder à la vente, conformément à l'article 11 ci-dessus, il ne peut plus exercer son recours contre les endosseurs et même contre l'emprunteur qu'après avoir fait valoir ses droits sur le prix des produits warrantés. En cas d'insuffisance du prix pour le désintéresser, un délai d'un mois lui est imparti à dater du jour où la vente de la marchandise est réalisée, pour exercer son recours contre les endosseurs.

14. Tout emprunteur convaincu d'avoir fait une fausse déclaration ou d'avoir constitué un warrant sur des produits déjà warrantés, sans avis préalable donné au nouveau prêteur; tout emprunteur ou dépositaire convaincu d'avoir détourné, dissipé ou volontairement détérioré au préjudice de son créancier le gage de celui-ci, sera poursuivi correctionnellement sous inculpation d'escroquerie ou d'abus de confiance, selon les cas, et frappé des peines prévues aux articles 405 ou 406 et 408 du Code pénal.

15. Lorsque, pour l'exécution de la présente loi, il y aura lieu à référé, ce référé sera porté devant le juge de paix de la situation des objets warrantés.

16. Les tarifs établis et les mesures ordonnées antérieurement pour l'exécution de la loi du 18 juillet 1898 resteront en vigueur jusqu'à ce qu'il ait été ordonné autrement par décret nouveau. — Le montant des droits du greffier à prévoir audit décret devra être inférieur d'un tiers au total des droits prévus par le décret du 29 octobre 1898 pour les warrants ne dépassant pas 1,000 fr. en capital, à moins que l'emprunteur ne demande la délivrance simultanée de plusieurs warrants dont le total serait supérieur à cette somme. — Les avis prescrits par la présente loi seront envoyés en la forme et avec la taxe des papiers d'affaires recommandés.

17. Sont dispensés de la formalité du timbre et de l'enregistrement les lettres et accusés de réception, les renonciations, acceptations et consentements prévus aux articles 2, 3, 10 et 11, le registre sur lequel les warrants seront inscrits, la copie des inscriptions d'emprunt, le certificat négatif et le certificat de radiations mentionnés aux articles 6 et 7. — Le warrant est passible du droit de timbre des effets de commerce (0,05 °/o). — L'enregistrement (0,50 °/o) ne deviendra obligatoire qu'en cas de vente opérée en vertu de l'article 11. — Le droit à percevoir sur le prix de ladite vente sera de 0,10 °/o (comme pour les marchandises neuves).

18. Le bénéfice de la présente loi s'appliquera aux ostréiculteurs.

19. La présente loi est applicable à l'Algérie. — L'article 463 du Code pénal est applicable à la présente loi. — La loi du 18 juillet 1898 est abrogée.

Décret du 12 mai 1906, *portant règlement d'administration publique sur la constitution des sociétés d'assurances-vie à forme mutuelle ou tontinière*[1].

. . . .

---

[1] Voy. *suprà*, en note sous l'art. 22 de la L. du 17 mars 1905,

Loi du 20 décembre 1906, *modificative de la loi du 13 juillet 1905, décidant que, lorsque les fêtes légales tomberont un vendredi, aucun paiement ne sera exigé, ni aucun protêt ne sera dressé le lendemain de ces fêtes; lorsqu'elles tomberont le mardi, aucun paiement ne sera exigé, ni aucun protêt ne sera dressé la veille de ces fêtes.*

Art. 1er. Lorsque les fêtes légales tomberont un vendredi ou un mardi, aucun paiement d'aucune sorte sur effet, mandat, chèque, compte courant, dépôt de fonds ou de titres ou autrement ne peut être exigé, ni aucun protêt dressé le lendemain des fêtes tombant un vendredi ou la veille des fêtes tombant un mardi.

Dans ce cas, le protêt des effets impayés le samedi ou le lundi précédent, ne pouvant être fait que le lundi ou le mercredi suivant, conservera néanmoins toute sa valeur à l'égard du tiré et des tiers, nonobstant toutes dispositions antérieures contraires.

2. La présente loi est applicable à l'Algérie et aux colonies.

———

Loi du 22 décembre 1906, *modifiant l'article 176 du Code de commerce* (¹).

. . . .

———

Loi du 30 décembre 1906, *sur les ventes au déballage, complétant la loi du 25 juin 1841.*

Art. 1er. Les ventes de marchandises neuves, non comprises dans les prohibitions de la loi du 25 juin 1841, sur les ventes aux enchères, ne pourront être faites sous la forme de soldes, liquidations, ventes forcées ou déballages, sans une autorisation spéciale du maire de la ville où la vente doit avoir lieu. — Pour obtenir cette autorisation, le demandeur sera tenu de fournir un inventaire détaillé des marchandises à liquider, en indiquant leur importance en numéraire et le délai nécessaire pour leur écoulement. — Il pourra être tenu de justifier de la provenance des marchandises par la production de ses livres et de ses factures. — Pendant la durée de la liquidation, il lui sera interdit de recevoir d'autres marchandises que celles figurant à l'inventaire pour lequel l'autorisation aura été accordée.

2. Toute contravention aux dispositions ci-dessus sera punie de la confiscation des marchandises mises en vente, et en outre d'une amende de cinquante francs (50 fr.) à trois mille francs (3,000 fr.), sans préjudice des dommages-intérêts s'il y a lieu.

3. Pour le délit prévu par la présente loi, et pour celui établi par la loi du 25 juin 1841, la tentative sera punie comme le délit consommé.

———

(1) Voy. *suprà*, C. com., art. 176.

Loi du 30 janvier 1907, *portant fixation du budget général des dépenses et des recettes de l'exercice 1907.*

. . . .

Art. 3. L'émission, l'exposition, la mise en vente, l'introduction sur le marché en France d'actions, d'obligations ou de titres de quelque nature qu'ils soient, de sociétés françaises ou étrangères, seront, en ce qui concerne ceux de ces titres offerts au public à partir du 1er mars 1907, assujetties aux formalités ci-après : — Préalablement à toute mesure de publicité, les émetteurs, exposants, metteurs en vente et introducteurs devront faire insérer dans un bulletin annexe au *Journal officiel,* dont la forme sera déterminée par décret, une notice contenant les énonciations suivantes : — 1º La dénomination de la société ou la raison sociale ; — 2º L'indication de la législation (française ou étrangère) sous le régime de laquelle fonctionne la société ; — 3º Le siège social ; — 4º L'objet de l'entreprise ; — 5º La durée de la société ; — 6º Le montant du capital social, le taux de chaque catégorie d'actions et le capital non libéré ; — 7º Le dernier bilan certifié pour copie conforme ou la mention qu'il n'en a pas été dressé encore. — Devront être également indiqués le montant des obligations qui auraient déjà été émises par la société avec énumération des garanties qui y sont attachées et, s'il s'agit d'une nouvelle émission d'obligations, le nombre ainsi que la valeur des titres à émettre, l'intérêt à payer pour chacun d'eux, l'époque et les conditions de remboursement et les garanties sur lesquelles repose la nouvelle émission. — Il devra, en outre, être fait mention des avantages stipulés au profit des fondateurs et des administrateurs, du gérant et de toute autre personne, des apports en nature et de leur mode de rémunération, des modalités de convocation aux assemblées générales et de leur lieu de réunion. — Les émetteurs, exposants, metteurs en vente et introducteurs devront être domiciliés en France ; ils seront tenus de revêtir la notice ci-dessus de leur adresse. — Les affiches, prospectus et circulaires devront reproduire les énonciations de la notice et contenir mention de l'insertion de ladite notice au bulletin annexe du *Journal officiel,* avec référence au numéro dans lequel elle aura été publiée. — Les annonces dans les journaux devront reproduire les mêmes énonciations ou, tout au moins, un extrait de ces énonciations avec référence à ladite notice et indication du numéro du bulletin annexe du *Journal officiel* dans lequel elle aura été publiée. — Toute société étrangère qui procède en France à une émission publique, à une exposition, à une mise en vente ou à une introduction d'actions, d'obligations ou de titres de quelque nature qu'ils soient, sera tenue, en outre, de publier intégralement ses statuts, en langue française, au même bulletin annexe du *Journal officiel* et avant tout placement de titre. — Les infractions aux dispositions édictées ci-dessus seront constatées par les agents de l'enregistrement ; elles seront punies d'une amende de dix mille à vingt mille francs (10,000 à 20,000 fr.). — L'article 463 du Code pénal est applicable aux peines prévues par le présent article.

Loi du 13 juillet 1907, *réduisant à 20 centimes par 1,000 francs le droit de radiation de l'hypothèque maritime* [1].

. . . .

Loi du 19 décembre 1907, *relative à la surveillance et au contrôle des sociétés de capitalisation.*

Titre I. — Enregistrement des entreprises.

Art. 1er. Sont assujetties à la présente loi les entreprises françaises ou étrangères de toute nature qui, sous le titre de sociétés de capitalisation, de reconstitution de capitaux, ou sous toute autre dénomination, font appel à l'épargne en vue de la capitalisation et contractent, en échange de versements uniques ou périodiques, directs ou indirects, des engagements déterminés.

2. Ces entreprises ne peuvent fonctionner qu'après avoir été enregistrées, sur leur demande, par le ministre du travail. — Dans le délai maximum de six mois, à dater du dépôt de la demande, le ministre du travail fait mentionner l'enregistrement au *Journal officiel* ou notifie le refus d'enregistrement aux intéressés. — Aucune modification soit aux statuts, soit aux tarifs, soit aux tableaux d'amortissement, ne peut être mise en vigueur qu'après nouvel enregistrement obtenu dans les mêmes formes. — Ces entreprises enregistrées peuvent ester en justice, acquérir à titre onéreux et effectuer tous les actes de gestion prévus par leurs statuts en conformité de l'article précédent.

3. Le refus d'enregistrement doit être motivé par une infraction soit aux lois, notamment à celles qui régissent les sociétés, soit aux décrets prévus par l'article 9 ci-après. — En cas de refus d'enregistrement, ou si le délai de six mois prévu à l'article 2 s'est écoulé sans qu'il soit intervenu de décision, les intéressés pourront former un recours pour excès de pouvoir devant le Conseil d'État, qui devra statuer dans les trois mois.

Titre II. — Garanties.

4. Les entreprises doivent spécifier dans leurs contrats et leurs statuts : — 1º leur objet, leur titre et leur siège ; — 2º l'interdiction de percevoir, sous quelque forme que ce soit, des droits d'entrée ; — 3º la limitation des sommes à prélever pour frais de gestion, en proportion des versements ; — 4º les conditions de déchéance opposables aux souscripteurs pour retards dans les versements, sans que ces déchéances puissent avoir effet avant un délai d'un mois à dater du jour de l'échéance. Ce délai ne court, si le contrat est nominatif, qu'à partir d'une mise en demeure par lettre recommandée ; — 5º la quotité maximum

---

[1] Voy. *suprà*, la L. du 10 juill. 1885, art. 2.

que peuvent atteindre, le cas échéant, les retenues en cas de déchéance eu égard au montant et à la durée des versements effectués ; — 6° la substitution de plein droit de tous les héritiers des titulaires de contrats nominatifs aux dits titulaires, ainsi que l'interdiction pour l'entreprise de stipuler à leur décès aucun versement supplémentaire ou aucune retenue spéciale ; — 7° la durée maximum de la capitalisation pour les diverses catégories de contrats, sans que cette durée, à compter du premier versement effectué, puisse jamais excéder cinquante ans ; — 8° en cas de remboursements anticipés par voie de tirage au sort, les conditions de publicité dans lesquelles devront avoir lieu les opérations. — Les sociétés françaises, anonymes ou en commandite, doivent, en outre, stipuler dans leurs statuts leur dissolution obligatoire en cas de perte de la moitié du capital social ; les sociétés françaises à forme mutuelle doivent y déterminer le mode de règlement et l'emploi des sommes perçues. Si les contrats de l'entreprise prévoient la faculté d'opérer des remboursements directs ou indirects à époque indéterminée, par voie de tirage ou autrement, la durée de capitalisation ne peut jamais excéder trente-trois ans et toute combinaison de remboursement doit être au préalable enregistrée dans les formes prévues à l'article 1er au vu des conditions et tableaux d'amortissement qui devront comporter, pour tous les souscripteurs d'une même série, le remboursement, soit de sommes égales, soit de sommes croissant avec les tirages successifs,

sans que le dernier remboursement puisse excéder le double du premier. — Tout contrat doit reproduire le tableau d'amortissement le concernant et tout souscripteur, ou porteur, après chaque tirage, a droit sur sa demande, à la délivrance gratuite de la liste intégrale des titres sortis dans les séries qui l'intéressent et non encore remboursés.

5. Les sociétés françaises, anonymes ou en commandite, doivent avoir un capital social au moins égal à un million de francs (1 million), divisé en actions nominatives ne pouvant être libérées de plus de moitié. — Les sociétés françaises à forme mutuelle devront constituer un fonds de premier établissement, qui ne peut être inférieur à cinquante mille francs (50,000 fr.) et qui doit être amorti en quinze ans au plus. Toutes les entreprises sont tenues en outre de constituer, dans les conditions prévues à l'article 9, § 4, une réserve de garantie, qui tient lieu du prélèvement prescrit par l'article 36 de la loi du 24 juillet 1867.

6. Toutes les entreprises sont tenues de constituer des réserves mathématiques égales aux engagements qu'elles assument, dans les conditions déterminées par le décret prévu à l'article 9, § 5. Cette obligation ne s'applique aux entreprises étrangères que pour les contrats souscrits ou exécutés en France ou en Algérie. — Les entreprises produiront annuellement et dans les formes déterminées par le ministre et après avis du comité consultatif prévu à l'article 10, la comparaison entre le taux de

leurs placements réels et celui qui a été admis pour le calcul de leurs réserves mathématiques et de leurs tarifs. — En cas d'écarts notables ou répétés, des arrêtés ministériels peuvent exiger, au plus tous les cinq ans, une rectification des bases des réserves mathématiques des opérations en cours, ainsi que des tarifs. — Ces arrêtés sont pris sur avis conforme du comité consultatif, les représentants de l'entreprise ayant été entendus et mis en demeure de fournir leurs observations par écrit dans un délai d'un mois. Ils fixent le délai dans lequel la rectification doit être opérée ; le montant des versements corrélatifs à la rectification des réserves mathématiques doit être, à la fin de chaque exercice, au moins proportionnel à la fraction du délai courue.

7. Jusqu'à concurrence du montant des réserves mathématiques et de la réserve de garantie, l'actif des entreprises françaises est affecté au règlement de leurs opérations par un privilège qui prendra rang avec le paragraphe 6 de l'article 2101 du Code civil. — Pour les entreprises étrangères, les valeurs représentant la portion d'actif correspondante doivent, à l'exception des immeubles, faire l'objet d'un dépôt à la Caisse des dépôts et consignations dans les conditions prévues à l'article 9, § 6. Le seul fait de ce dépôt confère privilège aux intéressés sur lesdites valeurs pour les contrats souscrits ou exécutés en France et en Algérie.

8. Un règlement d'administration publique, rendu sur la proposition des ministres du travail et des finances, détermine les biens mobiliers et immobiliers en lesquels devra être effectué le placement de l'actif des entreprises françaises et, pour les entreprises étrangères, de la portion d'actif afférente aux contrats souscrits ou exécutés en France et en Algérie, ainsi que le mode d'évaluation annuelle des différentes catégories de placement et les garanties à présenter pour les valeurs qui ne pourraient avoir la forme nominative. — Les entreprises sont tenues de produire au ministre du travail, dans les formes et délais qu'il prescrit, après avis du comité consultatif, des états périodiques des modifications survenues dans la composition de leur actif.

9. Des décrets rendus après avis du comité consultatif déterminent : — 1° Les pièces et justifications à produire à l'appui des demandes d'enregistrement, ainsi que le montant du dépôt préalable à effectuer à la Caisse des dépôts et consignations par les différentes catégories d'entreprises et les conditions de réalisation et de restitution dudit dépôt; — 2° Le délai passé lequel cessera d'être valable l'enregistrement d'une entreprise qui n'aurait pas commencé à fonctionner ; — 3° Le maximum des dépenses de premier établissement pour les différentes espèces d'entreprises françaises et le délai d'amortissement desdites dépenses; — 4° La fixation, pour chaque catégorie d'entreprises, de la réserve de garantie ; — 5° Le taux d'intérêt maximum et le chargement minimum d'après lesquels doivent être calculés les tarifs de versement, ainsi que les réserves mathématiques

et le mode de calcul de ces réserves. Publication de ces fixations est effectuée au *Journal officiel,* au moins six mois avant le début du premier exercice auquel elles doivent s'appliquer ; — 6° Les conditions de dépôt et de retrait des valeurs représentant, pour les entreprises étrangères, la portion d'actif visée à l'article 7 ; — 7° Les conditions dans lesquelles les entreprises sont tenues d'inscrire sur des registres spéciaux les contrats souscrits ou exécutés en France et en Algérie ; — 8° Les conditions dans lesquelles doivent fonctionner les entreprises de gestion des entreprises de capitalisation et suivant lesquelles peuvent être perçus les frais de gestion dans les limites d'un maximum fixé. Ces entreprises doivent déposer à la Caisse des dépôts et consignations un capital de garantie de cent mille francs (100.000 fr.). Elles ne peuvent valablement se faire attribuer la gestion pour une période initiale de plus de vingt ans, à l'expiration de laquelle leur mandat ne pourra être renouvelé pour des périodes de plus de dix ans. Chaque renouvellement ne pourra être effectué qu'un an avant l'expiration de la période en cours (1).

Titre III. — Surveillance et contrôle.

10. Le comité consultatif constitué par l'article 10 de la loi du 17 mars 1905 relative à la surveillance et au contrôle des sociétés d'assurances sur la vie, prendra le titre de comité consultatif des assurances sur la vie et des entreprises de capitalisation ; il sera complété par l'adjonction de deux membres pris parmi les administrateurs ou directeurs d'entreprises de capitalisation. — Il doit être consulté au sujet des demandes d'enregistrement prévues par l'article 2 et dans les autres cas prévus par la présente loi. Il peut être saisi par le ministre de toutes autres questions relatives à l'application de la loi. — La présence de neuf membres au moins est nécessaire pour la validité de ses délibérations dans les cas spécifiés au troisième alinéa de l'article 6, à l'article 18 et à l'article 21.

11. Toute entreprise est tenue : 1° de publier en langue française un compte rendu annuel de toutes ses opérations, avec états et tableaux annexés ; 2° de produire ledit compte rendu au ministère du travail et de le déposer aux greffes des tribunaux civils et des tribunaux de commerce, tant du département de la Seine que du siège social ; de le délivrer à tout souscripteur ou porteur de bons qui en fait la demande, moyennant le paiement d'une somme qui ne peut excéder un franc. — Des arrêtés ministériels, pris après avis du comité consultatif, déterminent au moins trois mois avant le début de l'exercice, les modèles des états et tableaux à annexer au compte rendu publié et la date de production et de dépôt du compte rendu.

Les entreprises doivent en outre communiquer au ministre,

______

(1) Plusieurs décrets ont été rendus en exécution de cet article, à la date du 1er avril 1908.

à toute époque et dans les formes et délais qu'il détermine, tous les documents et éclaircissements qui lui paraissent nécessaires.

Elles sont soumises au contrôle prévu par le dernier alinéa de l'article 11 de la loi du 17 mars 1905.

12. Les entreprises étrangères doivent, en ce qui concerne les opérations régies par la présente loi, avoir en France un siège spécial et une comptabilité spéciale pour toutes leurs opérations réalisées en France et en Algérie et accréditer auprès du ministre du travail un agent préposé à la direction de toutes ces opérations. Cet agent doit être domicilié en France ; il représente seul l'entreprise auprès du ministre, vis-à-vis des titulaires de contrats souscrits en France et en Algérie, et devant les tribunaux. Il doit justifier au préalable de pouvoirs statutaires suffisants pour la gestion directe de l'entreprise en France et en Algérie, notamment pour la signature des polices, bons, quittances et autres pièces relatives aux opérations réalisées. — Toute entreprise est tenue de produire au ministre du travail, dans le délai qu'il détermine, la traduction en langue française, certifiée conforme, des documents en langue étrangère se rapportant à ses opérations et pour lesquels cette traduction est requise. — Les conditions générales et particulières des polices, les bons et tous les documents se rapportant à l'exécution des contrats doivent être rédigés ou traduits en langue française. Dans ce dernier cas, le texte français fait seul foi à l'égard des souscripteurs et des porteurs français.

13. Le ministre du travail présente chaque année au Président de la République et fait publier au *Journal officiel* un rapport d'ensemble sur le fonctionnement de la présente loi et sur la situation de toutes les entreprises qu'elle régit. — Les frais de toute nature résultant de la surveillance et du contrôle sont à la charge des entreprises. Un arrêté ministériel fixe, à la fin de chaque exercice, la répartition de ces frais entre les entreprises au prorata du montant global des versements encaissés par elles au cours de l'exercice, exception faite des opérations réalisées hors de France et d'Algérie par les entreprises étrangères. — Au compte rendu est joint le compte détaillé des recettes et dépenses afférentes au contrôle des entreprises.

Titre IV. — Pénalités.

14. Les entreprises sont passibles, de plein droit et sans aucune mise en demeure, d'amendes administratives, recouvrées comme en matière d'enregistrement, à la requête du ministre du travail, savoir : 1º d'une amende de vingt francs (20 fr.) par jour pour retard apporté à chacune des productions visées par le troisième alinéa de l'article 11 et le deuxième alinéa de l'article 12 ; 2º d'une amende de cent francs (100 fr.) par jour pour retard apporté à chacune des productions ou publications visées par le deuxième alinéa de l'article 6 et les paragraphes 1 et 2 de l'article 11. — En cas d'opposition, les instances seront instruites et jugées selon les formes prescrites par l'article 76 de la loi du 28 avril 1816.

15. Les contraventions aux dispositions des premier et troisième alinéas de l'article 6, aux premier et troisième alinéas de l'article 7, à l'article 8, à l'article 20, à l'article 21, ainsi qu'au règlement d'administration publique prévu par l'article 8 et aux décrets prévus par les paragraphes 3 à 7 de l'article 9, sont constatées par procès-verbaux des commissaires contrôleurs qui font foi jusqu'à preuve contraire, sans préjudice des constatations et poursuites de droit commun ; elles sont poursuivies devant le tribunal correctionnel à la requête du ministère public et punies d'une amende de cent à cinq mille francs (100 à 5,000 fr.) et, en cas de récidive, de cinq cents à dix mille francs (500 à 10,000 fr.).

16. Sont poursuivies devant le tribunal correctionnel et passibles d'une amende de seize à cent francs (16 à 100 fr.), toutes personnes qui auraient proposé ou fait souscrire des polices ou bons de capitalisation, et notamment chacun des administrateurs ou directeurs d'entreprises qui réalisent des opérations visées par la présente loi avant la publication au *Journal officiel* de l'enregistrement prévu à l'article 2, ou qui effectuent des opérations nouvelles avant la publication du décret prévu par l'article 18, ou après le refus d'enregistrement prévu par l'article 19. — L'amende est prononcée pour chacune des opérations réalisées par le contrevenant, qui peut en outre, en cas de récidive, être condamné à un emprisonnement d'un mois au plus. — Sous les mêmes peines, les prospectus, affiches, circulaires et tous autres documents destinés à être distribués au public et publiés par une entreprise assujettie à la présente loi doivent toujours porter, à la suite du nom ou de la raison sociale de l'entreprise, la mention ci-après, en caractères uniformes : « Entreprise privée, assujettie au contrôle de l'État », sans renfermer aucune assertion susceptible d'induire en erreur soit sur la véritable nature ou l'importance réelle des opérations, soit sur la portée du contrôle. — Toute déclaration ou dissimulation frauduleuse, soit dans les comptes rendus, soit dans tous les autres documents produits au ministre du travail, ou portés à la connaissance du public, est punie des peines prévues par l'article 405 du Code pénal. — L'article 463 du Code pénal est applicable à tous les faits punis par le présent article et l'article précédent.

17. Les jugements prononcés contre les entreprises ou leurs représentants, en exécution de l'article précédent et de l'article 15, et devenus définitifs, doivent être publiés, aux frais des condamnés ou des entreprises civilement responsables, dans le *Journal officiel* et dans deux autres journaux au moins désignés par le tribunal.

18. L'enregistrement d'une entreprise effectué en vertu de l'article 2 de la présente loi cesse d'être valable dès qu'un décret constate que l'entreprise ne fonctionne plus en conformité soit de ses statuts, soit de la présente loi ou des décrets et arrêtés qu'elle prévoit. Ce décret est rendu après avis conforme du comité consultatif, les représentants de l'entreprise ayant été mis en demeure de fournir leurs observations par écrit, ou d'être entendus dans un délai d'un mois sur communication des irrégularités relevées contre l'entreprise. Le comité doit émettre son avis motivé dans le mois suivant. — Dans un délai de huitaine à compter de la notification du décret, l'entreprise peut se pourvoir pour excès de pouvoir devant le Conseil d'État, qui doit statuer dans le mois. Ce pourvoi est suspensif. La publication du décret au *Journal officiel* ne pourra être faite qu'après le rejet du pourvoi par le Conseil d'État.

Titre V. — Dispositions transitoires.

. . . .

———

Loi du 19 février 1908, *relative à l'élection des membres des chambres de commerce et des chambres consultatives des arts et manufactures.*

Art. 1er. Les membres des chambres de commerce et des chambres consultatives des arts et manufactures sont Français ; ils sont soumis aux conditions d'éligibilité déterminées par la loi du 8 décembre 1883 et relatives aux tribunaux de commerce.

2. Les membres des chambres de commerce et des chambres consultatives, lorsque la circonscription de ces chambres est la même que le ressort d'un tribu-nal de commerce, sont nommés par les mêmes électeurs que les présidents et les juges titulaires ou suppléants des tribunaux de commerce et dans des conditions identiques, sans dérogation toutefois aux dispositions de la loi du 9 avril 1898, relative aux chambres de commerce et aux chambres consultatives des arts et manufactures. — Quand ces chambres comprennent dans leur circonscription plusieurs tribunaux de commerce, ou seulement une fraction de circonscription de tribunal de commerce, il est procédé à l'élection de leurs membres d'après les listes dressées pour ces tribunaux ou cette fraction de circonscription. — A défaut de tribunal de commerce dans les arrondissements ou cantons compris dans la circonscription d'une chambre, il est dressé pour lesdits arrondissements des listes d'électeurs d'après les bases déterminées par la loi du 8 décembre 1883.

3. Les sièges des chambres de commerce et ceux des chambres consultatives seront répartis soit entre les industries ou groupes d'industries et les commerces ou groupes de professions commerciales, soit entre des groupements comprenant à la fois des professions industrielles et des professions commerciales, en tenant compte du montant des patentes, de la population active et de l'importance économique de ces industries, commerces ou groupes dans la circonscription. — Le classement des industries, commerces ou groupes et la répartition des sièges entre eux seront proposés au ministre du commerce six mois avant le renouvellement général prévu

dans la présente loi, par une commission réunie dans la localité où siège la chambre et composée comme suit : — 1° Trois membres délégués du conseil général du département ; — 2° Le président et deux juges délégués du tribunal de commerce de la ville où siège la chambre ; — 3° Les présidents des autres tribunaux de commerce de la circonscription ; — 4° Le président et deux membres délégués de la chambre intéressée. — Il sera procédé ensuite aux classements et aux répartitions par décrets rendus en la forme des règlements d'administration publique, sur la proposition du ministre du commerce. — La liste des électeurs appartenant à chaque catégorie sera dressée par arrêté du préfet. — L'élection aux sièges d'une catégorie sera faite exclusivement par les électeurs de cette catégorie. Nul ne pourra être élu que dans sa catégorie. — Les classements et les répartitions établis ainsi qu'il vient d'être dit ne pourront être modifiés pendant une période de six années. — Pour toute demande de répartition postérieure au renouvellement général prévu par la présente loi, il sera procédé comme il a été dit ci-dessus. — Toute nouvelle répartition entraînera le renouvellement intégral de la chambre. En ce cas seront observées les prescriptions du dernier alinéa de l'article 9 de la présente loi. — Le nombre des membres d'une chambre de commerce ne peut être inférieur à douze ni excéder vingt-quatre, sauf à Paris, où il pourra s'élever jusqu'à quarante.

4. Par dérogation au principe posé dans l'article précédent, lorsque la commission instituée par cet article décidera, à la majorité des trois quarts, qu'il n'y aura pas de catégories, un arrêté préfectoral rendra cette décision exécutoire. — Après cette modification à l'organisation du corps électoral, aucune autre ne pourra y être apportée, pour ou contre la répartition, qu'après un intervalle de six ans. — A la suite de chacune de ces modifications et dans le mois de décembre qui suivra la publication de l'arrêté du préfet au *Recueil des actes administratifs*, la chambre sera renouvelée intégralement. — En cas de suppression des catégories, seront réglés par le sort la distribution des membres de la chambre entre les séries prévues par l'article 5 de la loi du 9 avril 1898 et l'ordre de renouvellement des séries. En cas de rétablissement des catégories, les membres de chacune des catégories seront distribués, autant que possible, dans une proportion égale entre les séries et l'ordre de renouvellement des séries sera réglé par le sort.

5. Toute candidature fera l'objet d'une déclaration à la préfecture ou à la sous-préfecture de l'arrondissement où siège la chambre, cinq jours au moins avant le vote. Récépissé de la déclaration sera délivré au candidat par les soins du préfet ou du sous-préfet. — Les suffrages accordés à tout candidat n'ayant pas fait la déclaration n'entreront pas en compte dans le résultat du scrutin.

6. Les contributions spéciales destinées à subvenir aux dépenses des bourses et des cham-

bres de commerce, et dont la perception a été autorisée par l'article 11 de la loi du 23 juillet 1820 seront réparties entre tous les patentés des tableaux A, B et C, proportionnellement aux chiffres représentant le principal de leurs patentes.

7. Le président de chaque assemblée proclame le résultat de l'élection et transmet immédiatement au préfet le procès-verbal des opérations électorales. — Dans les vingt-quatre heures de la réception des procès-verbaux, le résultat général de l'élection est constaté par une commission siégeant à la préfecture et composée ainsi qu'il suit : le préfet, président ; le conseiller général du chef-lieu du département et, dans le cas où le chef-lieu est divisé en plusieurs cantons, le plus âgé des conseillers du chef-lieu ; en cas d'absence ou d'empêchement des conseillers généraux, le conseiller d'arrondissement ou le plus âgé des conseillers d'arrondissement du chef-lieu ; le maire du chef-lieu du département, ou l'un de ses adjoints, en cas d'empêchement ou d'absence du maire. — Le préfet transmet, immédiatement après la clôture des opérations de la commission, le résultat des élections au président en exercice de la chambre de commerce ou de la chambre consultative des arts et manufactures. — Dans les cinq jours de l'élection, tout électeur aura le droit d'élever des réclamations sur la régularité et la sincérité de l'élection. — Le préfet aura le même droit dans les cinq jours qui suivront la constatation du résultat général de l'élection. — L'article 12 de la loi du 8 décembre 1883 sur les tribunaux de commerce est applicable aux élections des chambres de commerce et des chambres consultatives des arts et manufactures. — Les contestations sur la validité des élections sont jugées par le conseil de préfecture, sauf recours devant le Conseil d'État, à la requête des intéressés ou du préfet. — Dans les quinze jours qui suivent l'élection, le préfet procède à l'installation des membres élus, et transmet le procès-verbal de cette installation au ministre du commerce.

8. Sont et demeurent abrogés le décret du 22 janvier 1872, l'article 8 de l'arrêté du 3 nivôse an XI et toutes autres dispositions contraires à la présente loi.

9. Il sera procédé au renouvellement général des chambres de commerce et des chambres consultatives des arts et manufactures dans le courant du mois de décembre 1908, date fixée pour leur renouvellement partiel par la loi du 9 avril 1898. — La présente loi sera exécutoire à partir de ce renouvellement et pour ce renouvellement. — A la suite du renouvellement général, les membres de chacune des catégories établies en exécution de l'article 3 seront distribués, autant que possible, dans une proportion égale entre les séries prévues par l'article 5 de la loi du 9 avril 1898 et l'ordre de renouvellement desdites séries sera réglé par le sort.

———

Loi du 23 mars 1908, *modifiant la loi du 30 décembre 1903, relative à la réhabilitation des faillis.*

Art. 1er. L'article 1er et l'article 2 de la loi du 30 décembre 1903, en ce qui concerne les articles 605, 607, 608 et 612 du Code de commerce, modifiés par cette loi, sont modifiés et complétés ainsi qu'il suit [1] :

. . . .

2. La loi du 30 décembre 1903 est complétée par les articles suivants [2].

. . . .

3. Le numéro 1 de l'article 8 de la loi du 5 août 1899, modifiée par la loi du 11 juillet 1900, est rédigé ainsi qu'il suit : « Cessent d'être inscrites au bulletin no 3 délivré au simple particulier : 1o deux ans après l'expiration de la peine corporelle, la condamnation unique à moins de six jours d'emprisonnement, ou à cette peine jointe à une amende ne dépassant pas 25 francs ; 2o deux ans après qu'elle sera devenue définitive, la condamnation unique à une amende ne dépassant pas 50 francs ; 3o deux ans après le jugement déclaratif, les déclarations de faillite. »

———

Loi du 17 juillet 1908, *modifiant l'article 623 du Code de commerce, abrogeant l'article 13 de la loi du 8 décembre 1883 et prolongeant le mandat de juge consulaire* [3].

. . . .

Loi du 17 mars 1909, *relative à la vente et au nantissement des fonds de commerce.*

CHAP. I. — DE LA VENTE DES FONDS DE COMMERCE.

Art. 1er. Le privilège du vendeur d'un fonds de commerce n'a lieu que si la vente a été constatée par un acte authentique ou sous-seing privé, dûment enregistré, et que s'il a été inscrit sur un registre public tenu au greffe du tribunal de commerce dans le ressort duquel le fonds est exploité. — Il ne porte que sur les éléments du fonds énumérés dans la vente et dans l'inscription, et, à défaut de désignation précise, que sur l'enseigne et le nom commercial, le droit au bail, la clientèle et l'achalandage. — Des prix distincts sont établis pour les éléments incorporels du fonds, le matériel et les marchandises. — Le privilège du vendeur qui garantit chacun de ses prix, ou ce qui en reste dû, s'exerce distinctement sur les prix respectifs de la revente afférents aux marchandises, au matériel et aux éléments incorporels du fonds. — Nonobstant toute convention contraire, les paiements partiels autres que les paiements comptant s'imputent d'abord sur le prix des marchandises, ensuite sur le prix du matériel. — Il y a lieu à ventilation du prix de revente mis en distribution, s'il s'applique à un ou plusieurs éléments non compris dans la première vente.

———

(1) Voy. *suprà*, C. com., art. 605, 607, 608 et 612.
(2) Voy. *suprà*, la L. du 30 déc. 1903, art. 5 et 6.
(3) Voy. *suprà*, C. com., art. 623 et L. du 8 déc. 1883, art. 13.

2. L'inscription doit être prise, à peine de nullité, dans la quinzaine de la date de l'acte de vente. Elle prime toute inscription prise dans le même délai du chef de l'acquéreur ; elle est opposable à la faillite et à la liquidation judiciaire de l'acquéreur, ainsi qu'à sa succession bénéficiaire. — L'action résolutoire, établie par l'article 1654 du Code civil, doit, pour produire effet, être mentionnée et réservée expressément dans l'inscription. Elle ne peut être exercée au préjudice des tiers après l'extinction du privilège. Elle est limitée, comme le privilège, aux seuls éléments qui ont fait partie de la vente. — En cas de résolution judiciaire ou amiable de la vente, le vendeur est tenu de reprendre tous les éléments du fonds qui ont fait partie de la vente, même ceux pour lesquels son privilège et l'action résolutoire sont éteints : il est comptable du prix des marchandises et du matériel existant au moment de sa reprise de possession, d'après l'estimation qui en sera faite par expertise contradictoire, amiable ou judiciaire, sous la déduction de ce qui pourra lui rester dû par privilège sur les prix respectifs des marchandises et du matériel, le surplus, s'il y en a, devant rester le gage des créanciers inscrits et, à défaut, des créanciers chirographaires. — Le vendeur qui exerce l'action résolutoire doit la notifier aux créanciers inscrits sur le fonds au domicile par eux élu dans leurs inscriptions. Le jugement ne peut intervenir qu'après un mois écoulé depuis la notification. — Le vendeur, qui a stipulé lors de la vente que, faute de paiement dans le terme convenu, la vente serait résolue de plein droit, ou qui en a obtenu de l'acquéreur la résolution à l'amiable, doit notifier aux créanciers inscrits, aux domiciles élus, la résolution encourue ou consentie qui ne deviendra définitive qu'un mois après la notification ainsi faite. — Lorsque la vente d'un fonds est poursuivie aux enchères publiques, soit à la requête d'un syndic de faillite, de tous liquidateurs ou administrateurs judiciaires, soit judiciairement à la requête de tout autre ayant droit, le poursuivant doit la notifier aux précédents vendeurs, au domicile élu dans leurs inscriptions, avec déclaration que, faute par eux d'intenter l'action résolutoire dans le mois de la notification. ils seront déchus, à l'égard de l'adjudicataire, du droit de l'exercer. — L'article 550 du Code de commerce n'est applicable ni au privilège ni à l'action résolutoire du vendeur d'un fonds de commerce.

3. Toute vente ou cession de fonds de commerce, consentie même sous condition ou sous la forme d'un autre contrat, ainsi que toute mise en société ou toute attribution de fonds de commerce par partage ou licitation, sera, dans la quinzaine de sa date, publiée à la diligence de l'acquéreur, sous forme d'extrait ou d'avis, dans un journal d'annonces légales du ressort du tribunal de commerce où se trouve le fonds, ou, à défaut, dans un journal d'annonces légales de l'arrondissement. — L'extrait ou avis contiendra la date de l'acte, les noms, pré-

noms et domiciles de l'ancien et du nouveau propriétaire, la nature et le siège du fonds, l'indication du délai ci-après fixé pour les oppositions et une élection de domicile dans le ressort du tribunal. — La publication sera renouvelée du huitième au quinzième jour après la première insertion. — Dans dix jours au plus tard après la seconde insertion, tout créancier du précédent propriétaire, que sa créance soit ou non exigible, pourra former au domicile élu, par simple acte extrajudiciaire, opposition au paiement du prix ; l'opposition énoncera le chiffre et les causes de la créance, à peine de nullité. Aucun transport amiable ou judiciaire du prix, ou de partie du prix, ne sera opposable aux créanciers qui se seront ainsi fait connaître dans ce délai. — L'acquéreur qui, sans avoir fait les publications ou avant l'expiration du délai de dix jours, aura payé son vendeur, ne sera pas libéré à l'égard des tiers.

4. Si la vente ou cession d'un fonds de commerce comprend des succursales situées dans la France continentale, en Algérie ou dans les colonies, l'inscription et la publication prescrites par les articles 2 et 3 doivent être faites également dans chacun des ressorts où ces succursales ont leur siège. Le délai, qui est de quinzaine dans la France continentale, est d'un mois en Corse et en Algérie, de trois mois dans les colonies. — La publication contiendra élection de domicile dans le ressort du tribunal de la situation de l'établissement principal et dans le ressort où se trouve la succursale, si celle-ci forme l'objet unique de la cession.

5. Pendant les vingt jours qui suivent la seconde insertion, une expédition ou l'un des originaux de l'acte de vente est tenu, au domicile élu, à la disposition de tout créancier opposant ou inscrit pour être consulté sans déplacement. — Pendant le même délai, tout créancier inscrit ou qui a formé opposition dans le délai de dix jours fixé par l'article précédent, peut prendre, au domicile élu, communication de l'acte de vente et des oppositions et, si le prix ne suffit pas à désintéresser les créanciers inscrits et ceux qui se sont révélés par des oppositions au plus tard dans les dix jours qui suivent la seconde insertion, former, en se conformant aux prescriptions de l'article 23 ci-après, une surenchère du sixième du prix principal du fonds de commerce, non compris le matériel et les marchandises. — La surenchère du sixième n'est pas admise après la vente judiciaire d'un fonds de commerce ou la vente poursuivie à la requête d'un syndic de faillite, de liquidateurs et d'administrateurs judiciaires, ou de copropriétaires indivis du fonds, faite aux enchères publiques et conformément à l'article 17 de la présente loi. — L'officier public commis pour procéder à la vente devra n'admettre à enchérir que des personnes dont la solvabilité lui sera connue, ou qui auront déposé soit entre ses mains, soit à la Caisse des dépôts et consignations, avec affectation spéciale au paiement du prix, une somme qui ne pourra être inférieure à la moitié du prix total

de la première vente, ni à la portion du prix de ladite vente stipulée payable comptant, augmentée de la surenchère. — L'adjudication sur surenchère du sixième aura lieu aux mêmes conditions et délais que la vente sur laquelle la surenchère est intervenue. — Si l'acquéreur surenchéri est dépossédé par suite de la surenchère, il devra, sous sa responsabilité, remettre les oppositions formées entre ses mains à l'adjudicataire, sur récépissé, dans la huitaine de l'adjudication, s'il ne les a pas fait connaître antérieurement par mention insérée au cahier des charges; l'effet de ces oppositions sera reporté sur le prix de l'adjudication.

6. Lorsque le prix de la vente est définitivement fixé, qu'il y ait eu ou non surenchère, l'acquéreur, à défaut d'entente avec les créanciers pour la distribution amiable de son prix, est tenu, sous la sommation de tout créancier, et dans la quinzaine suivante, de consigner la portion exigible du prix, et le surplus au fur et à mesure de l'exigibilité, à la charge de toutes les oppositions faites entre ses mains ainsi que des inscriptions grevant le fonds et des cessions qui lui ont été notifiées.

7. Dans la quinzaine de la publication de l'acte de société contenant apport d'un fonds de commerce, tout créancier non inscrit de l'associé qui a fait l'apport, fera connaître au greffe du tribunal de commerce où le dépôt de l'acte a eu lieu sa qualité de créancier et la somme qui lui est due. Il lui sera délivré par le greffier un récépissé de sa déclaration. — Si le fonds est apporté dans une société déjà formée, les créanciers non inscrits de l'associé auquel le fonds appartenait feront la déclaration au greffe du tribunal de commerce de la situation du fonds, dans la quinzaine de la publication de l'acte constatant l'apport, effectuée en conformité de l'article 3 ci-dessus. — A défaut par les coassociés, ou l'un d'eux, de former dans la quinzaine suivante une demande en annulation de la société ou de l'apport, ou si l'annulation n'en est pas prononcée, la société est tenue solidairement avec le débiteur principal au paiement du passif déclaré dans le délai ci-dessus et justifié.

CHAP. II. — DU NANTISSEMENT DES FONDS DE COMMERCE.

8. Les fonds de commerce peuvent faire l'objet de nantissements, sans autres conditions et formalités que celles prescrites par la présente loi. — Le nantissement d'un fonds de commerce ne donne pas au créancier gagiste le droit de se faire attribuer le fonds en paiement et jusqu'à due concurrence.

9. Sont seuls susceptibles d'être compris dans le nantissement soumis aux dispositions de la présente loi comme faisant partie d'un fonds de commerce : l'enseigne et le nom commercial, le droit au bail, la clientèle et l'achalandage, le mobilier commercial, le matériel ou l'outillage servant à l'exploitation du fonds, les brevets d'invention, les licences, les marques de fabrique et de commerce, les dessins et modèles industriels, et généralement les droits de propriété industrielle, littéraire

ou artistique qui y sont attachés. — Le certificat d'addition postérieur au nantissement qui comprend le brevet auquel il s'applique suivra le sort de ce brevet et fera partie, comme lui, du gage constitué. — A défaut de désignation expresse et précise dans l'acte qui le constitue, le nantissement ne comprend que l'enseigne et le nom commercial, le droit au bail, la clientèle et l'achalandage. — Si le nantissement porte sur un fonds de commerce et ses succursales, celles-ci doivent être désignées par l'indication précise de leur siège.

10. Le contrat de nantissement est constaté par un acte authentique ou par un acte sous-seing privé, dûment enregistré. — Le privilège résultant du contrat de nantissement s'établit par le seul fait de l'inscription sur un registre public tenu au greffe du tribunal de commerce dans le ressort duquel le fonds est exploité. — La même formalité devra être remplie au greffe du tribunal de commerce dans le ressort duquel est située chacune des succursales du fonds comprise dans le nantissement.

11. L'inscription doit être prise, à peine de nullité du nantissement, dans la quinzaine de la date de l'acte constitutif. — En cas de faillite ou de liquidation judiciaire, les articles 446, 447 et 448, § 1er, du Code de commerce, sont applicables aux nantissements de fonds de commerce.

12. Le rang des créanciers gagistes entre eux est déterminé par la date de leurs inscriptions. Les créanciers inscrits le même jour viennent en concurrence.

CHAP. III. — DISPOSITIONS COMMUNES A LA VENTE ET AU NANTISSEMENT DES FONDS DE COMMERCE.

Sect. 1. — De la réalisation du gage et de la purge des créances inscrites.

13. En cas de déplacement du fonds de commerce, les créances inscrites deviendront de plein droit exigibles si le propriétaire du fonds n'a pas fait connaître aux créanciers, quinze jours au moins d'avance, son intention de déplacer le fonds et le nouveau siège qu'il entend lui donner. — Dans la quinzaine de l'avis à eux notifié ou dans la quinzaine du jour où ils auront eu connaissance du déplacement, le vendeur ou le créancier gagiste doivent faire mentionner, en marge de l'inscription existante, le nouveau siège du fonds, et si le fonds a été transféré dans un autre ressort, faire rapporter à sa date l'inscription primitive avec l'indication du nouveau siège, sur le registre du tribunal de ce ressort. — Le déplacement du fonds de commerce, sans le consentement du vendeur ou des créanciers gagistes, peut, s'il en résulte une dépréciation du fonds, rendre leurs créances exigibles. — L'inscription d'un nantissement peut également rendre exigibles les créances antérieures ayant pour cause l'exploitation du fonds. — Les demandes en déchéance du terme formées en vertu des deux paragraphes précédents devant le tribunal de commerce sont soumises aux règles de procédure édictées par le paragraphe 8 de l'article 15 ci-après.

14. Le propriétaire qui poursuit la résiliation du bail de l'immeuble dans lequel s'exploite un fonds de commerce grevé d'inscriptions doit notifier sa demande aux créanciers antérieurement inscrits, au domicile élu par eux dans leurs inscriptions. Le jugement ne peut intervenir qu'après un mois écoulé depuis la notification. — La résiliation amiable du bail ne devient définitive qu'un mois après la notification qui en a été faite aux créanciers inscrits, aux domiciles élus.

15. Tout créancier qui exerce des poursuites de saisie-exécution, et le débiteur contre lequel elles sont exercées, peuvent demander devant le tribunal de commerce dans le ressort duquel s'exploite le fonds, la vente du fonds de commerce du saisi avec le matériel et les marchandises qui en dépendent. — Sur la demande du créancier poursuivant, le tribunal de commerce ordonne, qu'à défaut de paiement dans le délai imparti au débiteur, la vente du fonds aura lieu à la requête dudit créancier, après l'accomplissement des formalités prescrites par l'article 17 de la présente loi. — Il en sera de même si, sur l'instance introduite par le débiteur, le créancier demande à poursuivre la vente du fonds. — S'il ne le demande pas, le tribunal de commerce fixe le délai dans lequel la vente du fonds devra avoir lieu à la requête du débiteur, suivant les formalités édictées par l'article 17 ci-après, et il ordonne que, faute par le débiteur d'avoir fait procéder à la vente dans ledit délai, les poursuites de saisie-exécution seront reprises et continuées sur les derniers errements. — Il nomme, s'il y a lieu, un administrateur provisoire du fonds, fixe les mises à prix, détermine les conditions principales de la vente, commet pour y procéder l'officier public qui dresse le cahier des charges. — La publicité extraordinaire, lorsqu'elle est utile, est réglée par le jugement ou, à défaut, par ordonnance du président du tribunal de commerce rendue sur requête. — Il peut, par la décision rendue, autoriser le poursuivant, s'il n'y a pas d'autre créancier inscrit ou opposant, et sauf prélèvement des frais privilégiés au profit de qui de droit, à toucher le prix directement et sur sa simple quittance, soit de l'adjudicataire, soit de l'officier public vendeur, selon les cas, en déduction ou jusqu'à concurrence de sa créance en principal, intérêts et frais. — Le tribunal de commerce statue, dans la quinzaine de la première audience, par jugement non susceptible d'opposition, exécutoire sur minute. L'appel du jugement est suspensif ; il est formé dans la quinzaine de sa signification à partie et jugé sommairement par la cour dans le mois ; l'arrêt est exécutoire sur minute.

16. Le vendeur et le créancier gagiste inscrits sur un fonds de commerce peuvent également, même en vertu de titres sous-seing privé, faire ordonner la vente du fonds qui constitue leur gage, huit jours après sommation de payer faite au débiteur et au tiers détenteur, s'il y a lieu, demeurée infructueuse. — La demande est portée devant le tribunal de commerce dans le ressort duquel s'exploite ledit fonds, lequel statue comme il est dit aux paragraphes 5, 6, 7 et 8 de l'article précédent.

17. Le poursuivant fait sommation au propriétaire du fonds et aux créanciers inscrits antérieurement à la décision qui a ordonné la vente, au domicile élu par eux dans leurs inscriptions, quinze jours au moins avant la vente, de prendre communication du cahier des charges, de fournir leurs dires et observations et d'assister à l'adjudication, si bon leur semble. — La vente a lieu dix jours au moins après l'apposition d'affiches indiquant : les noms, professions, domiciles du poursuivant et du propriétaire du fonds, la décision en vertu de laquelle on agit, une élection de domicile dans le lieu où siège le tribunal de commerce dans le ressort duquel s'exploite le fonds, les divers éléments constitutifs dudit fonds, la nature de ses opérations, sa situation, les mises à prix, les lieu, jour et heure de l'adjudication, les nom et domicile de l'officier public commis et dépositaire du cahier des charges. — Ces affiches sont obligatoirement apposées, à la diligence de l'officier public, à la porte principale de l'immeuble et de la mairie de la commune où le fonds est situé, du tribunal de commerce dans le ressort duquel se trouve le fonds et de l'officier public commis. — L'affiche sera insérée, dix jours aussi avant la vente, dans un journal d'annonces légales du tribunal de commerce, et, à défaut, du tribunal de l'arrondissement où le fonds est situé. — La publicité sera constatée par une mention faite dans le procès-verbal de vente. — Il sera statué, s'il y a lieu, sur les moyens de nullité de la procédure de vente antérieure à l'adjudication, et sur les dépens, par le président du tribunal civil de l'arrondissement où s'exploite le fonds ; ces moyens devront être opposés, à peine de déchéance, huit jours au moins avant l'adjudication. Le paragraphe 8 de l'article 15 est applicable à l'ordonnance rendue par le président.

18. Le tribunal de commerce, saisi de la demande en paiement d'une créance se rattachant à l'exploitation d'un fonds de commerce, peut, s'il prononce une condamnation et si le créancier le requiert, ordonner par le même jugement la vente du fonds. Il statue dans les termes des paragraphes 5 et 6 de l'article 15 ci-dessus et fixe le délai après lequel, à défaut de paiement, la vente pourra être poursuivie. — Les dispositions de l'article 15, paragraphe 8, et de l'article 17 sont applicables à la vente ainsi ordonnée par le tribunal de commerce.

19. Faute par l'adjudicataire d'exécuter les clauses de l'adjudication, le fonds sera vendu à sa folle enchère, selon les formes prescrites par l'article 17 ci-dessus. — Le fol enchérisseur est tenu, envers les créanciers du vendeur et le vendeur lui-même, de la différence entre son prix et celui de la revente sur folle enchère, sans pouvoir réclamer l'excédent s'il y en a.

20. Il ne sera procédé à la vente séparée d'un ou plusieurs éléments d'un fonds de com-

merce grevé d'inscriptions, poursuivie soit sur saisie-exécution,
soit en vertu de la présente loi,
que dix jours au plus tôt après
la notification de la poursuite
aux créanciers qui se seront
inscrits quinze jours au moins
avant ladite notification, au domicile élu par eux dans leurs
inscriptions. Pendant ce délai
de dix jours, tout créancier inscrit, que sa créance soit ou non
échue, pourra assigner les intéressés devant le tribunal de
commerce dans le ressort duquel s'exploite le fonds, pour
demander qu'il soit procédé à la
vente de tous les éléments du
fonds, à la requête du poursuivant ou à sa propre requête,
dans les termes et conformément
aux dispositions des articles 15,
16 et 17 ci-dessus. — Le matériel
et les marchandises seront vendus en même temps que le fonds
sur des mises à prix distinctes,
ou moyennant des prix distincts
si le cahier des charges oblige
l'adjudicataire à les prendre à
dire d'experts. — Il y aura lieu
à ventilation du prix pour les
éléments du fonds non grevés
des privilèges inscrits.

21. Aucune surenchère n'est
admise lorsque la vente a eu
lieu dans les formes prescrites
par les articles 5, 15, 16, 17, 18,
20 et 23 de la présente loi.

22. Les privilèges du vendeur
et du créancier gagiste suivent
le fonds en quelques mains qu'il
passe. — Lorsque la vente du
fonds n'a pas eu lieu aux enchères publiques en vertu et
conformité des articles 5, 15, 16,
17, 18, 20 et 23 de la présente
loi, l'acquéreur qui veut se garantir des poursuites des créanciers inscrits est tenu, à peine

de déchéance, avant la poursuite
ou dans la quinzaine de la sommation de payer à lui faite, de
notifier à tous les créanciers inscrits, au domicile élu par eux
dans leurs inscriptions : 1º les
nom, prénoms et domicile du
vendeur, la désignation précise
du fonds, le prix, non compris
le matériel et les marchandises,
ou l'évaluation du fonds en cas
de transmission à titre gratuit,
par voie d'échange ou de reprise, sans fixation de prix, en
vertu de convention de mariage,
les charges, les frais et loyaux
coûts exposés par l'acquéreur ;
2º un tableau sur trois colonnes
contenant : la première, la date
des ventes ou nantissements
antérieurs et des inscriptions
prises ; la seconde, les noms et
domiciles des créanciers inscrits ; la troisième, le montant
des créances inscrites, avec déclaration qu'il est prêt à acquitter sur-le-champ les dettes inscrites jusqu'à concurrence de
son prix, sans distinction des
dettes exigibles ou non exigibles. La notification contiendra
élection de domicile dans le ressort du tribunal de commerce de
la situation du fonds. — Dans
le cas où le titre du nouveau
propriétaire comprendrait divers éléments d'un fonds, les
uns grevés d'inscriptions, les
autres non grevés, situés ou non
dans le même ressort, aliénés
pour un seul et même prix ou
pour des prix distincts, le prix
de chaque élément sera déclaré
dans la notification, par ventilation, s'il y a lieu, du prix total
exprimé dans le titre.

23. Tout créancier inscrit sur
un fonds de commerce peut, lorsque l'article 21 n'est pas applica-

ble, requérir sa mise aux enchères publiques, en offrant de porter le prix principal, non compris le matériel et les marchandises, à un dixième en sus et de donner caution pour le payement des prix et charges ou de justifier de solvabilité suffisante. — Cette réquisition, signée du créancier, doit être, à peine de déchéance, signifiée à l'acquéreur et au débiteur précédent propriétaire dans la quinzaine des notifications, avec assignation devant le tribunal de commerce de la situation du fonds, pour voir statuer, en cas de contestation, sur la validité de la surenchère, sur l'admissibilité de la caution ou la solvabilité du surenchérisseur, et voir ordonner qu'il sera procédé à la mise aux enchères publiques du fonds avec le matériel et les marchandises qui en dépendent, et que l'acquéreur surenchéri sera tenu de communiquer son titre et l'acte de bail ou de cession de bail à l'officier public commis. Le délai de quinzaine ci-dessus n'est pas susceptible d'augmentation à raison de la distance entre le domicile élu et le domicile réel des créanciers inscrits. — A partir de la signification de la surenchère, l'acquéreur, s'il est entré en possession du fonds, en est de droit administrateur séquestre et ne pourra plus accomplir que des actes d'administration. Toutefois, il pourra demander au tribunal de commerce ou au juge de référé, suivant les cas, à tout moment de la procédure, la nomination d'un autre administrateur ; cette demande peut également être formée par tout créancier. — Le surenchérisseur ne peut, même en payant le montant de la soumission, empêcher par un désistement l'adjudication publique, si ce n'est du consentement de tous les créanciers inscrits. — Les formalités de la procédure et de la vente seront accomplies à la diligence du surenchérisseur et, à son défaut, de tout créancier inscrit ou de l'acquéreur, aux frais, risques et périls du surenchérisseur et sa caution restant engagée, selon les règles prescrites par les articles 15, paragraphes 5, 6, 7 et 8 ; 16, 17 et 20, paragraphe 3, ci-dessus. — A défaut d'enchère, le créancier surenchérisseur est déclaré adjudicataire. — L'adjudicataire est tenu de prendre le matériel et les marchandises existant au moment de la prise de possession, aux prix fixés par une expertise amiable ou judiciaire, contradictoirement entre l'acquéreur surenchéri, son vendeur et l'adjudicataire. — Il est tenu, au delà de son prix d'adjudication, de rembourser à l'acquéreur dépossédé les frais et loyaux coûts de son contrat, ceux des notifications, ceux d'inscription et de publicité prévus par les articles 2, 3 et 4 ci-dessus, et à qui de droit ceux faits pour parvenir à la revente. — L'article 19 est applicable à la vente et à l'adjudication sur surenchère. — L'acquéreur surenchéri, qui se rendra adjudicataire par suite de la revente sur surenchère, aura son recours tel que de droit contre le vendeur pour le remboursement de ce qui excède le prix stipulé par son titre et pour l'intérêt de cet excédent à compter du jour de chaque paiement.

Sect. 2. — *Formalités de l'inscription. Obligations du greffier.*

24. Le vendeur ou le créancier gagiste, pour inscrire leur privilège, représentent soit eux-mêmes, soit par un tiers, au greffier du tribunal de commerce, l'un des originaux de l'acte de vente ou du titre constitutif du nantissement s'il est sous seing privé ou une expédition s'il existe en minute. L'acte de vente ou de nantissement sous seing privé reste déposé au greffe. — Il y est joint deux bordereaux écrits sur papier libre ; l'un d'eux peut être porté sur l'original ou sur l'expédition du titre ; ils contiennent : — 1º Les noms, prénoms et domiciles du vendeur et de l'acquéreur, ou du créancier et du débiteur, ainsi que du propriétaire du fonds si c'est un tiers, leur profession s'ils en ont une ; — 2º La date et la nature du titre ; — 3º Les prix de la vente établis distinctement pour le matériel, les marchandises et les éléments incorporels du fonds, ainsi que les charges évaluées, s'il y a lieu, ou le montant de la créance exprimée dans le titre, les conditions relatives aux intérêts et à l'exigibilité ; — 4º La désignation du fonds de commerce et de ses succursales, s'il y a lieu, avec l'indication précise des éléments qui les constituent et sont compris dans la vente ou le nantissement, la nature de leurs opérations et leur siège, sans préjudice de tous autres renseignements propres à les faire connaître ; si la vente ou le nantissement s'étend à d'autres éléments du fonds de com-

merce que l'enseigne, le nom commercial, le droit au bail et la clientèle, ces éléments doivent être nommément désignés ; — 5º Élection de domicile par le vendeur ou le créancier gagiste dans le ressort du tribunal de la situation du fonds. — Les ventes ou cessions de fonds de commerce comprenant des marques de fabrique et de commerce, des dessins ou modèles industriels, ainsi que les nantissements de fonds qui comprennent des brevets d'invention ou licences, des marques ou des dessins et modèles, doivent, en outre, être inscrits à l'office national de la propriété industrielle, sur la production du certificat d'inscription délivré par le greffier du tribunal de commerce, dans la quinzaine qui suivra cette inscription, à peine de nullité à l'égard des tiers, des ventes, cessions ou nantissements en ce qu'ils s'appliquent aux brevets d'invention et aux licences, aux marques de fabrique et de commerce, aux dessins et modèles industriels. — Les brevets d'invention compris dans la cession d'un fonds de commerce restent soumis pour leur transmission aux règles édictées par la section IV du titre II de la loi du 5 juillet 1844.

25. Le greffier transcrit sur son registre le contenu des bordereaux et remet au requérant tant l'expédition du titre que l'un des bordereaux au pied duquel il certifie avoir fait l'inscription.

26. Il mentionne en marge des inscriptions les antériorités, les subrogations et radiations totales ou partielles dont il lui est justifié. Les antériorités et les subrogations pourront résulter d'actes sous seing privé, dûment enregistrés.

27. Si le titre d'où résulte le privilège inscrit est à ordre, la négociation par voie d'endossement emporte la translation du privilège.

28. L'inscription conserve le privilège pendant cinq années à compter du jour de sa date ; son effet cesse si elle n'a pas été renouvelée avant l'expiration de ce délai. — Elle garantit au même rang que le principal deux années d'intérêts.

29. Les inscriptions sont rayées, soit du consentement des parties intéressées et ayant capacité à cet effet, soit en vertu d'un jugement passé en force de chose jugée. — A défaut du jugement, la radiation totale ou partielle ne peut être opérée par le greffier que sur le dépôt d'un acte authentique de consentement à la radiation donné par le créancier ou son cessionnaire régulièrement subrogé et justifiant de ses droits. — La radiation totale ou partielle de l'inscription prise à l'office national sera opérée sur la production du certificat de radiation délivré par le greffier du tribunal de commerce.

30. Lorsque la radiation, non consentie par le créancier, est demandée par voie d'action principale, cette action est portée devant le tribunal de commerce du lieu où l'inscription a été prise. — Si l'action a pour objet la radiation d'inscriptions prises dans des ressorts différents sur un fonds et ses succursales, elle sera portée pour le tout devant le tribunal de commerce dans le ressort duquel se trouve l'établissement principal.

31. La radiation est opérée au moyen d'une mention faite par le greffier en marge de l'inscription. — Il en est délivré certificat aux parties qui le demandent.

32. Les greffiers des tribunaux de commerce sont tenus de délivrer à tous ceux qui le requièrent, soit l'état des inscriptions existantes, avec les mentions d'antériorités, de radiations partielles et de subrogations partielles ou totales, soit un certificat qu'il n'en existe aucune ou simplement que le fonds est grevé. — Un état des inscriptions ou mentions effectuées à l'office national devra de même être délivré à toute réquisition. — L'officier public commis pour procéder à la vente d'un fonds de commerce pourra, s'il le juge utile, se faire délivrer par le greffier copie des actes de vente sous seing privé déposés au greffe et concernant ledit fonds. Il pourra également se faire délivrer expédition des actes authentiques de vente concernant ce fonds.

33. Dans aucun cas, les greffiers ne peuvent refuser ni retarder les inscriptions ni la délivrance des états ou certificats requis. — Ils sont responsables de l'omission sur leurs registres des inscriptions requises en leur greffe, et du défaut de mention dans leurs états ou certificats d'une ou plusieurs inscriptions existantes, à moins, dans ce dernier cas, que l'erreur ne provînt de désignations insuffisantes qui ne pourraient leur être imputées.

34. Le droit d'inscription de

la créance du vendeur ou du créancier gagiste est fixé à cinq centimes par cent francs (0 fr. 05 p. 100) sans addition d'aucun décime. Il sera perçu lors de l'enregistrement de l'acte de vente sur le prix ou la portion du prix non payé et lors de l'enregistrement du contrat de nantissement sur le capital de la créance. — Le droit d'inscription dû pour les inscriptions prises soit en renouvellement, soit en vertu de la disposition transitoire ci-après, sera perçu par l'administration de l'enregistrement sur la présentation des bordereaux, avant leur dépôt au greffe du tribunal de commerce. — Sont affranchis du timbre : le registre des inscriptions tenu par le greffier en exécution de l'article 25, les bordereaux d'inscription, les reconnaissances de dépôts, les états, certificats, extraits et copies dressés en exécution de la présente loi, ainsi que les pièces produites pour obtenir l'accomplissement d'une formalité et qui restent déposées au greffe, et les copies qui en seront délivrées en exécution de l'article 32, paragraphe 3, à la condition que ces pièces mentionnent expressément leur destination. — Les bordereaux d'inscription, ainsi que les états ou certificats et copies d'acte de vente sous seing privé, délivrés par les greffiers, sont exempts de la formalité de l'enregistrement.

35. Le droit d'enregistrement auquel seront assujettis les actes de consentement à mainlevées totales ou partielles d'inscription est fixé à deux centimes et demi par cent francs (0 fr. 025 p. 100) du montant des sommes faisant l'objet de la mainlevée, sans addition d'aucun décime, et la formalité de la radiation au greffe du tribunal de commerce ne donnera lieu à aucun droit. — S'il y a seulement réduction de l'inscription, il ne sera perçu qu'un droit de deux francs (2 fr.) par chaque acte, sans que ce droit puisse excéder toutefois le droit proportionnel qui serait exigible sur la mainlevée totale.

36. Le paragraphe ajouté à l'article 2075 du Code civil par la loi du 1er mars 1898 est abrogé.

37. La présente loi ne sera exécutoire, sauf ce qui est dit aux paragraphes 1 et 2 de la disposition transitoire, que six mois après sa promulgation, et, dans ce délai, un règlement d'administration publique déterminera toutes les mesures d'exécution de la loi, notamment les émoluments à allouer aux greffiers des tribunaux de commerce, les conditions dans lesquelles seront effectuées à l'office national de la propriété industrielle, les inscriptions, radiations et délivrances d'états ou certificats négatifs concernant les ventes, cessions ou nantissements des fonds de commerce qui comprennent des brevets d'invention ou licences, des marques de fabrique et de commerce, des dessins et modèles industriels. — Le règlement d'administration publique déterminera, en outre, les droits à percevoir par le conservatoire des arts et métiers, pour le service de l'office national, sur les inscriptions et mentions d'antériorité, de subrogation et de radiation, les états d'inscriptions ou certificats qu'il n'en existe aucune (¹).

(1) Décr. du 28 août 1909.

Titre I. — Formalités relatives à l'inscription au greffe du tribunal de commerce du privilège résultant de la vente ou du nantissement d'un fonds de commerce.

Art. **1er.** Les pièces mentionnées à l'article 24 de la loi du 17 mars 1909 et toutes autres pièces produites aux greffes des tribunaux de commerce et des tribunaux civils jugeant commercialement, reçoivent un numéro d'entrée au moment de leur production. Ces pièces sont enregistrées sur un registre à souche et il en est délivré un récépissé extrait dudit registre et mentionnant : 1° Le numéro d'entrée apposé sur les pièces conformément au paragraphe ci-dessus ; 2° La date du dépôt des pièces ; 3° Le nombre et la nature de ces pièces avec l'indication du but dans lequel le dépôt a été fait ; 4° Les noms des parties ; 5° La nature et le siège du fonds de commerce. Le récépissé est daté et signé par le greffier auquel il est rendu contre remise de la pièce portant, conformément à l'article 25 de la loi, la certification que l'inscription du privilège a été effectuée. Le registre est signé par première et dernière feuille, coté et paraphé en tous ses feuillets par le président du tribunal. Il est arrêté chaque jour.

2. Les greffiers des tribunaux ci-dessus mentionnés sont tenus d'avoir, pour l'exécution des articles 1, 2, 10, 24 et 25 de la loi du 17 mars 1909, deux registres destinés, le premier à l'inscription du privilège du vendeur d'un fonds de commerce, le second à l'inscription du privilège résultant du contrat de nantissement d'un fonds de commerce.

. . . .

Les inscriptions sont faites de suite et jour par jour, sans aucun blanc ni interligne. Chaque registre contient à la fin un répertoire alphabétique des noms des débiteurs ou vendeurs avec l'indication des numéros des inscriptions qui les concernent.

3. Le dépôt des actes sous seing privé de vente ou de nantissement de fonds de commerce, prescrit par l'article 24 de la loi du 17 mars 1909, est constaté sur un registre spécial que les greffiers sont tenus d'avoir.

. . . .

4. Les déclarations de créance faites aux greffiers en exécution de l'article 7 de la loi du 17 mars 1909 sont inscrites sur un registre à souche que les greffiers sont tenus d'avoir.

. . . .

Titre II. — Formalités des inscriptions et mentions à l'office national de la propriété industrielle.

7. Lorsque les ventes ou cessions de fonds de commerce comprennent des marques de fabrique et de commerce et des dessins ou modèles industriels et lorsque les nantissements desdits fonds comprennent des brevets d'invention ou licences, des marques ou des dessins et modèles, le certificat d'inscription délivré par le greffier du tribunal de commerce, en exécution de l'article 24 de la loi du 17 mars 1909, doit mentionner :

1° En ce qui concerne les ventes, cessions ou nantissements de fonds de commerce comprenant des marques de fabrique ou de commerce : les nom, prénoms et adresse du titulaire de la marque déposée conformément à la loi du 23 juin 1857, le tribunal de commerce qui a reçu le dépôt, la date à laquelle il a été effectué, ainsi que le numéro de ce dépôt ; les produits que la marque sert à distinguer ; les noms, prénoms et adresses du vendeur et de l'acquéreur, ou du créancier gagiste et du débiteur en cas de nantissement ;

2° En ce qui concerne les ventes, cessions ou nantissements de fonds comprenant des dessins ou modèles industriels : les nom, prénoms et adresse du titulaire du dessin ou modèle déposé conformément aux lois des 18 mars 1806 et 14 juillet 1909, le conseil de prud'hommes ou le tribunal qui a reçu le dépôt et la date à laquelle il a été effectué ; le numéro qui a été attribué au dépôt ; enfin, les noms, prénoms et adresses, soit du vendeur et de l'acquéreur, soit du créancier gagiste et du débiteur, dans le cas de nantissement ;

3° En ce qui concerne les nantissements de fonds qui comprennent les brevets d'invention ou licences : les nom, prénoms

38. Un règlement d'administration publique déterminera

les conditions d'application de la présente loi à l'Algérie et aux colonies.

Disposition transitoire.

Les paragraphes 1, 2, 3, 4 et 6 de l'article 1er, les paragraphes 1, 2, 3 et 6 de l'article 2, les paragraphes 1 et 2 de l'article 13, et les articles 14, 22 à 26, 28 à 31, 34 et 35 de la présente loi seront applicables aux ventes de fonds de commerce antérieures à la promulgation de la

---

et adresse du titulaire du brevet, la date à laquelle il a été déposé, le titre de l'invention, le numéro de délivrance, les noms, prénoms et adresses du créancier gagiste et du débiteur.

8. Le certificat de radiation, délivré par le greffier, en exécution de l'article 29 de la loi du 17 mars 1909, doit contenir les mêmes indications que celles qui sont prévues pour le certificat d'inscription visé à l'article 7.

9. Les demandes à fin d'inscription ou de radiation, de mention d'antériorité ou de subrogation, sont déposées ou envoyées par la poste, sous pli recommandé, à l'office national de la propriété industrielle, à l'adresse du ministre du commerce et de l'industrie ; elles indiquent les noms, prénoms, domiciles du demandeur et du mandataire, s'il y a lieu ; elles sont accompagnées : 1° Du certificat délivré par le greffier du tribunal de commerce, conformément aux articles 24 ou 29 de la loi du 17 mars 1909, en ce qui concerne les inscriptions et radiations, ou des justifications prévues par l'article 26 de la même loi, en ce qui concerne les antériorités et subrogations ; 2° Du montant approximatif de la taxe fixée par l'article 20 ci-après. En cas d'insuffisance du versement, le déposant ou l'expéditeur sera mis en demeure de compléter la somme due dans un délai déterminé.

10. Il est tenu à l'office national de la propriété industrielle, pour l'enregistrement des demandes prévues à l'article précédent, un registre journal à souche sur lequel ces demandes sont portées dans l'ordre de leur arrivée à l'office. Elles reçoivent un numéro d'entrée au moment de leur production. Il en est délivré un récépissé extrait du registre à souche et constatant la matérialité du dépôt.

11. Dans aucun des cas l'office national de la propriété industrielle ne peut refuser les certificats qu'il est requis de transcrire sur ces registres, lorsque le dépôt en a été fait dans les formes prescrites par l'article 9 du présent réglement.

12. Les certificats d'inscription ou de radiation sont transcrits sur un registre spécial dûment coté et paraphé. La copie de chaque certificat porte, en tête, le jour du dépôt, les nom, prénoms et domicile du requérant et ceux du mandataire s'il y a lieu. Il est fait mention des subrogations et radiations en marge des inscriptions antérieurement portées sur le registre. Il est tenu, pour ce registre, deux répertoires alphabétiques contenant, l'un les noms des parties, l'autre, l'indication des marques de fabrique ou de commerce, des dessins et modèles et des brevets d'invention avec la mention des numéros des inscriptions qui les concernent.

13. Les inscriptions ou radiations, les mentions d'antériorité et de subrogation prévues par l'article qui précède sont consignées, dans les archives de l'office national, sur les registres du dépôt central, en regard des marques de fabrique ou de commerce, sur ceux des dessins et modèles qu'il y a lieu, ou sur les arrêtés de délivrance des brevets d'invention que les inscriptions, radiations et mentions précitées concernent. A défaut de place sur les registres du dépôt central des marques, sur ceux des dessins et modèles ou sur les titres des brevets, les mentions ci-dessus prescrites sont portées sur des pièces spéciales, revêtues de la signature du directeur de l'office, qui sont annexées auxdits registres ou versées aux dossiers des brevets.

14. Un certificat reproduisant succinctement les indications portées sur le registre prévu à l'article 12 ci-dessus et les mentions effectuées en vertu de l'article 13, et daté et signé par le directeur de l'office, est délivré au déposant.

15. Le registre spécial prévu à l'article 12 qui précède peut être consulté, sans frais, à l'office national de la propriété industrielle. Les mentions portées, en exécution de l'article 13 ci-dessus, aux archives de l'office national, sur les registres des marques de fabrique ou de

loi, si les vendeurs ont fait inscrire le privilège dans la quinzaine de cette promulgation (Rectifié, L. 1er avril 1909). — L'article 2, paragraphes 4 et 5, l'article 6, l'article 13, paragraphes 3, 4 et 5, les articles 15 à 21, 27, 32 et 33 seront applicables dans tous les cas aux ventes antérieures à la promulgation (Rectifié, L. 1er avril 1909). — Les créanciers gagistes inscrits antérieurement à la promulgation de la loi, et dont l'inscription n'énoncera pas ce qui leur est dû en principal et les conditions relatives aux intérêts et à l'exigibilité, devront la régulariser en la renouvelant conformément à l'article 24 ou, s'ils le préfèrent, par une mention en marge de l'inscription existante, dans les six mois qui suivront la promulgation de la loi, à défaut de quoi cette inscription ne sera pas opposable aux créanciers qui auront satisfait aux dispositions de la présente loi. — La durée des inscriptions de nantissement prises avant la promulgation de la présente loi est limitée à cinq années à compter de la promulgation. Elles devront, à peine d'extinction du privilège, être renouvelées avant l'expiration de ce délai.

Loi du 1er avril 1909, *modifiant l'article 37 et la disposition transitoire de la loi du 17 mars 1909, relative à la vente et au nantissement des fonds de commerce.*

Art. 1er. La loi du 17 mars 1909, relative à la vente et au nantissement des fonds de commerce, sera exécutoire dès la promulgation de la présente loi, sauf en ce qui concerne les mesures d'application renvoyées à un règlement d'administration publique.

2. Pourront se placer sous le régime de la loi du 17 mars 1909 les vendeurs et les créanciers gagistes dont les contrats seront intervenus entre la promulgation de ladite loi et la promulgation de la présente loi, à la charge d'inscrire leur privilège dans la quinzaine de cette dernière promulgation.

3. Jusqu'à la publication du

---

commerce, sur ceux des dessins et modèles, sur les arrêtés de délivrance des brevets d'invention ou sur les pièces annexées auxdits registres et arrêtés, sont communiquées au public dans les mêmes conditions que les marques de fabrique, les dessins et modèles et les brevets d'invention.

16. Toute personne peut se faire délivrer, à titre de simple renseignement, à la condition d'acquitter, au préalable, les taxes prévues par le présent règlement et sur une demande écrite adressée à l'office national de la propriété industrielle, sous le couvert du ministre du commerce et de l'industrie, un état des inscriptions et mentions et des mentions d'antériorité et de subrogation portées sur les registres et consignées aux archives ainsi qu'un certificat des radiations ou un certificat négatif.

17. Les différentes inscriptions, radiations et mentions demandées à l'office national depuis la promulgation de la loi du 17 mars 1909, et avant la mise en vigueur du présent règlement, sont portées, dans l'ordre du dépôt des demandes à l'office national, sur le registre prévu à l'article 12 ci-dessus et consignées aux archives de l'office sur les registres des marques de fabrique ou de commerce et sur les arrêtés de délivrance des brevets d'invention.

Titre III. — Émoluments et droits.

. . . .

réglement d'administration publique prévu par l'article 37 de la loi du 17 mars 1909, les greffiers des tribunaux de commerce sont autorisés à percevoir les émoluments fixés par l'article 8, 2°, 4° et 8°, du décret du 18 juin 1880 et par l'article 1er du décret du 23 juin 1892.

4. Les deux premiers paragraphes de la disposition transitoire de la loi du 17 mars 1909 sont rectifiés ainsi qu'il suit :

« Les paragraphes 1, 2, 3, 4 et 6 de l'article 1er, les paragraphes 1, 2, 3 et 7 de l'article 2, les paragraphes 1 et 2 de l'article 13, et les articles 14, 22 à 26, 28 à 31, 34 et 35 de la présente loi seront applicables aux ventes de fonds de commerce antérieures à la promulgation de la loi, si les vendeurs ont fait inscrire le privilège dans le mois de cette promulgation.

« L'article 2, paragraphes 4, 5 et 6, l'article 6, l'article 13, paragraphes 3, 4 et 5, et les articles 15 à 21, 27, 32 et 33 seront applicables dans tous les cas aux ventes antérieures à la promulgation. »

Loi du 11 juin 1909, *concernant la signature et la certification des transferts de rente sur l'État.*

Article unique. Les déclarations et certificats de transferts d'inscriptions de rentes sur l'État sont dressés, signés et scellés dans les bureaux d'un agent de change, exerçant près d'une bourse pourvue de parquet, qui vérifiera la régularité de la négociation.

Toutefois, les agents de change exerçant près la Bourse de Paris pourront seuls certifier tous les transferts ; les agents de change exerçant près les autres bourses ne pourront certifier que les transferts ayant pour objet la délivrance d'inscriptions nominatives.

Loi du 18 juin 1909, *sur le crédit maritime.*

Art. 1er. Des caisses régionales de crédit maritime mutuel peuvent être constituées d'après les dispositions de la loi du 23 avril 1906.

Art. 2. Les caisses régionales ont pour but de faciliter aux membres des sociétés locales de crédit maritime les opérations qui ont trait à l'exercice de leur profession. — A cet effet, elles escomptent les effets souscrits par les membres des sociétés locales, et endossés par ces sociétés. — Elles peuvent également consentir, aux sociétés locales, des avances spéciales destinées aux sociétés coopératives maritimes et remboursables, par amortissement, dans un délai maximum de dix années. — Toutes opérations autres que celles prévues par le présent article sont interdites aux caisses régionales de crédit maritime mutuel.

3. Pourront, seules, recevoir les avances prévues à l'article précédent, les sociétés coopératives maritimes, quel que soit leur régime juridique, constituées par tout ou partie des membres d'un ou de plusieurs syndicats professionnels maritimes, en vue soit de la construction ou de l'achat de bateaux de pêche, d'instruments, d'engins

ou d'appâts, soit de l'élevage ou du parcage, de la conservation ou de la vente en commun des produits de la pêche, sans que ces sociétés aient pour but de réaliser des bénéfices commerciaux.

4. Les statuts des caisses régionales, qui devront être déposés au ministère de la marine, indiqueront la circonscription territoriale des caisses, la nature et l'étendue de leurs opérations et leur mode d'administration. — Ils détermineront la composition du capital social, la proportion dans laquelle chaque sociétaire pourra contribuer à sa constitution, ainsi que les conditions de retrait, s'il y a lieu, le nombre des parts dont les deux tiers au moins seront réservées de préférence aux sociétés locales, l'intérêt à allouer aux parts, les conditions et les règles applicables à la modification des statuts et à la liquidation de la caisse.

5. Les caisses régionales de crédit maritime seront soumises au contrôle et à la surveillance organisés par le décret du 30 juillet 1906.

____

Décret du 28 août 1909, *pour l'exécution des lois des 17 mars et 1er avril 1909 sur la vente et le nantissement des fonds de commerce* (1).

. . . .

____

Loi du 29 octobre 1909, *prorogeant la date des échéances lorsque le 1er novembre sera un lundi.*

Article unique. Lorque la fête légale du 1er novembre tombera un lundi, aucun paiement d'aucune sorte sur effet, mandat, chèque, compte courant, dépôt de fonds ou de titres ou autrement ne peut être exigé, ni aucun protêt dressé, le lendemain 2 novembre.

Toutefois, le protêt des effets impayés ne pouvant être dressé que le mercredi suivant conservera toute sa valeur à l'égard du tiré et des tiers, nonobstant toutes dispositions antérieures contraires.

____

Loi du 27 janvier 1910, *relative à la prorogation des délais des protêts et des actes destinés à conserver les recours en matière de valeurs négociables.*

Art. 1er. Dans le cas de mobilisation de l'armée, de fléau ou de calamité publique, d'interruption des services publics gérés par l'État, les départements ou les communes ou soumis à leur contrôle, des décrets rendus en conseil des ministres peuvent, pour tout ou partie du territoire, proroger les délais dans lesquels doivent être faits les protêts et les autres actes destinés à conserver les recours pour toutes les valeurs négociables. — Pendant la durée de la session des Chambres, les prorogations prévues au présent article ne pourront dépasser

____

(1) Voy. *suprà*, sous l'art. 37 de la L. du 17 mars 1909.

trente jours francs. Pendant l'intervalle des sessions, la prorogation peut être renouvelée une ou plusieurs fois. — (Ajouté par la L. du 21 déc. 1910.) Dans les mêmes circonstances et sous les mêmes conditions, les échéances des valeurs négociables pourront être prorogées.

2. La présente loi est applicable à l'Algérie.

———

Loi du 18 février 1910, *modifiant le paragraphe 1er de l'article 1er de la loi du 5 novembre 1894 relative à la création de sociétés de crédit agricole* [1].

. . . .

———

Loi du 19 mars 1910, *instituant le crédit individuel à long terme, en vue de faciliter l'acquisition, l'aménagement, la transformation et la reconstitution des petites exploitations rurales.*

Art. 1er. Le paragraphe 1er de l'article 1er de la loi du 5 novembre 1894, modifié par la loi du 14 janvier 1908 et par la loi du 18 février 1910, est ainsi complété [2] :

. . . .

———

Loi du 25 mars 1910, *autorisant les caisses régionales de crédit maritime à recevoir des avances de l'État.*

Art. 1er. Les caisses régionales de crédit maritime mutuel qui seront constituées d'a-

près les dispositions de la loi du 18 juin 1909 pourront recevoir de l'État des avances sans intérêts prélevées sur un fonds constitué de la manière suivante : — 1o A l'aide des sommes disponibles sur les retenues affectées aux institutions utiles aux gens de mer par le paragraphe 3 de l'article 21 de la loi du 7 avril 1902 modifié par l'article 7 de la loi du 19 avril 1906 ; — 2o A l'aide de subventions prélevées sur la retenue de 15 p. 100 effectuée sur le produit des jeux dans les cercles et casinos, en vertu de la loi du 15 juin 1907.

2. Le montant des avances faites aux caisses régionales pour l'escompte des effets souscrits par les membres des sociétés locales et endossés par ces sociétés ne pourra excéder le quintuple du montant de leur capital versé en espèces. Ces avances ne pourront être faites pour une durée de plus de cinq ans. — Elles pourront être renouvelées. — Les caisses régionales pourront, en outre, recevoir des avances spéciales destinées aux sociétés coopératives maritimes et remboursables dans un délai maximum de dix ans. — Les unes et les autres de ces avances deviendront immédiatement remboursables en cas de violation des statuts ou de modification à ces statuts qui diminueraient la garantie du remboursement.

3. Un décret, rendu sur la proposition du ministre de la marine et du ministre des finances, déterminera les conditions d'application de la présente loi.

———

(1) Voy. *suprà*, la L. du 5 nov. 1894. | (2) Voy. *suprà*, la L. du 5 nov. 1894.

*

Loi du 24 décembre 1910, *prorogeant les échéances dans les départements inondés* ([1]).

. . . .

———

Loi du 30 décembre 1911, *concernant les chèques barrés.*

Art. 1er. La loi du 14 juin 1865 est complétée par les dispositions suivantes :

« *Art. 8.* Le chèque traversé de deux barres parallèles ne peut être présenté au payement que par un banquier ; il ne peut être tiré que sur un banquier.

« Le barrement peut être effectué par le tireur ou par un porteur.

« *Art. 9.* Le barrement peut être général ou spécial.

« Le barrement est général, s'il ne porte entre les deux barres aucune désignation ou seulement la mention « et compagnie » ; il est spécial, si le nom d'un banquier est inscrit entre les deux barres.

« Le barrement général peut être transformé en barrement spécial.

« Le chèque à barrement spécial ne peut être présenté au payement que par le banquier désigné. Toutefois, si celui-ci n'opère pas l'encaissement lui-même il peut se substituer un autre banquier.

« Il est interdit au porteur d'effacer le barrement, ainsi que le nom du banquier désigné.

« *Art. 10.* Le tiré qui paye le chèque barré à une personne autre qu'un banquier, si le barrement est général ou à une personne autre que le banquier désigné, si le barrement est spécial, n'est pas libéré. »

2. Le paragraphe 2 de l'article 5 de la loi du 19 février 1874 est complété par la disposition suivante :

« Toutefois, en ce qui concerne les chèques remis par un banquier à une chambre de compensation, il suffira d'apposer sur le chèque un simple cachet à date avec la mention « compensé ».

———

Loi de finances
du 27 février 1912.

. . . .

Art. 8. Le premier alinéa de l'article 10 de la loi de finances du 13 juillet 1911 est complété et modifié ainsi qu'il suit : — Les courtiers, les commissionnaires et toutes autres personnes faisant commerce habituel de recueillir des offres et des demandes relatives à des marchés à terme ou à livrer de marchandises et denrées, dont le trafic à livrer est réglementé dans les bourses de commerce, doivent tenir un répertoire où sont consignées les opérations d'achat ou de vente à livrer ou à terme, traitées aux conditions intégrales des règlements établis dans lesdites bourses. Le répertoire ci-dessus prescrit doit être coté et paraphé par le président du tribunal de commerce. — Quiconque ne s'occupe pas professionnellement de l'achat ou de la vente des marchandises et denrées dont le trafic à livrer

———

(1) Voy. *suprà*, la L. du 27 janv. 1910.

est réglementé dans les bourses de commerce ne peut traiter des marchés à terme ou à livrer sur ces marchandises et denrées aux conditions des règlements établis dans lesdites bourses que par l'entremise d'un courtier ou d'un commissionnaire restant soumis aux obligations qui dérivent de sa qualité de mandataire. — Toute opération d'achat ou de vente faite contrairement aux prescriptions du paragraphe précédent est nulle et ne peut engendrer aucun lien de droit.

9. Trois mois après la promulgation du règlement d'administration publique prévu à l'article 11 de la présente loi, toute opération d'achat ou de vente de marchandises à terme ou à livrer, traitée aux conditions des règlements établis dans les bourses de commerce et de nature à être inscrite au répertoire dont la tenue est prescrite par l'article 10 de la loi du 13 juillet 1911, modifié conformément aux dispositions de l'article précédent, est assujettie à un droit fixé à 2 centimes par 5 quintaux ou 5 hectolitres de marchandises ou denrées faisant l'objet de l'opération, suivant que l'unité marchande est exprimée en poids ou en volume. — Ce droit est réduit à 1 centime pour les marchandises et denrées dont la moyenne des cours pratiqués pendant les cinq dernières années est inférieure à 40 fr. par quintal ou hectolitre. — Le droit est dû pour chaque achat et pour chaque vente. Il n'est pas soumis aux décimes.

10. Les courtiers, les commissionnaires et toutes autres personnes astreintes à la tenue du répertoire doivent faire une déclaration préalable au bureau désigné par l'administration et acquitter personnellement les droits établis par l'article précédent, à moins qu'ils ne justifient du payement de ces droits par l'autre partie, sauf leur recours contre celle-ci, si elle n'est pas assujettie à la déclaration prescrite et dans tous les cas contre le donneur d'ordre. — La perception des droits s'effectue au vu d'extraits du répertoire déposés périodiquement au même bureau et contenant les indications qui seront déterminées par le règlement d'administration publique prévu à l'article ci-après. — Les courtiers, les commissionnaires et toutes autres personnes visées par l'article 10 de la loi du 13 juillet 1911 sont tenus de communiquer leur répertoire, à toute réquisition, aux agents de l'administration, sous les peines édictées à l'article 11 ci-après. — L'administration aura, en outre, le droit d'exiger, sous les mêmes sanctions, la communication des filières pendant un délai de trois ans à partir de la date à laquelle elles auront été arrêtées.

11. Toute inexactitude ou omission, soit au répertoire, soit à l'extrait du répertoire, est punie d'une amende égale au vingtième du montant des opérations sur lesquelles a porté l'inexactitude ou l'omission, sans que cette amende puisse être inférieure à 3,000 fr. — Toute autre infraction aux dispositions des articles qui précèdent ou du règlement d'administration publique prévu au présent article est punie d'une amende de 100 à 5.000 fr. — L'action de l'administration pour le recouvrement des droits et amendes est prescrite par un délai de trois ans à compter du jour de la négociation ou de l'infraction commise. — Un règlement d'administration publique déterminera les mesures nécessaires pour assurer l'exécution des articles 8, 9 et 10 ci-dessus ainsi que du présent article.

. . . .

33. La loi du 28 ventôse an IX est modifiée ainsi qu'il suit :

Art. 8. Il est défendu, sous peine d'amende qui sera au plus du sixième du cautionnement des agents de change ou courtiers de la place et au moins du douzième, à tous individus autres que ceux nommés par le gouvernement, d'exercer les fonctions d'agent de change ou courtier. — L'amende sera prononcée correctionnellement par le tribunal de première instance, soit sur la poursuite du ministère public agissant d'office, soit sur plainte ou réquisition du ou des agents de change ou courtiers intéressés.

Loi du 8 mars 1912, *relative aux obligations à émettre pour les besoins des chemins de fer de l'État.*

Art. 1er. Le paragraphe 1er de l'article 16 de la loi du 15 juin 1872 est modifié comme suit (1) :
. . . .

------

(1) Vor. *suprà*, la L. du 15 juin 1872.

TABLES

CODE DE COMMERCE

LIVRE QUATRIÈME.

DE LA JURIDICTION COMMERCIALE.

LOIS COMMERCIALES USUELLES.

NANCY, IMPRIMERIE BERGER-LEVRAULT

BERGER-LEVRAULT, LIBRAIRES-ÉDITEURS

PARIS, 5-7, rue des Beaux-Arts — rue des Glacis, 18, NANCY

BIBLIOTHÈQUE D'ENSEIGNEMENT COMMERCIAL

Dirigée par M. Georges PAULET

PROFESSEUR A L'ÉCOLE DES SCIENCES POLITIQUES

La **Bibliothèque d'enseignement commercial** est principalement destinée aux élèves qui se préparent aux Écoles supérieures de commerce ou qui s'y disputent le diplôme supérieur; aux élèves des grandes écoles industrielles et des facultés de droit, qui ne sauraient se désintéresser des études commerciales; aux jeunes gens et aux jeunes filles qui, dans les écoles professionnelles, dans les cours du soir ou à leurs heures de libre étude, cherchent à se mettre en état de rendre dans le commerce des services appréciés.

Rédigée par les professeurs, les jurisconsultes et les spécialistes les plus autorisés, échappant à tout parti pris de doctrine, sacrifiant les développements purement théoriques au souci d'une instruction réellement utile et pratique, cette Bibliothèque pourra rendre en même temps de précieux services aux industriels et aux négociants désireux de parfaire leur éducation technique et de se tenir toujours, comme leurs concurrents étrangers, au courant de la législation commerciale, des procédés et des faits commerciaux : elle constituera ainsi la véritable **Bibliothèque du commerçant.**

Ouvrages parus

Code annoté du Commerce et de l'Industrie. Lois, décrets, règlements relatifs au commerce et à l'industrie, avec un commentaire tiré des circulaires ministérielles, de la jurisprudence du Conseil d'État et de la Cour de cassation, par Georges PAULET, chef de bureau au Ministère du Commerce. 1891. Un volume grand in-8 sur deux colonnes, broché . . . . . . **15 fr.**   Relié en demi-chagrin, plats toile. **18 fr.**

Code de Commerce et Lois commerciales usuelles, avec des notions de législation comparée, à l'usage des élèves des Facultés de droit et des Écoles de commerce, par E. COHENDY, professeur à la Faculté de droit et à l'École supérieure de commerce de Lyon. *4e édition.* 1907. Un volume in-18, relié en percaline gaufrée . . . **2 fr.**

Recueil des Lois industrielles, avec des notions de législation comparée, à l'usage des élèves des Facultés de droit et des Écoles industrielles et commerciales, par E. COHENDY, professeur à la Faculté de droit et à l'École supérieure de commerce de Lyon. *4e édition.* 1905. Un volume in-18, relié en percaline gaufrée . . . . **2 fr.**

Ouvrages parus (*suite*).

Les Tribunaux de commerce. Organisation, compétence, procédure, par A. HOUYVET, docteur en droit, ancien agréé près le Tribunal de commerce de la Seine, professeur de législation commerciale et industrielle à l'École supérieure de commerce de Paris, avec une préface de M. F. RATAUD, professeur honoraire à la Faculté de droit de Paris. 1894. Un volume in-8, relié en percaline gaufrée. . . . . **4 fr.**

Principes généraux de Comptabilité, par E. LÉAUTEY, professeur de comptabilité, ancien chef de bureau au Comptoir national d'escompte, et A. GUILBAULT, ancien chef d'administration de la Société métallurgique de Vierzon. *2ᵉ édition*. 1903. Un volume in-8, relié en percaline gaufrée. . . . . **5 fr.**

Manuel pratique des Opérations commerciales, par A. DANY, directeur de l'École supérieure de commerce du Havre, ancien chef de comptabilité, ancien professeur à la Société mutuelle des employés de commerce du Havre. *3ᵉ édition*. 1907. Un volume in-8, relié en percaline gaufrée. . . . . **5 fr.**

Manuel de Géographie commerciale. Étude économique des différentes parties du monde et particulièrement de la France, par V. DEVILLE, agrégé de l'Université, professeur à l'Institut commercial. (*Ouvrage récompensé par la Société de géographie commerciale de Paris et autorisé pour les bibliothèques des lycées et collèges.*) *3ᵉ édition*. 1910. Deux volumes in-8 avec diagrammes, reliés en percaline gaufrée. . . . . . **10 fr.**

Précis d'Histoire du Commerce, par H. CONS, recteur de l'Académie de Poitiers, ancien professeur à la Faculté des lettres de Lille, à l'École supérieure de commerce de Lille et à l'Institut industriel du Nord. 1896. 2 vol. in-8, reliés en percal. gaufrée. **8 fr.**

Les Transports maritimes. Éléments de droit maritime appliqué, par HAUMONT et LEVAREY, avocats, professeurs à l'École supérieure de commerce du Havre. *2ᵉ édition*. 1898. Un volume in-8, relié en percaline gaufrée. . . . . **4 fr.**

Armements maritimes, cours professé à l'École supérieure de commerce de Marseille, par C. CHAMPENOIS, capitaine au long cours, ancien commandant aux Messageries maritimes. 1895. 2 volumes in-8 avec 140 figures, reliés en percaline gaufrée. **10 fr.**

Monnaies, poids et mesures des principaux pays du monde. Traité pratique des différents systèmes monétaires et des poids et mesures, accompagné de renseignements sur les changes et les timbres d'effets de commerce, etc., par A. LEJEUNE, directeur de l'École supérieure de commerce de Marseille. 1894. Un volume in-8 . . . . **5 fr.** (*Épuisé.*)

Manuel de préparation aux concours d'entrée des Écoles supérieures de commerce, contenant le développement des programmes officiels des concours d'entrée (arithmétique, algèbre, géométrie, physique, chimie, par E. DRINCOURT ; géographie, histoire, par V. DEVILLE). *5ᵉ édition*. 1901. Deux volumes in-8, reliés en percaline gaufrée . . . . **10 fr.**

Annuaire de l'Enseignement commercial et industriel. 4ᵉ année, 1895 (dernière parue). Un volume in-18, de 760 pages, cartonné. . . . . **3 fr.**

Les frais de port en sus, à raison de 50 centimes pour l'envoi par la poste d'un volume de 4 ou 5 fr. ; plusieurs volumes peuvent être réunis dans un colis postal de 3 kilos (85 centimes), ou 5 kilos (1 fr. 05), ou 10 kilos (1 fr. 50).

www.ingramcontent.com/pod-product-compliance
Lightning Source LLC
LaVergne TN
LVHW021140050726
842519LV00002B/446